普通高等教育土建学科专业"十一五"规划教材
全国高职高专教育土建类专业教学指导委员会规划推荐教材

市政道路工程

（市政工程技术专业适用）

本教材编审委员会组织编写
姚昱晨　　主编
杨时秀　　主审

中国建筑工业出版社

图书在版编目(CIP)数据

市政道路工程/本教材编审委员会组织编写. —北京：中国建筑工业出版社，2007

普通高等教育土建学科专业"十一五"规划教材. 全国高职高专教育土建类专业教学指导委员会规划推荐教材. 市政工程技术专业适用

ISBN 978-7-112-09419-6

Ⅰ. 市… Ⅱ. 本… Ⅲ. 市政工程：道路工程—高等学校：技术学校—教材 Ⅳ. U41

中国版本图书馆 CIP 数据核字(2007)第 118666 号

普通高等教育土建学科专业"十一五"规划教材
全国高职高专教育土建类专业教学指导委员会规划推荐教材

市 政 道 路 工 程

（市政工程技术专业适用）

本教材编审委员会组织编写

姚昱晨　主编

杨时秀　主审

*

中国建筑工业出版社出版、发行(北京西郊百万庄)

各地新华书店、建筑书店经销

北 京 天 成 排 版 公 司 制 版

北京市铁成印刷厂印刷

*

开本：787×1092毫米　1/16　印张：27¾　字数：690千字

2007年9月第一版　2011年8月第六次印刷

定价：44.00元

ISBN 978-7-112-09419-6

(20943)

版权所有　翻印必究

如有印装质量问题，可寄本社退换

（邮政编码100037）

本书系统介绍了公路和城市道路工程的线形布设原理和方法、路基、路面工程及其构筑物的基本原理与施工工艺。注重理论与实际应用相结合，在学生难以理解之处均配有例题和图片，力求做到通俗易懂，并介绍了市政工程的新方法、新工艺，增加了沥青路面结构层的施工案例，全书均采用最新版规范，使教材更为实用。

全书分为三篇，共十六章。其中第一篇道路线形共四章；第二篇路基工程与施工共六章；第三篇路面工程与施工共六章。

本教材主要作为市政工程专业、建筑工程专业、交通工程、城市道路与公路专业及其相关专业的高职教材，也可作为高等学校土木工程专业教学参考书，还可供从事城市道路和公路交通的成人教育、设计、施工部门的工程技术和管理人员参阅。

注：本书配套课件已同步出版，欢迎选用。

* * *

责任编辑：朱首明　王美玲
责任设计：赵明霞
责任校对：兰曼利　王　爽

本教材编审委员会名单

主任委员：李　辉

副主任委员：陈思平　戴安全

委　　员：（按姓氏笔画为序）

王　芳	王云江	王陵茜	白建国	边喜龙
刘映翀	米彦荣	李爱华	杨玉衡	杨时秀
谷　峡	张　力	张宝军	陈思仿	陈静芳
范柳先	林文剑	罗向荣	周美新	姜远文
姚昱晨	袁　萍	袁建新	郭卫琳	

序　言

近年来，随着国家经济建设的迅速发展，市政工程建设已进入专业化的时代，而且市政工程建设发展规模不断扩大，建设速度不断加快，复杂性增加，因此，需要大批市政工程建设管理和技术人才。针对这一现状，近年来，不少高职高专院校开办市政工程技术专业，但适用的专业教材的匮乏，制约了市政工程技术专业的发展。

高职高专市政工程技术专业是以培养适应社会主义现代化建设需要，德、智、体、美全面发展，掌握本专业必备的基础理论知识，具备市政工程施工、管理、服务等岗位能力要求的高等技术应用性人才为目标，构建学生的知识、能力、素质结构和专业核心课程体系。全国高职高专教育土建类专业教学指导委员会是建设部受教育部委托聘任和管理的专家机构，该机构下设建筑类、土建施工类、建筑设备类、工程管理类、市政工程类五个专业指导分委员会，旨在为高等职业教育的各门学科的建设发展、专业人才的培养模式提供智力支持，因此，市政工程技术专业人才培养目标的定位、培养方案的确定、课程体系的设置、教学大纲的制订均是在市政工程类专业指导分委员会的各成员单位及相关院校的专家经广州会议、贵阳会议、成都会议反复研究制定的，具有科学性、权威性、针对性。为了满足该专业教学需要，市政工程类专业指导分委员会在全国范围内组织有关专业院校骨干教师编写了该专业与教学大纲配套的 10 门核心课程教材，包括：《市政工程识图与构造》、《市政工程材料》、《土力学与地基基础》、《市政工程力学与结构》、《市政工程测量》、《市政桥梁工程》、《市政道路工程》、《市政管道工程施工》、《市政工程计量与计价》、《市政工程施工项目管理》。这套教材体系相互衔接，整体性强；教材内容突出理论知识的应用和实践能力的培养，具有先进性、针对性、实用性。

本次推出的市政工程技术专业 10 门核心课程教材，必将对市政工程技术专业的教学建设、改革与发展产生深远的影响。但是加强内涵建设、提高教学质量是一个永恒主题，教学改革是一个与时俱进的过程，教材建设也是一个吐故纳新的过程，所以希望各用书学校及时反馈教材使用信息，并对教材建设提出宝贵意见；也希望全体编写人员及时总结各院校教学建设和改革的新经验，不断积累和吸收市政工程建设的新技术、新材料、新工艺、新方法，为本套教材的长远建设、修订完善做好充分准备。

全国高职高专教育土建类专业教学指导委员会
市政工程类专业指导分委员会
2007 年 2 月

前　言

本书是普通高等教育土建学科专业"十一五"规划教材，是为满足高职高专类市政工程技术专业需要而编写的专业课教材。

本教材以道路路线、路基、路面施工为主，全面地阐述其基本原理、布设方法与施工工艺，力争突出新技术和实用性。本书与本科教材相比，做了如下删减、补充和改进：

1. 本教材全部采用公路和市政现行的最新规范。

2. 本教材在理论知识方面突出简捷实用的原则，由于某种原因篇幅所限，施工方面选择有代表性实用方法进行讲解，使学生做到触类旁通。删减了比较陈旧的知识内容和大量繁琐的理论计算过程。

3. 本教材注重直观教学，增加了必要的图片和表格，图文并茂，同时在重点和难点处，增加了例题和习题，以便于学生自学、理解，做到了深入浅出。

4. 本教材在沥青路面和水泥混凝土路面的结构层计算中，采用传统计算和公路路面设计程序系统两种计算方法，《公路路面设计程序系统》（HPDS2006）由东南大学王凯教授提供，既满足教学的要求，又符合公路路面设计规范要求。

5. 本教材注意新材料和新工艺的介绍，如：阐述了现今新型的透水路面的原理及施工工艺。

6. 增加了沥青路面施工的工程案例。通过工程案例，详细讲述了沥青路面工程数量计算、各结构层主要材料用量、路面主要结构层的施工程序及机械配备。

本教材由浙江建设职业技术学院姚昱晨副教授主编，由徐州建设职业技术学院高级工程师杨时秀主审。参加编写人员有：宁波工程学院蒋庆华、上海城市管理职业技术学院刘颖、浙江建设职业技术学院陈静芳。其中第一篇第一章、第二章由蒋庆华编写，第三章、第四章由陈静芳编写；第二篇第五章、第六章、第八章、第九章、第十章由刘颖编写；第二篇第七章、第三篇第十一章至第十六章由姚昱晨编写。

在本书编写过程中，得到了东南大学邓学钧教授和王凯教授、中交公路设计院杨孟余教授级高工、浙江宁波交通工程建设集团公司唐凯高级工程师及浙江建设职业技术学院市政教研室梁师俊、郭良娟、王岗老师的大力支持和帮助，编者在此表示衷心的感谢！

由于市政工程设计和施工技术不断发展、更新，加之编者水平有限，书中难免有疏漏和欠妥之处，敬请读者批评、指正，编者在此深表谢意！

目 录

第一篇 道 路 线 形

第一章 绪论 3
第一节 道路运输 3
第二节 道路分类及技术标准 4
第二章 路线平、纵断面设计 8
第一节 路线设计依据 8
第二节 道路平面设计 17
第三节 道路纵断面设计 48
思考题与习题 65
第三章 道路横断面设计 67
第一节 道路的横断面组成 67
第二节 路拱 75
第三节 道路建筑限界与用地范围 78
第四节 横断面设计 81
思考题与习题 88
第四章 道路交叉 89
第一节 交叉口的交通特性分析 89
第二节 平面交叉口的形式 91
第三节 平面交叉口的通行能力计算 93
第四节 交叉口的平面设计 98
第五节 交叉口的竖向设计 103
第六节 立体交叉简介 112
第七节 道路与其他路线交叉要求 114
思考题与习题 115

第二篇 路 基 工 程

第五章 绪论 119
第一节 概述 119
第二节 路基土的分类及公路的自然区划 121
第三节 路基的干湿类型 124
第四节 路基的力学特性 130
第五节 路基的变形及破坏 133

思考题与习题 …………………………………………………………………… 135
第六章　一般路基的设计原理 ………………………………………………… 136
　　第一节　路基设计的一般要求 …………………………………………………… 136
　　第二节　路基的类型与构造 ……………………………………………………… 137
　　第三节　路基设计与边坡稳定 …………………………………………………… 139
　　第四节　路基的附属设施 ………………………………………………………… 152
　　思考题与习题 …………………………………………………………………… 155
第七章　路基防护 ……………………………………………………………… 156
　　第一节　概述 ……………………………………………………………………… 156
　　第二节　坡面防护 ………………………………………………………………… 157
　　第三节　沿河路基防护 …………………………………………………………… 162
　　复习思考题 ……………………………………………………………………… 164
第八章　挡土墙设计与施工 …………………………………………………… 165
　　第一节　基本概念 ………………………………………………………………… 165
　　第二节　挡土墙的类型及适用范围 ……………………………………………… 167
　　第三节　挡土墙的构造与布置 …………………………………………………… 168
　　第四节　挡土墙土压力计算 ……………………………………………………… 174
　　第五节　重力式挡土墙设计与验算 ……………………………………………… 178
　　第六节　挡土墙的施工 …………………………………………………………… 185
　　思考题与习题 …………………………………………………………………… 189
第九章　道路的排水 …………………………………………………………… 190
　　第一节　公路排水 ………………………………………………………………… 190
　　第二节　排水沟渠加固 …………………………………………………………… 198
　　复习思考题 ……………………………………………………………………… 200
第十章　一般路基施工 ………………………………………………………… 201
　　第一节　路基准备工作的内容与要求 …………………………………………… 201
　　第二节　填方路基施工 …………………………………………………………… 205
　　第三节　挖方路基施工 …………………………………………………………… 211
　　第四节　路基压实 ………………………………………………………………… 218
　　第五节　软土路基施工 …………………………………………………………… 223
　　第六节　路基工程质量检查 ……………………………………………………… 228
　　复习思考题 ……………………………………………………………………… 233

第三篇　路面工程

第十一章　绪论 ………………………………………………………………… 237
　　第一节　我国路面工程发展概况 ………………………………………………… 237
　　第二节　路面的要求及特点 ……………………………………………………… 238
　　第三节　沥青路面结构 …………………………………………………………… 242
　　复习思考题 ……………………………………………………………………… 245

第十二章　一般沥青路面设计 …… 246
第一节　概述 …… 246
第二节　行车荷载、材料力学性质 …… 251
第三节　自然因素对路面的影响 …… 258
第四节　沥青路面结构设计 …… 259
第五节　新建柔性路面的厚度计算 …… 269
第六节　沥青路面交工验收指标和加铺层（改建路面设计） …… 286
第七节　排水沥青路面简介 …… 290
第八节　路面结构的排水 …… 297
思考题与习题 …… 302

第十三章　水泥混凝土路面设计 …… 303
第一节　概述 …… 303
第二节　水泥混凝土路面结构 …… 306
第三节　水泥混凝土路面接缝的构造与布置 …… 313
第四节　普通水泥混凝土路面板厚计算 …… 326
第五节　其他类型混凝土路面简介 …… 343
思考题与习题 …… 347

第十四章　路面基层（底基层）施工与质量控制 …… 348
第一节　粒料基层材料质量要求与施工 …… 348
第二节　稳定类基层（底基层）施工要求 …… 350
第三节　路面基层质量要求 …… 368
复习思考题 …… 371

第十五章　沥青路面机械化施工 …… 372
第一节　沥青路面对材料的要求 …… 372
第二节　沥青路面的施工 …… 378
第三节　沥青路面施工机械 …… 394
第四节　沥青路面施工质量管理与检查 …… 399
第五节　沥青路面施工案例 …… 403
复习思考题 …… 410

第十六章　水泥混凝土路面施工 …… 412
第一节　概述 …… 412
第二节　施工准备工作 …… 412
第三节　小型机具铺筑施工程序 …… 413
第四节　滑模摊铺机施工程序 …… 419
第五节　特殊气候条件下混凝土路面的施工 …… 426
第六节　路面养护与质量控制 …… 427
复习思考题 …… 432

主要参考文献 …… 433

第一篇 道路线形

第一章 绪 论

【本章学习要点】 道路运输的特点、道路的功能、公路和城市道路的分级、道路技术标准。

第一节 道 路 运 输

一、道路运输的特点

现代社会的交通运输方式很多，有铁路、公路、水运、航空和管道等。这些运输方式各有各的特点，公路运输具有以下特点：

（1）机动灵活，适应性强：能迅速分散或集中货物，可以实现"门到门"直达运输。

（2）中短途运输速度较快，适合中短途运输：由于道路运输可以实现"门对门"直达运输，途中不需要倒运、转乘就可以直接将乘客、货物运达目的地，客货在途中时间较短，运输速度较快。

（3）原始投资少，资金周转快：道路运输与铁路运输、水运、空运相比，所需固定设施简单，车辆购置费用较低，投资兴办容易，投资回收期短。

（4）安全性较低，环境污染较严重：道路运输事故发生率较高，从20世纪90年代开始，死于汽车交通事故的人数平均每年达50多万人，这个数字超过了艾滋病、战争和结核病人每年的死亡人数。汽车尾气和引起的噪声造成严重的城市污染，也严重威胁着人类健康。

（5）运行的持续性较差：在各种现代运输方式中，公路的平均运距是最短的，运行的持续性较差。

二、道路的功能

道路具有交通运输、城乡骨架、公共空间、抵御灾害和发展经济的功能。

道路的功能首先表现在交通运输方面。社会中的一切活动要求必须有一个安全、通畅、方便、舒服、快捷的道路交通运输体系。

道路是城乡结合的骨架和公共空间。城市道路是城市的骨架，地方道路是乡镇布局的骨架，乡镇之间依靠主干道路网与各城市相连接，主干道路网成为整个国土结构的骨架。在整个城市中间，道路作为城市的骨架，它不仅为交通提供了条件，而且又保证了日照、通风、提供绿化、排水管道的布置空间。

道路是抵御灾害的通道。在发生火灾、水灾、地震等自然灾害和战争时，能迅速地疏散人群、结集军队。

道路是社会发展的基础产业，是经济发展的先行设施。"要想富、先修路"已成为全社会的共识。工农业生产、商品流通、国土发展、国防建设、旅游事业等均依赖道路来先行实现，道路经济在经济发展中起着举足轻重的作用。

第二节　道路分类及技术标准

道路是指为陆地交通运输服务，用于各种车辆和行人通行的交通设施。

一、道路的分类

按照道路的使用任务、性质可以把道路分为公路、城市道路、厂矿道路、林区道路和乡村道路。

（1）公路：位于城镇管辖区外，连接市、镇、县、乡、远郊工业矿区的道路。主要供汽车行驶，具备一定技术和设施的道路，公路按其重要性和使用性质又可以分为：国家干线公路（简称国道）、省干线公路（简称省道）、县公路（简称县道）、乡镇公路（简称乡道）和专用公路。

（2）城市道路：在城市范围内，供车辆和行人通行的，具备一定的技术条件和设施的道路。城市道路的功能除了交通的通道，它还起到城市的骨架、管线的走廊等作用。

（3）厂矿道路：在工厂、矿区、码头内部的专用道路。通常可分为厂内道路、厂外道路和露天矿山道路。厂外道路是使厂矿企业和国家公路、城市道路、车站、港口相衔接的道路或厂矿企业分散的车间、居住区之间的连接道路。

（4）林区道路：用于林区内部的生产、生活专用道路。由于林区地形及运输木材的特点，其技术要求应按专门制定的林区道路工程技术标准执行。

（5）乡村道路：连接乡、村、居民点间的道路，主要供行人及各种农业运输工具通行。

二、道路技术标准

道路工程是包括道路的规划、勘测、设计、施工、养护等过程的应用科学技术。由于各条道路任务、目的、功能及所在地区的自然条件不同，对每条道路都有不同的要求。为了满足交通运输的发展和国家建设需要，合理地使用工程建设投资，国家制定颁布了《公路工程技术标准》（JTG B01—2003）（下简称《标准》）、《公路路线设计规范》（JTG D20—2006）、《公路勘测规范》（JTJ 061—99）和《城市道路设计规范》（CJJ 37—90）等，作为道路工程规划、勘测、设计、施工、养护全过程技术执行标准与质量控制方面的法律依据。

（一）公路技术标准

根据公路使用任务、性质及交通量，《标准》规定我国新建或改建公路分为：高速公路、一级公路、二级公路、三级公路、四级公路五个等级。

高速公路为专供汽车分向、分车道行驶并应全部控制出入的多车道公路。四车道高速公路应能适应将各种汽车折合成小客车的年平均日交通量25000～55000 辆；六车道高速公路应能适应将各种汽车折合成小客车的年平均日交通量45000～80000 辆；八车道高速公路应能适应将各种汽车折合成小客车的年平均日交通量60000～100000 辆。

一级公路为供汽车分向、分车道行驶，并可根据需要控制出入的多车道公路。

四车道一级公路应能适应将各种汽车折合成小客车的年平均日交通量15000～30000辆；六车道一级公路应能适应将各种汽车折合成小客车的年平均日交通量25000～55000辆。

二级公路为供汽车行驶的双车道公路。双车道二级公路应能适应将各种汽车折合成小客车的年平均日交通量5000～15000辆。

三级公路为主要供汽车行驶的双车道公路。双车道三级公路应能适应将各种车辆折合成小客车的年平均日交通量2000～6000辆。

四级公路为主要供汽车行驶的双车道或单车道公路。双车道四级公路应能适应将各种车辆折合成小客车的年平均日交通量2000辆以下；单车道四级公路应能适应将各种车辆折合成小客车的年平均日交通量400辆以下。

各级公路分级、分类及主要技术指标见表1-1。

各级公路主要技术指标汇总 表1-1

公路等级		高速公路						一					
设计速度(km/h)		120			100			80	100			80	60
车道宽度(m)		3.75			3.75			3.75	3.75			3.75	3.5
车道数		8	6	4	8	6	4	6	4	8	6	4	6	4	4
路基宽度(m)	一般值	45.00	34.50	28.00	44.00	33.50	26.00	32.00	24.50	44.00	33.50	26.00	32.00	24.50	23.00
	最小值	42.00	—	26.00	41.00	—	24.50	—	21.50	41.00	—	24.50	—	21.50	20.00
圆曲线最小半径(m)	一般值	1000			700			400		700			400	200
	极限值	650			400			250		400			250	125
停车视距(m)		210			160			110		160			110	75
最大纵坡(%)		3			4			5		4			5	6
桥涵设计车辆荷载		公路—Ⅰ级												

公路等级		二		三	四	
设计速度(km/h)		80	60	40	30	20
车道宽度(m)		3.75	3.50	3.50	3.25	3.0（单车道时为3.50）
车道数		2	2	2	2	2或1
路基宽度(m)	一般值	12.00	10.00	8.50	7.50	6.50（双车道） 4.50（单车道）
	最小值	10.00	8.50	—	—	—
圆曲线最小半径(m)	一般值	400	200	100	65	30
	极限值	250	125	60	30	15
停车视距(m)		110	75	40	30	20
最大纵坡(%)		5	6	7	8	9
桥涵设计车辆荷载		公路—Ⅱ级				

公路等级选用的基本原则：

(1) 等级的选用应根据公路功能、路网规划、交通量，并充分考虑项目所在地区的综合运输体系、远期发展等，经论证后确定。

(2) 一条公路，可分段选用不同的公路等级或同一公路等级不同的设计速度、路基宽度，但不同公路等级、设计速度、路基宽度间的衔接应协调，过渡应顺适。

（3）预测的设计交通量介于一级公路与高速公路之间时，拟建公路为干线公路，宜选用高速公路；拟建公路为集散公路，宜选用一级公路。

（4）干线公路宜选用二级及二级以上公路。

（二）城市道路技术标准

城市道路按其在道路系统中的地位、交通功能及服务功能规定我国城市道路划分为：快速路、主干路、次干路、支路四大类。

快速路：又称城市快速交通干道，是为城市中大量、长距离、快速交通服务，属于城市交通主干道。快速路是大城市交通运输的主动脉，也是城市与高速公路联系的通道。

主干路：又称城市主干道，是城市中主要的交通道路，为连接城市各主要分区的干线道路，以交通功能为主。

次干路：是城市各组团内的主要干道，与主干路结合组成城市道路网，起集散交通的作用，兼有服务功能。

支路：又称城市一般道路或地方性道路，为次干路与居民区、工业区、市中心区的连线，解决局部区域的交通，以服务功能为主。

除快速路外，其余各类道路按城市规模，设计交通量、地形情况分为：Ⅰ、Ⅱ、Ⅲ级。

我国城市道路分类、分级及主要技术指标见表1-2。

我国城市道路分类及主要技术指标 表1-2

类别	级别	设计车速（km/h）	双向机动车道数（条）	机动车道宽度（m）	分隔带设置	横断面采用形式
快速道		80，60	≥4	3.75	必 须 设	双、四幅
主干路	Ⅰ	60，50	≥4	3.75	应 设	单、双、三、四
	Ⅱ	50，40	3～4	3.75	应 设	单、双、三
	Ⅲ	40，30	2～4	3.75、3.5	可 设	单、双、三
次干道	Ⅰ	50，40	2～4	3.75	可 设	单、双、三
	Ⅱ	40，30	2～4	3.75、3.5	不 设	单 幅
	Ⅲ	30，20	2	3.5	不 设	单 幅
支路	Ⅰ	40，30	2	3.5	不 设	单 幅
	Ⅱ	30，20	2	3.5	不 设	单 幅
	Ⅲ	20	2	3.5	不 设	单 幅

注：1. 除快速路外，各类道路可根据所在城市的大小、政治经济发展、人口密度、土地开发利用、设计交通量、车辆组成、地形、旧城市改建、扩建等情况分成Ⅰ、Ⅱ、Ⅲ三级。大城市应采用Ⅰ级标准，中等城市应采用Ⅱ级标，小城市应采用Ⅲ级标准，大城市指50万以上人口的城市；中等城市指20万～50万人口的城市；小城市指不足20万人口的城市。
2. 改建道路根据地形、地物限制、房屋拆迁、占地困难等具体情况，选用表中适当的道路等级。
3. 省会、自治区首府所在地的中、小城市，其道路等级可根据实际情况提高一级。
4. 各城市文化街、商业街，根据具体情况参照表中次干路及支路的标准设计。

值得提出的是，具体运用各项指标时，应从实际出发，在不过分增加工程量的情况下，尽可能采取较高的技术指标，以改善行车条件提高运输效益，并利于今后道路改建。

第二章 路线平、纵断面设计

【本章学习要点】 路线设计依据；公路与城市道路平面线形要素，直线、缓和曲线、圆曲线设计和线形要素的组合；纵断面坡度及竖曲线设计，纵断面设计步骤及设计方法；平曲线的加宽和超高计算方法。

第一节 路线设计依据

新建道路和改建道路设计是以道路的使用任务、性质、地位及交通功能为准则，以道路行车交通量为条件来确定道路等级，并根据道路所在地区的自然与地形条件，合理地选择，确定道路各部分几何设计指标。因此在路线设计中最基本的技术经济依据是：设计车辆、设计车速、交通量、通行能力。

一、设计车辆

道路上行驶的车辆种类繁多、尺寸各异，因此道路的几何设计中应考虑车辆的形状与尺寸，选择有代表性的标准车型作为设计车道宽度、弯道加宽、道路净空等方面的设计依据。

1. 公路设计车辆

根据车辆的外廓尺寸，我国公路规定设计车辆标准尺寸见表 2-1，设计车辆有：小客车、载重汽车、鞍式列车三类。

公路设计车辆外廓尺寸　　　　表 2-1

车辆类型	项　目					
	总长	总宽	总高	前悬	轴距	后悬
	尺寸(m)					
小客车	6	1.8	2	0.8	3.8	1.4
载重汽车	12	2.5	4	1.5	6.5	4
鞍式列车	16	2.5	4	1.2	4+8.8	2

2. 城市道路设计车辆

（1）机动车设计车辆

我国城市道路机动车设计车辆外廓尺寸见表 2-2。

（2）非机动车设计车辆

我国城市道路非机动车设计车辆外廓尺寸见表 2-3。

城市道路机动车设计车辆外廓尺寸　　　　　　　　　　表 2-2

车辆类型	项目					
	总长	总宽	总高	前悬	轴距	后悬
	尺寸(m)					
小型汽车	5	1.8	1.6	1.0	2.7	1.3
普通汽车	12	2.5	4.0	1.5	6.5	4.0
铰接车	18	2.5	4.0	1.7	5.8及6.7	3.8

注：1. 总长为车辆前保险杠至后保险杠的距离，m。
　　2. 总宽为车厢宽度(不包括后视镜)，m。
　　3. 总高为车厢顶或装载顶至地面的高度，m。
　　4. 前悬为车辆前保险杠至前轴轴中线的距离，m。
　　5. 轴距：双轴车时为前轴轴中线至后轴轴中线的距离；铰接车时为前轴轴中线至中轴轴中线的距离及中轴轴中线至后轴轴中线的距离，m。
　　6. 后悬为车辆后保险杠至后轴轴中线的距离，m。

城市道路非机动车设计车辆外廓尺寸　　　　　　　　　　表 2-3

车辆类型	项目		
	总长	总宽	总高
	尺寸(m)		
自行车	1.93	0.60	2.25
三轮车	3.40	1.25	2.50
板车	3.70	1.50	2.50
兽力车	4.20	1.70	2.50

注：1. 总长：自行车为前轮前缘至后轮后缘的距离，三轮车为前轮前缘至车箱后缘的距离，板车、兽力车均为车把前端至车箱后缘距离，m。
　　2. 总宽：自行车为车把宽度，其余车种均为车厢宽度，m。
　　3. 总高：自行车为骑车人骑在车上时，头顶至地面的高度，其余车种均为载物顶部至地面的高度，m。

二、设计车速

设计车速也称计算行车速度，是道路设计时确定几何线形的基本要素，是在天气条件良好，车辆行驶只受道路本身条件影响时，具有中等驾驶技术的人员能够安全、顺适地驾驶车辆的速度。道路的曲线半径、超高、加宽、视距、纵坡、车道宽等项指标无不与设计车速有关。当设计车速确定后，在该行驶车速下的道路各项对应的几何设计指标也随之而定。所以设计车速是道路设计的重要依据，是关键性指标。我国公路、城市道路的设计车速规定见表1-1和表1-2。

应当特别指出：设计车速并不代表实际行车速度，道路上驾驶员是根据路况、交通情况、车辆性能、驾驶技术等多方面因素来选择行车速度的。所以在规定的设计车速下选择具体道路各项设计指标时，保证设计车辆的行车安全，应尽量采用较高的设计指标。

设计车速是根据道路的使用任务和性质、交通量、地形等条件规定的，它对工程费用和运输效益两方面均有较大影响，确定设计车速时应全面考虑各方面的因素并注意以下几点：

（1）高速公路的设计车速为 120km/h、100km/h、80km/h，目的是要保证高速公路的高速、舒适、安全等特点。世界各国高速公路的最低车速为 80km/h，部分国家，如匈牙利、保加利亚、日本也有采用 60km/h 的，但采用过低的车速不利于今后道路的改造。另外，设计车速低而运行速度高会诱发交通事故，所以我国《标准》规定：特殊困难路段可以采用 60km/h，但长度不宜大于 15km。

（2）一级公路作为干线公路时，设计速度宜采用 100km/h 或 80km/h。一级公路作为集散公路时，根据混合交通量、平面交叉间距等因素，设计速度宜采用 80km/h 或 60km/h。

（3）二级公路作为干线公路时，设计速度宜采用 80km/h。作为集散公路时，混合交通量较大、平面交叉间距较小的路段，设计速度宜采用 60km/h。位于地形地质等自然条件复杂的山区，经论证该路段的设计速度可采用 40km/h。

（4）在设计过程中要避免设计车速选择过高或者过低，若设计车速取值过高，会造成在山岭及地形复杂地区工程费用过高。若设计车速选择太低，不能满足车辆行驶需要，如果超过设计车速行驶车辆过多，会造成交通堵塞，增加交通事故而影响运输效益。

（5）对于一条道路，应尽量采用同一设计车速，以保证设计路段的技术指标均衡和行车的连续性。当地形或其他条件发生变化时，必须改变路段设计车速，高速公路各设计路段长度不宜小于 15km；一、二级公路不宜小于 10km，变更后的设计车速和对应的技术指标与原指标相差愈小愈好。道路设计车速变更位置应选在交通量、地形变化较大处，驾驶员容易判断处，路段设计车速变更处应设足够里程长度的指标过渡段。

三、交通量

（一）道路交通量

道路交通量是指某道路横断面上单位时间内（每小时或每昼夜）通过车辆的往返数量。交通量的具体数值由交通调查和交通预测确定。它是确定道路等级的主要经济依据。设计中常考虑的交通量有：

（1）年平均日交通量，N_1：一年 365 天交通量的平均值。
（2）最大日交通量，N_2：一年 365 天中日交通量的最大值。
（3）高峰小时交通量，N_3：一天中最大的小时交通量。
（4）昼夜平均小时交通量，N_4：一昼夜中平均每小时交通量。
（5）30 位小时交通量，将一年 8760 小时交通量，按大小顺序排列后，排列在第 30 位的小时交通量，如图 2-1 所示。
（6）远景交通量：道路设计年限末达到的交通量。

根据我国多年交通量变化规律的统计，以上交通量的关系见式(2-1)：

$$\frac{N_2}{N_1} = F_1 \qquad (2\text{-}1a)$$

$$\frac{N_3}{N_4} = F_2 \qquad (2\text{-}1b)$$

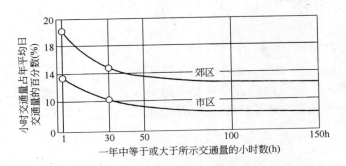

图 2-1 道路 30 位小时交通量

式中　F_1——年不平衡系数，它反映我国一年中昼夜交通量变化情况，一般取$F_1=1.6$；

　　　F_2——日不平衡系数，它反映我国一昼夜中小时交通量变化范围，$F_2=2.1$。

（二）设计交通量

道路上的交通量是道路设计的重要依据，设计的车道数和车行道宽度必须与该道路的交通量相适应。即不同大小交通量的取值将直接影响到车道数和车行道的宽度。如设计用的交通量过小，则必定会使车道宽度设计过小，从而导致交通拥挤甚至交通堵塞；相反，如果设计交通量取值太大，则车道设计则会过宽，就会造成浪费。所以，设计交通量的取值既要保证交通安全畅通，又要使工程造价经济、合理。

道路上的交通量在一年中不同时间的分布都是不一样的，甚至一昼夜中各个小时的交通量也是不一样的，如果取年平均日交通量作为设计交通量，它根本就无法反应出一昼夜内交通量的变化特点；如果取日平均小时交通量作为道路设计的依据，那么道路上一天中的高峰期间出现的交通量，将会严重堵塞道路。那我们在道路设计过程中，究竟应以哪个交通量作为设计交通量呢？

在公路设计中，常采用第 30 位小时交通量为设计小时交通量，或根据公路功能采用当地的年第 20～40 位小时之间最为经济合理时位的小时交通量。

城市道路全年的日交通量不像公路那样有大幅度的变化，所以当缺乏长年的观测资料时，可选择有代表性的工作日的 24h 交通量，近似地作为年平均日交通量，据此来推算第 30h 的设计小时交通量。城市道路设计中还可参照类似城市规模的道路交通资料作为设计小时交通量。

1. 各级道路设计交通量的预测

（1）高速公路和具有干线功能的一级公路的实际交通量应按 20 年预测；有集散功能的一级公路，以及二、三级公路的设计交通量应按 15 年预测；四级公路可根据实际情况确定。

城市道路设计交通量达到饱合状态时的设计年限规定为：快速路、主干路为 20 年，次干路为 15 年、支路为 10～15 年。

（2）设计交通量预测的起算年应为该项目可行性研究报告中的计划通车年。

（3）设计交通量的预测应充分考虑走廊带范围内远期社会、经济的发展和综合运输体系的影响。

2. 设计交通量的计算方法

(1) 公路的设计交通量

1) 高速公路、一级公路的年平均日交通量

高速公路、一级公路应按单向单车道的设计小时交通量考虑,但现行《标准》仍沿用年平均日交通量指标,其值按式(2-2)计算:

$$AADT = \frac{C_D N}{KD} \quad (2-2)$$

式中 $AADT$——预测年的年平均日交通量;
C_D——每车道设计通行能力;
N——单向车道数;
D——方向分布系数。根据公路所在位置和功能,D 值范围为 50/50~40/60;亦可根据当地的交通量观测资料作适当调整;
K——设计小时交通量系数,根据公路所在位置、地区经济、气候特点等确定,K 值范围:近郊公路 0.085~0.11;公路 0.12~0.15;亦可根据当地交通量观测资料确定。

按式(2-2)计算并取整后,高速公路能适应的年平均日交通量见表2-4。

高速公路能适应的年平均日交通量　　表 2-4

设计速度(km/h)	四车道(pcu/d)	六车道(pcu/d)	八车道(pcu/d)
120	40000~55000	55000~80000	80000~100000
100	35000~50000	50000~70000	70000~90000
80	25000~45000	45000~60000	60000~80000

同理,一级公路能适应的年平均日交通量按式(2-3)计算:

$$AADT_{一级} = \frac{(0.6 \sim 0.76) C_{高速} \Sigma K_i}{KD} \quad (2-3)$$

式中 K_i——各条车道的折减系数:第一条车道 1.0;第二条车道 0.9;第三条车道 0.8~0.9;第四条车道 0.7~0.8。

按式(2-3)计算并取整后,四、六车道一级公路能适应的年平均日交通量见表2-5。

一级公路能适应的年平均日交通量　　表 2-5

设计速度(km/h)	四车道(pcu/d) $\Sigma K_i = 1.9$	六车道(pcu/d) $\Sigma K_i = 2.65$
100	27000~30000	30000~55000
80	20000~27000	27000~45000
60	15000~25000	25000~35000

2) 二、三、四级公路的年平均日交通量

二、三、四级公路由于运行质量受双方向流量比、超车视距、管理水平、路侧干扰等多项因素的影响,其设计通行能力与适应交通量的范围较大。根据交通调查资料统计:二、三、四级公路的设计小时交通量系数平均值在0.09~0.18之间;方向分布系数为0.6时,方向影响系数为0.94。二、三、四级公路能适应的年平均日交通量见表2-6。

二、三、四级公路能适应的年平均日交通量　　　表2-6

公路等级	设计速度(km/h)	设计通行能力(pcu/d)	方向分布影响系数	设计小时交通量系数	适应的年平均日交通量(pcu/h)
二级公路	40~80	550~1600	0.94	0.09~0.18	5000~15000
三级公路	30~40	400~700	0.94	0.1~0.13	2000~6000
四级公路	20	<400	0.94	0.13~0.18	<2000

(2) 城市道路的设计交通量

《城市道路设计规范》规定,城市道路设计小时交通量按式(2-4)计算:

$$N_h = N_{da} K \delta \tag{2-4}$$

式中　N_h——设计小时交通量(pcu/h);

　　　N_{da}——设计年限的年平均日交通量(pcu/d);

　　　K——设计高峰小时交通量与年平均日交通量的比值,当不能取得年平均日交通量时,可用有代表性的平均日交通量代替;

　　　δ——方向不均匀系数,即主要方向交通量与断面交通量的比值。

年平均日交通量或平均日交通量与K、δ值均应由各城市观测取得,未进行观测的城市可参照性质相近的邻近城市的数据选用。新建道路可参照性质相近的同类型道路数值选用。不能取用时,K值可采用11%,δ值可采用0.6。

【例2-1】　某城市道路年平均日交通量为4600(辆/昼夜),第30位高峰小时交通量为506(辆/小时),道路的方向不均匀系数为$\delta=0.6$。试求高峰小时交通量系数K及单向设计高峰小时交通量。

【解】　$K=506/4600=0.11$

　　　$N_h=4600\times0.11\times0.6=304$(辆/h)或$N_h=506\times0.6=304$(辆/h)

确定设计年限的年平均日交通量时,应综合考虑现有交通量、正常增长交通量、吸引交通量、发展交通量等。

(三) 车辆换算

道路上行驶的车辆类型各不相同,设计中必须把不同尺寸、不同种类、不同行驶速度的各种车辆的交通量换算成同一种"标准车型"的交通量作为计算设计交通量的依据。

1. 公路不同车辆交通量换算

我国公路交通量车辆换算以小客车为标准车型,各汽车代表车型和车辆换算系数见表2-7,换算时应注意:

各汽车代表车型与车辆折算系数　　　　　　　　表 2-7

汽车代表车型	车辆折算系数	说明
小客车	1.0	小于等于19座的客车和载质量小于等于2t的货车
中型车	1.5	大于19座的客车和载质量大于2t小于等于7t的货车
大型车	2.0	载质量大于7t小于等于14t的货车
拖挂车	3.0	载质量大于14t的货车

(1) 兽力车、人力车、自行车等非机动车，在设计交通量换算中按路侧干扰因素计。

(2) 一、二级公路上行驶的拖拉机按路侧干扰因素计。

(3) 三、四级公路上行驶的拖拉机每辆折算为4辆小客车。

(4) 公路通行能力分析所要求的车辆折算系数应针对路段、交叉口等形式，按不同的地形条件和交通需求，采用相应的折算系数。

2. 城市道路不同车辆交通量换算

《城市道路设计规范》规定，我国道路交通量车辆换算以小客车为标准车型，中、小城市小型车很少时，可按普通汽车计。不同车辆及道路位置车辆换算系数见表2-8、表2-9。

路段车种换算系数　　　　　　　　表 2-8

车　种	小客车	普通汽车	铰接车
换算系数	1	1.5	2

平面交叉口车种换算系数　　　　　　　　表 2-9

交叉口形式	车　种		
	小客车	普通汽车	铰接车
环行交叉口	1	1.4	2
灯控交叉口	1	1.6	2.5

(四) 设计年限末交通量的估算

根据目前交通量所获得的设计小时交通量，还要推算出设计年限末的交通量作为正式的设计依据。因为设计交通量是指一定的设计年限的交通量而言的。

设计年限交通量是根据两部分的交通量计算而得的，第一部分是现行交通量，包括道路的现有交通量和道路建成以后从其他道路吸引过来的交通量；第二部分是设计年限内增加的交通量，包括正常的交通增长量和由于规划变化而产生的交通量的增长。

设计年限内交通量目前按式(2-5)计算确定。

$$N_n = N_0(1+r)^{n-1} \tag{2-5}$$

式中　N_n——设计年限末交通量(辆/昼夜或辆/小时)；

N_0——起始年的交通量(辆/昼夜或辆/小时);

n——计算年限;

r——车辆年均增长率(%)。

四、通行能力

各级道路所能适应的年平均日交通量是由道路所具有的通行能力决定的。通行能力是道路所能疏导交通流的能力,反映了在保持规定的运行质量前提下,公路所能通行的最大小时交通量。从规划设计角度,通行能力分为基本通行能力和设计通行能力。

道路通行能力和交通量概念不同,交通量指某时段内实际通过的车辆数。一般交通量均小于道路的通行能力。在很多的情况下,驾驶员可以自由行驶,可以变更车道、改变车速,还可以超车。交通量等于或接近于道路通行能力时,车辆行驶的自由度就明显降低,一般只能以同一速度列队循序行进。当交通量超过通行能力时,车辆就会出现拥挤、甚至堵塞。所以,道路通行能力是一定条件下通过车辆的极限值。

1. 种类

（1）基本通行能力

基本通行能力是指在道路、交通、环境和气候均处于理想条件下,不论服务水平如何,由技术性能相同的一种标准车辆,在单位时间内通过一条车道或者道路路段某一断面的最大车辆数,这是一种理想状况下的通行能力,也称理论通行能力。

（2）可能通行能力

可能通行能力是指一条已知道路的一部分在实际或预计的道路、交通、控制和环境条件下,该组成部分的一条车道或一车行道上对上述各条件有代表性的均匀段上或一横断面上,不论服务水平如何,单位时间能通过的车辆数最大值(混合交通的道路上为标准汽车)。

（3）设计通行能力

设计通行能力指一设计中道路的一组成部分,在预计的道路、交通、控制和环境条件下,该组成部分的一条车道或一车行道对上述各条件有代表性的均匀段上或一横断面上,在所选用的设计服务水平下,单位时间能通过的车辆数最大值(混合交通的道路上为标准汽车)。

2. 城市道路路段通行能力的计算

《城市道路设计规范》(CJJ 37—90)规定:计算道路的基本通行能力是以车头时距为计算标准的,原因是车头时距更能反应车流的运行情况。

（1）一条车道通行能力计算

一条车道的基本通行能力按式(2-6)进行计算:

$$N_p = \frac{3600}{t_i} \tag{2-6}$$

式中 t_i——前后两车通过一个断面的时间差(s)。

当本市没有 t_i 的观测值时,一条车道可能通行能力可按表2-10确定。

一条车道可能通行能力　　　　　　　　　表 2-10

计算行车速度(km/h)	50	40	30	20
可能通行能力	1690	1640	1550	1380

(2) 影响路段通行能力的因素

影响道路通行能力的因素很多，在城市道路设计中主要要考虑多车道对路段通行能力的影响、交叉口对路段通行能力的影响、行人过街等因素对路段通行能力的影响、车道宽度对道路通行能力的影响。

1) 不受平面交叉口影响的道路考虑道路分类系数按式(2-7)计算。

$$N_m = \alpha_c \cdot N_p \tag{2-7}$$

式中　N_m——一条机动车道的设计通行能力(pcu/h)；
　　　α_c——机动车道通行能力的道路分类系数，见表 2-11；
　　　N_p——一条机动车道路段的可能通行能力(pcu/h)。

机动车道道路分类系数　　　　　　　　　表 2-11

道路分类系数	快速路	主干路	次干路	支路
α_c	0.75	0.80	0.85	0.90

2) 多车道对路段通行能力的影响

在一条道路上，同一行驶方向的车道数往往不止一条，在多车道的情况下，同向行驶的车辆由于超车、停车等因素会影响另一车道上车辆的通行能力。一般越靠近路中心线的车道，受影响越小。因此，在无分隔带的同向车行道上，靠近路中心线的车道的通行能力越大，靠人行道侧的车道通行能力越小。其折减系数用 α_n 来表示。多车道总通行能力见式(2-8)。

$$C_n = N_p \Sigma \alpha_n \tag{2-8}$$

式中　$\Sigma \alpha_n$——各车道的折减系数之和。通常以靠近路中线或中央分隔带的车行道为第一条车道，其通行能力为 1(即 100%)，第二条车道的通行能力为第一条车道的 0.8~0.9，第三条车道为第一条车道的 0.65~0.8，第四条车道为第一条车道的 0.5~0.65，第五条车道为第一条车道的 0.4~0.52。

由以上的折减系数可以看出，当设计的车道数越多，则靠路边的车道的折减系数就越小。因此过多地设计车道数对于增加道路的通行能力的作用不大，相反会造成交通的过分集中和交通混乱，给交通组织管理工作造成一定的困难。在一般的中、小城市，主干道多以设计 4 条(双向)车道为宜，大城市和特大城市主干道多以设计 4~6 条(双向)机动车道为好。

3) 交叉口对路段通行能力的影响

在城市道路里，道路纵横相交形成交叉口，交叉口对于道路的通行能力的影响较大。在影响通行能力的许多因素中，交叉口是主要的影响因素，它对于通行能力起到控制性的作用。交叉口通行能力的影响系数见式(2-9)：

$$\alpha_j = \frac{\text{交叉口之间无阻的行程时间(s)}}{\text{交叉口之间实际的行程时间(s)}} \tag{2-9}$$

4) 行人过街等因素对于路段通行能力的影响

行人过街对道路通行能力的影响与过街行人的数量有直接的影响，当双向过街人数达到 500 人次/h 以上时，其折减系数为 $\alpha_r = 0.63$。

5) 车道宽度对于路段通行能力的影响

当车道的宽度小于 3.5m 时，会影响车速，以致通行能力的下降，其折减系数见表 2-12。

车道宽度的折减系数　　　　　表 2-12

车道宽度 b(m)	α_k	车道宽度 b(m)	α_k
3.50	1.00	3.00	0.85
3.25	0.94	2.75	0.77

第二节　道路平面设计

道路是一个三维空间的实体，路线是道路中线的空间位置，如图 2-2 所示。路线在水平方向的投影称为路线平面；沿中线竖直剖切再行展开则是路线的纵断面；中线上任意一点法向切面是道路在该点的横断面。设计一条道路，对于平、纵、横三方面既要综合考虑，又要分别处理。

道路设计过程中先确定平面的线形，再进行纵断面和横断面设计。道路为带状构造物，它的中线是一条空间曲线。道路中心线在水平面的投影为平面线形。它由直线、圆曲线、缓和曲线三个要素组成。为使道路线形适应汽车行驶轨迹要求，达到安全、舒适的目的，公路平面线形设计常用：直线——缓和曲线——圆曲线——缓和曲线——直线的组合；城市道路一般采用：直线——圆曲线——直线的组合方式。

一、直线

直线是两点间距离最短的线段。它具有线形直捷，布设方便，行车视距良好，行车平稳等优点，如图 2-2 所示。在城市道路、桥梁、交叉口、隧道等路段，采用直线线形显然是极为有利的。但直线不能适应地形变化，不便于避让障碍，直线过长容易使驾驶员产生麻痹而放松警惕，发生行车事故，夜间行车时，对向行车灯光眩目不利安全。故路线设计中对长直线应限制使用，对直线的设置要与地形、地物、环境相适应。

图 2-2　直线与曲率

作为平面线形要素之一的直线,在道路设计中使用最为广泛。在道路线形设计时,一般根据路线所处地带的地形、地物条件,驾驶员的视觉、心理条件以及保证行车安全等因素,对直线的最大和最小长度应有所控制。

(一) 直线的最大长度:

从理论上来讲,合理的直线长度应根据驾驶员的心理反应和视觉效果来确定,但目前这一问题尚在研究之中。根据各国的普遍经验,如日本和德国,一般规定最大的直线长度(以公里计),不超过 $20V$(V 为设计车速,以 km/h 计)。我国地域辽阔,地形千变万化,对于直线的长度很难作出统一规定,加之在混合交通的道路上,超车、会车、错车以及避让非机动车和行人的机会较多,驾驶员的感觉各不相同。根据在不同道路上的调查显示,直线的最大长度,在城镇及附近或其他景色有变化的地点大于 $20V$ 是可以接受的,在景色单调的地点最好控制在 $20V$ 以内。故道路设计中,直线的最大长度最好控制在 $20V$ 以内。

(二) 直线的最小长度

直线的最小长度:我国《标准》和《城市道路设计规范》(CJJ 37—90)均规定:当 $V \geq 60$km/h 时,同向曲线间的直线最小长度为 $6V$,反向曲线间的最小长度不小于 $2V$。而对于低速道路($V \leq 40$km/h),可以参考执行。

(三) 直线运用应注意的情况:

(1) 采用直线应特别注意它与地形、地物的关系,在运用直线线形并决定其长度时,不宜采用长直线。

(2) 长直线或长下坡尽头的平曲线,除曲线的半径、超高、视距等必须符合规定要求外,还必须采取设置标志、增加路面抗滑能力等安全措施。

(3) 长直线上坡不宜过长,因为长直线加陡坡,下坡时容易超速行车,直线上的纵坡一般应小于 3%。

(4) 长直线应与大半径凹曲线配合为宜,这样可以使呆板的直线得到一些缓和或改善;

(5) 直线的长度也不宜过短,特别是同向圆曲线间不得设置短的直线。

二、圆曲线

圆曲线是道路平面走向改变方向时,所设置的连接两相邻直线段的圆弧形曲线。圆曲线线形布设方便,能很好地适应地形,避让障碍,与地形配合得当可获得圆滑、舒顺、美观的路线,又能降低工程造价。而且,这种线形使行车景观不断变化,使驾驶员保持适度的警惕,增加行车安全性,也可起到诱导行车视线的作用,如图 2-3 所示。但圆曲线的选择切不可迁就地形,造成半径过小而影响行车安全。

图 2-3 圆曲线与曲率

（一）圆曲线的平面布设

1. 圆曲线上技术代号

如图 2-4 所示道路平曲线处主点桩技术符号是：

JD——交点（转角点）；

ZY——直圆（圆曲线起点）；

QZ——曲中（圆曲线中点）；

YZ——圆直（圆曲线终点）。

2. 几何要素

如图 2-4 所示，在曲线半径确定后，根据平面导线转角 α 值，按式（2-10）计算确定圆曲线各几何要素。

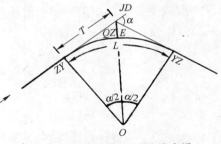

图 2-4 不带缓和曲线的平曲线布设

$$\left.\begin{aligned}
\text{切线长 } & T = R \cdot \tan\frac{\alpha}{2} \\
\text{曲线长 } & L = \frac{\pi}{180} R\alpha \\
\text{外距值 } & E = R \cdot \left(\sec\frac{\alpha}{2} - 1\right) \\
\text{校正值 } & J = 2T - L
\end{aligned}\right\} \quad (2\text{-}10)$$

3. 曲线主点桩号里程计算

根据已知交点桩的里程和计算出的曲线几何要素值，曲线各主点桩号里程计算如下：

$$ZY = JD - T$$
$$QZ = ZY + \frac{L}{2}$$
$$YZ = ZY + L$$

曲线主点桩计算校核如下：

$$JD = YZ + J - T$$

【例 2-2】 某道路 JD_5 桩号为 K2+680，测得该转角 $\alpha_{左} = 56°32'$，选定该交点处曲线半径为 200m，试计算曲线主点桩里程。

【解】（1）曲线几何要素

$$T = R\tan\frac{\alpha}{2} = 200\tan\frac{56.53°}{2} = 107.54\text{m}$$

$$L = \frac{\pi}{180}R\alpha = \frac{3.14}{180} \times 200 \times 56.53° = 194.33\text{m}$$

（2）主点桩里程计算

$$ZY = JD - T = \text{K2}+680 - 105.54 = \text{K2}+572.46$$
$$QZ = ZY + \frac{L}{2} = \text{K2}+572.46 + \frac{197.33}{2} = \text{K2}+671.13$$
$$YZ = ZY + L = \text{K2}+572.46 + 197.33 = \text{K2}+769.79$$
$$J = 2T - L = 2 \times 107.54 - 197.33 = 17.75$$
$$JD = YZ + J - T = \text{K2}+769.79 + 17.75 - 107.54 = \text{K2}+680$$

计算无误。

(二)圆曲线半径

行驶在曲线上的汽车在离心力的作用下其稳定性受到影响,而离心力的大小又与曲线半径密切相关,半径愈小越不利。圆曲线路段行驶时,产生的离心力见式(2-11)为:

$$F = \frac{Gv^2}{gR} \tag{2-11}$$

式中 F——离心力(N);
G——汽车重量(N);
v——汽车行驶速度(m/s);
R——曲线半径(m);
g——重力加速度($g=9.8 \text{m/s}^2$)。

由于汽车受到离心力的作用,将可能产生横向滑移或横向倾覆。所以汽车在小半径曲线路段行驶时,容易发生横向失稳。因此,在平面曲线设计中,应首先研究如何选择圆曲线半径。

曲线半径指标可由车辆在曲线上行驶时的受力情况建立平衡方程求得。由汽车转弯时的受力分析图,如图 2-5 得平衡方程(按内侧行驶)为:

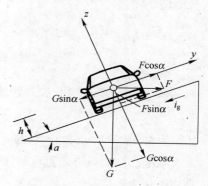

图 2-5 汽车转弯时受力分析图

$$F\cos\alpha - G\sin\alpha = (F\sin\alpha + G\cos\alpha)\mu$$

方程两边同除以 $\cos\alpha$;且令 $i_b = \tan\alpha$
得: $F - Gi_b = \mu(G + Fi_b)$

将 $F = \frac{Gv^2}{gR}$ 代入上式,略去高阶小数整理后得到式(2-12):

$$R = \frac{V^2}{127(\mu \pm i_b)} \tag{2-12}$$

式中 i_b——路面横坡,无超高时为路拱横坡,有超高时为超高横坡;
μ——横向力系数。

从式(2-12)中看出,曲线半径 R 与横向力系数 μ,横坡度 i_b,设计车速 V 有关。这对分析选择曲线半径与超高横坡有重要作用。

1. 横向力系数 μ 与取值

由式(2-12)得: $\mu = \frac{V^2}{127R} - i_b$

横向力系数 μ 表示单位车重所受到的横向力(离心力),它反映曲线上行车的横向稳定程度,μ 值越大越不利,μ 取值大小取决以下几方面:

(1) 行车安全。保证曲线路段行车与横向稳定的控制条件是:确保行车不产生横向滑移,即要求 μ 低于轮胎与路面所提供的横向摩阻系数 φ_0,即 $\mu \leq \varphi_0$。φ_0 值与路面种类及轮胎状况有关。在干燥路面上 $\varphi_0=0.4\sim0.8$，潮湿路面 $\varphi_0=0.25\sim0.4$，冰雪路面上 φ_0 一般小于 0.2，而对于黑色路面，不良路面状况时：$\mu\leqslant\varphi_0=0.2$。

（2）操作方便、行车经济。汽车在弯道上行驶，其驱动方向与行驶方向的不同形成一个偏移角，曲线半径越小，偏移角就越大。偏移角的增大会造成操作困难，增加燃料消耗与轮胎磨损。这种消耗与 μ 值的关系见表 2-13。从操作方便、减少消耗的角度看，横向力系数取值 $\mu<0.15$ 为好。

μ 与燃料消耗和轮胎磨耗变化关系表　　表 2-13

μ 值	0	0.05	0.10	0.15	0.20
燃料消耗(%)	100	105	110	115	120
轮胎磨损(%)	100	160	220	300	390

（3）行车平稳、舒适。汽车在弯道上行驶产生 μ 值过大，影响行车的稳定性，使司机和乘客感到紧张和不舒适。据测定，随着 μ 值的变化，反应如下：

当 $\mu<0.10$ 时　　不感到曲线存在，很平稳；

当 $\mu=0.15$ 时　　稍感到曲线存在，尚平稳；

当 $\mu=0.20$ 时　　感到曲线存在，稍感不平稳；

当 $\mu=0.35$ 时　　感到曲线存在，不平稳；

当 $\mu\geqslant0.4$ 时　　非常不稳，有倾倒的感觉。

综合上述，从行车安全、经济、舒适诸方面要求上，常取 $\mu\leqslant0.15$，在设计中高速道路应取较低值，一般取 $\mu_{max}=0.15$ 为控制值。

2. 圆曲线半径的标准

（1）公路圆曲线最小半径

《标准》规定了三种平曲线最小半径：一般最小半径、极限最小半径和不设超高最小半径，见表 2-14。路线设计中，为了确定行车安全和一定的舒适性，应避免采用极限半径，采用大于或等于表中一般最小半径值。在地形有利，不过分增加工程量与工程费用时，应尽可能采用不设超高的半径值，对改善行车条件，提高道路使用质量，对今后道路改建、等级提高方面均是有益的。

各级公路最小平曲线半径　　表 2-14

设计车速(km/h)		120	100	80	60	40	30	20
一般值(m)		1000	700	400	200	100	65	30
极限值(m)		650	400	250	125	60	30	15
不设超高最小半径(m)	路拱≤2.0%	5500	4000	2500	1500	600	350	150
	路拱>2.0%	7500	5250	3350	1900	800	450	200

1）一般最小半径是通常情况下推荐采用的最小半径值，能保证按设计速度行驶的车辆的安全性和舒适性。它介于极限最小半径与不设超高最小半径之间，其超高值随半径增大而按比例减小。一般最小半径的 μ、i 取值见表 2-15。

公路圆曲线一般最小半径 μ、i 取值　　　　　表 2-15

设计速度(km/h)	120	100	80	60	50	40	30	20
μ	0.05	0.05	0.06	0.06	0.06	0.06	0.05	0.05
i(最大值)	0.06	0.06	0.07	0.08	0.07	0.07	0.06	0.06

2) 极限最小半径是能保证按设计速度行驶的车辆安全行驶的最小半径，它是设计采用的极限值。当 μ、i 都最大值时，按式(2-12)可计算出极限最小半径。道路曲线半径为极限最小半径时，设置最大超高，μ、i 取值见表 2-16。《标准》中以常用的 8% 超高的圆曲线的最小极限半径。

公路圆曲线极限最小半径的横向力系数及最大横坡度　　　　　表 2-16

设计速度(km/h)	120	100	80	60	40	30	20
横向力系数 μ	0.10	0.12	0.13	0.15	0.15	0.16	0.17
超高值横坡度(%)	6 8 10	6 8 10	6 8 10	6 8 10	6 8 10	6 8 10	6 8 10

【例 2-3】 证明当采用设计车速 $V=30$km/h 时的最小半径指标。

【解】 查"标准"，$V=30$km/h；$i=8\%$；$\mu=0.16$

则：$R_{\min}=\dfrac{30^2}{127(0.16+0.08)}=30.8$m

《标准》规定：$R_{\min}=30$m，得证。

从指标证明中应注意到：极限半径指标仅能保证以设计车速或低于设计车速行驶车辆的安全平稳。对于那些超过设计车速行驶的车辆来说安全是没有保障的。所以，极限半径指标是各级道路最低控制指标，在设计中应作为曲线半径的控制界限值，不应轻易采用。

3) 不设超高最小半径

当路面不设超高时，路拱为双向横坡度，与直线段的路拱一致，当路线的半径大到一定值时，即使汽车在曲线的外侧时，也能获得足够的安全性和很好的舒适性。《标准》规定了不设超高最小半径见表 2-14。

(2) 城市道路圆曲线最小半径

《城市道路设计规范》(CJJ 37—90)规定了四种平曲线最小半径：设超高最小半径、设超高推荐半径、不设超高最小半径和不设缓和曲线最小半径。其值见表 2-17。前三种最小半径的含义与公路相同，只是 μ、i 取值不同，如城市道路的不设超高最小半径 $\mu=0.06$、$i=0.015$。不设缓和曲线最小半径指当平曲线半径大于或等于此值时缓和曲线可以省略的最小半径。由表可知此半径比不设超高最小半径大，这是结合城市道路线形顺适美观，要求较高所制定的。对于公路，不设缓和曲线半径值与不设超高最小半径相同。城市道路中，考虑到道路与两侧建筑立面关系，路边缘两侧非机动车行驶安全的要求，平面曲线半径常采用大于不设超高最小半径。

城市道路圆曲线最小半径　　　　　　表 2-17

设计速度(km/h)	80	60	50	40	30	20
设超高最小半径(m)	250	150	100	70	40	20
设超高的推荐半径(m)	400	300	200	150	85	40
不设超高最小半径(m)	1000	600	400	300	150	70
不设缓和曲线最小半径(m)	2000	1000	700	500		

(3) 圆曲线最大半径

选用圆曲线半径时，在地形等条件允许的前提下应尽量采用大半径曲线使行车舒适。但半径过大，使圆曲线太长，对测设和施工都不利，且过大的半径其几何性质与直线无多大差异。因此，《公路路线设计规范》(JTG D20—2006)规定，圆曲线最大半径值不宜超过 10000m。

3. 圆曲线半径的应用

在道路平面设计时，应根据沿线的地形、地物特点，尽量选用较大半径，便于安全、舒适地行驶。在选用半径时，既要满足技术的经济合理，又要注意经济适用；既不能盲目采用高标准而过分地增加工程量，也不能仅考虑眼前的通行要求而采用低标准(不利于今后道路改造)。在运用平曲线半径时，应遵循的原则是：在地形条件许可时，尽可能采用大于或者等于不设超高最小半径；在一般情况下或地形条件受限制时，应尽量采用大于或等于一般最小半径，只有在地形特别困难时，方可采用极限最小半径。

三、缓和曲线

缓和曲线是平面线形中，在直线与圆曲线、圆曲线与圆曲线之间设置的曲率连续变化的曲线。它易于适应地形，能很好地与汽车行驶轨迹相适应，使线形连续、美观，但缓和曲线计算、布设较繁琐。

在道路线形设计中若将直线与圆曲线直接连接如图 2-6 所示，会导致直线与圆曲线衔接点处产生曲率间断，而行车轨迹是连续的，若在平面线形设计中不采用缓和曲线，对于进出弯道行驶的车辆，特别对那些以较高速度行驶的车辆来说，在行车安全、行车连续方面的影响将是明显的，甚至会使行车偏离车道而发生事故。所以，从道路线形必须适应行车轨迹方面来看，设置缓和曲线是十分必要的。

图 2-6　直线-圆曲线与曲率

缓和曲线曲率由零逐渐连续变化，符合匀速行驶汽车的行驶轨迹。在图 2-7 中可以看出，用缓和曲线将直线与圆曲线连接，提高了平面线形在视觉上的平顺性、行车方面的连续性，缓和了离心加速度对乘客的影响，驾驶员可从容顺适操纵方向。所以缓和曲线的设置对行车安全、连续、线形美观等方面是有益的。

图 2-7 直线-缓和曲线-圆曲线与曲率

（一）缓和曲线的性质

汽车由直线段驶入曲线时，其弯道半径由无限大（直线段）过渡为一定值 R（圆曲线），其中曲率是一个逐渐变化的过程。为了使行车顺利转弯，路线设计符合汽车转弯时的行驶轨迹，可在直线和圆曲线间插入一条缓和曲线，使曲率形成一个连续变化的过程。

图 2-8 分析了汽车由直线驶入曲线过程的理论行驶轨迹。设：汽车以等速 v(m/s) 行驶；等角速度 ω 转动方向盘，在时间 t 秒后汽车后轴中心通过的轨迹线（图 2-4）长度为 s，方向盘转动角度为 $\varphi=\omega t$，前轮转角度 $\phi=k\varphi$，则前轮的转向角为：

$$\varphi = k\omega t$$

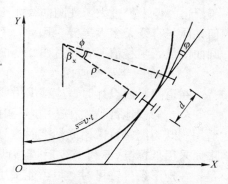

图 2-8 从直线到曲线的理论行驶轨迹

设汽车前后轴之距为 d，此时汽车的转弯半径 r，由图 2-8 得：

$$r = \frac{d}{\tan\varphi} = \frac{d}{\varphi} = \frac{d}{k\omega t}$$

汽车转弯 t 秒行驶的距离为 $s=vt$，得：

$$s = \frac{vd}{k\omega t}$$

因该式中：v、d、k、ω 均为常数，并令：

$$\frac{vd}{k\omega} = c \quad （常数）$$

所以：汽车转弯时的理论轨迹方程见式(2-13)。

$$r = \frac{c}{s} \tag{2-13}$$

式中 c——常数值；
　　　r——汽车转弯 t 秒后所在位置的曲率半径；
　　　s——汽车由直线转弯经 t 秒后行驶距离。

式(2-13)表明：汽车以等速转弯时，行驶轨迹曲线上任意一点所对应的曲率半径与行驶的距离（弧长）成反比，这一行驶轨迹特性正好与数学上回旋线方程性质相同。因此，回旋线能够满足转弯车辆行驶轨迹的要求，也正是我们采用回旋线作缓和曲线的依据。

（二）回旋线作为缓和曲线的基本方式

回旋线是曲率随着曲线长度成比例变化的曲线。这一性质与前面讨论过的驾

驶员以匀速转动方向盘,汽车由直线驶入圆曲线或由圆曲线驶入直线的轨迹线相符,其基本公式见式(2-14):

$$rl=A^2 \tag{2-14}$$

式中　r——回旋线上某点的曲率半径(m);
　　　l——回旋线上某点到原点的曲线长(m);
　　　A——回旋线参数(表征回旋线曲率变化的缓急程度)。

在回旋线的任意点上,r 是随 l 的变化而变化的,但在缓和曲线的终点处,$l=L_s$,$r=R$,则 $RL_s=A^2$,即 $A=\sqrt{RL_s}$

式中　R——回旋线所连接的圆曲线半径(m);
　　　L_s——回旋线形的缓和曲线长度(m)。

（三）带缓和曲线的平曲线平面布设

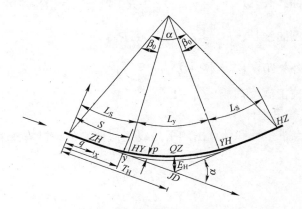

图 2-9　缓和曲线布置

1. 缓和曲线常数

在设有缓和曲线的平曲线布设计算中,首先得到几个基本常数,图 2-9 所示缓和曲线常数如下:

(1) 缓和曲线中心角见式(2-15)。

$$\beta_0 = 28.6479 \frac{L_s}{R} \quad (度) \tag{2-15}$$

(2) 曲线内移值见式(2-16)。

$$p = \frac{L_s^2}{24R} - \frac{L_s^4}{2384R^3} \tag{2-16}$$

(3) 曲线切线增长值见式(2-17)。

$$q = \frac{L_s}{2} - \frac{L_s^3}{240R^2} \tag{2-17}$$

由式(2-17)得出:缓和曲线布设,它的全长 L_s 一半左右设在直线段上;另一半则插入圆曲线中,所以,圆曲线上布设缓和曲线的条件是:圆曲线长度 L 不得小于缓和曲线长(即 $L \geq L_s$)。

2. 技术代号

设有缓和曲线的平曲线主点桩技术代号有:

JD——交点(转角点);
ZH——直缓(第一缓和曲线起点);
HY——缓圆(第一缓和曲线终点);
QZ——曲中(曲线中点);
YH——圆缓(第二缓和曲线起点);
HZ——缓直(第二缓和曲线终点)。

3. 几何要素计算

当圆曲线半径 R、曲线转角 α、缓和曲线长度 L_s 确定后,设有缓和曲线的平曲线几何要素计算式见式(2-18)。

$$\left.\begin{array}{l}切线长:T_H=(R+p)\tan\dfrac{\alpha}{2}+q \\[4pt] 曲线长:L_H=(\alpha-2\beta_0)\dfrac{\pi}{180}R+2L_s=\dfrac{\pi}{180}\alpha R+L_s \\[4pt] 圆曲线长:L_Y=(\alpha-2\beta_0)\dfrac{\pi}{180}R \\[4pt] 外矢距:E_H=(R+p)\sec\dfrac{\alpha}{2}-R \\[4pt] 校正值:J_H=2T_H-L_H \end{array}\right\} \quad (2\text{-}18)$$

4. 曲线主点桩里程计算

根据已知交点桩里程和计算出的平曲线几何要素值,设有缓和曲线的平曲线主点桩:

$$ZH=JD-T_H$$
$$HY=ZH+L_s$$
$$QZ=HY+\dfrac{L_y}{2}$$
$$YH=HY+L_y$$
$$HZ=YH+L_s$$

曲线主点桩里程校核:$JD=HZ+J_H-T_H$

【例 2-4】 某道路交点 JD_6 桩号为 K1+483.12,转角 $\alpha_左=43°15′$,交点处曲线半径为 120m,缓和段长度 $L_s=40$m,如图 2-10 所示,试推算该交点处曲线主点桩里程。

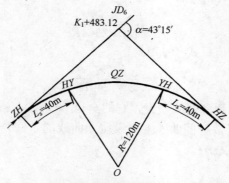

图 2-10 弯道平面布置图

【解】 (1) 曲线常数

$$\beta_0 = 28.6479 \frac{L_s}{R} = 28.6479 \frac{40}{120} = 9.55°$$

$$p = \frac{L_s^2}{24R} - \frac{L_s^4}{2384R^3} = \frac{40^2}{24 \times 120} - \frac{40^4}{2384 \times 120^3} = 0.555$$

$$q = \frac{L_s}{2} - \frac{L_s^3}{240R^2} = \frac{40}{2} - \frac{40^3}{240 \times 120^2} = 19.98 \text{m}$$

(2) 几何要素

$$T_H = (R+p)\tan\frac{\alpha}{2} + q = (120+0.555)\tan\frac{43.25°}{2} + 20 = 67.79 \text{m}$$

$$L_Y = (\alpha - 2\beta_0)\frac{\pi}{180}R = (43.25° - 2 \times 9.55)\frac{3.14}{180} \times 120 = 50.58 \text{m}$$

$$L_H = L_Y + 2L_s = 50.58 + 2 \times 40 = 130.58 \text{m}$$

$$E_H = (R+p)\sec\frac{\alpha}{2} - R = (120+0.555)\sec\frac{43.25°}{2} - 120 = 9.68 \text{m}$$

$$J_H = 2T_H - L_H = 2 \times 67.79 - 130.58 = 5.00 \text{m}$$

(3) 主点桩里程计算

$$ZH = JD - T_H = K1+483.12 - 67.79 = K1+415.33$$

$$HY = ZH + L_s = K1+415.33 + 40 = K1+455.33$$

$$QZ = HY + \frac{L_y}{2} = K1+455.33 + \frac{50.58}{2} = K1+480.62$$

$$YH = HY + L_y = K1+455.33 + 50.58 = K1+505.91$$

$$HZ = YH + L_s = K1+505.91 + 40 = K1+545.91$$

(4) 主点桩校核

$$JD = HZ + J_H - T_H = K1+545.91 + 5.00 - 67.79 = K1+483.12$$

计算无误。

四、曲线超高

超高是为抵消车辆在平面曲线路段上行驶时所产生的离心力，而在该路段横断面上设置的外侧高于内侧的单向横坡。其作用是用车重产生的向内水平分力来抵消部分离心力，以利于行车安全与稳定。当曲线半径小于表2-14或表2-17中规定的不设超高最小半径时，均应设置超高。

(一) 全超高横坡度

超高横坡度计算是由式(2-12)得到：

$$i_b = \frac{V^2}{127R} - \mu \tag{2-19}$$

当 V 为设计车速，R 为极限最小半径 R_{min} 时，则 i_b 为最大超高值 i_{ymax}。公路和城市道路的最大超高值见表2-18、表2-19。

公路最大超高横坡度　　　　　　　　　　　　表2-18

公路等级	高速公路	一	二	三	四
一般地区	10%		8%		
积雪、严寒地区	6%				

城市道路最大超高横坡度　　　　　　　　　　　　表2-19

设计速度(km/h)	80	60	50	40	30	20
最大超高横坡度(%)	6	4			2	

由于车速是驾驶员根据道路实际情况判断后采用的，因此，在计算超高值时需要将设计车速加以调整。实际车速 V_A 与设计车速 V 之间的关系可按表2-20取用。

V_A 与 V 关系表　　　　　　　　　　　　表2-20

设计车速(km/h)	120	100	80	60	40	30	20
实际车速(km/h)	81	74	64	52	37	28	19

由式(2-19)，令 $V=V_A$，并取横向力系数值 $\mu=0$ 时，得到的任意半径超高值对行车安全、经济、舒适方面最为有利。因此，超高值计算式见式(2-20)：

$$i_b=\frac{V_A^2}{127R} \quad (2\text{-}20)$$

超高计算值取值要求：

(1) 当计算结果 $i_b \geq i_{bmax}$ 时，取 $i_b = i_{bmax}$。

(2) 当计算结果 $i_1 < i_b < i_{bmax}$ 时，将 i_b 按0.5%的坡度倍数取整。

(3) 当计算结果 $i_b \leq i_1$（路拱坡度），取 $i_b = i_1$。

总之，任意半径超高横坡度 i_b 不得大于极限超高横坡度 i_{ymax}，又不得小于路拱横坡度 i_1。当曲线半径大于不设超高的最小半径时可不设超高。

（二）超高的过渡

平曲线路段超高缓和段的布置如图2-11所示。当圆曲线上超高值 i_b 和缓和段长度 L_s 一定后，超高缓和应在 L_s 全长上布设（为区分缓和曲线和超高缓和段，本书中缓和曲线用 L_s 表示，超高缓和段用 L_c 表示）。在设计中应根据超高变化情况计算出任意断面上路肩两侧边缘及路中点对原设计标高（未加宽前路肩边缘标高）的相对高差，为施工放样提供依据。超高缓和旋转变化有边轴旋转、中轴旋转两种。缓和段任意断面上内、中、外相对高差计算与缓和段布置方法如下。

1. 公路超高方式

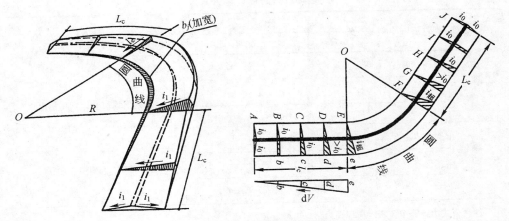

图 2-11 超高缓和段布设图

(1) 无中间带的公路

1) 超高横坡等于路拱横坡时,外侧车道绕路中线旋转,直至超高横坡。
2) 超高横坡大于路拱横坡,有以下三种过渡方式:

① 绕车道内侧边轴旋转

如图 2-12 所示,绕车道内侧边缘旋转的超高变化过程为:外侧路拱先绕路中线旋转(内侧路拱保持不变)至与内侧路拱横坡相同的单坡断面后,将整个单坡断面一起绕内边轴(路面未加宽前的内侧边缘)旋转,使单坡断面横坡达到圆曲线路段的超高横坡为止。对新建公路,挖方较多路段,为减少挖方工程量适宜采用边轴旋转的超高缓和段。

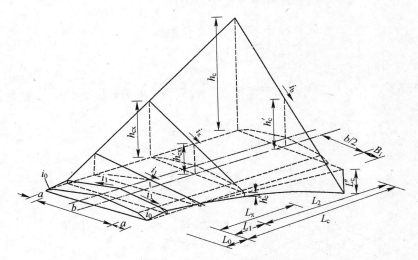

图 2-12 绕车道内侧边轴旋转超高方式

在设计与施工中,超高缓和段上任意断面上内、中、外各点与原设计标高的相对高差可按表 2-21 所列公式计算。

边轴旋转超高计算公式表　　　　2-21

超高值		计算公式		备注
		$0 \leq x \leq L_1$	$L_1 \leq x \leq L_c$	
圆曲线段	h_c	$ai_0 + (a+b)i_b$		表列值均与设计标高相比 $L_1 = \dfrac{i_1}{i_b} L_c$ $b_{jx} = \dfrac{x}{L_c} b_j$
	h_c'	$ai_0 + \dfrac{b}{2} i_b$		
	h_c''	$ai_0 - (a+b_j)i_b$		
缓和段	h_{cx}	$\dfrac{x}{L_c} h_c$		
	h_{cx}'	$ai_0 + \dfrac{b}{2} i_1$	$ai_0 + \dfrac{b}{2} \dfrac{x}{L_c} i_b$	
	h_{cx}''	$ai_0 - (a+b_{jx})i_1$	$ai_0 - (a+b_{jx})\dfrac{x}{L_c} i_b$	

注：公式中计算个值所对应标高为路肩边缘点标高。

表中　h_c、h_c'、h_c''——终点（与全超高 i_b 连接点）断面处路基外、中、内三点超高值；

　　　h_{cx}、h_{cx}'、h_{cx}''——缓和段上任意断面处路基外、中、内三点超高值；

　　　　　a——路肩宽度(m)；
　　　　　b——路面宽度(m)；
　　　　　i_0——路肩坡度(%)；
　　　　　i_1——路拱坡度(%)；
　　　　　i_b——超高坡度(%)；
　　　　　b_j——圆曲线段全加宽(m)；
　　　　　b_{jx}——缓和段任意断面加宽值$\left(b_{jx} = \dfrac{x}{L_c} b_j\right)$(m)；
　　　　　x——缓和段任意断面至起点距离(m)；
　　　　　L_c——缓和段长度(m)。

② 绕中轴旋转

如图 2-13 所示，绕中轴旋转超高变化过程为：外侧路拱绕中线（中轴）旋转（内

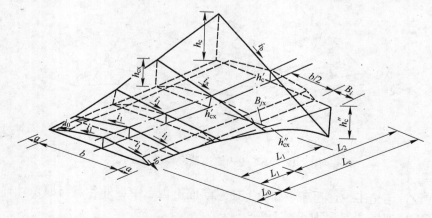

图 2-13　绕中轴旋转超高方式

侧路拱保持不变)至路拱横坡相同的单坡断面后,再将整体断面继续绕中轴旋转,使单坡断面坡度达到圆曲线路段超高横坡为止。适用于旧路改建,路基填方路段以减少填方工程量。城市道路中均采用中轴旋转超高缓和便于控制路中设计标高。中轴旋转时,缓和段上任意断面上外、中、内各点的超高值可按表2-22所列公式计算(式中符号意义同前)。

中轴旋转超高计算公式   表2-22

超高值	计算公式		备 注
	$x \leq x_0$	$x > x_0$	
h_c		$a(i_0-i_1)+\left(a+\dfrac{b}{2}\right)(i_1+i_b)$	表列超高值均与设计标高相比较 $x_0=\dfrac{i_x}{i_b}L_c$ $b_{jx}=\dfrac{x}{L_c}b_j$
h'_c		$ai_0+\dfrac{b}{2}i_1$	
h''_c		$ai_0+\dfrac{b}{2}i_1-\left(a+\dfrac{b}{2}+b_j\right)i_b$	
h_{cx}		$\dfrac{x}{L_c}h_c$	
h'_{cx}		$ai_0+\dfrac{b}{2}i_1$	
h''_{cx}	$ai_0-(a+b_{jx})i_1$	$ai_0+\dfrac{b}{2}i_1-\left(a+\dfrac{b}{2}+b_{jx}\right)\dfrac{x}{L_c}i_b$	

③ 绕车道外侧边轴旋转

如图2-14所示先将外侧车道绕外侧边缘旋转,与此同时,内侧车道随中线的降低而降低,待达到单向横坡后,整个断面仍绕外侧车道边缘旋转,直至达到超高横坡为止。该法仅在特殊设计中采用,如强调路容美观、外侧因受条件限制不能抬高等。

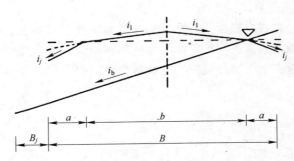

图2-14 绕车道外边缘旋转

(2) 有中间带的公路,有三种超高方式。
① 绕中间带的中心线旋转,如图2-15所示。

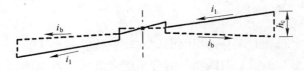

图2-15 绕中间带中心线旋转

先将外侧行车道绕中间带的中心线旋转，待达到与内侧行车道构成单向横坡后，整个断面一同绕中心线旋转，直至超高横坡度值。此时，中央分隔带呈倾斜状。适用于窄中间带的公路，一般中间带宽度小于等于4.5m时采用。

② 绕中央分隔带边缘旋转，如图2-16所示。

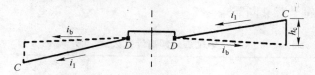

图 2-16　绕中央分隔带边缘旋转

将两侧行车道分别绕中央分隔带边缘旋转，使之各自成为独立的单向超高断面，此时中央分隔带维持原水平状态。各种宽度的中间带均适用此种方式。

③ 绕各自行车道中线旋转，如图2-17所示。

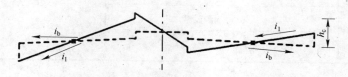

图 2-17　绕各自车道中线旋转

将两侧行车道分别绕各自的中线旋转，使之各自成为独立的单向超高断面。此时中央分隔带边缘分别升高与降低而成为倾斜断面。单向车道数大于四条的公路可采用此种方式。

2. 城市道路超高方式

城市道路超高方式应根据地形状况、车道数、超高横坡值、横断面形式、便于排水、路容美观等因素决定。单幅路及三幅路机动车道宜绕中轴旋转；双幅路及四幅路机动车道宜绕中央分隔带边缘旋转，使两侧车行道各自成为独立的超高横断面（图2-18）。

图 2-18　城市道路超高过渡方式示意图

五、曲线加宽

（一）加宽值确定

汽车在弯道上行驶时车身占用路面宽度比直线路段要大，为了使汽车在转弯时不侵占相邻车道，所以，曲线路段的行车道应进行加宽来满足车辆转弯行驶需要。加宽量的取值取决于以下两个方面。

1. 汽车轮迹需要

弯道上行驶的汽车，各个车轮行驶轮迹是不同的，如图 2-19 所示，后轴内侧轮行驶轨迹半径最小，前轴外侧轮行驶轨迹半径最大。因而在车道内侧需要加宽路面，来满足后轴内侧轮行驶要求。加宽量值随半径减小而增加。

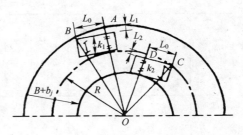

图 2-19 曲线加宽

如图 2-19 所示，由三角形 COD 中得到：$L_0^2+(R-l_2)^2=R^2$

则有：
$$l_2=R-\sqrt{R^2-L_0^2}$$

行车道为双车道，取 $b_j=l_2+l_1=2l_2$ （$l_2>l_1$）

所以：
$$b_j=2(R-\sqrt{R^2-L_0^2})$$

即：
$$R^2-L_0^2=R^2-Rb_j+\frac{b_j^2}{4}$$

因为 $\frac{b_j}{4}$ 与 R 相比甚小，略去后所得双车道形式轨迹需用加宽量见式(2-21)：

$$b_j=\frac{L_0^2}{R} \tag{2-21}$$

式中 R——圆曲线半径(m)；

L_0——汽车后轴至车身前缘的尺寸(m)；

2. 汽车行驶摆动需要

汽车做曲线行驶时，由于行驶方向与驱动方向不一致，会造成行驶摆动。行驶摆动随速度的提高而增大，随半径的变小而增大。因此也考虑曲线路段行车道加宽，用以满足行车摆动需要，以保行车安全。根据测定弯道上行车的摆动要求加宽值见式(2-22)：

$$\frac{0.1V}{\sqrt{R}} \tag{2-22}$$

综上所述：双车道曲线路段的全加宽值由式(2-21)和式(2-22)得到：

$$b_j=\frac{L_0^2}{R}+\frac{0.1V}{\sqrt{R}} \tag{2-23}$$

一般双车道加宽值可按公路"标准"规定(见表 2-23)直接查用。表中所列值为双车道加宽值。单车道公路路面加宽值按表列数值折半，行车道为多车道时应按双车道加宽计算值折算。当圆曲线半径大于 250m 时可不设加宽。为适应行车轨迹，节省工程量，增进路容美观，曲线路段加宽宜布置在弯道内侧。公路规范对加宽类别选用规定如下：

（1）高速公路、一级公路、二级公路及设计速度为 40km/h 的三级公路应采用第三类加宽值。对不经常通行集装箱、半挂车的公路，可采用第二类加宽值。

公路双车道曲线部分的路面加宽值表　　　　　表 2-23

加宽类别	加宽值(m)／汽车轴距加前悬(m)	圆曲线半径(m) 250~200	<200~150	<150~100	<100~70	<70~50	<50~30	<30~25	<25~20	<20~15
1	5	0.4	0.6	0.8	1	1.2	1.4	1.8	2.2	2.5
2	8	0.6	0.7	0.9	1.2	1.5	2	—		
3	5.2+2.8	0.8	1	1.5	2	2.5	—			

(2) 四级公路和设计速度 30km/h 的三级公路可采用第一类加宽值。
(3) 圆曲线上的路面加宽应设置在曲线的内侧。
(4) 各级公路的路面加宽后，路基也应相应加宽。

城市道路设计规范规定，圆曲线半径小于等于 250m 时，应在圆曲线内侧加宽，每条车道加宽值见表 2-24。

城市道路圆曲线每条车道的加宽值　　　　　表 2-24

车型 \ 圆曲线半径(m)	200<R≤250	150<R≤200	100<R≤150	60<R≤100	50<R≤60	40<R≤50	30<R≤40	20<R≤30	15<R≤20
小型汽车	0.28	0.30	0.32	0.35	0.39	0.40	0.45	0.60	0.70
普通汽车	0.40	0.45	0.60	0.70	0.90	1.00	1.30	1.80	2.40
半挂车	0.45	0.55	0.75	0.95	1.25	1.50	1.90	2.80	3.50

(二) 加宽缓和段

1. 加宽缓和段的长度

加宽缓和段长度取决于三方面的要求：

(1) 加宽所需要的最小长度。在不设缓和曲线或超高缓和段时，加宽缓和段长度应按渐变率 1:15 且不小于 20m 的要求设置。

(2) 设置缓和曲线或超高缓和段时，加宽缓和段长度采用与缓和曲线或超高缓和段长度相同的数值。

(3) 不设缓和曲线，加宽缓和段长度取超高缓和段长度，渐变率不小于 1:15，且长度不小于 10m。此时，超高、加宽缓和段一般设于紧接圆曲线起、终点的直线段。在地形困难地段，允许将超高、加宽缓和段的一部分插入曲线，但插入曲线内的长度不得超过超高、加宽缓和段长度的一半。

2. 加宽过渡方式

当圆曲线路段的全加宽值和缓和段长度 L_s 确定后，加宽缓和应在 L_s 全长上布设，并计算出加宽缓和段任意断面处加宽量，为施工提供依据。加宽缓和段任意断面的加宽值的计算方法如下：

(1) 按直线比列加宽方法

如图 2-20 所示，设加宽缓和段起点加宽值为零，终点加宽值为 b_j（与圆曲线

路段全加宽相等），加宽缓和段上任意断面处加宽值见式(2-24):

$$b_{jx} = \frac{x}{L_s} b_j \tag{2-24}$$

式中　x——计算断面至缓和段起点距离(m)。

其余符号同前。

这种过渡方式线形不圆滑美观，适用于二、三、四级公路。

(2) 高次抛物线加宽方法

如图 2-21 所示，高次抛物线加宽缓和段上任意断面处的加宽值按式(2-25)计算：

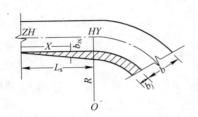
图 2-20　直线比例加宽

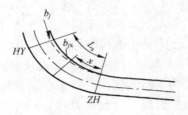
图 2-21　高次抛物线加宽

$$b_{jx} = \left[4\left(\frac{x}{L_s}\right) - 3\left(\frac{x}{L_s}\right)^4 \right] b_j \tag{2-25}$$

式中各符号意义同前。

高次抛物线的加宽方法线形圆滑、顺适，适用于高速公路、一级公路及对路容要求较高的二级公路。

六、缓和段设置

(一) 缓和段设置目的

为了使行车能够安全、平稳、顺利地由直线向曲线；由大半径曲线向小半径曲线行驶，必须设置过渡段，这个过渡段称为缓和段。它包括：缓和曲线、超高缓和段，加宽缓和段。

(1) 为消除行车转弯时曲率突变，使行车能从容、顺适地进行曲率变化而设置的曲线缓和过度段为缓和曲线。

(2) 为使行车平稳、顺适地进行横坡变化而设置的超高变化过渡段为超高缓和段。

(3) 为适应行车轨迹，顺适地进行宽度变化而设置的加宽过渡段为加宽缓和段。

(二) 缓和段长度

为使行车能顺适地完成曲率、超高、加宽的过渡。道路设计时，缓和段长度由离心加速度变化、操纵时间、超高变化三方面因素来控制确定。

1. 离心加速度变化的缓和长度 L_s

曲线上行车产生的离心加速度为 $\frac{v^2}{R}$；汽车走完缓和曲线全长 L_s 所用时间为 $\frac{L_s}{v}$；所以该缓和曲线段离心加速度变化率为：

$$p=\frac{v^2}{R} \div \frac{L_s}{V}=\frac{v^3}{L_s R} \quad (2\text{-}26)$$

由式(2-26)得缓和段长度计算式为：

$$L_s=\frac{v^3}{pR} \quad (2\text{-}27)$$

从行车舒适测定，离心加速度化取为 $0.5\sim0.75\text{m/s}^3$，我国一般取 $p=0.6\text{m/s}^3$。将 v 的单位由"m/s"化为"km/h"，代入式(2-27)得式(2-28)：

$$L_s=0.035\frac{V^3}{R} \quad (2\text{-}28)$$

式中 L_s——缓和曲线长度(m)；

　　　V——设计车速(km/h)；

　　　R——曲线半径(m)。

2. 操纵时间要求缓和段长度 L_s

为了行车安全，汽车在缓和段 L_s 上行驶时，必须给驾驶员从容驾驶操纵方向盘的时间，一般取时间 $t=3\text{s}$，所对应缓和段长度见式(2-29)：

$$L_s=\frac{Vt}{3.6}=\frac{V}{1.2} \quad (2\text{-}29)$$

3. 超高变化要求缓和段长度 L_s

由直线的双向路拱横坡向圆曲线段的单坡断面(超高)变化过渡时，为满足行车平稳要求，所需用的缓和段长度见式(2-30)：

$$L_s=\frac{b\Delta i}{q} \quad (2\text{-}30)$$

式中 q——超高渐变率，按表 2-25、表 2-26 取值；

　　　b——超高旋转轴至路面外边缘的距离(m)；中轴旋转时取 $b=\frac{B}{2}$；边轴旋转时取 $b=B$，(B 为路面宽度)；

　　　Δi——超高悬转轴以外，超高横坡与原路拱坡度的代数差，中轴旋转时 $\Delta i=i_b+i_g$；边轴旋转时 $\Delta i=i_b$。

公路超高渐变率 q 表 2-25

计算行车速度 (km/h)	超高旋转轴位置	
	绕中线旋转	绕边缘旋转
120	1/250	1/200
100	1/225	1/175
80	1/200	1/150
60	1/175	1/125
40	1/150	1/100
30	1/125	1/75
20	1/100	1/50

城市道路超高渐变率　　　　　　　　　　　表 2-26

设计速度(km/h)	超高渐变率	设计速度(km/h)	超高渐变率
80	1/150	40	1/100
60	1/125	30	1/75
50	1/115	20	1/50

综上所述，缓和段长度的确定应综合考虑以上三方面要求，一般根据三方面缓和段长度的计算结果，取其中最长的并按 5m 倍数取整后作为缓和段长度，这个长度不得小于各级道路所规定的缓和曲线最小长度(表 2-27)。当缓和段长度最终确定，其缓和曲线、超高缓和段、加宽缓和段均应在缓和长度全长 L_s 上进行布设。

缓和曲线最小长度　　　　　　　　　　　表 2-27

设计速度(km/h)	120	100	80	60	40	30	20
最小长度(m)	100	85	70	60	40	30	20

注：四级公路为超高、加宽缓和段长度。

七、平曲线长度

1. 平曲线最小长度

为使汽车在曲线路段顺适行驶，减缓驾驶员的紧张操作，要求曲线必须有一定长度。若曲线长度过短，驾驶行车要很快地急转方向盘，导致驾驶员紧张，不利于行车安全，破坏了行车舒适性。一般驾驶员能从容操作方向的(左右转动方向)时间为 6s，由此得曲线最小长度的计算式见式(2-31)：

$$L_{\min} \geqslant \frac{Vt}{3.6} = 1.67V \quad (\text{m}) \tag{2-31}$$

式中　V——设计车速(km/h)；
　　　t——操作时间，取 6s。

平面线形设计中平曲线最小长度按表 2-28、表 2-29 规定执行。

各级公路平曲线最小长度　　　　　　　　　　表 2-28

设计速度(km/h)		120	100	80	60	40	30	20
平曲线最小长度(m)	一般值	600	500	400	300	200	150	100
	最小值	200	170	140	100	70	50	40

城市道路平曲线与圆曲线最小长度　　　　　　　表 2-29

设计速度(km/h)	80	60	50	40	30	20
平曲线最小长度(m)	140	100	85	70	50	40
圆曲线最小长度(m)	70	50	40	35	25	20

2. 小偏角时的平曲线长度

当道路转角较小时，即使采用相当大的曲线半径，驾驶员都会感到曲线半径和曲线长度比实际小。当道路转角小于 7°时，为防止驾驶员在视觉上产生急弯错觉，而导致操纵失误，应设较长的平曲线，并按表 2-30、表 2-31 取值计算。

公路转角小于 7°时的平曲线长度 表 2-30

公路等级		高速公路				一	
设计速度(km/h)		120	100	80	60	100	60
平曲线长度(m)	一般值	1400/θ	1200/θ	1000/θ	700/θ	1200/θ	700/θ
	低限值	200	170	140	100	170	100
公路等级		二		三		四	
设计速度(km/h)		80	40	60	30	40	20
平曲线长度(m)	一般值	1000/θ	500/θ	700/θ	350/θ	500/θ	280/θ
	低限值	140	70	100	50	70	40

注：表中的 θ 角为路线转角值(°)，当 θ<2°时，按 θ=2°计算。

城市道路小转角平曲线最小长度 表 2-31

设计速度(km/h)	80	60	50	40	30	20
平曲线长度(m)	1000/θ	700/θ	600/θ	500/θ	350/θ	280/θ

注：表中的 θ 角为路线转角值(°)，当 θ<2°时，按 θ=2°计算。

八、平面线形的连接

从本节研究分析得知，平面线形设计的基本问题主要是圆曲线与缓和段的组成设计，但这对于整体平面线形设计组合来说只能是局部的。实践证明：直线、缓和段、圆曲线三方面的组合搭配是否得当，线形与自然条件是否协调是影响行车安全通畅舒适及反映道路使用质量的重要因素。而不良的组合有时会导致行车事故，降低道路通行能力。所以在整体平面线形组合设计中应注意以下几点。

（一）线形与地形

1. 地形平坦、开阔的平原地区

城镇道路网与公路的平面线形设计直线应占较大的比例，并在路线转弯处配以大半径曲线为宜。

2. 起伏的山岭、丘陵地区

道路平面线形设计应以曲线为主，以线形适应地形为宜。

3. 平面线形设计

平面线形设计整体上尽可能顺直，选择曲线半径尽可能大些，应与自然地形等高线相适应为宜。选用曲线半径时注意：

（1）一般地形情况下，应选用极限半径 4~8 倍、对应超高为 2%~4%的圆曲线半径为宜。在不增加工程量时宜选用大曲线半径，但平曲线半径不宜大于 10000m。

（2）当平面线形受地形条件限制时，应尽可能选用大于或等于一般最小半径值，避免采用极限半径。

（二）直线与曲线

(1) 在桥梁、隧道内部与进出口路段和平面交叉口前后路段，为缩短构造物长度，争取良好的通视条件，应采用直线为宜。

(2) 长直线尽头不得设置小半径曲线。长直线或大半径曲线路段易形成较高的行车速度，若与小半径曲线相连行车转弯容易导致事故。据国外资料，一般情况下直线长度与曲线半径良好的组合关系为：

直线长度 $L<500m$ 时，最小半径 $R=L$；

直线长度 $L\geqslant 500m$ 时，最小半径 $R=500m$。

其中直线长度 L 指加设缓和曲线后两曲线间的直线段长度。

(3) 道路交点处不论转角大小，均应设置平曲线（包括圆曲线和缓和曲线），一般平面线形设置的转角不宜小于 $10°$。

(4) 转向相同的两相邻圆曲线称为同向曲线。同向曲线之间连以短直线的线形称为"断背曲线"。这种线形易使驾驶员产生判断错误，对行车极不安全，且线形难看，线形中不允许出现。设计中应将"断背曲线"加以调整，可将曲线间的直线段取消合并为复合曲线或单圆曲线；也可以拉开两相邻交点间插入足够长度的直线段。同向曲线间的直线长度应满足表 2-32 的规定。

直线长度参考值表　　　　　　　　　　　　　　表 2-32

计算行车速度(km/h)		100	80	60	40	30	20
最小直线长度(m)	同向曲线间 一般值	600	480	360	240	180	120
	同向曲线间 特殊值	—	—	—	100	75	50
	反向曲线间	200	160	120	80	60	40

表中规定一般情况下，同向曲线间直线段长度不宜小于 6 倍设计车速；当设计车速在 40km/h 或以下的地形复杂地区道路，同向曲线间直线段长度不宜小于表列"特殊值"即不小于 2.5 倍设计车速。其中，直线段长为设缓和曲线前两圆曲线间的直线段长。

(5) 转向不同的两相邻圆曲线成为反向曲线。反向曲线间的直线段长度不宜小于表 2-32 规定值，即不小于 2 倍设计车速。在地形复杂地区，布线受限制时，反向曲线间的直线段不得小于缓和曲线长度，即必须保证缓和曲线的布设。

复曲线中的小圆的临界曲线半径表　　　　　　　　表 2-33

设计速度(km/h)	120	100	80	60	40	30
临界曲线半径(m)	2100	1500	900	500	250	130

(三) 平面线形连接

(1) 为了使行车能够保持匀速行驶状态，在同一设计路段上的平面线形组合指标应保持相对均衡与连续，应避免线形突变造成行车困难。对于不同设计路段之间必须设置足够距离过渡段，使线形指标逐渐变化，适应行车。

(2) 在对向混行的双车道道路上，为提供较好的超车条件，在路线的适当间隔必须布设一定长度（超车视距长度）的直线段。

(3) 为保证道路整体线形的连续性，在直线为主或大半径曲线路段中，当设有个别较小的曲线半径时会造成路线突然转折，影响行车安全。此时，适当增加工程费用，改善局部线形指标，以提高行车安全性，增进运输效益显然是可取的。

(4) 路线平面线形应避免任何连续线形，要使圆曲线、缓和曲线、曲线间的直线段都应有足够的、符合规定的长度，且搭配组合合理以达到线形美观，行车安全，顺适的目的。

九、平面视距

为了行车安全，保证驾驶员能随时看到前方一定距离的道路路段，发现道路上的障碍、迎面来车及时采取制动或避让措施，所必须的最短路段距称为行车视距，在平面线形和纵断面线形设计中都应有足够的行车视距。

平面上为确保行车安全、必须具有一定的行车视距，由于道路行车情况的不同，平面视距有：停车视距、会车视距、超车视距。

(一) 停车视距

停车视距指汽车在同一车道上遇到前方障碍物必须及时刹车，确保安全停车的最短行车距离。停车视距由三部分组成，如图 2-22 有：反应距离 l_1、制动距离 l_t、安全距离 l_0。

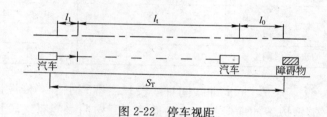

图 2-22 停车视距

1. 反应距离

从驾驶员发现前方障碍到采取制动措施所用时间（称为反应时间 t_1）内，汽车所行驶的距离为反应距离见式(2-32)：

$$l_1 = \frac{Vt_1}{3.6} \tag{2-32}$$

2. 制动距离

汽车由开始制动到完全停车所行驶距离为制动距离。制动距离取决于汽车制动力与车速，而制动力由车重 G 和轮胎与路面的磨阻系数 φ 决定，即制动力 $P = \varphi G$。

制动力 P 与制动距离 l_t 的乘积为所作的功，消耗了汽车原动能，使车速由 v_1 降至 v_2 即：$l_t G \varphi = \frac{G}{2g}(v_1^2 - v_2^2)$ 得式(2-33)：

$$l_t = \frac{v_1^2 - v_2^2}{2g\varphi} \tag{2-33}$$

将 $g = 9.8 \text{m/s}^2$ 代入式(2-33)，并将 $v(\text{m/s})$ 化成 $V(\text{km/h})$ 得式(2-34)：

$$l_t = \frac{V_1^2 - V_2^2}{254\varphi} \tag{2-34}$$

当停车时 $V_2=0$，制动效果又受到道线纵坡度 i 的制约，修正上式得到制动距离见式(2-35)：

$$l_t = \frac{V^2}{254(\varphi \pm i)} \tag{2-35}$$

3. 安全距离

当汽车制动停车后距离障碍物所应保持的距离为安全距离。安全距离 l_0 一般取值 $5\sim10$ m。

由上述分析、综合后得到的停车视距见式(2-36)：

$$S_T = \frac{Vt}{3.6} + \frac{V^2}{254(\varphi \pm i)} + l_0 \tag{2-36}$$

式中　V——设计车速(km/h)；

　　　t——司机反应时间一般取 $1.5\sim2$ s；

　　　i——道路纵坡，取"+"为上坡，取"-"为下坡；

　　　φ——轮胎与路面的纵向磨阻系数，干燥路面为 $0.5\sim0.7$，潮湿路面为 $0.3\sim0.5$，泥泞冰滑路面为 $0.1\sim0.2$。

(二) 会车视距

在无中央分隔带，双向混行道路上，当行车遇到迎面前来时，来不及错车，双向制动到完全停车，所需用的安全距离，称为会车视距。

图 2-23 所示会车视距长度为：

$$S_H = l_1 + l_2 + l_{1T} + l_{2T} + l_0$$

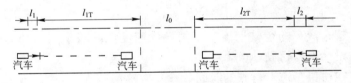

图 2-23　会车距离

近似取 $l_1 = l_2$，$l_{1T} = l_{2T}$，得式(2-37)

$$S_H = 2l_1 + 2l_{1T} + l_0 = 2S_T \tag{2-37}$$

由以上算式得知，会车视距应是停车视距的两倍。因此，会车视距可按表 2-35、表 2-36 中规定的停车视距两倍取值。设计中对于双向混行道路全线必须保证会车视距。

(三) 超车视距

对于交通量较大的双向混行双车道道路，应结合地形情况在局部路段适当设置超车视距长度。超车视距如图 2-24 所示。在双车道上超车车辆利用对方车道完成超车后，回到自己车道上时与对向来车仍保持一定安全距离的过程为超车视距。超车视距只用于对向行驶双车道道路的局部路段，也就是说各线道路不必全线保证超车视距。路线设计中，局部路段上保证的超车视距长度值不得小于表 2-35、表 2-36 规定值。超车视距所需的距离按式(2-38)、式(2-39)计算：

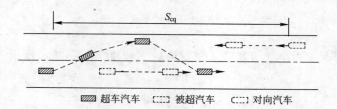

图 2-24 超车视距

$$S_{cq}=S_1+S_2+S_3+S_4 \tag{2-38}$$

$$S_{cb}=\frac{2}{3}S_2+S_3+S_4 \tag{2-39}$$

式中 S_{cq}——全超车视距(m)；
S_{cb}——必要超车视距(m)；
S_1——汽车超车开始到进入对向车道的加速行驶距离(m)；计算公式见式(2-40)：

$$S_1=\frac{u_0}{3.6}t+\frac{1}{2}at_1^2 \tag{2-40}$$

式中 u_0——被超汽车的行驶速度，较设计速度低 5～20km/h；
t——驾驶员反应时间，取 2.5s；
a——平均加速度(m/s²)；
t_1——加速时间(s)。
S_2——超车汽车在对向车道上行驶的距离(m)；计算公式见式(2-41)：

$$S_2=\frac{u}{3.6}t_2 \tag{2-41}$$

式中 u——超车汽车的行驶速度，采用设计速度，设超车汽车和对向汽车都按设计速度行驶(km/h)；
t_2——在对象车道上行驶的时间(s)；
S_3——超车完毕，超车汽车与对向来车之间的安全距离，一般取 15～60m；
S_4——超车汽车从开始加速到超车完成，对向汽车的行驶距离，计算时一般取时间为 $\frac{2}{3}t_2$，因为超车汽车在对向车道上追上被超汽车后，一旦发现对向有来车而安全距离不足时，驾驶员还可以回到原来的车道上，计算公式见式(2-42)：

$$S_4=\frac{2}{3}S_2=\frac{u}{3.6}\frac{2}{3}t_2 \tag{2-42}$$

《标准》规定的各类视距值见表 2-34、表 2-35。

高速公路、一级公路停车视距　　　　　表 2-34

设计速度(km/h)	120	100	80	60
停车视距(m)	210	160	110	75

二、三、四级公路停车视距、会车视距与超车视距　　　　表 2-35

设计速度(km/h)	80	60	40	30	20
停车视距(m)	110	75	40	30	20
会车视距(m)	220	150	80	60	40
超车视距(m)	550	350	200	150	100

三种视距主要根据公路等级、车辆类型及道路具体路况进行运用：

（1）高速公路和一级公路满足停车视距的要求。高速公路和一级公路有中央分隔带，无对向车，不用考虑会车视距。高速公路和一级公路的车道数在四个以上，快慢车分道行驶，也不用考虑超车问题。

（2）二、三、四级公路，应满足会车视距的要求，在工程特别困难或受其他限制地段，可采用停车视距，但必须采取分道行驶措施。二、三、四级公路还应在适当间隔内设置满足一般值的超车路段，当困难时可按超车视距最小值控制。二级公路宜在3~4分钟的行驶时间内，提供一次满足超车视距要求的超车路段，一般情况下，不小于路线总长度的20%左右，超车路段的设置应结合地形并力求均匀。

（3）对向行驶的双车道公路，应根据需要并结合地形在适当的距离内设置具有超车视距的路段。

（4）积雪冰冻地区的停车视距应适当增长。

（5）以大型车为主的公路，应按货车停车视距进行检验，平坡段货车停车视距和下坡段的货车停车视距见表2-36、表2-37。

平坡路段货车停车视距　　　　表 2-36

设计速度(km/h)	120	100	80	60	40	30	20
货车停车视距	245	180	125	85	50	35	20

下坡段货车停车视距　　　　表 2-37

设计速度(km/h)		120	100	80	60	40	30	20
纵坡坡度(%)	0	245	180	125	85	50	35	20
	3	265	190	130	89	50	35	20
	4	273	195	132	91	50	35	20
	5		200	136	93	50	35	20
	6			139	95	50	35	20
	7				97	50	35	20
	8						35	20
	9							20

城市道路停车视距见表2-38。

城市道路停车视距　　　　表 2-38

设计速度(km/h)	80	60	50	45	40	35	30	25	20	15	10
停车视距(m)	110	70	60	45	40	35	30	25	20	15	10

(四)弯道内侧视距的保证

汽车在弯道上行驶时,弯道内侧的树木、路堑边坡及建筑物等都可能会阻挡行车视线。因此,要保证汽车的平面视距,必须清除弯道内侧一定范围的障碍物。

行车过程中从 A 点必须看到 B 点的位置。在图 2-28(b) 图中与这些视线相切的曲线为视距曲线。因此,在视距曲线与行车轨迹线之间一切阻挡视线的障碍物必须清除。

h 为行车轨迹线与视距曲线之距,称为横净距。

h_0 称为障碍物至行车轨迹线之距。

当 $h > h_0$ 时,障碍物会阻挡行车视线,应予清除;

当 $h \leqslant h_0$ 时,行车视距能得到保证。

1. 解析法确定最大横净距

横净距的计算如图 2-25、图 2-26 所示,最大横净距计算公式见表 2-39。

最大横净距计算公式 表 2-39

不设缓和曲线	$L \geqslant S$ $h = R_s\left(1-\cos\dfrac{\gamma}{2}\right)$ (图 2-25a)	$\gamma = \dfrac{180S}{\pi R_s}$
	$L < S$ $h = R_s\left(1-\cos\dfrac{\gamma}{2}\right) + \dfrac{1}{2}(S-L_s)\sin\dfrac{\alpha}{2}$ (图 2-24b)	$L_c = \dfrac{\pi}{180}\alpha R_s$
设回旋曲线	$L' \geqslant S$ $h = R_s\left(1-\cos\dfrac{\beta}{2}\right)$ (图 2-25a)	$\beta = \dfrac{180S}{\pi R_s}$
	$L > S \geqslant L'$ $h = R_s\left(1-\cos\dfrac{\alpha-2\beta}{2}\right) + \sin\left(\dfrac{\alpha}{2}-\delta\right)(l-l')$ (图 2-26a)	$\delta = \arctan\left\{\dfrac{l}{6R_s}\left[1+\dfrac{l'}{l}+\left(\dfrac{l'}{l}\right)^2\right]\right\}$
	$L < S$ $h = R_s\left(1-\cos\dfrac{\alpha-2\beta}{2}\right) + \sin\left(\dfrac{\alpha}{2}-\delta\right)l + \dfrac{S-L_c}{2}\sin\dfrac{\alpha}{2}$ (图 2-26b)	$\delta = \arctan\dfrac{l}{6R_s}$

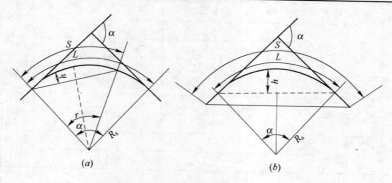

图 2-25 不设回旋线时横净距的计算
(a) $L \geqslant S$; (b) $L < S$

2. 几何法确定最大横净距

用绘图方法确定清除障碍物的范围,称为视距包络图,如图 2-27 所示。

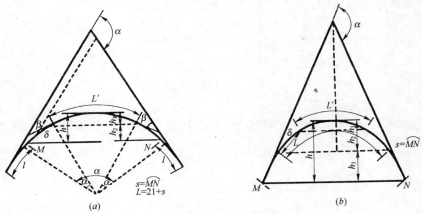

图 2-26　设回旋线时横净距的计算
(a) $L \geqslant S$；(b) $L < S$

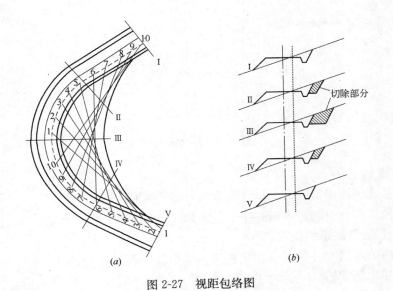

图 2-27　视距包络图

视距包络图作图步骤如下：

(1) 按比例画出弯道平面图，及距加宽前路面内侧边缘 1.5m 的行车轨迹。

(2) 计算最大横净距。

(3) 在平曲线起（终）点向直线段方向沿轨迹线量取设计视距 S 长度，定出 0 点。到曲线中点的轨迹长度若干等份（一般分为 10 等分）得 1、2、3 等。

(4) 从 1、2、3 等各点在曲线上量取 S，得到 $1'、2'、3'\cdots\cdots$，连接 $11'$、$22'$、$33'$。

(5) 画一曲线内切所有连线，得到视距包络图，视距包络图内的所有障碍物必须清除。

3. 开挖视距台

用计算方法或视距包络图的方法，计算出横净距以后，就可按比例在各桩号的横断面图上画出视距台,以供施工放样,如图 2-28 所示。

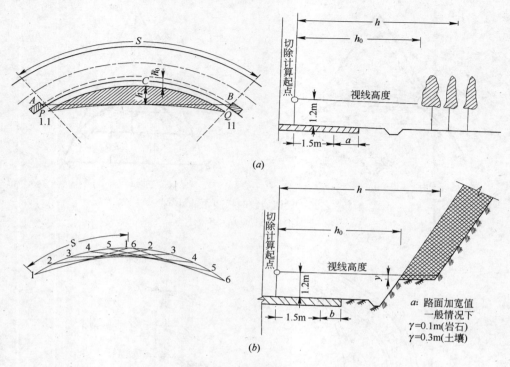

图 2-28 开挖视距台

其步骤如下:
(1) 按比例画出需要保证设计视距的各桩号横断面图。
(2) 由未加宽路面边缘向路中心线量取 1.5m,并垂直向上量 1.2m 得 A 点,则 A 点为驾驶员眼睛的位置。
(3) 由 A 点作水平线,并沿内侧方向量取横净距得 B 点。
(4) 由 B 点垂直向下量取 γ 高度(边坡为土质时 $\gamma=0.3m$,边坡为石质时 $\gamma=0.1m$)。
(5) 由 C 点按边坡比例画出边坡线,则图中阴影部分即为挖除部分。
(6) 各桩号分别按需要的横净距计算开挖视距台,连接起来就能保证设计视距。

十、平面设计成果

(一) 直线、曲线、转角一览表

直线、曲线、转角一览表是道路设计文件内容之一,也是平面设计主要成果。它是通过测角丈量中线和布设平曲线后得到的成果,它反映了设计者对路线平面线形的设计意图,也是绘制平面设计图的依据。表格形式见表 2-40,填表步骤如下:

(1) 根据平面定线方案,测定各交点处转角 α,并测量相邻两交点间距。对各交点进行编号并填表。
(2) 在路线各交点处,选择平曲线半径 R,缓和段长度 L_s,并布设平曲线。

直线、曲线、转角一览表

路线名称：二级公路

表 2-40
第 1 页共 1 页

交点号	交点桩号	转角值		半径(m)	曲线要素值(m)				曲线主点桩桩号					直线长度(m)		备注
		左	右		T_n	L_n	E_n	L_H	ZH(ZY)	HY	QZ	YH	HZ(YZ)	直线长度	交点间距	
A	K0+000													1394.68	1538.7	1. 本设计路段为汽车专用二级公路
JD	K1+538.7		26度	450	144.02	284.1	12.63	80	K1+394.68	K1+474.68	K1+536.73	K1+598.78	K1+678.78	338.22	482.24	2. 设计车速为80km/h
B	K2+017															3. 转角大于7°
																4. 平曲线最小半径一般为400m
																5. 平曲线最小长度为140m，缓和段最小为70m
																6. 本设计路线所处地为平原微丘IV3区

(3) 计算每个交点曲线的几何要素（T、L、E、J）并填表。

(4) 由路线起点开始，根据交点间距和曲线几何要素，推算各曲线主点桩里程并校核。计算出整个设计路线里程，将各主点桩号填表。

(5) 对曲线、转角一览表进行校核。

$$\Sigma 交点间距 - \Sigma J = 路线总里程$$
$$\Sigma 直线段长 + \Sigma 曲线长 = 路线总里程$$

（二）路线平面图

路线平面图是道路设计文件中主要内容之一，路线平面图可体现路线平面位置、走向，反映沿线人工构造物和工程设施的布置情况以及路线与地形、地物的关系。路线平面图是直线、曲线、转角一览表形象化的表现，平面图可清晰、全面地体现路线方案特点，也是道路平面设计的重要成果。其图绘制步骤如下：

(1) 为清晰地表示地形地物情况，地形图要采用不同的比例。公路工程一般山岭地区采用 1:2000，丘陵平原地区采用 1:5000。城市道路一般采用 1:1000 或 1:500。

(2) 根据直线、曲线、转角一览表，按比例绘制道路中线图。

(3) 在道路中线图上标注出起点、里程表桩、百米桩、曲线主点桩、桥涵与人工构造物桩号位置。

(4) 按比例根据实测资料，结合实际地形勾绘道路中线左右各 100~200m 范围内的地形等高线，标注地物、地貌、建筑物与构造物位置和名称。

(5) 城市道路平面图，应在现状地形图上绘出道路设计红线、中线、行车道与人行道的分界线，并绘出分隔带、绿化带、交通岛、沿街建筑及出入口位置与外形。图中示出管线、排水设施，包括：检查井、进水口、桥、涵等位置。对交叉口应标明道口位置、侧石转弯半径、中心岛等。

(6) 整理、修正（等高线、地物、建筑物、构筑物等）图纸。路线平面图实例如图 2-29 所示。若有设计路段地形图，则可直接在图上设计、绘制道路平面图。

第三节 道路纵断面设计

沿道路中心线纵向垂直剖切的立面为纵断面。它反映道路沿线起伏变化情况。在纵断面图上（图 2-33）有两条线，一条原地面线，它是根据平面图中道路中桩原地表标高而点绘成的一条无规则折线。另一条为设计线，它是道路设计标高的连线，设计线是根据汽车爬坡性能、地形条件、运输与工程经济等诸多方面因素经过技术、经济比选后制定的。设计线与地面线的相对关系反映道路工程量大小情况。纵断面设计线主要由纵坡和竖曲线组成。

地面线上各点高程为原地面标高，设计线上各点高程为设计标高，相应桩号的两标高之差即为填挖高度。原地面标高值大于设计标高值的，该桩号处需挖方，反之，则应填方。

纵断面图设计的主要内容是直线和竖曲线。

路基设计标高的规定：

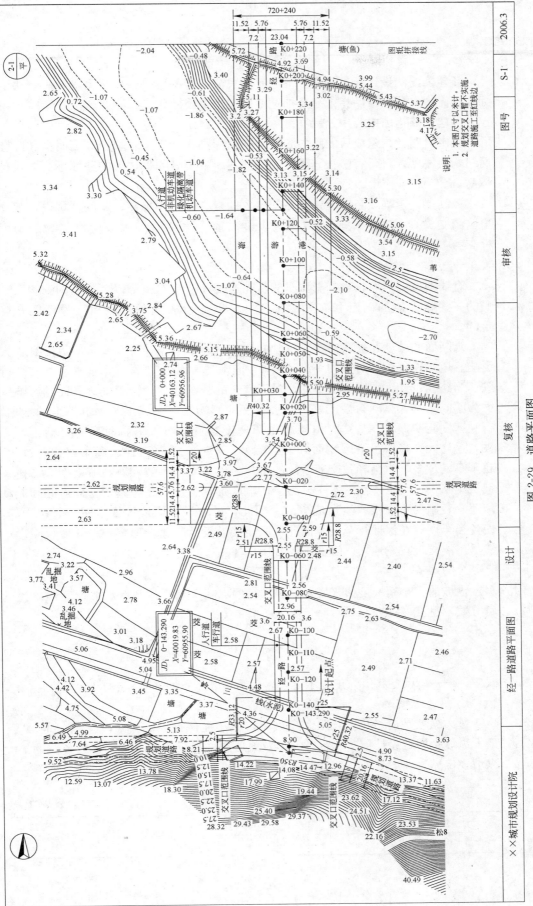

图 2-29 道路平面图

新建公路的设计标高规定如下：有中央分隔带的道路指中央分隔带外侧边缘标高；无中央分隔带的指未超高加宽前路基边缘处标高。

改建公路指路中心线处标高。

城市道路：指建成后的路中心线处路面标高。计算路基填挖高度时需扣除路面结构层厚度。对于有中央分隔带的道路，以中央分隔带边缘的路面标高为设计标高。

控制点：影响纵断面设计线高低位置的点。如桥梁标高、跨线桥标高，相交道路的交叉口标高、铁道道口标高，最高地下水位沿街永久性建筑物的地坪标高。

一、纵坡与坡长设计

直线的坡度与坡长影响着汽车的行驶速度和运输的经济以及行车的安全，它们的一些临界值的确定和必要的限制，是以通行的汽车类型和行驶性能来确定的。

纵断面的坡度和坡长对汽车行驶的速度、运输效益、行车安全等方面有很大影响。道路设计中，对于同一设计路段，应使车辆以同一设计车速连续、安全行驶。当路线设计纵坡度大小不同，对于汽车的行车速度，行车安全方面的影响也大为不同。小客车动力性能好，受坡度变化影响小，而载重车随着坡度的增加，行驶速度会明显下降。这时由于载重车速度减慢，妨碍了后面高速车辆正常行驶，这样大大降低了道路断面的通行能力。若同一道路上快、慢车速相差过大，超车车辆过多，也会导致交通事故的增加，带来安全上的问题。坡度增大对于下坡汽车来说，车重产生的水平分力会使汽车加速行驶，越跑越快，此时必须制动减速。若制动不灵很容易造成事故。因此，纵坡设计应使坡度平缓，起伏均匀，使各类车辆应在保证行车安全情况下都能接近设计车速匀速行驶，并使纵断设计线尽可能接近自然地形，降低工程费用，提高道路使用质量。

（一）纵坡

纵坡的大小用坡度值来表示，纵坡是两点间高差 h 与两点水平距离 L 之比的百分数，见式(2-43)：

$$i = \frac{h}{L} \times 100\% \tag{2-43}$$

式中　i——纵坡度（值为正表示上坡，值为负表示下坡）。

1. 最大纵坡

最大纵坡是道路在坡长限制条件下，汽车能保持一定车速安全通过的坡度。最大纵坡是根据设计速度、行车安全及地形条件加以规定。我国各级公路的最大纵坡规定见表 2-41。

我国公路的最大纵坡　　　　表 2-41

设计速度(km/h)	120	100	80	60	40	30	20
最大纵坡(%)	3	4	5	6	7	8	9

城市道路最大纵坡的制定考虑公路的制定依据外，还考虑了非机动车特别是自行车的行驶要求，城市道路最大纵坡见表 2-42。

城市道路最大纵坡　　　　　　　　　　　　　表 2-42

设计速度(km/h)	80	60	50	40	30	20
最大纵坡度推荐值(%)	4	5	5.5	6	7	8
最大纵坡度限制值(%)	6	7	7	8	9	9

注：1. 海拔 3000～4000m 的高原城市道路的最大纵坡度推荐值按表列值减小 1%。
　　2. 积雪寒冷地区最大纵坡度推荐值不得超过 6%。

道路等级高，设计车速高，行车密度大时，为了保持纵坡路段车辆行驶速度，纵坡度就必须平缓，否则道路交通量难以达到设计要求。降低了道路使用效益。所以道路等级越高，最大纵坡应越小。

道路纵坡设计应考虑到各种车辆的行驶要求，行驶安全。对于上坡车辆能保持一定车速，且爬坡不感到困难。而对下坡车辆应考虑到行驶安全问题，一般来说汽车低档爬 10% 的坡度无多大困难。当下坡时纵坡超过 8% 时就会造成汽车连续加速冲坡，为了安全制动减速也易发生制动器发热导致事故，当路面冰雪路滑时，行车安全就更无保障，因此一般机动车行驶纵坡不宜大于 8%。对非机动车，当纵坡在 3%，坡长超过 200m 时，上坡就感到相当困难。所以对于城市道路非机动车较多的道路，最大纵坡不得超过 3%。

道路纵坡设计也受到地形的制约。在平原或地势平坦地区，设计坡度不受控制，取用平缓坡度，既不增加工程投资，又可提高道路使用质量。但在起伏较大的山岭、重丘区路段，特别是两控制点高差较大的越岭路线，一方面要采用较大纵坡适应地形，避免高填、深挖，减小工程量。另一方面为了克服一定高差必须安排一系列较大纵坡，达到预定高度。如此看来，纵坡度的大小对道路工程费用大小，道路里程长短都有很大影响。

在纵坡设计中应全面考虑道路等级、各种车辆行驶安全、地形情况与工程、运输几方面的问题。

2. 高原纵坡折减

在高海拔地区，因空气密度下降而使汽车发动机的功率、汽车的驱动力和空气阻力降低，导致汽车的爬坡能力下降，而且，汽车水箱中的水易于沸腾，破坏冷却系统。规范规定，位于海拔 3000m 以上的高原地区，各级公路的最大纵坡值应按照表 2-43 的规定予以折减。折减后若小于 4%，则仍采用 4%。

高原纵坡折减值　　　　　　　　　　　　　表 2-43

海拔高度(m)	3000～4000	>4000～5000	>5000
折减值(%)	1	2	3

3. 合成坡度

在设有超高的平曲线路段，超高横坡与纵坡组成的合成坡度往往比两者更大，在路线设计中应该考虑到车辆可能沿此合成坡度产生下滑、倾斜、失稳等不安全问题，因此，特别是在大纵坡与水平曲线半径重叠路段，应严格控制合成坡度。合成坡度应按式(2-44)计算：

$$i_{合} = \sqrt{i^2 + i_b^2} \tag{2-44}$$

式中　$i_{合}$——合成坡度；
　　　i——道路设计纵坡度；
　　　i_b——超高横坡度。

我国各级公路和城市道路合成坡度值不得超过表 2-44 和表 2-45 的规定。合成坡度实际上是限制了小的平曲线半径与大的道路纵坡的组合。一般情况下或积雪严寒地区合成坡度不应大于 8%。为了保证路面排水，规范规定，各级公路的最小合成坡度不宜小于 0.5%。在超高过渡的变化处，合成坡度不应设计为 0%。当合成坡度小于 0.5%时，则应采取综合排水措施，保证路面排水畅通。

公路最大合成坡度值　　表 2-44

公路等级	高速公路、一级公路				二、三、四级公路				
设计速度(km/h)	120	100	80	60	80	60	40	30	20
合成坡度(%)	10.0	10.0	10.5	10.5	9.0	9.5	10.0	10.0	10.0

注：在积雪冰冻地区，公路的合成坡度值应不大于 8%。

城市道路合成坡度值　　表 2-45

设计速度(km/h)	80	60	50	40	30	20
合成坡度(%)	7	6.5	6.5	7	7	8

注：积雪地区各级道路的合成坡度值应不大于 6%。

4. 最小纵坡

为了使道路上行车安全、舒适和畅通，希望道路纵坡设计得小一些，但是在长路堑、低填方以及横向排水不畅的地段，如设计的纵坡过小，使积水渗入路基而影响其稳定性，各级公路规定最小纵坡不得小于 0.3%；城市道路规定最小纵坡不得小于 0.5%，困难时不小于 0.3%，特殊情况下如果必须小于 0.3%时，应设置锯齿形街沟或采取其他综合排水措施。

(二) 坡长限制

1. 最大坡长

对于汽车行驶，长距离的大坡度路段肯定是非常不利的。上坡时长时间低挡爬坡，增加燃料消耗，又降低行车速度。下坡时又要经常制动，机械摩损严重又不安全。山岭区，有时采用一定大坡度，在争取高度，缩短里程，节省工程量，降低工程费用方面是必须的，但对于大坡度要加以限制。这是为了使汽车在大坡度路段上坡行驶速度不过分降低，行驶时间缩短，也为下坡行车安全考虑，在纵坡设计中，对于坡度大于 5%时坡长应加以控制，我国公路坡长的限制按表 2-46 规定执行。

公路不同纵坡最大坡长(m)　　　　　　　　　表 2-46

设计速度(km/h)		120	100	80	60	40	30	20
纵坡坡度(%)	3	900	1000	1100	1200	—	—	—
	4	700	800	900	1000	1100	1100	1200
	5	—	600	700	800	900	900	1000
	6	—	—	500	600	700	700	800
	7	—	—	—	—	500	500	600
	8	—	—	—	—	300	300	400
	9	—	—	—	—	—	200	300
	10	—	—	—	—	—	—	200

《城市道路设计规范》规定的坡长限制见表2-47。

城市道路坡长限制　　　　　　　　　表 2-47

设计速度(km/h)	80			60			50			40		
纵坡度(%)	5	5.5	6	6	6.5	7	6	6.5	7	6.5	7	8
纵坡坡长限制(m)	600	500	400	400	350	300	350	300	250	300	250	200

城市道路对于非机动车的纵坡坡长限制见表2-48。

城市道路非机动车车行道纵坡坡长限制(m)　　　　　　表 2-48

坡度(%)	车种	自行车	三轮车、板车
3.5		150	
3		200	100
2.5		300	150

【例 2-5】 某一公路计算行车速度为80km/h,第一坡段纵坡坡度为6%,长度为60m;第二坡段纵坡坡度为5%,长度为210m;第三坡段纵坡坡度为4%,求其最大长度。

【解】 查《公路工程技术标准》得,纵坡为6%的最大坡长是500m,纵坡为5%的最大坡长是700m,纵坡为4%的最大坡长是900m,则:

第一坡段占限制坡长的 200/500=0.4
第二坡段占限制坡长的 210/700=0.3
则第三坡段占坡长限制值为 1−0.4−0.3=0.3
则第三坡段的最大长度为 900×0.3=270(m)

2. 最小坡长

为了防止纵断面设计出现频繁起伏,崎岖不平的现象,要求纵断变坡应有一定距离,纵坡有一定长度。考虑到地形情况及竖曲线布设要求,一般纵坡长度最少不应该小于 9s 行程，见式(2-45)。

$$S_{min}=\frac{Vt}{3.6}=2.5V \qquad (2-45)$$

式中 V——设计车速(km/h)。

我国公路规范规定各级公路纵坡最小长度的一般值和最小值，见表 2-49。

各级公路最小坡长　　　　　　　表 2-49

设计速度(km/h)	120	100	80	60	40	30	20
最小坡长(m)	300	250	200	150	120	100	60

表中所列一般值为正常情况下的采用值；最小值为条件受限制时可采用的值。

《城市道路设计规范》规定的纵坡最小长度见表 2-50。

城市道路纵坡坡段最小长度　　　　　　　表 2-50

设计速度(km/h)	80	60	50	40	30	20
坡长最小值(m)	290	170	140	110	85	60

二、竖曲线

为了减小工程量，纵坡设计线总是尽可能地适应地形的变化。所以，一条道路设计纵坡总是有变化。我们把相邻两坡度变化点(相交点)称为变坡点或转折点。在变坡点处由于竖向曲率的突变容易产生行车颠簸、视距不良现象，为了行车顺适、安全、线形美观，在纵断变坡点处设置曲线用以过渡，这一曲线称之为竖曲线。

竖曲线有圆弧、二次抛物线和三次抛物线几种线形，为了计算布设方便一般采用二次抛物线作为竖曲线。竖曲线由于变坡点性质的不同，分为凸形竖曲线、凹形竖曲线两种。凸形竖曲线易使驾驶员视线受阻，而两种竖曲线半径过小，行车会产生超重或失重的感觉。为了保证行车的顺适、安全，在纵断变坡点处应设置平顺，大半径的竖曲线。

(一)竖曲线半径

在纵断面设计中，竖曲线的设计要受众多要素的限制，其中有三个限制因素决定着竖曲线的最小半径或长度。

1. 按行程时间要求竖曲线的最小长度和半径

汽车从直坡行驶到竖曲线上时，尽管竖曲线的半径较大，但是坡角很小时，竖曲线的长度也就会很短，会使驾驶员产生变坡很急的错觉，乘客也会感到不舒服。因此，应该限制竖曲线上的行程时间不能过短。最短应满足 3 秒的行程时间，见式(2-46)：

$$L_{min}=\frac{Vt}{3.6}=\frac{V}{1.2} \quad 或 \quad R_{min}=\frac{Vt}{3.6\omega}=\frac{V}{1.2\omega} \qquad (2-46)$$

2. 离心力要求竖曲线的最小长度和最小半径

汽车行驶在竖曲线上时，会产生离心力，如果处于凹形竖曲线上时，感觉是增重，如果处于凸形竖曲线时，感觉是失重。这种增重与失重达到一定的程度时，就会给乘客产生不舒适感，同时对于汽车的悬挂系统也是不利的。所以在确定竖曲线半径时，就必须对离心加速度进行控制。汽车在竖曲线上行驶的离心加速度为 $a=\frac{v^2}{R}(\mathrm{m/s^2})$，用 $V(\mathrm{km/h})$ 表示并整理后得式(2-47)：

$$R=\frac{V^2}{13a} \quad (\mathrm{m}) \tag{2-47}$$

我国《标准》规定离心加速度取 $a=0.278\mathrm{m/s^2}$，得式(2-48)：

$$L_{\min}=\frac{V^2\omega}{3.6} \quad 或 \quad R_{\min}=\frac{V^2}{3.6} \tag{2-48}$$

3. 停车视距要求竖曲线的最小长度和最小半径

汽车行驶在竖曲线上时，不管是凹形或是凸形竖曲线，如果半径过小，都会阻挡驾驶员的视线，因此为了保证行车安全，对竖曲线的最小半径和最小长度应加以限制。

(1) 凸形竖曲线的最小半径和最小长度

1) 竖曲线的长度 $L<S_T$ 时，得式(2-49)：

$$L_{\min}=2S_T-\frac{4}{\omega} \quad 或 \quad R_{\min}=\frac{L_{\min}}{\omega}=\frac{1}{\omega}\left(2S_T-\frac{4}{\omega}\right) \tag{2-49}$$

2) 竖曲线的长度 $L>S_T$ 时，得式(2-50)：

$$L_{\min}=\frac{S_T^2\omega}{4} \quad 或 \quad R_{\min}=\frac{L_{\min}}{\omega}=\frac{S_T^2}{4} \tag{2-50}$$

(2) 凹形竖曲线的最小半径和最小长度

1) 竖曲线的长度 $L<S_T$ 时，得式(2-51)：

$$L_{\min}=2\left(S_T-\frac{h+S_T\tan\delta}{\omega}\right) \tag{2-51}$$

2) 竖曲线的长度 $L>S_T$ 时，得式(2-52)：

$$L_{\min}=\frac{S_T^2\omega}{2(h+S_T\tan\delta)} \tag{2-52}$$

式中 $\delta=1.5°$，$h=0.75\mathrm{m}$。

4. 凹形竖曲线和凸形竖曲线半径比较

(1) 凹形竖曲线的径向离心力和行程时间的计算公式与凸形竖曲线完全相同。

(2) 凸形竖曲线最不利的因素是以满足视距作为主要控制因素的，而凹形竖曲线最不利的情况是径向离心力产生的冲击作为主要控制因素。

(3) 在条件相同处，凸形竖曲线的最小半径较凹形竖曲线最小半径大，这是因为凸形竖曲线的视距要求较高所致。

(4) 凹形竖曲线的视距是以保证夜间行车安全，前灯照明应有足够的距离来确定最小长度和半径的。

5. 竖曲线极限半径的控制

(1) 凸形竖曲线最不利的因素是以满足视距作为主要控制因素的。

$R_{\min}=\dfrac{S_T^2}{4}$ 显而易见大于 $R_{\min}=\dfrac{1}{\omega}\left(2S_T-\dfrac{4}{\omega}\right)$，因此凸形竖曲线的半径是以 $R_{\min}=\dfrac{S_T^2}{4}$ 来控制的。

(2) 凹形竖曲线最不利的情况是径向离心力产生的冲击作为主要控制因素，按式(2-53)计算：

$$R_{\min}=\dfrac{V^2}{3.6} \tag{2-53}$$

6. 竖曲线一般最小半径

竖曲线一般最小半径值为极限最小半径的 1.5~2.0 倍。

我国各级公路和城市道路竖曲线最小半径和最小长度规定见表2-51、表2-52，表列极限半径应作为控制界线指标，不应轻易采用。一般应选大于或等于一般最小半径值。在不增加工程量的情况下，尽可能取大些的指标，这对线形平缓，行车安全，舒适美观均有良好的效果。

公路竖曲线半径及其最小长度　　　　　　表 2-51

设计速度(km/h)		120	100	80	60	40	30	20
凸形竖曲线半径(m)	一般值	17000	10000	4500	2000	700	400	200
	极限值	11000	6500	3000	1400	450	250	100
凹形竖曲线半径(m)	一般值	6000	4500	3000	1500	700	400	200
	极限值	4000	3000	2000	1000	450	250	100
竖曲线长度(m)	一般值	250	210	170	120	90	60	50
	极限值	100	85	70	50	35	25	20

城市道路竖曲线最小半径和最小长度　　　　　　表 2-52

设计速度(km/h)		80	60	50	45	40	35	30	25	20	15
凸形竖曲线半径(m)	一般值	3000	1200	900	500	400	300	250	150	100	60
	极限值	4500	1800	1350	750	600	450	400	250	150	90
凹形竖曲线半径(m)	一般值	1800	1000	700	550	450	350	250	170	100	60
	极限值	2700	1500	1050	850	700	550	400	250	150	90
竖曲线最小长度(m)		70	50	40	40	35	30	25	20	20	15

表 2-52 中所列一般值为正常情况下的采用值，极限值为条件受限制时可采用的值。

(二) 竖曲线布设

纵断面上相邻两坡度线相交时的交角为转坡角，用 ω 表示，如图2-30所示，ω

的大小近似等于相邻两纵坡的代数差,即:

$$\omega = i_1 - i_2$$

式中 i_1、i_2——分别为相交两坡度的坡度值,上坡取正值,下坡取负值。

ω 为正时,是凸曲线;ω 为负时,是凹曲线。

1. 竖曲线几何要素计算

当选定竖曲线半径 R 和得到转坡角 ω 以后,如图 2-30 所示,布设竖曲线时的几何要素计算式见式(2-54):

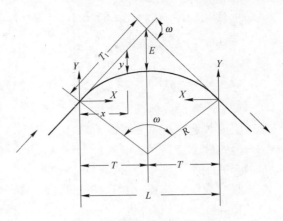

图 2-30 竖曲线基本要素

$$\left. \begin{array}{l} 切线长:T = \dfrac{1}{2}R\omega \\ 曲线长:L = R\omega \\ 外距值:E = \dfrac{T^2}{2R} \end{array} \right\} \quad (2\text{-}54)$$

竖曲线是采用二次抛物线,在纵断面计算中,只计算水平距离和垂直高度,故近似地将切线长,曲线长均以水平面上的投影计算,如图 2-30 所示。

2. 竖曲线的标高及方程

(1) 竖曲线标高。竖曲线坐标原点是设在曲线的起点与终点处,如图 2-30 所示,坐标点的桩号为:

$$起点桩号 = 变坡号桩号 - T$$
$$终点桩号 = 变坡号桩号 + T$$

(2) 竖曲线标高修正值方程。竖曲线范围内任意一点的标高修正值方程见式(2-55)。

$$y_i = \frac{x_i^2}{2R} \quad (2\text{-}55)$$

式中 R——竖曲线半径(m);
x_i——竖曲线任意桩号到竖曲线坐标原点(起点或终点)的水平距离(m);
y_i——对应于桩号的切线点到竖曲线点上的垂直高度(标高修正值)(m)。

(3) 竖曲线上设计标高计算。在竖曲线路段内,竖曲线上的设计标高是根据任意桩点上切线的标高与对应的标高修正值得到的,即

$$凸曲线设计标高 = 切线标高 - y_i$$
$$凹曲线设计标高 = 切线标高 + y_i$$

【例 2-6】 某山岭区二级公路,变坡点桩号为 K5+030,高程为 427.68m,$i_1 = +5\%$,$i_2 = -4\%$,竖曲线半径 $R = 2000$m,试计算竖曲线各要素及桩号 K5+000 和 K5+100 处的设计标高。

【解】 (1) 计算竖曲线要素

$\omega = i_1 - i_2 = 0.05 - (-0.04) = 0.09$("+"为凸形竖曲线)。

曲线长：$L=R\omega=2000\times0.09=180\text{m}$

切线长：$T=\dfrac{L}{2}=\dfrac{180}{2}=90\text{m}$

外距：$E=\dfrac{T^2}{2R}=\dfrac{90^2}{2\times2000}=2.03\text{m}$

(2) 计算设计标高

竖曲线起点桩号：$(K5+030)-90=K4+940$

竖曲线起点高程：$427.68-90\times0.05=423.18\text{m}$

竖曲线终点桩号：$(K5+030)+90=K5+120$

竖曲线终点高程：$427.68-90\times0.04=424.08\text{m}$

1) 桩号 K5+000 处：

横距 $x_1=(K5+000)-(K4+940)=60\text{m}$

竖距 $y_1=\dfrac{x_1^2}{2R}=\dfrac{60^2}{2\times2000}=0.9\text{m}$

该处切线高程：$423.18+60\times0.05=426.18\text{m}$

设计高程：$426.18-0.9=425.28\text{m}$

2) 桩号 K5+100 处：

横距 $x_2=(K5+120)-(K5+100)=20\text{m}$

竖距 $y_2=\dfrac{x_2^2}{2R}=\dfrac{20^2}{2\times2000}=0.1\text{m}$

该处切线高程：$424.08+20\times0.04=424.88\text{m}$

设计高程：$424.88-0.1=424.78\text{m}$

三、纵断面线形

(一) 纵坡

(1) 纵坡设计时缓坡宜长，陡坡宜短。最大纵坡、坡长限制等极限指标不应轻易采用。

(2) 纵坡长度不应过短，避免短距离内起伏过频，应使纵断线形均衡平顺。连续上坡(下坡)路段的纵坡避免设置反坡。

(3) 沿河布线的路线纵断面设计线应高出表 2-53 列频率水位标高 0.5m 以上。

路基设计洪水频率　　　　　　表 2-53

公路等级	高速公路	一	二	三	四
设计洪水频率	1/100	1/100	1/50	1/25	按具体情况确定

(4) 桥上纵坡不宜超过 4%，桥头引道纵坡不宜超过 5%，位于市、镇或交通繁忙路段桥上与桥头引道纵坡均不得超过 3%。

(5) 纵坡设计除满足汽车行驶要求，尚应考虑各种车辆及运输工具爬坡能力、下坡安全方面的要求。城镇道路和机动车与非机动车混行车道的最大纵坡不大于 3%。

(6) 纵坡设计应在保证路基强度和稳定性的前提下，尽可能适应自然地形争取填挖平衡，节省土石方工程量与其他工程量，降低造价。

(7) 城市道路纵断面设计尚应注意

1) 满足道路与两侧街坊排水，道路与侧石顶面标高低于两侧街坊或建筑物地平标高。

2) 设计线必须满足城市地下管线的最小覆土深度要求。防止损坏地下管线最小覆土，深度不小于 0.7m。

3) 道路纵断面设计，协调城市立面布置，应与相交广场、道路、出入口等平顺衔接。

（二）竖曲线

(1) 竖曲线设计应同时使曲线半径和曲线长度两方面符合规定。竖曲线半径应尽可能选用大些，以利于视觉和路容美观。在有条件的情况下应考虑优先按表 2-54 所列半径值设计竖曲线来获得平顺连续的线形。

从视觉观点所需的最小竖曲线半径值 表 2-54

计算行车速度(km/h)	凸形竖曲线半径(m)	凹形竖曲线半径(m)
120	20000	12000
100	16000	10000
80	1200	8000
60	9000	6000
40	3000	2000

(2) 对于同向竖曲线，若竖曲线间直线坡段不长时，应尽可能将两竖曲线连接起来，取消直坡段合并为单竖曲线或复曲线，避免出现断臂竖曲线。

(3) 对于反向竖曲线之间必须设有直坡段，直坡段长度一般不小于按设计车速3秒行程长度，即不短于 $\dfrac{V}{1.2}$（V 为设计车速，单位为 km/h）。

（三）平、纵线形组合

(1) 平曲线（包括圆曲线和缓和曲线）竖曲线两方面重合，是平、纵线形最好的组合。使平曲线长于竖曲线（将竖曲线包括在内）更好。这样可以引导行车视线，而且可得到平顺，美观立体线形。图 2-31 为平、竖曲线的组合情况。

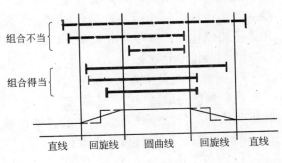

图 2-31 平、竖曲线组合

(2) 平、竖曲线重合时其曲线半径大小应保持均衡，一般平、竖曲线半径之比为 1：10～1：20，方可在视觉上获得较好的效果，如图2-32(a)中平、竖线形均衡，线形平顺，而图 2-32(b)中竖曲线过小破坏了线形的平顺、连续，产生扭曲。

(3) 不得在凸曲线的底部，设置平曲线的起（终）点，这种组合使驾驶员失去视线，行车至凸曲线顶部才发现平曲线，急转方向盘易发生事故。凹曲线上驾驶

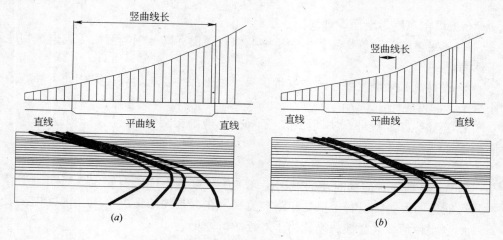

图 2-32 平曲线和竖曲线的均衡
(a)大的平曲线与大的竖曲线的组合；(b)大的平曲线与小的竖曲线的组合

员容易超速行驶至曲线底部转弯也是危险的，且线形扭曲难看。

（4）避免在一个平面曲线内设置两个竖曲线或平面的直线段上包括两个以上的竖曲线。这样的线形组合。看不见前面路段方向，使驾驶员视线中断，判断不清行车方向，不敢以正常速度行驶，而且线形扭曲，不连续，使行车的连续性遭到破坏。同样，在一个竖曲线内也不得包括两个或两个以上平曲线，这样会形成线形扭曲，行车不连续等方面的问题。

（5）长陡坡下避免设置小半径平曲线，也不得将陡坡与小半径平曲线重合，以防车辆下坡速度过高时拐弯而发生事故。

道路线形设计，不但要使平面线形，纵断面线形本身的线形要素组合良好，还要注重平面与纵断面线形之间的良好组合，这对于行车安全、舒适、线形美观，提高道路使用质量等方面有重要的意义。线形设计同时应根据地形、地物、地貌等条件选用各线形要素，合理组合，使路线与周围环境、自然景观相协调，加强道路绿化，使道路经济、安全、舒适。

四、纵断面设计成果

（一）纵断面设计图

纵断面图是道路设计的主要文件之一，如图 2-33 所示。它表示道路中线立面地形起伏情况与设计标高关系，结合平面线形，反映出道路空间位置与组合情况。其纵断面设计图绘制步骤如下：

1. 准备工作

（1）纵断面采用直角坐标。该图横坐标表示水平距离，纵坐标表示高程。在计算纸（毫米方格纸）上选定比例，图中水平比例尺用 1∶2000 或 1∶5000，垂直比例尺相应地用 1∶200 或 1∶500。

（2）根据测设资料完成如图 2-33 所示表中各栏：①土壤地质说明；②坡度与坡长设计标高及原地面标高；③里程百米桩；④直线与平曲线（曲线右偏口朝下，左偏口朝上）。

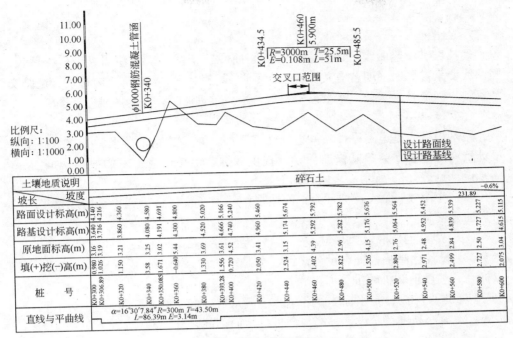

图 2-33 纵断面设计图

(3) 根据中桩和水准记录设计各桩号地面标高点于图上，连接后得到地面线。

2. 标注控制点

控制点是影响纵坡设计高程的制约点。纵断图上标注控制点有两类。

(1) 标高控制点：包括起点、终点、垭口、洪水位、桥涵标高、隧道进出口标高、交叉点标高、路基最小填土高度等作为控制设计坡度的依据。

(2) 经济参考点：包括路基横向填挖平衡、多挖少填(保证路基稳定)、全挖方路基(减少防护工程)等以降低工程造价作为纵坡设计的参考因素。

3. 初定设计线

根据地形情况，控制点与经济点要求，考虑纵断面技术指标与设计规定和路线设计意图，在纵断图上初拉坡度线。

4. 调整设计线

根据初定设计线进行全面细致的检查，核对线形指标是否符合规定，线形组合，平纵配合是否得当，是否满足控制点，照顾到大多数经济点要求。从平面、横断面方面对纵断线加以调整修正，全面分析比较选取合理的纵断设计线，最后在整桩点处确定变坡点。

5. 确定设计线

纵坡经调整核对合理后，确定纵坡设计线。由控制标高(起点标高)开始根据纵坡和坡长计算出各变坡点的标高。校核无误后，设计线随之落实。

6. 布设竖曲线，计算设计标高

在变坡点之间，按纵坡坡度值和变坡点标高计算出各桩点的设计高程。在变坡点处布设竖曲线，计算竖曲线范围内各桩点修正值，计算出竖曲线范围各桩的设计高程。

7. 绘图

经拉坡和设竖曲线后,将设计线与竖曲线绘于图上,并注明纵坡度、坡长、竖曲线要素。同时注明各有关资料如:平曲线资料、桥涵与人工构筑物、道路交叉资料、河流及洪水位、水准点资料等。最后整理图纸,按有关规定绘图。

(二)路基设计表

路基设计表是道路设计文件组成内容之一。它是道路平、纵、横三方面主要设计资料的综合。为路基横断面设计提供数据,也是道路施工的根本依据之一,路基设计见表2-55所示。表内容如下:

(1)桩号与平曲线:桩号为平面线形中线上所设各桩里程;平曲线是平面线所设曲线资料。

(2)纵坡、竖曲线、设计标高:纵坡与竖曲线均为纵断面设计资料。

(3)设计标高是各桩点设计高程,也是纵断面设计线。设计标高是根据变坡点标高、坡度值和桩距推算而得。

(4)地面标高:是平面中线各桩水准测量得到的原地面标高。

(5)填挖高度:是设计标高与同桩位地面标高之差,即

填方路基高度=地面标高+填方高度
挖方路基高度=地面标高-挖方深度

(6)路基宽度:指道路平面图中线两侧的路基宽度(包括加宽和加宽缓和段)。

(7)设计标高与路基边缘中桩关系:主要取决于路拱横坡(直线)与曲线段超高横坡的变化(包括圆曲线上全超高和超高缓和段)。

(8)中桩施工高度:填高(21)栏=(13)栏+(19)栏,而挖深(22)栏=(14)栏-(19)栏。

五、锯齿形街沟设计

所谓锯齿形街沟设计,即保持侧石顶面线与道路中心线平行的条件下,交替地改变侧石顶面线与平石(或路面)之间的高度,在最低处设置雨水进水口,并使进水口处的路面横坡度放大,在雨水口之间的分水点处标高最高,该处的横坡度便最小,使车行道两侧平石的纵坡度随着进水口和分水点之间标高的变化而变化。这样街沟的纵坡就会由升坡变为降坡,再变为升坡,如此连续交替,其街沟的纵坡就变为锯齿形,所以称之为锯齿形街沟。

(一)设置锯齿形街沟的目的

我国大部分城市的地形都较平坦,在城市道路设计中,为了减少填挖方量,保证道路中线标高与两侧建筑物标高的衔接,有时不得不采用很小甚至水平的纵坡度。这样对行车是有利的,但对于纵向排水不利。尽管设置了横坡,但纵坡小使纵向排水不畅,特别是在暴雨或多雨季节,会使路面积水,因此在纵坡很小时要采用适当的方法进行排水设计。锯齿形街沟设计(又称偏沟设计)是解决路面排水的一种有效方法。

(二)设置锯齿形街沟的条件

当城市道路的纵坡大于0.3%时,靠街沟自然排水,一般街沟的纵坡度与道

路基设计表

表 2-55

路线名称：K1+000—K1+620

桩号	平曲线 左	平曲线 右	纵坡%及坡长(m)	竖曲线 凹	竖曲线 凸	未计竖曲线之设计标高(m)	距切点距离(m)	改正值(m) +	改正值(m) −	设计标高(m)	地面标高(m)	填挖高度 填	填挖高度 挖	路基宽度 左	路基宽度 右	路基宽度 全宽	路基边缘及中桩之高差 左	路基边缘及中桩之高差 中	路基边缘及中桩之高差 右	施工时中桩填挖高度(m) 填	施工时中桩填挖高度(m) 挖	备注
1	2	3	4	5	6	7	8	9	10	11	12	13	14	15	16	17	18	19	20	21	22	23
K1+000			K1+000 $i=-1.6\%$ $L=580$	K1+502.2	$R=10000$ $T=180$ $E=1.62$	184.00	1.62		1.62	182.38	204.00			6	6	12						
K1+050						183.20	0.85		0.85	182.36	197.00			6	6	12						
K1+100						182.40	0.32		0.32	182.08	198.00			6	6	12						
K1+150						181.60	0.05		0.05	181.56	202.00			6	6	12						
K1+200						180.80				180.80	179.00	1.80		6	6	12				1.88		
K1+250						180.00				180.00	180.00	0.00		6	6	12				0.08		
K1+300	JD K1+538.7 R=450m α=26°					179.20				179.20	181.60		2.40	6	6	12					2.32	
K1+350						178.40				178.40	179.40		1.00	6	6	12					0.92	
K1+394.68						177.69				177.69	184.00		6.31	6	6	12	0.01	0.08	0.14		6.23	
K1+420						177.28				177.28	183.00		5.72	6	6	12	0.00	0.08	0.25		5.64	
K1+440						176.96				176.96	183.00		6.04	6	6	12	−0.01	0.08	0.35		5.91	
K1+460						176.64				176.64	180.00		3.36	6	6	12	−0.02	0.13	0.43		3.19	
K1+474.68			K1+180			176.41				176.41	176.10	0.31		6	6	12	−0.02	0.17	0.43	0.52		
K1+500						176.00				176.00	175.00	1.00		6	6	12	−0.02	0.21	0.43	1.21		
K1+520						175.68	0.04	0.04		175.72	174.50	1.07		6	6	12	−0.02	0.21	0.43	1.28		
K1+538.7			K1+580 $R=4000$ $T=77.8$ $E=0.7568$			175.38	0.19	0.19		175.57	174.50	0.96		6	6	12	−0.02	0.21	0.43	1.17		
K1+560						175.04	0.42	0.42		175.46	173.50	1.98		6	6	12	−0.02	0.21	0.43	2.19	0.07	
K1+580						174.72	0.76	0.76		175.48	172.00	3.49		6	6	12	−0.02	0.21	0.43	3.70		
K1+598.78						175.15	0.34	0.34		175.49	173.00	2.82		6	6	12	−0.01	0.16	0.32	2.98		
K1+620						175.64	0.18	0.18		175.82				6	6	12						

计算：　　　　　　　　　　　　　　　　　　　　　　复核：

路中心线保持一致。

《城市道路设计规范》(CJJ 37—90)规定：纵坡小于 0.3% 时应设置锯齿形街沟或其他排水设施。设置于道路两侧车行道边缘 1～3m 范围内。

（三）锯齿形街沟设计

在城市道路中，一般利用露出路面部分的路面边缘（或平石）作为排除地下水的沟渠，即为街沟（图 2-34）。一般的侧石高度 m 通常取 $0.18\sim0.20$m，n 通常取 $0.10\sim0.12$m，$(m-n)$ 宜控制在 $0.06\sim0.10$m 为好，且街沟的纵坡度大于 0.4%。

设雨水进水口处侧石高度为 m，分水点处侧石的高度为 n，两进水口

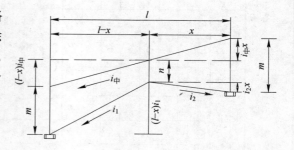

图 2-34 锯齿形街沟进水口布置图

之间的纵坡度为 i_1、i_2，分水点距离两边的距离为 x、$l-x$，则计算如下：

左端：$(l-x)i_1+n-(l-x)i_中=m \Rightarrow l=\dfrac{m-n}{i_1-i_中}+x$

右端：$i_中 x+n+i_2 x=m \Rightarrow x=\dfrac{m-n}{i_中+i_2}$

将 x 代入雨水口间距 l，则可得：$l=\dfrac{m-n}{i_1-i_中}+\dfrac{m-n}{i_2+i_中}$

如果采用 $i_1=i_2$，则

$$l=\dfrac{2i_1(m-n)}{i_1^2-i_中^2} \tag{2-56}$$

若道路的纵坡 $i_中=0$，则 $x=\dfrac{l}{2}$，所以

$$l=\dfrac{2(m-n)}{i_1} \tag{2-57}$$

【例 2-7】 已知某道路规划横断面如图 2-35 所示：车行道的横坡度为 2%，路中心的桩号为 K0+300 处的设计标高为 10m，设计纵坡度为 0.2%，试设计该路段的锯齿形街沟及计算出前、后、中间的雨水口和分水点处的设计标高和 i_1 的坡度值（$L=40$m，$m=0.18$，$n=0.12$）。

【解】 $l=\dfrac{2i_1(m-n)}{i_1^2-i_中^2} \Rightarrow 40=\dfrac{2\times i_1(0.18-0.12)}{i_1^2-0.002^2} \Rightarrow i_1=0.004$

所以 $l=40$m 符合要求。

又 $x=\dfrac{m-n}{i_中+i_1}=\dfrac{0.18-0.12}{0.002+0.004}=10$m

$l-x=40-10=30$m

计算雨水口和分水点处各点的设计标高：

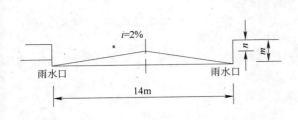 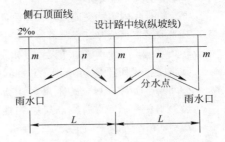

图 2-35 锯齿形街沟进水口布置图

雨水口 K0+260 处：10−40×0.002−7×0.02−0.03＝9.75m
或：9.87−30×0.004＝9.75m

分水点 K0+290 处：10−10×0.002−7×0.02+0.03＝9.87m
或：9.83+10×0.004＝9.87m

雨水口 K0+300 处：10−7×0.02−0.03＝9.83m

分水点 K0+330 处：10+30×0.002−7×0.02+0.03＝9.95m
或：9.83+30×0.004＝9.95m

雨水口 K0+340 处：10+40×0.002−7×0.02−0.03＝9.91m
或：9.95−10×0.004＝9.91m

思 考 题 与 习 题

1. 试述我国公路和城市道路设计车辆的类型，设计车辆对公路设计有何意义？
2. 什么是设计速度？确定道路设计速度应考虑哪些因素？
3. 交通量和通行能力的区别是什么？
4. 理解以下概念：第 30 位小时交通量、设计交通量、公路和城市道路的设计通行能力。
5. 为什么限制最大超高横坡度？
6. 设置缓和曲线的目的是什么？
7. 简述超高缓和段绕路面内边轴旋转形成的过程。
8. 什么是行车视距，哪些场合下行车视距会受限制？
9. 应用圆曲线的半径应遵循什么原则？
10. 简述纵坡设计的步骤。
11. 确定变坡点时应考虑哪些因素？
12. 道路纵断面设计图的主要内容有哪些？
13. 陡坡为什么要加以控制？
14. 平曲线与竖曲线的组合设计有何要求？
15. 某道路进行道路交通量观测，测得两个方向的道路交通量分别为 920 辆/h 和 750 辆/h，计算设计小时交通量。
16. 某道路交通量记录如下：小型车 680 辆/昼夜，载货汽车 460 辆/昼夜，中型公共汽车 370 辆/昼夜，大型公共汽车 310 辆，铰接车 90 辆。车辆相对于最后统计年度末的年平均增长率为 8%，道路设计年限为 15 年，试求：
（1）当前的设计交通量；

(2) 设计年限末的交通量，计算设计小时交通量。

17. 某平原区二级公路有一弯道 $R=300$m，交点 JD 桩号：K4+650.56，缓和曲线长为 60m，转角 $\alpha=35°$，计算该曲线设置缓和曲线的五个基本桩号。

18. 某路段路线如图 2-36 所示，JD_1 的桩号为 K3+235，切线长 T_{h1} 为 35m，曲线全长 L_{h1} 为 69.80m，$JD_1 \sim JD_2$ 的距离为 400m，JD_2 处设置 $R=100$m 的曲线，其缓和曲线长度为 $L_s=30$m，切线长 T_{h2} 为 72.94m，曲线全长 $L_{h2}=134.71$m。求 JD_2 及其各主点的桩号。

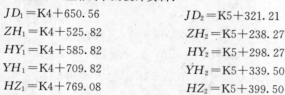

图 2-36 题 18 图

19. 下面给出一组路线平面设计资料：

JD_1=K4+650.56　　　　JD_2=K5+321.21
ZH_1=K4+525.82　　　　ZH_2=K5+238.27
HY_1=K4+585.82　　　　HY_2=K5+298.27
YH_1=K4+709.82　　　　YH_2=K5+339.50
HZ_1=K4+769.08　　　　HZ_2=K5+399.50

试求：

(1) 两曲线的切线长、曲线长、缓和曲线长及曲线中点桩号；
(2) 两曲线间的交点间距及所夹直线段长度。

20. 某公路变坡点的桩号为：K2+260，高程为 387.62m，前一坡段 $i_1=5\%$，后一坡段 $i_2=1\%$，竖曲线的半径 $R=5000$m，试确定：

(1) 判别竖曲线的凹凸性；
(2) 计算竖曲线的起终点桩号；
(3) 计算 K2+240，K2+380 各点的设计标高。

21. 已知上坡 $i_1=2\%$，下坡 $i_2=-1.2\%$，停车视距 $S_停=75$m，问在该纵坡转折点处需设置的竖曲线最小半径为多少？

22. 某竖曲线半径 $R=3000$m，其相邻坡段的纵坡度分别为：$i_1=3\%$，$i_2=1\%$，变坡点的桩号为 K6+770，高程为 396.67m。要求完成：(1) 竖曲线各要素计算；(2) 如果曲线上每隔 10m 设一桩，请按表 2-56 完成竖曲线上各桩点的高程计算。

竖曲线高程计算表　　　　表 2-56

桩　号	至起、终点的距离 (m)	标高改正值 (m)	坡道高程 (m)	竖曲线高程 (m)

第三章 道路横断面设计

【本章学习要点】 横断面组成，路拱设计，道路建筑限界；横断面设计步骤及土石方调配等要点。

道路横断面是指垂直于道路中心线方向的断面，它是由横断面设计线与地面线所围成的截面。公路横断面的组成包括：行车道、中间带、路肩、边沟、边坡、截水沟、排水沟、支挡防护结构等。两端路肩边缘之间的距离称为路基宽度。若含边沟、边坡宽度在内，则为用地范围，称为地界宽度。城市道路横断面的组成包括：机动车道、非机动车道、人行道、绿化带、分隔带等。横断面宽度，通常称为路幅宽度；远期规划道路用地总宽度则称为红线宽度。红线是指城市中的道路用地和其他用地的分界线。此节我们主要研究横断面中与行车、行人直接有关的部分，即行车道、人行道、分隔带、路肩等方面问题，为断面各部分横向尺寸、形状的规划设计打下基础，也便于指导施工。对于路面结构、边沟、边坡、防护支挡结构等各项内容，则放在路基、路面中加以解决。

第一节 道路的横断面组成

一、公路横断面的组成

1. 公路路基标准横断面组成，如图 3-1 所示。

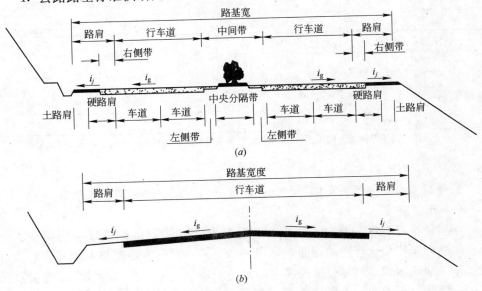

图 3-1 公路路基标准横断面图
(a)高速公路、一级公路路基标准横断面；(b)二、三、四级公路路基标准横断面

路基标准横断面是根据设计交通量、交通组成、设计车速、通行能力和满足交通安全的要求,按公路等级、断面类型、路线所处的地形规定的路基横断面各组成部分的行业标准。

高速公路、一级公路的路基标准横断面分为整体式和分离式路基两类。整体式路基的标准横断面应由车道、中间带(中央分隔带、左侧路缘带)、路肩(右侧硬路肩、土路肩)等部分组成。分离式路基的标准横断面应由车道、路肩(右侧硬路肩、土路肩)等部分组成。

二级公路路基的标准横断面应由车道、路肩(右侧硬路肩、土路肩)等部分组成。

三级公路、四级公路路基的标准横断面应由车道、路肩等部分组成。

2. 路基宽度

公路路基宽度为车道宽度与路肩宽度之和。整体式路基宽度规定见表3-1。

整体式路基宽度   表3-1

公路等级		高速公路							
设计速度(km/h)		120			100			80	
车道数		8	6	4	8	6	4	6	4
路基宽度(m)	一般值	42.00	34.50	28.00	41.00	33.50	26.00	32.00	24.50
	最小值	40.00		25.00	38.50		23.50		21.50
公路等级		一级公路							
设计速度(km/h)		100		80		60			
车道数		6	4	6	4	4			
路基宽度(m)	一般值	33.50	26.00	32.00	24.50	23.00			
	最小值		23.50		21.50	20.00			
公路等级		二级公路		三级公路		四级公路			
设计速度(km/h)		80	60	40	30	20			
车道数		2	2	2	2	2或1			
路基宽度(m)	一般值	12.00	10.00	8.50	7.50	6.5(双车道)	4.5(单车道)		
	最小值	10.00	8.50						

注:"一般值"为正常情况下的采用值;"最小值"为条件受限制时可采用的值,使用长度无限制。

3. 行车道

公路行车道是供各种车辆行驶的路面部分。它包括快车道和慢车道。

(1) 车道宽度

车道是指专为纵向排列、安全顺适地通行车辆为目的而设置的公路带状部分。供纵列车辆安全行驶的路面,称为一条车道。车道宽度根据车辆宽度、设计交通量、交通组成和汽车行驶速度来确定。一条车道宽度是"标准"车型宽度尺寸加上两侧行车横向安全距离。车道宽度根据设计速度规定见表1-1,注意:设计速度为20km/h且为单车道时,车道宽度应采用3.5m;高速公路为八车道时,内侧车道宽度可采用 3.5m。

行车道总宽度等于各条单车道宽度的总和。一般情况下行车道总宽＝车道数×总车道宽。

(2) 车道数

车道数是根据设计年限末的设计小时交通量和一条车道的设计通行能力而确定的，即设计车道数＝(设计年限末的单向设计小时交通量/每条车道的设计通行能力)×2，不同等级道路的车道数见表 1-1。

高速公路、一级公路各路段的车道数应根据预测交通量、服务水平等确定，其车道数为四车道以上时，应按双数增加。二级公路、三级公路应为双车道。四级公路宜采用双车道，交通量小且工程艰巨的路段可采用单车道。

4. 中间带

中间带由路线双向的两条左侧路缘带和中央分隔带组成，中央分隔带的构造如图 3-2 所示。

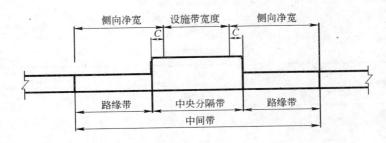

图 3-2 中间带

我国原则上采用窄中间带。高速公路、一级公路整体式路基必须设置中间带，它的主要功能是分离两个方向的车流、清晰显示内侧边缘、引导驾驶者视线、杜绝任意拐弯、防止对向行驶的车辆在高速行驶情况下互撞。中间带由两条左侧路缘带和中央分隔带组成。中间带宽度规定见表 3-2。

公路中间带宽度　　表 3-2

设计速度(km/h)		120	100	80	60
中央分隔带宽度(m)	一般值	3.00	2.00	2.00	2.00
	最小值	2.00	2.00	1.00	1.00
左侧路缘带宽度(m)	一般值	0.75	0.75	0.50	0.50
	最小值	0.75	0.50	0.50	0.50
中间带宽度(m)	一般值	4.50	3.50	3.00	3.00
	最小值	3.50	3.00	2.00	2.00

当中央分隔带内需埋设管线等设施时，其宽度不得小于 2m，以满足埋设管线及设置防眩板或种植灌木防眩和埋设防撞护栏所需的宽度。当中央分隔带采用刚性护栏，且无须设置中墩或埋设管线时，其宽度可采用 1.0m。一级公路作为

集散公路且地形条件及其他特殊情况限制时，中央分隔带可采用宽度不小于0.60m的混凝土防撞护栏，并按规定设置左侧路缘带。

5. 路肩

路肩是道路的主要组成部分，多用于公路，设于行车道（路面）外侧，如图3-1所示。路肩宽是根据道路等级、汽车与行人密度、行车道宽度等方面综合确定的。高速公路、一级公路的路肩应包括硬路肩、土路肩两部分。硬路肩是进行了铺装的路肩，可以承受汽车荷载的作用力，V≥40km/h应设置硬路肩。土路肩是不加铺装的土质路肩，起保护路面和路基的作用。路缘带是与路面结构相同的路肩或中间带的一部分。为了保证道路横向净宽和良好的行车视矩，路肩上不得植树和设置交通设施。路肩应设有外侧倾斜的排水横坡，其坡度值一般比路面横坡度大1%～2%。

路肩作为路面的横向支承，其主要作用是保护路基、路面；防止雨水冲刷；供行人通行和公路上临时停车；增加道路开阔感，有助于行车舒适；为超车、错车车辆提供临时行驶地带，增加道路断面通过能力。

我国各级公路单侧路肩宽度的一般规定见表3-3。

右侧路肩宽度　　　　　　　　　　　　　表3-3

设计速度(km/h)		高速公路、一级公路				二、三、四级公路				
		120	100	80	60	80	60	40	30	20
硬路肩宽度(m)	一般值	3.00或3.50	3.00	2.50	2.50	1.50	0.75			
	最小值	3.00	2.50	1.50	1.50	0.75	0.25			
土路肩宽度(m)	一般值	0.75	0.75	0.75	0.50	0.75	0.75	0.75	0.50	0.25（双车道）0.50（单车道）
	最小值	0.75	0.75	0.75	0.50	0.50	0.50			

注：表中所列"一般值"为正常情况下的采用值；"最小值"为条件受限制时可采用的值。

考虑到故障车辆临时停放在硬路肩上时，对六车道、八车道高速公路的相对影响较小，同时考虑到四车道高速公路路基宽度为28.00m，故设计速度为120km/h的四车道高速公路，右侧硬路肩宜采用3.5m；六车道、八车道高速公路，宜采用3.00m。

高速公路、一级公路应在右侧硬路肩宽度内设右侧路缘带，其宽度为0.50m，能起到诱导视线、支撑路面的作用，并能提供一部分必要的侧向余宽，当汽车越出行车道时，能增进安全。

二级公路的硬路肩可供非汽车交通使用。非汽车交通量较大的路段，亦可采用全铺的方式，以充分利用。

二级公路、三级公路、四级公路在路肩上设置的标志、防护设施等不得侵入公路建筑限界，否则应加宽路肩。

二、城市道路路基标准横断面组成

城市道路的交通比较复杂，表现在行人和非机动车较多，各种交通工具及行人的交通问题都需要在横断面设计中综合考虑予以解决，所以在城市道路设计中横断面设计是矛盾的主要方面。

城市道路上供各种车辆行驶的部分统称为行车道，行车道又包括机动车道和非机动车道。此外还有供行人步行使用的人行道和分隔各种车道的分隔带及绿化带。城市道路的各组成部分相互联系、相互影响，其位置的安排和宽度的确定必须保证车辆和行人的安全畅通，同时要与道路两侧的建筑物及自然景观相协调，并能满足地面、地下排水和各种管线埋设的要求。城市道路横断面的基本组成如图3-3所示。

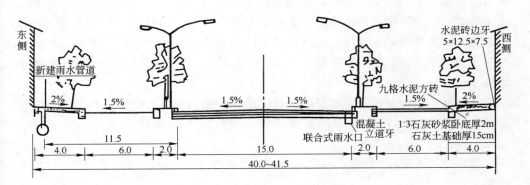

图 3-3 城市道路横断面基本形式

（一）行车道

城市道路行车道包括机动车道和非机动车道。

1. 机动车道宽度

行车道中供汽车、电车、摩托车等机动车行驶的部分称为机动车道。车道数常采用两车道、三车道、四车道、六车道几种，一般不宜超过六车道。车道过多，路宽过大不但引起行人车辆过街不便，也容易造成行车超车、抢道，形成交通秩序混乱，而且工程费用过高，对提高道路通过能力方面作用不大。一条机动车道宽度值规定见表3-4。

机动车道宽度　　　　　　　　　　　　　　表3-4

车　型	设计速度(km/h)	车道宽度(m)
大型汽车或大、小型汽车混行	≥40	3.75
	<40	3.50
小客车专用线		3.50
公共汽车停靠站		3.00

注：小型汽车包括2t以下载货车、小型旅行车、小客车及摩托车等。大型汽车包括普通汽车及铰接车。

我国城市道路机动车宽度经验值：双车道一般取7.5～8.0m，三车道10.0～11.0m，四车道13.0～15.0m，六车道19.0～22.0m。

机动车道的总宽度可按式(3-1)和式(3-2)进行计算：

$$机动车车行道宽度 = 所需要的车道数 \times 一条车道所需宽度 \quad (3-1)$$

$$机动车车行道宽度 = \frac{单向高峰小时交通量 \times 2 条 \times 一条车道宽度}{一条车道可能通行能力} \quad (3-2)$$

2. 非机动车道宽度及布置

行车道中主要供自行车、三轮车、板车等非机动车行驶的路面部分称为非机动车道。我国城市、城镇、城郊道路非机动车道占有相当大的比重，已成为世界上公认的"自行车王国"，因此，我们应对非机动车道设计给予应有的重视。在行车道上采用合理的交通组织，断面道路必须考虑自行车的增长趋势，非机动车车道宽度宜宽勿窄，留有余地。非机动车单车道宽度设计原理与机动车道设计基本相同，由车辆的宽度尺寸与行车两侧横向安全距离而定。一般各种非机动车的单车道宽度取值为：自行车 1.5m；三轮车 2.0m；板车 1.5～2.0m；畜力车 2.5m。

非机动车道的总宽度主要是根据非机动车的横向组合方式，确保较宽的车型能够与其他车型并行或超车行驶来确定，非机动车道的组合情况与车道宽度如下：

(1) 自行车组合车道：双车道 2.5m；三车道 3.5m；四车道 4.5m；依次类推。

(2) 一辆自行车与一辆三轮车组合：3.5m。

(3) 两辆三轮车道：4.0m。

(4) 两辆自行车与一辆三轮车组合：4.5m。

(5) 一辆三轮车与一辆大板车组合：5.0m。

(6) 两辆自行车与一辆公共汽车停靠站是的组合：5.5m。

根据经验，我国非机动车车道的基本宽度可采用 5.0m、6.5m、8.0m 三种。在规划设计分离式(三块板或四块板)非机动车道时，每车道宽度不宜采用最低推荐值，应适当留有余地。当机动车道与非机动车道可以调剂使用断面(一、二块板断面)时，非机动车道宽度可适当减小。

非机动车道沿道路对称布置在机动车道和人行道之间。为保证行车安全、提高行车速度，非机动车道与机动车道应用标志线或分隔带分隔开。交通量很小的道路(支路或住宅区路)上，非机动车与机动车可混行，但必须靠右侧行驶。

(二) 人行道

人行道的主要功能是满足行人步行交通需要，同时用来布置绿化带、地上杆线、交通标志、埋设地下管线等设施。

1. 人行道宽度

人行道宽度主要取决道路功能、沿街建筑物的性质。宽度的确定应综合考虑行人步行道宽度及布置绿化带、线杆等用地宽度，并注意地下埋设管线需用宽度。

人行道宽 = 步行道宽 + 绿化带宽 + 设施带宽。

(1) 行人步行道宽

行人步行道宽度(一侧)＝一条步行带宽度×高峰小时人流量(单侧双向)/一条步行带的通行能力。

一条步行道宽与行人性质有关(空手、提、背、抱、挑时宽度不同)。一般道路上，单行步道宽 0.75m，在火车站、港口码头、商场及闹市附近的干道上，携物行人较多时，单行步道宽度可取 0.90m。

一条步行道的通行能力与行人步行速度和街道性质相关，见表3-5。

人行道、人行横道、人行天桥、人行地道的设计通行能力　　表3-5

类　别	可能通行能力 (p/h/m)	设计通行能力(p/h/m)			
		折　减　系　数			
		全市性及市中心区场馆及地段	一般大商场及区中心地段	区域性文化商业中心地段	支路、住宅区地段
		0.75	0.80	0.85	0.90
人行道	2400	1800	1900	2000	2100
人行横道	2700	2000	2100	2200	2300
人行天桥人行地道	2400	1800	1900	2000	—
车站码头的人行天桥与地道	1850	1400	—	—	—

城市道路，一般情况下行人步行道宽度应满足双人对向并行的要求，即单侧布置行人步行道条数不小于 4 条(3m)。主干道上单侧行人步行道数不少于 6 条，支路、街坊内单侧行人步行道数不少于 2 条。对行人交通数量大的商业街、闹市路段应根据行人交通量实际数量确定步道数量。

(2) 绿化带、设施带所需宽度。

为了保证植物能良好的生长，绿化带宽度为 1.0～2.0m，最好不小于 1.5m。地面杆线布置宽度 0.5～1.0m，常布置在绿化带上。埋设电力、电信、给水三种管线所需最小宽度规定不小于 4.5m，加上绿化带宽，则单侧人行道宽度应为 6m。设计人行道宽度可参考表3-6采用。

人行道宽度计算的参考数据　　表3-6

项　目	占地宽度	项　目	占地宽度
设置电线杆和电灯的地带	1.0～1.5	种植双排行道树的地带	2.5～5.0
种植单排行道树的地带	1.5	设置行人护栏的宽度	0.25～0.5

这样，步行道宽度加上绿化、杆线所用宽度，即得到人行道单侧宽度，一般不小于 4.5m。当管线埋设在人行道下面时，人行道宽度要求既能满足步行交通的需要，又要满足铺设地下管线的要求。根据经验，一侧人行道宽度和道路总宽度之比在 2：7～1：7 范围内较适当，城市道路规范规定的人行道最小

宽度见表3-7。

人行道最小宽度　　　　　　表3-7

项　目	人行道最小宽度(m)	
	大城市	中、小城市
各级道路	3	2
商业或文化中心以及大型商店或大型公共文化机构集中路段	5	3
火车站、码头附近路段	5	4
长途汽车站	4	4

2. 人行道布置

人行道通常对称布置在行车道两侧，在受地形、地物或有特殊要求时，也可作不等宽或仅在一边布置。

为了保证交通安全，避免人、车相互干扰，通常人行道要高出行车道0.08~0.20m，宜采用0.15m，并采用混凝土预制块（或条石）设置路缘石（侧、平石）作为行车道、人行道之间的分界线，也可起到支撑路面与支挡人行道边缘的作用。为了排水，人行道上应设向行车道方向倾斜的直线形排水横坡。有铺砌的人行道横坡为1.5%~2.5%。

（三）分隔带

分隔带构造同公路的中间带，除用以分隔车流外，还用作道路绿化、照明、设置交通标志、布置管线、布置公交停靠站台及自行车停车场等，并可为道路今后拓宽发展留设余地。从安全、便利行车方面看，把各种车流分离得远些为好，但考虑到工程经济，尽可能少占地时分隔带应窄些。对于用地紧张的地区，固定式分隔带宽度一般不宜小于1.2~1.5m，并兼作绿化带，用缘石或栏杆与行车道分离。当分隔带用作公交停靠站或自行车停放场时，宽度不宜小于2m。除为远期保留拓宽行车道的备用土地外，一般分隔带宽度不宜大于4.5m。

1. 中央分隔带（分车带）

城市道路规范规定中间带的最小宽度为2.0~3.0m，左侧路缘带常用宽度为0.25m或0.50m，见表3-8。

城市道路分车带最小宽度　　　　　　表3-8

分车带类别		中间带			两侧带		
设计速度(km/h)		80	60或50	40	80	60或50	40
分隔带最小宽度(m)		2.00	1.50	1.50	1.50	1.50	1.50
路缘带宽度(m)	机动车道	0.50	0.50	0.25	0.50	0.50	0.25
	非机动车道				0.25	0.25	0.25
侧向净宽(m)	机动车道	1.00	0.75	0.50	0.75	0.75	0.50
	非机动车道				0.50	0.50	0.50

续表

分车带类别		中 间 带			两 侧 带		
安全带宽度(m)	机动车道	0.50	0.25	0.25	0.25	0.25	0.25
	非机动车道				0.25	0.25	0.25
分车带最小宽度(m)		3.00	2.50	2.00	2.25	2.25	2.00

注：1. 快速路的分车带均采用表中80km/h栏中规定值。
2. 计算行车速度小于40km/h的主干路与次干路可设路缘带，分车带采用40km/h栏中规定值。
3. 支路可不设路缘带，但应保证25cm的侧向净宽。
4. 表中分隔带最小宽度系按设施带宽度1m考虑的，如设施带宽度大于1m，应增加分隔带宽度。
5. 安全带宽度为侧向净宽与路缘带宽度之差。

2. 两侧带

即机动车道与非机动车道间的分隔带，这种分隔带设置于机动车道两侧，用以分离机动车与非机动车车流。常用于城市道路"三块板"、"四块板"横断面中，如机动车和非机动车交通量较大的主干道，或快速干道上分离非机动车辆。

城市道路规范中规定两侧带的最小宽度为2.0～2.25m。北方寒冷积雪地区，在满足最小宽度前提下，还应考虑能否满足临时堆积雪的要求。

第二节 路 拱

为了迅速排除路面上的雨水，路面表面做成中间高两边低的拱形，称之为路拱。

一、路拱横坡

人行道、行车道在道路横向单位长度内升高或降低的数值，称为道路横坡，也称为路拱横坡。横坡大小以横坡 i_1 表示，见式(3-3)：

$$i_1 = \tan\alpha = \frac{h}{d} \tag{3-3}$$

为了横向排水需要，行车道必须具有一定的横坡度。路拱横坡的确定必须有利于排水和保证行车安全，平稳。行车道上横向平均路拱横坡取值见表3-9、表3-10。行车道路拱平均横坡度的大小主要取决于路面材料、当地气候条件和道路纵坡。行车道面层粗糙，防水性能差，横坡度应大些。否则，水在路面上流动缓慢，容易渗到路面下层而降低路面强度；在多雨地区道路横坡宜取高限值，干旱地区可取低值；当道路纵坡较大时，为避免合成坡度过大给行车安全带来不良影响，横坡可适当减小。

公路路拱坡度 表3-9

路拱类型	路拱坡度(%)	路拱类型	路拱坡度(%)
水泥混凝土路面	1.0～2.0	半整齐和不整齐石块路面	2.0～3.0
沥青混凝土路面	1.0～2.0	碎、砾石等粒料路面	2.5～3.5
其他黑色路面	1.5～2.5	加固土路面	2.0～4.0
整齐石块路面	1.5～2.5	低级路面	3.0～4.0

城市道路路拱设计坡度 表 3-10

路面面层类型	路拱坡度(%)
水泥混凝土路面 沥青混凝土路面 沥青碎石	1.0～2.0
沥青贯入式碎(砾)石沥青表面处治	1.5～2.0
碎、砾石等粒料路面	2.0～3.0

为了尽快排除路表水,行车道一般设计成双向路拱横坡,当横坡大时对排水有利,而对行车横向平稳性不利,反之亦然。因此,道路横向坡度取值的着眼点,应是路面排水和保证行车的横向平稳这两方面都得到妥善解决。

二、路拱形式

路拱的基本形式有：抛物线、直线、曲线直线组合型、折线形四种。

1. 抛物线形路拱

抛物线路拱横坡从拱顶至拱脚逐渐增大,外形圆顺美观。路拱边部坡度大,有利于排水。中间部分平缓,行车平稳性好。但易于吸引横向行车集中行驶中部而造成路面损坏。

抛物线路拱计算时以路中心为原点,水平方向为 x 轴如图 3-4,则路拱表面任意点的标高等于路中点设计标高减去该点纵距,见式(3-4)：

$$H_i = H_中 - y_i \tag{3-4}$$

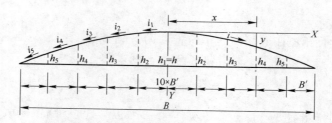

图 3-4 抛物线形路拱的计算图式

式中 H_i——路拱表面任意点标高(m);

$H_中$——路中心点设计标高(m);

y_i——任意点的纵距,纵距的计算应根据路拱抛物线类型来决定。

二次抛物线路拱表面任意点标高修正值纵距计算式见式(3-5)：

$$y_i = h \left(\frac{2x_i}{B} \right)^2 \tag{3-5}$$

式中 y_i——距行车道中点的横向距离(m);

B——行车道总宽(m);

h——路拱高度($h = Bi_1/2$)为路中点与拱脚标高之差(m);

x_i——距路中心线的横向距离(m)。

这种路拱的边缘横坡是随路宽的增加而加大,路拱过大影响行车安全,一般常用于不大于12m行车道路拱。选择的路拱平均横坡不超过3%为宜。

2. 半立方抛物线路拱。

半立方抛物线路拱表面任意点标高修正纵距计算式见式(3-6)：

$$y_i = h\left(\frac{2x_i}{B}\right)^{\frac{3}{2}} \tag{3-6}$$

半立方抛物线路拱改善了二次抛物线路拱边缘部分横坡较陡的不利情况。这种路拱适用于行车道宽度在20m以内的沥青类路面，路拱的平均横坡应小于3%。

3. 直线路拱

直线路拱是由两条倾斜直线相交而成，如图3-5所示。直线路拱坡度为定值（不随路宽变化）对于边缘部分行车有利，施工方便。而路中路拱顶点有凸起转折，对行车不利。

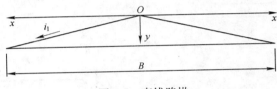

图3-5 直线路拱

直线路拱表面任意点标高修正纵距计算式见(3-7)：

$$y_i = i_1 \cdot x_i \tag{3-7}$$

式中符号意义同前。

直线路拱多用于刚性路面（水泥混凝土路线或预制板块铺装路面）和单向排水路面。适用于任意行车道宽度，横坡应不小于1.5%以利于排水。

4. 折线形路拱

折线路拱是由短直线段连接而成，如图3-6所示。直线各段横坡由路中间向边部逐渐增加。这种路拱横坡容易控制，便于施工整形，排水良好，适用于较宽的柔性路面，对于直线转折的突变点，往往不利行车，应注意在施工中碾压平顺。

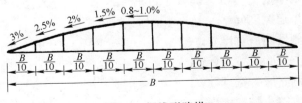

图3-6 折线形路拱

以上所述各种路拱，选择时应根据路面类型，行车道宽度，路拱横坡等条件进行合理的分析确定。在有分隔带的分离式非机动车道或有中央分隔带的机动车道宜采用单向横坡形式路拱。采用双向横坡路拱时，路拱顶点两侧的行车道宽度必须对称。

第三节 道路建筑限界与用地范围

一、道路建筑限界

道路建筑限界(图3-7)是为了保证公路上规定的车辆正常运行与安全,在一定宽度和高度范围内,不得有任何障碍物侵入的空间范围,由净空和净宽两部分组成。

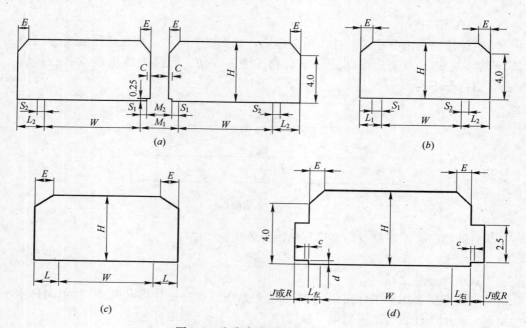

图 3-7 公路建筑界限(单位:m)
(a)高速公路、一级公路(整体式);(b)高速公路、一级公路(分离式);
(c)二、三、四级公路;(d)公路隧道

1. 道路建筑限界的规定

在公路横断面设计中,公路标志、护栏、照明灯柱、电杆、管线、绿化、行道树以及跨线桥的梁底、桥台、桥墩等的任何部分不得侵入公路建筑限界之内。
图中 W——行车道宽度(m);
L_1——左侧硬路肩宽度(m);
L_2——右侧硬路肩宽度(m);
S_1——左侧路缘带宽度(m);
S_2——右侧路缘带宽度(m);
L——侧向宽度。高速公路、一级公路的侧向宽度为硬路肩宽度(L_1 或 L_2);二、三、四级公路的侧向宽度为路肩宽度减去 0.25m;隧道内侧向宽度($L_左$ 或 $L_右$)应符合隧道最小侧向宽度的规定;
C——当设计速度大于 100km/h 时为 0.5m,等于或小于 100km/h 时为 0.25m；

M_1——中间带宽度(m)；

M_2——中央分隔带宽度(m)；

J——隧道内检修道宽度(m)；

R——隧道内人行道宽度(m)；

d——隧道内检修道或人行道高度(m)；

E——建筑限界顶角宽度，当 $L \leqslant 1m$ 时，$E=L$；当 $L>1m$ 时，$E=1m$；

H——净空高度(m)。

(1) 当设置加(减)速车道、爬坡车道、慢车道、紧急停车带、错车道时，建筑限界应包括该部分的宽度。

(2) 八车道及其以上整体式路基的高速公路，设置左侧硬路肩时，建筑限界应包括相应部分的宽度，如图 3-8(b)所示。

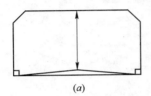 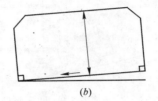

图 3-8 建筑限界的边界线划定

(a)一般路拱路段；(b)设置超高路段

(3) 隧道最小侧向宽度规定见表 3-11。

隧道最小侧向宽度 表 3-11

设计速度(km/h)	高速公路			一级公路			二级公路		三级公路		四级公路
	120	100	80	100	80	60	80	60	40	30	20
左侧侧向宽度 $L_左$(m)	0.75	0.50	0.50	0.50	0.50	0.50	0.75	0.50	0.25	0.25	0.50
右侧侧向宽度 $L_左$(m)	1.25	1.00	0.75	1.00	0.75	0.75	0.75	0.50	0.25	0.25	0.50

(4) 桥梁、隧道设置检修道、人行道时，建筑限界应包括相应部分的宽度。

(5) 检修道、人行道与行车道分开设置时，其净高应为 2.50m。非机动车净高不小于 3.0m，取 3.5m。

(6) 高速公路、一级公路、二级公路的净高为 5.00m；三级公路、四级公路的净高应为 4.5m。

2. 道路建筑限界的边界线规定(图 3-8)

(1) 建筑限界的上缘边界线

1) 不设超高的路段，上缘边界线应为水平线；

2) 设置超高的路段，上缘边界线应与超高横坡平行。

(2) 建筑限界两侧的边界线

1) 不设超高的路段，两侧边界线应与水平线垂直；

2) 设置超高的路段,两侧边界线应与路面超高横坡垂直。

3. 净空与预留

(1) 根据道路在路网中的地位与位置,同一道路应采用相同的净空高度。

(2) 三级公路、四级公路的路面采用沥青贯入、沥青碎石、沥青表面处治或砂石路面时,净空高度宜预留20cm。

(3) 中央分隔带或路肩上设置桥梁墩台、标志立柱时,其前缘除不得侵入公路建筑限界外,且不得紧贴建筑物设置,应留有护栏缓冲变形的余宽。

(4) 凹形竖曲线上方设有跨线构造物时,其净高应满足鞍式列车有效净高的要求,如图3-9所示。

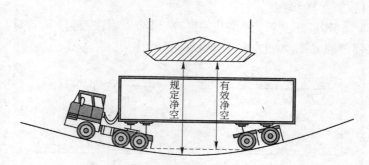

图3-9 凹形竖曲线上方有效净空高度

(5) 公路下穿宽度较宽或斜交角度较大的跨线构造物时,其路面距跨线构造物下缘任一点的净高均应符合相应净空高度的规定。

城市道路各种净高:各种汽车4.5m;无轨电车:5.0m;有轨电车:5.5m;自行车2.5m;其他非机动车3.5m。

二、道路用地范围

道路用地应遵照保护、开发土地资源,合理利用土地,切实保护耕地,促进社会经济可持续发展的原则,合理拟定公路建设规模、技术指标、设计施工方案,确定公路用地范围。

公路路线设计规范对用地范围规定如下:

(1) 公路路堤两侧排水沟外边缘(无排水沟时为路堤或护坡道坡脚)以外或路堑坡顶截水沟外边缘(无截水沟为坡顶)以外不小于1m范围内的土地,在有条件的地段,高速公路和一级公路不小于3m,二级公路不小于2m范围内的土地为公路路基用地范围。

(2) 在风沙、雪害等特殊地质地带,需设置防护林,种植固沙植物,安装防沙或防雪栅栏以及设置反压护道等设施时,应根据实际需要确定其用地范围。

(3) 桥梁、隧道、互通式立体交叉、分离式立体交叉、平面交叉、交通安全设施、服务设施、管理设施、绿化以及料场、苗圃等,应根据实际需要确定其用地范围。

(4) 有条件或环境保护要求种植多行林带的路段,应根据实际情况确定用地范围。

(5) 改建公路可参照新建公路用地范围的规定执行。

城市道路的用地范围规定如下：

远期规划道路用地总宽度则称为红线宽度。红线是指城市中的道路用地和其他用地的分界线。道路红线可确定主干道、次干道、交叉口及广场等的用地范围，为道路两侧建筑物近远期的修建和城市公用设施、管线工程的设计、施工提供主要依据。确定红线宽度的主要依据和影响因素有：道路的位置及沿路两旁建筑物性质的要求（包括从日照、通风要求，防空、防火、防地震的救灾避难要求，建筑艺术上的要求），交通运输的要求及其他方面要求。

第四节 横断面设计

一、公路典型横断面设计

在公路设计中，我们把起伏不平的地形变成可供汽车行驶的公路，因此原地面低于公路设计线，就需要填筑不足部分，这种路基称为路堤；反之就要挖去多余部分，这种路基称为路堑，若上述两种情况出现在一个断面内，就形成了半填半挖路基，如图3-10所示。

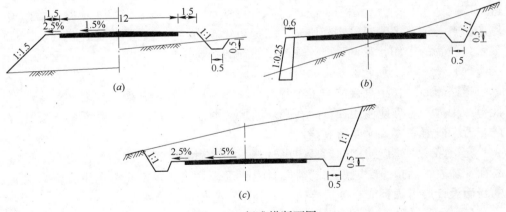

图 3-10 标准横断面图
(a) 全填路堤；(b) 半填半挖；(c) 全挖路堑

(1) 一般路堤：指填土高度小于20m的路堤，如图3-10(a)所示。当填土高度小于0.5m时，为满足最小填土高度和排除地表水需要，应设置边沟；当填土高度大于2m时，可将边沟扩大成取土坑以满足填土需要，同时为保证边坡稳定，应在坡脚与取土坑间设置宽度不小于1m的护坡道；当填土高度大时，应采用折线形边坡，以保证边坡稳定；当地面横坡大于1∶5时，为保证填土稳定，应将原地面挖成台阶，台阶高度应视填料性质和施工方法而定。

(2) 一般路堑：指挖方深度小于30m，一般地质条件下的路堑，如图3-10(c)所示。路堑路段应设置边沟；为拦截和排除地表水以保证边坡稳定，应在坡顶5m处设置截水沟；开挖路堑所废弃的土石方应弃置于下侧坡顶外并做成规则的弃土堆；当挖方高度大或土质变化处，应采用折线形或台阶式边坡。

(3) 半挖半填路基：指一般山坡路段的路基，如图 3-10(b)所示。填方部分同一般路堤，挖方部分同一般路堑。

二、道路横断面布置

1. 布置原则

(1) 保障行车与行人交通的安全

畅通道路的主要功能就是为车辆、行人创造良好的通行环境，因此，横断面布置应满足各类交通的需要和便利。城市道路应根据各类交通的交通量及街道性质，布置有足够行人、非机动车和机动车通行的空间，尽可能使行人、非机动车、机动车分离，以避免人与车，非机动车与机动车之间的互相干扰和交通混乱，确保交通安全和畅通。

(2) 有利于道路范围雨水排除

横断面设计应选择合理的路拱形式与路拱横坡，设计出适用、合理、满足排水要求的道路排水设施，将路基、路面范围内的雨水迅速排至路基影响范围以外，以防雨水的侵蚀、冲刷，降低路基、路面的强度，破坏其稳定性，影响行车安全，畅通。同时还应防止道路范围以外的雨水进入。

(3) 周围自然环境和建筑相协调

断面布置应与自然地形相适应、相协调，避免大填大挖，以确保路基稳定，降低工程造价。充分利用河、湖、海等自然景观，设计风景优美的道路。城市道路应注意与道路两侧建筑物相协调，路宽与建筑物高度应有恰当的比例。应既能显示建筑物的宏伟壮观，又能体现道路的开阔美观。

(4) 考虑近、远期结合

道路断面的大小直接涉及工程费用与占地面积，所以断面的规划设计应尽可能节约用地，合理地使用投资。在必须满足交通使用的前提下，断面各组成部分的布置，既要紧凑，又要留有余地。

在道路规划建设初期交通量很小时，开辟修建能够满足使用的，较小的道路断面，随着今后道路交通发展的需要对道路逐步的拓宽，以充分利用投资。初期的断面设计应考虑到能在今后能被充分利用，避免造成浪费。

(5) 注重道路绿化

道路绿化既有美化环境、诱导行车视线、保证交通安全的目的，又有遮荫、保护路面、降低噪声、防尘、净化空气等作用。因此，道路绿化已成为道路工程的重要组成。考虑到节约用地，绿化带的设置尽可能与分隔带，照明，杆线综合考虑布置。但绿化植物不得影响行车视线，以保障行车安全。

2. 基本布置形式

道路断面交通主要由行人和车辆交通组成，因此，断面宽度组成主要取决于人行道和车行道两部分。在断面的布设中必须合理地解决人与车，车与车之间的矛盾。城市道路通常采用侧石和绿化带将人行道、车行道布置在不同高度上，做到人车分流，防止互相干扰。而机动车与非机动车道安排是根据道路交通组成、交通量大小、道路等级与功能等具体情况，采用混合行驶、对向分流、车种分流等几种不同的交通组织要求来布设断面。根据不同交通组织方式，行车道断面的布置，设计有以下四种基本形式，如图 3-11 所示。

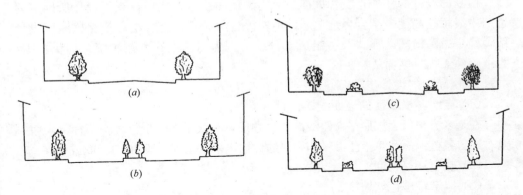

图 3-11　道路断面形式

(1) 单幅路

单幅路断面又称"一块板"。道路上所有行驶车辆在同一幅车道混合行驶。这种断面形式对对向行驶车辆之间、机动车与非机动车之间干扰大，行车速度低。但造价低、用地省、起伏小、行人过街方便。适用于城市道路交通量不大的次干路、支路，商业街、旅游道路等。二、三、四级公路常采用一块板的断面布置。

(2) 双幅路

双幅路断面又称"二块板"。利用中间分隔带把行车道一分为二，使对向行驶车辆分开行驶，形成对向分流的断面形式，有效地避免了对向行车的相互干扰。而机动车与非机动车仍为混合行驶，相互影响较大。这种断面绿化、照明布置方便，绿化增加了道路美观，也可减少夜间行车灯光眩目。可将非机动车与低速车辆从断面分离出去，确保了行车的高速、安全。它适用于高速公路、一级公路。适用于机动车多，非机动车少的城市道路。非机动车多时不宜选用两块板断面。

(3) 三幅路

三幅路断面又称"三板块"。用两条分隔带把行车道分成三部分，中间为双向行驶的机动车道，两边为单向行驶的非机动车道，形成车种分流的断面形式。这种断面路面宽，占地面积较大，费用较高，但解决了机动车与非机动车之间相互干扰的问题，对保障行车安全，提高各类车辆行车速度，提高道路运输效益是有利的，且便于绿化、照明、杆线、地下管线的布置，是城市道路规划、设计优先考虑使用的断面。多用于城市道路非机动车交通量较大的主干道，有利于提高机动车辆行驶速度。但由于断面宽度较大，不适应地形变化，在公路的断面布置中一般不宜采用。

(4) 四幅路

四幅路断面也称"四块板"。在三块板断面形式的基础上，再设中央分隔带把对向行驶的机动车分开，使行车道一分为四，实现了车种分流、对向分流，是一种完全分道行驶的最理想的断面形式。但道路占地面积大，工程费用高。因此，在设计中仍不能广泛采用。这种断面主要用于城市道路的快速干道上。

三、横断面设计

横断面设计的任务是在各桩横断面实测地面线上，依据纵断面设计所确定的道路中线填挖高度，结合当地地形、地质等自然条件，逐桩绘制道路横断面设计线，确定道路横断面形式及各组成部分尺寸，为路基土石方数量统计提供依据，为道路施工提供断面资料。

1. 横断面的设计步骤

(1) 点绘各横断面的地面线；

在毫米方格纸上按照平面路线的桩号顺序，在图纸上，依桩号至下而上，由左至右绘出各桩地面线并标注桩号和必要的数据，采用比例一般为1：200或1：100。

(2) 确定路基宽度；

(3) 拟定路基边坡坡度；

(4) 根据纵断面设计资料，按设计标高逐桩计算，完成路基设计表；

(5) 根据路基设计表，绘制横断面设计线，需要地表处理及设置支挡防护设施绘于相应的断面上；

(6) 检查曲线路段断面内侧的视距是否满足要求，将需要开挖的范围（满足视距）绘于相应的断面图上。

2. 横断面设计成果

(1) 路基设计表：见表2-55，需列出平曲线要素、纵坡坡度、坡长、变坡点桩号及高程、竖曲线要素，各桩号对应的地面高程、设计高程、填挖高度、路基宽度（如路基需加宽，则应列出原宽、加宽值、加宽后总宽）、缓和段长度、超高值（左、右）、路基边缘与设计高之差（左、右），如边沟或排水沟需特殊设计时，还应列出边沟形状尺寸、沟底纵坡坡度、坡长、变坡点及高程（左右）。

(2) 路基标准横断面图：示出路中心线、中央分隔带、路肩、缘石、预埋管道、路拱横坡、边坡、边沟、用地界限等各组成部分及其尺寸、概略厚度。比例尺一般用1：200～1：100。

(3) 路基横断面设计图：绘出逐桩横断面图，比例尺用1：200。断面设计图是横断面设计主要文件。它表示每个桩位上断面设计线与地面线、地物、路基构造物的具体关系。也反映了路基防护加固设施，排水设施等在路线上的实际设置位置，用以指导路基施工，并为计算路基土石方工程数量提供资料。

(4) 特殊路基设计图：如有不良地质和病害路段，须进行特殊处理，则需绘制该路段的平面、纵断面、横断面特殊设计图，示出特殊路基设计的起讫桩号、地质情况、加固结构物的构造、每延米工程量和材料用量。

(5) 路基防护工程设计图：绘出防护工程的平面、纵断面、横断面图。

(6) 路基土石方数量计算表：见表3-12，计算出本桩利用方、余方、缺方、借方、弃方等，绘出调配示意图。

土石方数量计算表是道路路线设计完成后路基工程数量的集中反映，是评价道路设计的主要指标。是道路施工组织设计、确定施工方案、制定工程概预算的基本数据。土石方数量计算表填表时应注意：

1) 道路开挖的土石方应尽可能根据实际地形情况，在横向及纵向充分利用，以减少废方、借方。但在利用调配中应防止纵向远距离调运,不得跨沟,跨河调运,避免上坡调运,废土方不得乱弃,防止堵塞河道,避免占田。

2) 土石方数量计算表每页应小计,每千米必须统计土石方总数量,并按下式核算:挖方+借方=填方+废方。

每公里土石方数量统计,验算闭合后,汇入《路基土石方数量表》,最后全设计路段土石方数量进行全线总计与核算。

3. 横断面图的绘制

(1) 直线段上横断面设计(图 3-12)

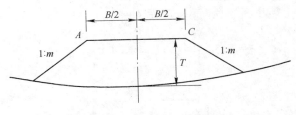

图 3-12 直线段上横断面

1) 从纵断面设计图中查出中桩施工高度,如图 3-12 所示 T 值,从原地面线中桩点处垂直量取 T;

2) 垂直路中线向两侧各量取一半的路基宽度 $B/2$,画出路基设计线 AC;

3) 过 A、C 点作 $1:m$ 的路基边坡线直到与地面线相交便构成该桩设计横断面。

(2) 弯道上有超高加宽的横断面设计(图 3-13)

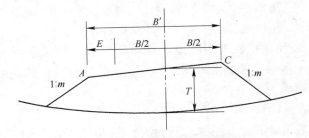

图 3-13 有超高加宽的横断面图

1) 从纵断面设计图中查出中桩施工高度,如图所示 T 值,从原地面线中桩点处垂直量取 T;

2) 过路面的中心线作一倾斜线,使其斜率等于超高横坡 i_b。垂直路中线向弯道外侧量取 1/2 路基宽($B/2$)得到外侧路基边缘点 C,再向内侧量取 1/2 路基宽加加宽宽度($B/2+E$)得到内侧加宽后路基边缘点 A,AC 即是路基顶面线;

3) 通过 A、C 两点作 $1:m$ 的边坡线直到与地面线相交便构成该桩设计横断面。

四、路基土石方数量计算及调配

路基设计线与地面线围成的面积,为道路路基工程施工范围。路基土石方数量是道路工程的主要工程量,土石方数量的大小是衡量路线设计质量的主要经济指标,它直接影响整个道路的工程造价,也是编制施工组织计划、工程概预算的依据。土石方数量计算原理与方法如下。

(1) 横断面填挖面积计算

路基设计线与地面线围成为不规则图形,要精确计算其面积相当繁琐,绘制的地面线也并不能准确反映原地面情况,所以精确计算实用意义不大。一般我们常用操作简便,计算迅速,满足精度要求的几种方法。

1) 积距法。如图 3-14 所示,先将所计算的面积分成若干个底宽相等的三角形或梯形条块。再量取每个三角形、梯形的"平均高度"值,并将高度值累加起来乘以宽度,即得某断面的总面积,见式(3-8):

$$A = b \times (h_1 + h_2 + h_3 + \cdots + h_n) = l \sum_{i=1}^{n} h_i \tag{3-8}$$

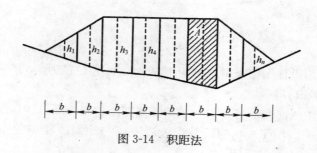

图 3-14 积距法

式中 A——横断面面积(m^2);
b——每个三角形或梯形条块的等分底宽,通常采用 1m 的底宽;
h_i——每个三角形或梯形条块的平均高度(m)。

2) 混合法。对于面积较大的断面,常将断面中的一部分划成规则的几何图形,如正方形、矩形或梯形并求出其面积,剩余的部分面积用积距法量取,将两面积相加即为该断面面积。

(2) 土石方数量计算

土石方工程数量计算常采用平均断面法。即假定两相邻断面为一棱柱体,棱柱体高为相邻两断面距离(为两桩号的里程之差),则棱柱体体积为相邻断面的平均面积乘柱体高,如图 3-15 所示。计算公式为见式(3-9):

$$V = \frac{A_1 + A_2}{2} \times L \tag{3-9}$$

式中 V——两横断面间的体积(m^3);
A_1、A_2——相邻两横断面面积(m^2);
L——相邻两横断面中线距离(m)。

土石方数量计算常列表进行,见表 3-12。计算体积取整数。在计算中应注意以下几点:

1) 填方体积,挖方体积应分别进行计算。

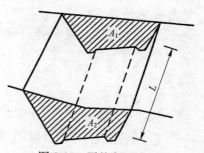

图 3-15 平均断面法

路基土石方数量计算表

表 3-12 第 页 共 页

路线名称：

桩号	横断面面积(m²) 挖 土	横断面面积(m²) 挖 石	横断面面积(m²) 填 土	横断面面积(m²) 填 石	平均面积(m²) 挖	平均面积(m²) 填 土	平均面积(m²) 填 石	距离(m)	挖方分类及数量(m³) 总数量	土 %	土 数量	石 %	石 数量	填方数量(m³) 土	填方数量(m³) 石	利用方数量(m³) 本桩利用 土	利用方数量(m³) 本桩利用 石	利用方数量(m³) 填缺 土	利用方数量(m³) 填缺 石	挖余 土	挖余 石	纵向调配示意 远运利用反运距(单位)	借方数量(m³)反运距(单位) 土	借方数量(m³)反运距(单位) 石	废方数量(m³)反运距(单位) 土	废方数量(m³)反运距(单位) 石	总运量(单位) 土	总运量(单位) 石	备注
1	2	3	4	5	6	7	8	9	10	11	12	13	14	15	16	17	18	19	20	21	22	23	24	25	26	27	28	29
K0+000	169				101.6			50	5080	50	2540	50	2540							2540	2540								
K0+050	34.2		38.5	38.5	17.1	19.28	19.28	50	855	50	427.5	50	427.5	963.75	963.75	427.5	427.5	536.3	536.3										
K0+100			45.6	45.6		42.1	42.1	50						2105	2105			2105	2105										
K0+150			13	13		29.33	29.33	50						1466.25	1466.25			1466	1466										
K0+200	63.58				63.58			300	19074	50	9537	50	9537							9537	9537								
K0+200	63.58																												
K0+500	63.58		7.2	7.2	63.58	4.275	4.275	50		50		50		213.75	213.75			213.8	213.8										
K0+550			1.35	1.35		25.35	25.35	50						1267.5	1267.5			1268	1268										
K0+600			49.35	49.35		44.38	44.38	50						2218.75	2218.75			2219	2219										
K0+650			39.4	39.4		46.7	46.7	50						2335	2335			2335	2335										
K0+700			54	54		63.58		500	31790	50	15895	50	15895							15895	15895								
K0+700	63.58																												
K1+200	63.58					7.865	7.865	50						393.25	393.25			393.3	393.3										
K1+200			15.2	15.2		0.265	0.265	50		50		50		13.25	13.25														
K1+250			0.53	0.53	17.25			50	862.5	50	431.25	50	431.25			13.25	13.25			418.05	418.05								
K1+300	34.5				29.3			50	1465	50	732.5	50	732.5							732.5	732.5			24.8	24.8	24.8	24.8		
K1+350	24.1				59.15			44.68	2643	50	1321	50	1321							1321	1321			732.5	732.5	732.5	732.5		
K1+394.68	94.2				89.15			25.32	2257	50	1129	50	1129							1129	1129			12.3	12.3	12.3	12.3		
K1+420	84.1																												

编制： 复核：

2）大、中桥梁与隧道所占体积不应列入路基土石方体积。桥头引道土石方数量应根据要求列入桥梁工程或路基工程。路基土石方可包括小桥、涵洞所占体积。

3）路基的挖方体积中土方与石方数量应分别统计。

4）防护与加固工程土石方数量不计入路基土石方体积。

5）原地表进行开挖处理（清挖淤泥、开挖台阶）的土石方体积，应同时计量填方体积和挖方体积两项。

(3) 土石方调配

土石方调配是将路基挖方合理移用为路基填方，及适当取土、弃土，达到土石方填挖平衡的计算工作。调配要求如下：

1）土石方调配应按先横向后纵向的次序进行。横向调配是指将本桩挖方用做本桩填方；纵向调配是指将本桩余方纵向移至其他桩号进行填筑，或将其他桩号的余方纵向移至本桩填筑。先横向后纵向调配，可减少总运距。

2）纵向调运的最远距离一般应小于经济运距。填方来源有两个，一是纵向调配的土石方，二是路基外的借方。当纵向距离较近时，纵向调配较经济，如果纵向距离较远，土方运费超出了就近到路基外借方的费用，则借方经济。因此存在一个纵向调运的经济运距，其计算公式见式(3-10)：

$$L = \frac{C}{C'} + L_m \tag{3-10}$$

式中 L——经济运距(km)；

C——借方单价(元/m²)；

C'——纵向调配运费单价(元/m³·km)；

L_m——免费运距(km)。定额规定土方作业(挖、装、运、卸)在规定距离(一般人工运输为20m，轻轨运输为50m，汽车运输为1000m)内，只按方量计价，不另计运费，该距离叫免费运距，在纵向调配计算运距时，应扣除免费运距。

3）不同性质的土石方应分别调配。

4）借方、弃方应尽量少占农田。

思考题与习题

1. 公路和城市道路的路幅分为哪几种类型？
2. 简述绘制横断面图的步骤。
3. 什么是路拱？路拱的作用是什么？
4. 横断面面积如何计算？土石方方量如何计算？
5. 某一条三级公路，$V=30$km/h，路面 $B=7.0$m，路拱 $i_1=2\%$，路肩 $i_2=3\%$，一弯道 $R=150$m，缓和曲线 $L_s=40$m，交点桩号为K7+086.42 试求下列桩号：(1)K7+030，(2)K7+080，(3)K7+140，(4)K7+160 的路面宽度和横断面上3个特征点的高程与设计高程的高差。
6. 某路段相邻两桩号分别为 K1+253 和 K1+300，计算出横断面面积分别为 $At_1=38.2$m²，$AW_1=12.1$m²，$At_2=3.2$m²，$AW_2=47.5$m²。求此路段的土石方体积。

第四章 道路交叉

【本章学习要点】 本章主要介绍平面交叉的立面设计,简单介绍交叉口交通状况、平面交叉形式、平面交叉的组成部分、平面交叉的平面设计内容和立体交叉形式、立体交叉组成部分。

道路与道路(或与铁路)的相交处称为交叉口(道口)。由于相交道路上车辆和行人必须汇集于交叉口后,才能转向其他道路,此时,车辆之间、车辆和行人之间、机动车和非机动车之间相互干扰,相互影响,不但会降低车速、阻滞交通,且易发生交通事故。据统计,道路交通事故多半是发生在交叉口附近。因此,如何正确设计交叉口,合理组织交通,对于提高道路的通行能力,减少交通事故,避免道路交通堵塞具有极其重要的作用。交叉口是道路交通的咽喉,交叉口设计要有利于行车和行人的交通组织与转换。

交叉口根据相交道路交汇时的标高情况,分为两类,即平面交叉和立体交叉。

第一节 交叉口的交通特性分析

在道路交通网中,由于道路的相互交错,会形成很多交叉口,相交道路的各种车辆和行人都要在交叉口处通过。由于车辆和行人之间、行人和行人之间,特别是机动车与非机动车之间的相互干扰,不但会阻滞交通,也容易发生交通事故。另外车辆只有在交叉口处才能变换方向,交叉口的存在提高了道路交通的灵活性。因此,正确地设计交叉口并合理地组织交通,使车辆在交叉口处尽量少耽误时间,并保证车辆行车安全和提高交叉口的通行通力,是非常重要的。

一、平面交叉口的交通特性分析

在交叉口处,每一个可能的车流方向可以用一条表示行进的方向并带有箭头的箭线来代替,这样的一条线即成为交通流线。例如当进入无交通控制的十字交叉口时,进入交叉口前仅有一条交通流线,进入交叉口后即分为了三条交通流线,即直行、左转、右转三条交通流线。

交叉口处由于有转变及穿插交通的存在,就产生了诸多的交通问题。进入交叉口由于车辆的行驶方向不同,车辆与车辆会形成不同的交错点。交错点可分为分流点、合流点、冲突点。

(1) 分流点:同一方向行驶的车辆按不同方向分开的地点称为分流点(又称分叉点)。

(2) 合流点:来自不同方向的车辆以较小的角度向同一行驶方向汇合的地点(又称汇合点)。

(3) 冲突点：来自不同方向的车辆以大于等于 45°角交叉的地点。

不同类型的交错点，是影响交叉口行车速度和发生的交通事故的主要原因，特别是左转车辆和直行车辆，直行车辆与直行车辆的所产生的冲突点，对交通的影响最大。其次是汇合点，再其次是分叉点。因此，在交叉口设计中，应尽量减少冲突点和合流点，特别是要减少冲突点。

二、交叉口处交通处理的基本方法

在没有交通管制的情况下，三条、四条、五条道路相交时所产生的交错点见图 4-1 与表 4-1。

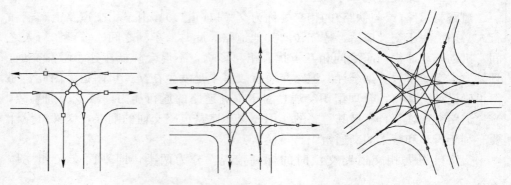

图 4-1 无信号灯十字交叉口交通特征点

交叉口的交错点　　　　表 4-1

交错点类型	无信号控制			有信号控制		
	相交道路条数			相交道路条数		
	三条	四条	五条	三条	四条	五条
分流点	3	8	15	1 或 2	4	4
合流点	3	8	15	1 或 2	4	6
左转车流冲突点	3	12	45	0 或 1	2	4
直行车流冲突点	0	4	5	0	0	0
交错点总数	9	32	80	2 或 5	10	14

由图 4-1 与表 4-1 可见：

(1) 交叉口交通特征点的数量是随着相交道路的数量增加而急剧地增加，其中以冲突点增加最快。由于左转及直行车辆所造成的冲突点的数量，可按式(4-1)进行计算：

$$\text{冲突点} = \frac{n^2(n-1)(n-2)}{6} \tag{4-1}$$

式中　n——相交道路的条数。

(2) 产生冲突点的主要原因是左转车流，若无左转车流，就可以消灭大部分的冲突点，例如，十字交叉的交叉口处，若无左转车辆，则冲突点的个数就可以从 16 个减少到 4 个。所以在交叉口设计中，如何正确地组织与处理左转车辆，是交叉口设计的主要矛盾。

（3）如何减少和消灭冲突点，可以用以下办法来解决：①实行交通管制（时间上分离）：用信号灯或交通警指挥，使通过交叉口直行车和转弯车辆通行时间错开。②采用渠化交通（平面上分离）：在交叉口范围内合理的布置交通岛、组织车辆分道行驶，将冲突点变化交织点，减少车辆行驶的相互干扰。③修建立体交叉（空间上分离）：在车速高、交通量大的交叉口设立体交叉，将不同行驶方向的车流分布在不同标高的车道上，各行其道，互不干扰，这是解决交叉口交通问题的最彻底的办法。立体交叉不仅消灭了交叉口的交通特征，而且消灭了平面交叉口本身。其缺点是：费用高、建造时间长。

第二节 平面交叉口的形式

一、交叉口的形式和使用范围

平面交叉的形式取决于道路规划、相交道路的等级、交通量的大小和交通组织特点、交叉口地形与用地等。按交汇于交叉口相交道路的条数分为：三路交叉、四路交叉、多路交叉几类。其中常见的平面交叉口的形式有以下几种：

（1）十字形（图4-2）：四路交叉，其中两条道路与另外两条道路的延长线方向一致，交角为90°±15°。

（2）X字形（图4-3）：四路交叉，其中两条道路与另外两条道路的延长线方向一致，交角大于105°小于75°。

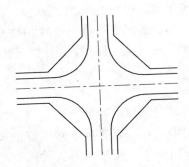

图4-2 平面交叉口形式（十字形）

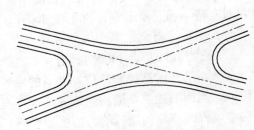

图4-3 平面交叉口形式（X字形）

（3）T字形（图4-4）：三路交叉，一条路与另一条路的延长线方向一致，此延长线与第三条路的交角为90°±15°。T字形交叉一般用于主要道路与次要道路（或街坊通道口）相交的交叉口处，主要道路必须设在交叉口的顺直方向上，保证主干道上车辆行驶畅通。

（4）错位交叉（图4-5）：两个相错开的T形交叉口相距较近。

（5）Y字形（图4-6）：三路交叉，交角大于105°小于75°。

（6）多路复合交叉（图4-7）：五条及其以上道路相交形成的交叉口。多路复合交叉形式，交通组织困难，占地面积大，应避免采用。

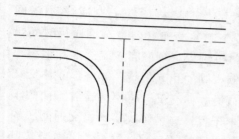
图 4-4　平面交叉口形式（T 字形）

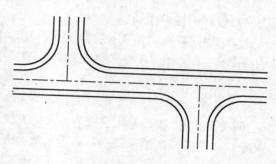
图 4-5　平面交叉口形式（错位交叉）

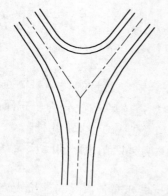
图 4-6　平面交叉口形式（Y 字形）

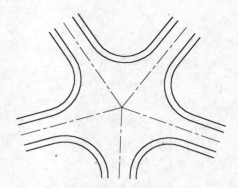
图 4-7　平面交叉口形式（多路复合交叉）

道路相交时应采用 90°正交叉形式，这种形式布置简单，交通组织方便，占地少；而斜形交叉口，车辆交汇长度增大，占地多，特别当以较小的锐角交汇时，对左转车辆交通不利，也不便于街口建筑处理。一般尽可能避免斜交形式，更要防止小角度斜交。

二、交叉口形式的选择和改建原则

交叉口形式的选择和改建，涉及的因素很多，如交叉口的现状、交通量、交通组成、周围的建筑及道路用地等。选择交叉口的形式，应以有利于减少或消灭冲突点以提高道路的通行能力为主要原则。在一般情况下，交叉口形式的选择可以按以下几个原则进行：

（1）尽可能选用形式简单的交叉口形式。例如接近 90°的十字交叉口或者 T 形交叉口。

（2）尽量使相邻交叉口之间的道路直通。在城市道路中，除非受地形地物的限制，如河流、城墙、铁路、山峰等必须布设 T 形交叉口外，一般情况下，干道不宜选用 T 形交叉口。T 形交叉口虽然形式简单，但容易造成干道中的一条道路不能直通，影响交通。

1）尽量避免规划斜交路口。对于斜交交叉口，宜改为正交或接近 90°。

2）尽量避免规划畸形和多条道路（多于四条）的交叉口。对于已有的畸形和多条道路交叉口可以考虑改建成环形交叉等方式。

三、交叉口间距的选择

从提高交叉口通行条件来说,交叉口的间距是越大越好,但从道路网的结构来说,交叉口的间距不宜太大,必须具有一定的密度。考虑交叉口的间距时,应考虑以下要求:

(1) 交叉口之间如存在交织和超车时,应保证具有足够的安全交织长度和超车距离。

(2) 应保证车辆通过交叉口时,不受前面交叉处等待通过的最大候车列的干扰。

(3) 在车速较高的道路上,驾驶人员的通过交叉口时不必留心去观察前方的交叉口,以确保交通安全。

根据以上要求在选择交叉口的间距时,应不小于表4-2所列的数据,以保证交叉口的安全条件。

交 叉 口 间 距 表 4-2

交叉口性质	公路	城市道路	备注
无信号交叉口之间	$3V$	$1.5V$	禁止左转弯时
无信号交叉口之间	$3V \times n$	$1.5V \times n$	
有信号交叉口之间		$3V$	
有信号交叉口和无信号交叉口之间		$1.5V \times n$	

注:表中 V——设计车速,km/h;
　　　n——单向车道数(不含附加车道)。

第三节　平面交叉口的通行能力计算

所谓平交路口的通行能力,就是指平交路口可能通过的相交车流的最大交通量。平交口的通行能力不仅与交叉口所占面积、形状、入口引道车道数的条数、宽度、几何线形或物理条件有关,而且受相交车流通过交叉口的运行方式、交通管理措施等方面的影响。因此,在确定通行能力时,要首先确定交叉口的车辆运行和交通管理方式。

平交路口一般可分为三大类,一类是无任何交通管制的交叉口;一类是为中央设圆形岛的环形交叉口,一类为信号控制交叉口。交叉口的换算系数不同于路段。路段上可以用连续运行的车头时距进行换算,而交叉口不同。信号交叉口往往要停车而后起动,所以信号交叉口通常采用规范推荐的停车线法进行计算,而环形交叉口是采用各类车辆交织或穿插所需要的临界时间比进行计算。即不同的交叉口其通行能力应采用不同的方法进行计算。

一、车辆换算

通过交叉口的车辆其交通组织比较复杂,因而在分析交叉口的通行能力时,要将各种混合行驶的车辆换算成一种标准车型进行计算,某种车型一辆车相当于标准车型一辆车的比值成为车辆的换算系数。

我国交通部和建设部有关规范规定采用小客车作为标准车型。

对于不同管制类型的交叉口，车辆换算系数的取值也不同，见表 4-3。

平面交叉口车种换算系数　　　　　表 4-3

交叉口形式	车　种		
	小客车	普通汽车	铰接车
环形平面交叉口	1	1.4	2
信号灯管制平面交叉口	1	1.6	2.5

二、信号灯管制交叉口的通行能力

（一）十字交叉口设计通行能力

交叉口总的通行能力为进口车道设计通行能力之和，每一个进口车道的设计通行能力又是各车道通行能力之和。为此交叉口通行能力是各车道通行能力之和。

（1）各种直行车（包括直行、直行和左转、直行和右转、直行和左转及右转）的通行能力：

1）一条直行车道的通行能力按式（4-2）计算。

$$N_s = \frac{3600\psi_s\left[\left(\dfrac{t_g-t_1}{t_{is}}\right)+1\right]}{t_c} \tag{4-2}$$

式中　t_c——信号周期（s）；

t_g——信号周期内的绿灯时间（s）；

t_1——变为绿灯后第一辆车启动并通过停止线的时间（s），可采用 2.3s；

t_{is}——直行或可行车通过停止线的平均间隔时间（s/pcu）；

ψ_s——直行车道通行能力折减系数，可采用 0.9。

2）直右车道的通行能力按式（4-3）计算。

$$N_{sr} = N_s \tag{4-3}$$

3）直左车道的通行能力按式（4-4）计算。

$$N_{sl} = N_s\left(1-\frac{\beta'_l}{2}\right) \tag{4-4}$$

4）直左右车道的通行能力按式（4-5）计算。

$$N_{slr} = N_{sl} \tag{4-5}$$

（2）进口车道设有专用左转与右转车道时，本面进口道的设计通行能力：

1）进口道设计通行能力按式（4-6）计算。

$$N_{elr} = \frac{\Sigma N_s}{(1-\beta_l-\beta_r)} \tag{4-6}$$

式中　ΣN_s——本面直行车道设计通行能力之和（pcu/h）；

β_l——左转车占本面进口车道的比例；

β_r——右转车占本面进口车道的比例。

2) 专用左转车道设计通行能力按式(4-7)计算(pcu/h)。
$$N_l = N_{elr} \cdot \beta_l \tag{4-7}$$

3) 专用右转车道设计通行能力按式(4-8)计算(pcu/h)。
$$N_r = N_{elr} \cdot \beta_r \tag{4-8}$$

(3) 进口车道设有专用左转车道而未设专用右转车道时，专用左转车道的设计通行能力：

1) 进口道的设计通行能力按式(4-9)计算(pcu/h)。
$$N_{el} = \frac{\sum N_{sr}}{(1-\beta_l)} \tag{4-9}$$

2) 专用左转车道的设计通行能力按式(4-10)计算(pcu/h)。
$$N_l = N_{el} \cdot \beta_l \tag{4-10}$$

(4) 进口车道设有专用右转车道而未设专用左转车道时，专用右转车道的设计通行能力：

1) 进口道的设计通行能力按式(4-11)计算(pcu/h)。
$$N_{er} = \frac{\sum N_{sl}}{(1-\beta_r)} \tag{4-11}$$

2) 专用右转车道的设计通行能力按式(4-12)计算(pcu/h)。
$$N_r = N_{er} \cdot \beta_r \tag{4-12}$$

(5) 在一个信号周期内，对面到达的左转车超过3~4pcu时，应折减本面直行车道(包括直行、直左、直右、直左右等车道)的设计通行能力按式(4-13)计算。
$$N'_e = N_e - n_s(N_{le} - N'_{le}) \tag{4-13}$$

式中 N'_e——折减后本面进口车道的通行能力(pcu/h)；

N_e——本面进口车道的通行能力(pcu/h)；

n_s——本面各种直行车道数；

N_{le}——本面进口车道左转车的设计通行量(pcu/h)；

N'_{le}——不折减本面各种直行车道设计通行能力的对面左转车数(pcu/h)。当交叉口小时为$3n$，当交叉口大时为$4n$，n为每小时信号周期数。

【例4-1】 有一交叉口，其进口车道布置如图4-8所示，绿灯时间t_g为55s，黄灯时间t_h为5s；右转车的比例β_r为20%，左转车的比例β_L为15%，驾驶员见绿灯后启动时间t_1为2.3s，车辆通过停车线的时间间隔t_{is}为2.5s，修正系数ψ_s为0.9。试计算十字形交叉口的设计通行能力。

【解】 (1) 计算南北向进口车道的设计通行能力。

1) 直行车道的通行通力：

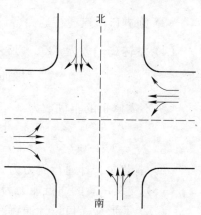

图4-8 交叉口车道布置图

$$N_s = \frac{3600\psi_s\left[\left(\frac{t_g - t_1}{t_{is}}\right) + 1\right]}{t_c} = \frac{3600 \times 0.9\left[\left(\frac{55 - 2.3}{2.5} + 1\right)\right]}{120} = 596(辆/h)$$

2) 直右车道的通行能力：
$$N_{sr} = N_s = 596(辆/h)$$

3) 直左车道的通行能力：
$$\beta'_l = \frac{15}{50} = 0.3$$

$$N_{sl} = N_s\left(1 - \frac{\beta'_l}{2}\right) = 596 \times \left(1 - \frac{0.3}{2}\right) = 507(辆/h)$$

4) 则合计通行能力为 $596 + 507 = 1103(辆/h)$

5) 左转车辆数为 $1103 \times 15\% = 165(辆/h)$

$$周期数\ N = \frac{3600}{120} = 30(个)$$

则不需修正的车辆数为 $3 \times 30 = 90(辆/h)$

$90(辆/h) < 165(辆/h)$，需要修正。

6) $N'_e = N_e - n_s(N_{le} - N'_{le}) = 1103 - 2 \times (165 - 90) = 953(辆/h)$

7) 南北向合计通行能力为 $2 \times 953 = 1906(辆/h)$

(2) 计算东西向进口车道的设计通行能力。

1) 直行车道的通行力：
$$N_s = \frac{3600\psi_s\left[\left(\frac{t_g - t_1}{t_{is}}\right) + 1\right]}{t_c} = \frac{3600 \times 0.9\left[\left(\frac{55 - 2.3}{2.5}\right) + 1\right]}{120} = 596(辆/h)$$

2) 直左车道的通行能力：
$$\beta'_l = \frac{15}{40} = 0.375$$

$$N_{sl} = N_s\left(1 - \frac{\beta'_l}{2}\right) = 596 \times \left(1 - \frac{0.375}{2}\right) = 484(辆/h)$$

3) 则进口车道通行力合计为 $\frac{(596 + 484)}{0.8} = 1350(辆/h)$

4) 左转车辆数为 $1350 \times 15\% = 203(辆/h)$

$$周期数\ N = \frac{3600}{120} = 30(个)$$

则不需修正的车辆数为 $3 \times 30 = 90(辆/h)$

$90(辆/h) < 203(辆/h)$，需要修正

5) $N'_e = N_e - n_s(N_{le} - N'_{le}) = 1350 - 2 \times (203 - 90) = 1124(辆/h)$

6) 南北向合计通行能力为 $2 \times 1124 = 2248(辆/h)$

(3) 交叉口总的通行能力为 $1906 + 2248 = 4154(辆/h)$

(二) T形交叉口设计通行能力

信号灯管制T形交叉口设计通行能力为各进口道通行能力之和，典型计算图

式如图 4-9 和图 4-10 所示。

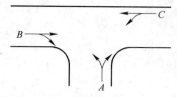

图 4-9 T 形交叉口的通行能力（一）

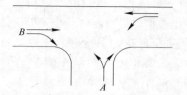

图 4-10 T 形交叉口的通行能力（二）

(1) 图 4-9 中 T 形交叉口设计通行能力为 A、B、C 各进口道通行能力之和，应验算 C 进口道左转车对 B 进口道行能力的折减。应按《城市道路设计规范》(CJJ 37—90)规定进行计算。

1) A 进口道的设计通行能力按式(4-14)进行计算(式中字母的含义见十字交叉口)：

$$N_s = \frac{3600\psi_s\left[\left(\dfrac{t_g - t_1}{t_{is}}\right) + 1\right]}{t_c} \tag{4-14}$$

2) B 进口道为直右车道，其设计通行能力按下式进行计算。

$$N_{sr} = N_s$$

3) C 进口车道为直左车道，其设计通行能力按式(4-15)进行计算。

$$N_{sl} = N_s\left(1 - \frac{\beta_1'}{2}\right) \tag{4-15}$$

4) 当 C 进口车道在一个信号周期内，左转车超过 3~4pcu 时，应折减 B 进口道的设计通行能力，按式(4-16)进行计算。

$$N_e' = N_e - n_s(N_{le} - N_{le}') \tag{4-16}$$

(2) 图 4-10 中 T 形交叉口设计通行能力为 A、B、C 各进口道通行能力之和，应验算 C 进口道左转车对 B 进口道行能力的折减。应按《城市道路设计规范》规定进行计算。

1) A 进口道的设计通行能力按式(4-17)进行计算(式中字母的含义见十字交叉口)：

$$N_s = \frac{3600\psi_s\left[\left(\dfrac{t_g - t_1}{t_{is}}\right) + 1\right]}{t_c} \tag{4-17}$$

2) B 进口道为直右车道，其设计通行能力按式(4-18)进行计算。

$$N_{er} = \frac{\Sigma N_{sl}}{(1 - \beta_r)} \tag{4-18}$$

3) C 进口车道直行车辆不受信号灯控制，通行能力有较大的提高，但交叉口设计通行能力受应受交通特性的制约。如直行车道的车流与对向车道的车流大致相等时，则 C 进口车道的设计通行能力可以采用 B 进口车道的数值。

当 C 进口车道在一个信号周期内，左转车超过 3~4pcu 时，应折减 B 进口道的设计通行能力，按式(4-19)进行计算。

$$N'_e = N_e - n_s(N_{le} - N'_{le}) \tag{4-19}$$

(三) 自行车道的设计通行能力

当有信号灯管制时,交叉口一条自行车道的设计通行能力为1000(辆/小时·条)。

三、环形交叉口设计通行能力

驶入环形交叉口的车辆都必须绕环岛作逆时针行驶。因此,供直行和左转车辆行驶的车道数不论设计多少条,在交织段长度不小于2位最小交织长度时,其通行能力最多只能达到一条车道的最大理论值。根据《城市道路设计规范》(CJJ 37—90)环形交叉口的设计通行能按规范规定按表4-4进行计算:

环形交叉口的设计通行能力　　　　　表4-4

机动车行道的设计通行能力(辆/小时)	2700	2400	2000	1750	1600	1350
相应的自行车数(辆/小时·条)	2000	5000	10000	13000	15000	17000

表4-4中所列数值适用于交织长度为25～30m。当交织长度为30～60m时,表4-4中机动车车行道的设计通行能力应进行修正。修正系数按式(4-20)进行计算:

$$\psi_w = \frac{3l_w}{2l_w + 30} \tag{4-20}$$

第四节 交叉口的平面设计

一、交叉口车道数

在确定交叉口的车道数和车道宽度时,必须考虑到我国自行车交通量的的状况,尽可能组织机动与非机动车分流行驶,以保证交叉口的安全和畅通。从渠化交通的角度来考虑,交叉口应设置各种专用道,各种车辆可以在各自的车道上各行其道,避免相互干挠,但是设置过多的车道显然不经济,所以必须考虑车辆的混合行驶。

在交叉口设置车道数,该交叉口通行能力的总和必须大于高峰小时交通量,否则就会在交叉口处产生交通的拥堵。交叉口车道数的确定方法如下:

首先要确定交叉口的形式,然后根据设计年限的高峰小时交通量和不同行驶方向交通组成,进行交通组织设计,由此初步定出车道数。按照所定出的交通组织方案,对初定的车道数进行通行能力验算,如车道通行能力的总和小于高峰小时交通量的要求,则必须增加车道数后重新进行验算,直到满足交通量的要求为止。

由于交叉口处受交通信号的影响,在相同车道数的情况下,交叉口车道的通行能力总是比路段上车道的通行能力要小,所以交叉口的车道数不应小于路段上的车道数。为了充分发挥整条道路的通行能力,使交叉口的设计通行能力与路段上的设计通行能力相适应,同时也为远期交通量的增长考虑,设计交叉口时,交叉口的车道数最好比路段上要多一条。

二、交叉口视距的绘制

为保证交叉口范围行车安全,驾驶员在进入交叉口前的一段距离内,应能看到相交道路上交汇车辆行驶情况，以便能及时停车安全避让，避免造成事故所必须保证的距离，不得小于路段上的停车视距 S_T。

在平面交路口处，由两条相交道路停车视距所组成的三角形，称为视距三角形。如图 4-11 所示，在视距三角形范围内（阴影部分）不得有任何阻挡驾驶员视线的物体存在，视距三角形应以最不利情况为准，即靠最右侧的第一条直行车轴线所构成的三角形。在此三角形范围内有阻挡视线障碍物时应予以清除。当受条件的限制时，停车视距（S_T）长度可以适当减小，但不得小于表 4-5 中所列低限值，并必须同时采取设置限速标志，车辆分道行驶等技术措施。

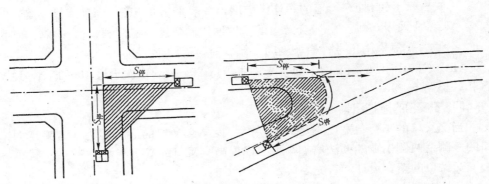

图 4-11 交叉口视距三角法

停车视距与识别距离 表 4-5

设计速度(km/h)		100	80	60	40	30	20
停车净距(m)	一般值	160	110	75	40	30	20
	低限值	120	75	55	30	25	15
信号控制的识别距离(m)			350	240	140	100	60
停车标志控制的识别距离(m)				105	55	35	20

三、交叉口的缘石半径

为保证各种右转弯车辆能以一定的速度顺适转弯，交叉口转角处的缘石应做成圆曲线形，如图 4-12 所示。路缘石的曲线半径为：

$$R_1 = R - \left(\frac{B}{2} + W\right) \quad (4-21)$$

式中 R——机动车右转弯车道中心线半径(m)；
B——机动车道单车道宽度，取 3.5m；
W——转弯处非机动车道宽，$W \geqslant 3m$。

在条件允许的情况下，尽量采用较大的缘石半径，可增加交叉口宽度利于提高行车速度。缘石曲线应与路段直线段顺适连接，在圆曲线与直线段之间插入缓和曲线段为好。

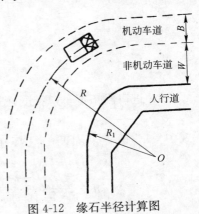

图 4-12 缘石半径计算图

式中 R 值可以按下式进行计算：

$$R=\frac{V^2}{127(\mu\pm i)} \quad (4-22)$$

式中 V——一般情况下，可取路段设计车速的 0.6 倍，如有特殊情况，其转弯车速应根据具体情况选定(km/h)；

μ——横向力系数，根据实际经验，该值不宜超过 0.15～0.20，在实际使用中建议 μ 值采用：

当采用推荐半径时：对于大客车 $\mu=0.10$，小汽车 $\mu=0.15$；

当采用最小半径时：对于大客车 $\mu=0.15$，小汽车 $\mu=0.20$。

i——交叉口处车行道的平均横坡度，一般采用 0.015，当采用最小半径时采用 0.02。一般交叉口的横坡度均向弯道内侧倾斜，汽车右转弯时，i 值采用正号；横坡度向外倾斜时，i 采用负号。

在一般的十字交叉口，R_1 通常采用主干道 20～25m，次干道 10～15m，住宅区相邻道路 6～9m。

四、交叉口的拓宽设计

当交叉口的车行道宽度不足的时候，为提高交叉口的通行能力，常采用向道路的一侧或两侧拓宽的办法增加车道数以提高交叉口的通行能力。

交叉口的拓宽设计，首先要确定三个问题：

(1) 拓宽的车道数：一般比路段上的车道数多一条(指进口车道方向)。

(2) 拓宽位置的选择：可以向行进口左侧拓宽，如利用中央分隔带或越过中心线部分占用对向车道宽度进行拓宽，也可以向进口车道的右侧拓宽，如利用行车道右侧的绿化带或拆迁部分的房屋。

(3) 拓宽车道的长度计算

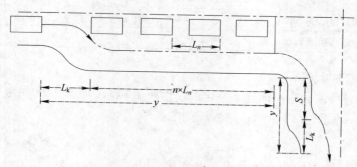

图 4-13 交叉口拓宽的计算图式

1) 进口段拓宽车道长度(图 4-13)的计算见式(4-23)。

$$y=nl_n+l_k+w \quad (4-23)$$

式中 n——一个周期的红灯和黄灯时间内到达进口车道的车辆数，即候车数量(辆)；

$$n=\frac{\text{每条直行车道通行能力}\times(1-\text{右转弯车辆比率})}{\text{每小时周期数/该向红灯占周期长的比率}}$$

l_n——停候车辆的平均车头间隔(m)，l_n 值与车型和停候车辆的间隔有关，一般取 6～9m；

l_k——车辆从原车道进入相邻拓宽车道所需的距离(m)，在低速驶入的情况下 $l_k \approx 12(m)$；

w——人行横道宽度。

2) 出口段拓宽车道长度的计算见式(4-24)。

$$y = s + l_k = \frac{v_2^2 - v_1^2}{2a} + l_k \tag{4-24}$$

式中 s——车辆加速所需的距离；

l_k——意义同上，$l_k \approx 12(m)$；

a——车辆的平均加速度(m/s)；

v_2——车辆加速后的行驶速度(m/s)；可取横向车道车辆行驶速度的 0.85 倍；

v_1——车辆转弯时的初速度(m/s)；

若无交通资料说明，拓宽段的长度可取：进口段 50～80m，出口段 30～60m。

五、环形交叉口的设计

环形交叉(俗称转盘)如图 4-14 所示。在交叉口中心设圆形或椭圆形中心岛，围绕中心岛布置环形车道，使进入交叉口车辆沿环道，一律按逆时针方向绕中心岛行驶至要去路口驶离。

环形交叉可消灭冲突点，不必等车，无需专人指挥。它适用于交通量大、转弯车辆多、多条道路(四条以上)相交的交叉口。但交叉口占地面积大，车辆在环道行驶时车速受到限制，在有非机动车和行人交通量大的交叉口，相互干扰大，不宜采用环形交叉。

环形交叉口设计的基本内容有：中心岛形状与尺寸、交织长度与交织角、环道宽度和进出口转弯半径等。

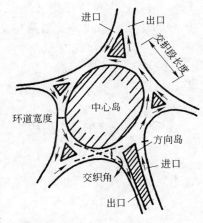

图 4-14 环形交叉

(1) 中心岛的形状与尺寸

中心岛的形状多采用圆形，当相交道路交通量差别很大或几条相交道路不相交于一点时，则宜采用椭圆形中心岛，以利于主干道方向行车。

中心岛直径首先要满足设计车速的要求，同时中心岛直径必须考虑相邻路口之间距离达到车辆交织长度的要求，以保证进出交叉口车辆的连续行驶。

中心岛半径的计算公式为：

$$R = \frac{V^2}{127(\mu + i)} - \frac{b}{2} \tag{4-25}$$

式中 R——中心岛半径(m)；

μ——横向力系数一般取 0.15；

i——交叉口车道横坡一般取 1%～2%；

b——右侧车道宽度(m)；

V——环道设计车速(km/h)。

同环道设计车速相应的中心岛直径可参考表 4-6 取值。

最小交织段长度　　　　　　　　　表 4-6

环道计算行车速度(km/h)	50	45	40	35	30	25	20
最小交织长度(m)	60	50	45	40	35	30	25

注：特殊原因是指一级公路近期交通量不大，采用平交不会危及行车安全时，或者与一级公路相交的公路交通量很少，能用信号灯或其他措施控制的，或由于地形特殊的情况。

按交织长度所需要的中心岛半径，可按式(4-26)验算：

$$R=\frac{n\times s}{2\pi}-\frac{B}{2} \qquad (4-26)$$

式中　n——交叉口相交道路条数；

s——相邻路设计交织长度(m)；

B——环道宽度(m)。

由式 4-26 可知，交叉口相交道路条数越多，中心岛直径就越大，就会增加交叉口的用地，所以环交道路相交条数不宜多于六条。

(2) 交织长度与交织角

交织长度是车辆进、出环道互相交织换道行驶所需的距离，主要取决于相邻路口的距离。交织长度必须使环道进出车辆在合适时机交换车道并保证连续行驶。

相邻车道交织长度应按下式计算：

$$S=\frac{\pi\times\alpha}{360}(2R-B) \qquad (4-27)$$

式中　α——相邻车道中心线夹角度数，应取其中最小夹角。

其余符号同前。

按式(4-27)计算的交叉口交织长度不得低于表 4-6 所列最小交织长度，否则应增大中心岛直径或采取其他措施增加交织长度。

交织角是进出环道车辆交换车道理论轨迹的相交角度，如图 4-14 所示。交织角大小取决于环道宽度和交织长度。交织角小，行车安全，但交织长度和中心岛直径会增大，占地增加。一般控制交织角度不大于 40°，最好在 20°～30°之间选择。

(3) 环道宽度

环道宽度为绕中心岛行车道总宽，应根据环道交通情况与行车要求确定。一般将紧靠中心岛的一条车道作为环行行车道，最外一条车道供进出交叉口车辆行驶，中间应设置 1～2 条车道作为行驶交织使用。所以环道车道数一般为 3～4 条，每条车道宽一般不小于 4.0m，则环道总宽度一般为 12～15m，城市道路环道最小宽度不小于 15m。

(4) 进出口曲线半径与环道处缘石

进出口曲线半径的选用,应使出口曲线半径 $R_{出}$ 大于进口曲线半径 $R_{进}$,以满足车辆加速驶离交叉口的需要,进口半径稍小,起控制进入交叉口车辆行车速度作用,并应采用接近中心岛半径值,使环道车速均衡。

环道外侧缘石平面形式不宜设成反向曲线。图 4-15 中反向曲线阴影部分无车辆行驶,因此,环道外侧缘石宜采用直线或曲线连接,如图 4-15 中虚线所示。

环道的断面为满足行车平稳和排水要求,环道断面为双向路拱横断面,如图 4-16 所示。路脊线设在环道中心的交织车道中间,环道中线。中心岛周围应设排水设施,保证环道排水。环形交叉应布置在地形平坦处,交叉口路段纵坡不应大于 3%。

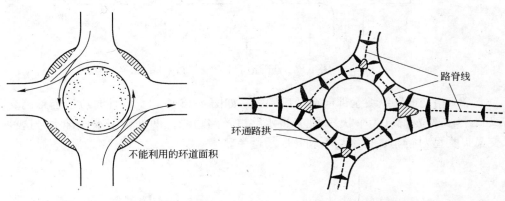

图 4-15 环道的外缘石平面形状　　图 4-16 环道的路拱脊线

第五节 交叉口的竖向设计

交叉口竖向设计主要解决交叉口排水和行车平顺的问题,应使相交道路在交叉口范围内有平顺的共同面,能迅速排除交叉口范围雨水,并使交叉口标高和周围地形、建筑相协调。交叉口竖向设计主要内容有:选择交叉口路面设计类型、确定交叉口设计标高、布设排水设施。

一、交叉口竖向设计原则

交叉口竖向设计应考虑相交道路的等级、交通量、断面形状、纵坡方向及地形情况。竖向设计应满足以下要求:

(1) 主要道路与次要道路相交时,应保证主要道路行车方便。主要道路的纵坡与横坡不变,次要道路的纵坡与横坡应通过调整与主要道路的路面边缘顺适连接。

(2) 等级相同的两条道路相交,如交通量差别不大,但有不同的纵坡时,一般维持两条道路的设计纵坡不变,而缓和地变化它们的横坡,使两条道路在立面上取得平顺。

(3) 要保证交叉口排水顺畅,设计时至少有一条道路纵坡背离交叉口(出水路口)。应在进水路口设置必要数量的排水设施,减少雨水进入交叉口。

(4) 立面坡度平顺、外形美观、无积水。

二、交叉口竖向设计基本类型

为了解决交叉口排水和正确进行立面规划布置，根据相交道路纵坡和交叉口地形，首先应合理地选择确定交叉口等高线的布置形式。十字形交叉口设计等高线有六种基本类型。

(1) 相交道路纵坡全部由交叉口中心向外倾斜，如图4-17所示。设计时应适当调整接近交叉口路段的横坡。交叉口范围无需设雨水口。

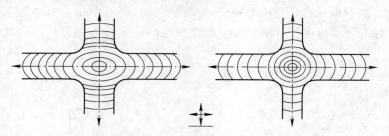

图4-17 凸形地形上的交叉口

(2) 相交道路纵坡全部向交叉口倾斜，如图4-18所示。设计时应适当抬高交叉口中心部位标高(为伞状)，在各进水路口及路边缘低凹处设雨水口排水，这种交叉口类型对行车、排水均不利，应予避免。

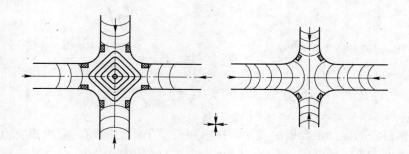

图4-18 凹形地形上的交叉口

(3) 三条道路纵坡由交叉口向外倾，一条道路纵坡向交叉口倾斜，为进水路口，如图4-19所示。设计时进水路口顺延方向道路纵横坡一般保持不变，调整两侧出水路段横坡。在进水路口处设雨水口。

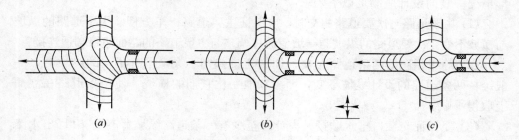

图4-19 分水线地形上的交叉口

(4) 三条道路纵坡向交叉口倾斜，为进水路口，一条道路纵坡由交叉口向外为出水路口，如图 4-20 所示。设计时出水路口顺延方向道路纵横坡一般保持不变，调整两对向进水路口纵坡最低转折点（变坡点）离交叉点远些，并插入竖曲线，最低点设雨水口排水。

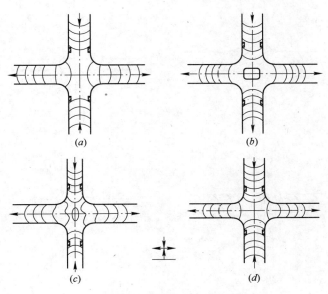

图 4-20　在谷线地形上的交叉口

(5) 相邻两条道路纵坡倾向交叉口，另两条为出水路口如图 4-21 所示。设计时，各道路纵坡均保持不变，调整相邻路口横坡逐渐向纵坡倾斜。将交叉口布置成单向倾斜立面。

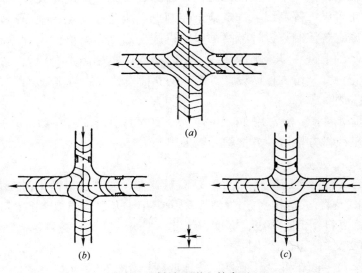

图 4-21　斜坡地形上的交叉口

(6) 相对两条道路纵坡向交叉口倾斜，另两条相对道路为出水口，如图 4-22 所示。设计时，两进水路口纵坡转折点偏离交叉点一定距离，并在最低点设雨水口。两出水路口在交叉中心范围横纵坡均应平缓些。

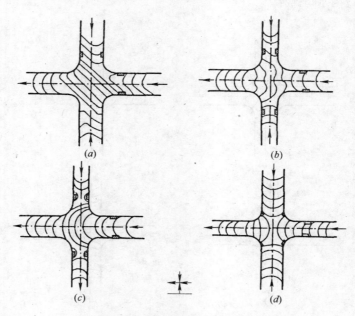

图 4-22 马鞍形地形上的交叉口

三、交叉口立面设计方法与步骤

交叉口立面设计，通常采用方格网法、设计等高线法、方格网设计等高线法三种方法。方格网法是在交叉口范围内，以相交道路中线为坐标基线打方格网，各交点上的地面标高，求出设计标高，并计算各点施工高度。设计等高线法是在交叉口范围布置设计等高线，选定施工控制点，测定控制点的地面高，根据设计等高线补差确定各控制点设计标高，以求得施工高度。方格网设计等高线法，是在方格网法基础上进一步绘出等高线，用以检查调整标高不合理处，完善立面设计的方法。先将交叉口方格网设计等高线的立面设计方法与步骤介绍如下。

1. 收集资料

(1) 测量资料：一般常用 1∶500 或 1∶200 的地形图。在图上以相交道路中心线为坐标基线做方格网，方格网一般采用 5m×5m～10m×10m，并测出方格网点的地面标高。

(2) 交通资料：交通量及交通组成(直行，左、右转弯车辆比例)。

(3) 排水资料：弄清排水方式(地下管道或明沟)及已建或拟建排水管网的位置。

(4) 道路资料：道路等级、宽度、纵坡、横坡、交叉口控制标高。

2. 绘制交叉口平面布置图

根据交叉口平面布置设计成果，按地形图比例绘制交叉口平面图并标出相交道路中心线，行车道和人行道宽度，方格线，缘石半径。

3. 确定交叉口设计范围

设计范围一般为缘石半径切点以外 5～10m（相当于一个方格），这是路段上的双向横坡向交叉口立面坡度过渡需要的距离。

4. 确定立面设计类型及等高线间距

根据相交道路等级、纵坡方向、地形以及排水要求，选定立面设计类型（图4-17～图 4-22）。确定相邻等高线布设间距，根据道路纵坡缓陡一般采用 0.02～0.01m 的等高差，取偶数可方便计算。

5. 绘制路段上设计等高线

根据道路纵坡及路拱横坡，按确定的等高差，可计算路段上等高线水平距离并布设等高线，如图 4-23 所示。

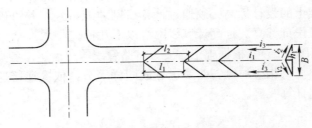

图 4-23 路段上设计等高线

（1）相邻等高线的水平距离

根据道路纵坡在行车道中心线上定出某整数设计标高位置，根据确定的等高线间距，相邻等高线水平距离为：

$$l_1 = \frac{\Delta h}{i_1} \tag{4-28}$$

式中 l_1——相邻等高线水平距离(m)；

Δh——相邻等高线高差(m)；

i_1——路段纵坡度(%)。

根据 l_1 可定出行车道中线上其余等高线的位置。

（2）等高线在街沟线（边缘线）的位置

由于行车道横坡的影响，等高线在街沟线上的位置向纵坡的上方偏移水平距离 l_2：

$$l_2 = h_1 \times \frac{1}{i_3} = \frac{B}{2} \times \frac{i_2}{i_3} \tag{4-29}$$

式中 h_1——路拱高度(m)；

i_2——路拱横坡度(%)，

i_3——街沟线纵坡度(%)。

根据 l_2 可定出沿街沟线上相应等高线位置。最后连接等高点，即得设计等高线在路段立面设计图。

6. 绘制交叉口上设计等高线

（1）确定交叉口上路脊线和控制标高

路脊线是路拱顶点(分水点)的连线。路脊线的选定直接影响交叉口的排水、行车平顺和立面美观。一般情况，行车道中心线即为路脊线，路脊线的交点即为交叉口控制标高位置。

在三路斜行交叉口，相交的道路中心线虽然也交于一点，但斜交偏角大时，道路中心线不宜作路脊线，调整后的路脊线如图 4-24 中所示的 AB' 线，修正路脊线起点由 A 开始 B' 点的位置应选在斜交路口双向车流中间位置。

交叉口的控制标高，应根据相交道路纵坡交叉口周围地形和周围建筑物来确定。确定道路中心线交点控制标高，应不使相交道路纵坡的差值超过 0.5%，尽可能使交叉口相交道路纵坡基本相等，这样有利于立面设计处理。

(2) 选择标高计算线网

标高计算线网是立面设计中计算交叉口范围内各点标高必不可少的辅助线。控制点及路脊线上的设计标高必须通过计算线网才能得到，并可进一步得到交叉口范围其他各点设计标高。标高计算线网有以下几种。

1) 圆心法(图 4-25)。根据施工需要，将路脊线等分后定出各点。把将路脊线分为若干等分，再将相应的缘石曲线也分成同样等分，依次连接这些等分点，即得交叉口的标高计算线网。

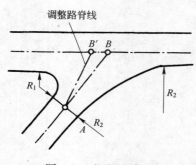

图 4-24 调整路脊线

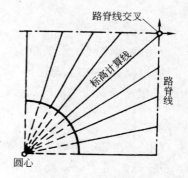

图 4-25 圆心法

2) 等分法(图 4-26)。把交叉口范围内路脊线分为若干等分，再将相应的缘石曲线也分成同样等分，依次连接这些等分点，即得交叉口的标高计算网。

3) 平行法(图 4-27)。先把路脊线交点与各转角圆心连成直线，再将路脊线分成若干点，通过这些点作以上直线的平行线交于路缘线，即得标高计算线网。

4) 方格网法(图 4-28)。在交叉口平面图上，平行于道路中心线画出方格网线如图 4-28 所示。作为交叉口标高计算线网。方格网线适用于正交道路交叉口。为了方便计算与布置等高线网应采用等分法为宜。

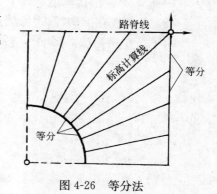

图 4-26 等分法

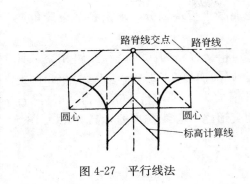

图 4-27 平行线法

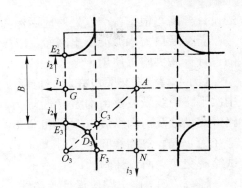

图 4-28 方格网法

(3) 求标高计算线网各点设计标高

按图 4-28，根据坡度与距离条件由控制点标高推算线网的各点设计标高（以方格网为例）。

1) 求各交叉口缘石切点断面的三点标高。由交叉口控制点标高 h_A，可得缘石切点断面各点标高为：

$$h_G = h_A \pm \overline{AG} \times i_1 \tag{4-30}$$

式中 $\overline{AG}$ 方向上坡采用"+"，下坡采用"—"。

$$h_{E_3}（或 h_{E_2}）= h_G - \frac{B}{2} \times i_2 \tag{4-31}$$

同理，可求得其他路口断面的 F_3、N 等控制标高。

2) 计算交叉口范围内的各点设计标高。按 E_3、F_3 的标高得出缘石延长线上 C_3 点的标高为：

$$h_{c_3} = \frac{(h_{E3} \pm R \times i_1) + (h_{F3} \pm R \times i_3)}{2} \tag{4-32}$$

式中符号的确定取决于路脊线的纵坡方向，上坡采用"+"，下坡采用"—"。

缘石曲线中间点 D_3 的标高为：

$$h_{D_3} = h_A - \frac{h_A - h_{C_3}}{\overline{AC_3}} \times \overline{AD_3} \tag{4-33}$$

同理，可得出缘石曲线四个角的各点标高，并求出交叉口范围所需线网各交点标高，并注在图上。

3) 勾绘交叉口上等高线。根据已求出的计算线网上各点设计标高，补插确定等高点的位置，并将等高点连接后，便得到初步的、以设计等高线表示的交叉口立面设计图。

4) 调整标高

参照选定的交叉口立面设计类型，按行车平顺和排水迅速，立面美观的要求，调整等高线并使调整后的等高线中间疏，边上密，变化均匀，标高低凹处补设进水口。

5) 计算施工高度

根据已调整后的交叉设计等高线，用补插法求出交叉口范围各控制线网交点的设计标高，根据各交点处原地面标高最后求得各点施工高度。

若交叉口为水泥混凝土路面，应按水泥混凝土板块划分，求出各个板缝角点的设计标高供施工使用。

【例 4-2】 某交叉口在斜坡地形上，已知相交道路为次干路和支路相交，其中次干路中线纵坡及街沟纵坡 i_{11} 均为 0.01，路面横坡 0.02，行车道宽为 9m；支路中线纵坡及街沟纵坡 i_{12} 均为 0.008，路面横坡为 0.02，行车道宽为 8m。缘石半径为 40m。等高线间距采用 0.06m，两相交道路中心线交点的标高为 14.54m。试绘制交叉立面设计图。

【解】（1）画出路段设计等高线。

$$l_{11} = \frac{h}{i_{11}} = \frac{0.06}{0.01} = 6\text{m}$$

$$l_{12} = \frac{h}{i_{12}} = \frac{0.06}{0.008} = 7.5\text{m}$$

$$l_{21} = \frac{B}{2} \times \frac{i_2}{i_{11}} = 4.5 \times \frac{0.02}{0.01} = 9\text{m}$$

$$l_{22} = \frac{B}{2} \times \frac{i_2}{i_{12}} = 4.0 \times \frac{0.02}{0.008} = 10\text{m}$$

由 l_{11}、l_{12}、l_{21}、l_{22} 绘出路段上设计等高线。

（2）画出交叉口上设计等高线。

1）根据交叉口中心标高，求路口缘石切点断面标高。

$$h_N = h_A + AN \times i_{12} = 14.54 + 44.5 \times 0.008 = 14.9\text{m}$$

$$h_{F_3}（或 h_{F_4}）= h_N - \frac{B}{2} \times i_2 = 14.9 - 4 \times 0.02 = 14.82\text{m}$$

同理，可求出 h_{E_2}（或 h_{E_3}）= 14.01m；

$$h_{F_1}（或 h_{F_2}）= 14.12\text{m};$$

$$h_{E_1}（或 h_{E_4}）= 14.89\text{m}.$$

2）根据 A，F_4，E_4 点标高，求交叉口范围内等高点的变化。

$$h_{C_4} = \frac{(h_{F_4} - R \times i_{12}) + (h_{E_4} + R \times i_{11})}{2}$$

$$= \frac{(14.82 - 40 \times 0.008 + 14.01 + 40 \times 0.001)}{2} = 14.45\text{m}$$

$$h_{D_4} = h_A - \frac{h_A - h_C}{AC_4} \times AD_4$$

$$= 14.54 - \frac{(14.54 - 14.45)}{6} \times 16.56 = 14.39\text{m}$$

同理，可得出 $h_{C_2} = 14.46\text{m}$；$h_{C_3} = 14.5\text{m}$；$h_{C_1} = 14.43\text{m}$

$$h_{D_2} = 14.3\text{m}；h_{D_3} = 14.43\text{m}；h_{D_1} = 14.23\text{m}$$

根据 F_4，D_4，E_4 各点标高，求出缘石曲线上各个等高点 $\overset{\frown}{F_4 D_4}$，$\overset{\frown}{D_4 E_4}$ 的弧长。

$$L = \frac{1}{8} \times (2\pi \times R) = \frac{1}{8} \times (2 \times 3.14 \times 40) = 31.3\text{m}$$

$\widehat{F_4D_4}$间应有设计等高线的条数为：
$$n=\frac{14.82-14.29}{0.06}=9 \text{ 根}$$

等高线平均距离为 $\frac{31.3}{9}=3.47\text{m}$

同理，$\widehat{D_4F_4}$间应有设计等高线条数为：
$$n=\frac{14.29-14.01}{0.06}=5 \text{ 根}$$

等高线的平均距离为 $\frac{31.3}{5}=6.26\text{m}$

$\widehat{F_3D_3}$应有的设计等高线条数为：
$$n=\frac{(14.82-14.43)}{0.06}=7 \text{ 根}$$

等高线的平均距离为 $\frac{31.3}{5}=4.47\text{m}$

$\widehat{D_3E_3}$间应有的设计等高线条数为：
$$n=\frac{(14.89-14.43)}{0.06}=8 \text{ 根}$$

等高线的平均距离为 $\frac{31.3}{8}=3.9\text{m}$

$\widehat{E_2D_2}$间应有的设计等高线条数为：
$$n=\frac{(14.89-14.3)}{0.06}=10 \text{ 根}$$

等高线的平均距离为 $\frac{31.3}{10}=3.13\text{m}$

$\widehat{F_2D_2}$间应有的设计等高线条数为：
$$n=\frac{(14.3-14.12)}{0.06}=3 \text{ 根}$$

等高线的平均距离为 $\frac{31.3}{3}=10.43\text{m}$

$\widehat{F_1D_1}$间应有的设计等高线条数为：
$$n=\frac{(14.23-14.12)}{0.06}=2 \text{ 根}$$

等高线的平均间距为 $\frac{31.2}{2}=15.65\text{m}$

$\widehat{D_1E_1}$间应有的设计等高线条数为：$n=\frac{(14.23-14.01)}{0.06}=4 \text{ 根}$

等高线的平均间距为 $\frac{31.3}{4}=7.8\text{m}$

3) 根据 A、M、K、G、N 各点标高，分别求出路脊线 AM、AK、AG、AN 的等高点(计算从略)。

4) 根据以上求出点标高绘出等高线，经合理调整后即得如图 4-29 所示的交叉口立面设计图。

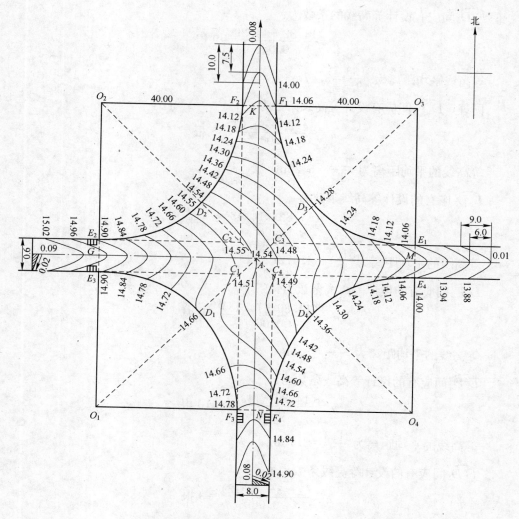

图 4-29 交叉口立面设计图（单位：m）

第六节 立体交叉简介

立体交叉是指相交道路在不同高度上的交叉。这种交叉使各条相汇道路车流互不干扰，并可保持原有车速通过交叉口，既能保证行车安全，也大大提高了道路通过能力。在高速公路或快速干道与其他各级道路相交时或道路与铁路相交时相互干扰很大，都应采用立体交叉。当地形，环境适宜时也可采用立交。但立体交叉造价高，占地面积大，所以，一般在平面交叉不能解决交通问题时，考虑修建立交。

一、立体交叉类型

立体交叉按交叉道路相对位置与结构类型分为上跨式（跨路桥式），即交叉道路从原道路上方跨越；下穿式（隧道式），即交叉道路原道路下部穿过的立体交叉。

立体交叉按交通功能与有无匝道连接上下层道路分为互通式和分离式两种。分离式立体交叉上下层车道不设匝道连接，如图4-30所示，常用于道路与铁路相交处，高速公路和快速干道与各级道路相交处。

互通式立体交叉，上下层车道用各种形式的匝道连接。互通式立体交叉以苜蓿叶形式最为典型，这种立交叉口的四个象限内都设有内、外环匝道，供上下层车辆行驶互换车道，是完全互通的定向立体交叉，如图4-31所示。此外还有二相匝道、三相匝道的不完全苜蓿叶形的部分互通式立体交叉，如图4-32所示。地形限制时可采用菱形立体交叉，如图4-33所示。适应快速干道快速车流通过，让其他车流绕行时应采用环行立体交叉如图4-34所示。城市道路为解决非机动车的干扰，可采用三层式立体交叉，把非机动车布置在中层，机动车分别布置在上下层。

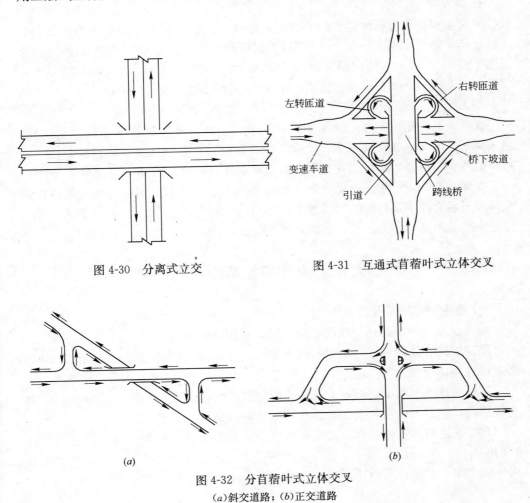

图4-30 分离式立交　　图4-31 互通式苜蓿叶式立体交叉

图4-32 分苜蓿叶式立体交叉
(a)斜交道路；(b)正交道路

立体交叉形式很多，选用时应根据相交道路等级、性质、交通量及转弯车辆数量，结合地形和工程投资等条件综合确定。

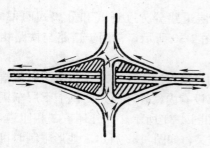 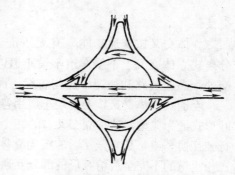

图 4-33　菱形立体交叉　　　　　　图 4-34　环形立体交叉

二、立体交叉组成部分与要求

1. 立交桥洞

立交桥洞应符合道路建筑限界规定,路肩式人行道桥洞净高不得小于 2.5m,非机动车道净高不得小于 3.0m,机动车道桥洞净高一般不小于 5.0m,三、四级公路不得小于 4.5m。桥洞净宽除保证路段上行车道净宽外,两侧应各加 0.25m 的横向安全净空。如双车道宽度为 8m 时,则桥洞净宽不小于 8.5m。

2. 匝道

立体交叉口用以连接上下层车道,供左、右转弯车辆交换车道使用的道路。进入交叉口的车辆在交换车道行驶时,都必须按右转方向进出匝道行驶。匝道的行车道按车辆行驶方向分为单向车道,双向混合行驶车道两种。

立体交叉的匝道中,专供右转弯车辆交换车道行驶的匝道称为外环匝道;供左转弯车辆交换车道行驶的匝道称为内环匝道(设在环行匝道内侧)。车辆从主车道进入匝道的路口称为出口;车辆从匝道行驶进入主车道的路口称为进口。

第七节　道路与其他路线交叉要求

一、道路与铁路平面交叉

高速公路、一级公路与铁路相交叉时,必须设置立体交叉。

高速铁路、路段旅客列车设计行车速度为 140km/h 的铁路与公路相交叉时,必须设置立体交叉。

道路与铁路平面交叉时,交叉道路两侧路线应在交叉点外各有不小于 50m 的直线路段,应尽可能采用正交,当必须斜交时,交角应大于 45°。

在交叉道口,应保证汽车在道路上距铁路道路道口有相当于各级道路停车视距(并不小于 50m)的范围外,能看到两侧铁路上不小于表 4-7 和表 4-8 规定距离以外的火车。当道口不能达到规定要求时,应按有关规定设置看守。

道口汽车侧向视距　　　　　　　　　　　　　表 4-7

铁路最高设计逯度(km/h)	120	100	80	60	40
汽车侧向视距(m)	400	340	270	200	140

铁路交叉道口视距　　　　　表 4-8

交叉道口铁路等级	视距长度(m)	交叉道口铁路等级	视距长度(m)
Ⅰ	400	Ⅲ级(工业企业Ⅰ,Ⅱ级)	270
Ⅱ	340	工业企业Ⅲ级	200

  为了道路的行车安全、方便,在交叉道口的两端钢轨外侧各设有不小于 16m 长度的水平路段(不包括竖曲线),该水平路段纵坡不应大于 3%。平安道口范围应铺便于翻修的砌块路面,长度应延伸至钢轨外 2m,宽度不小于相交道路的路基宽度,铺砌标高与轨顶标高相同。铁路平面交叉道口必须设置明显的安全标志。

二、道路与其他道路平面交叉

  道路与道路相交时,交叉范围内道路间应采用直线正交,当必须斜交时,交叉角应大于 45°,交叉点前后相当于相交道路停车视距长度的三角形范围内必须通视。平面交叉点应设在水平路段处,紧接水平路段纵坡不宜大于 3%,困难时不得大于 5%。

  道路与农村道路相交时,应采用正交,当斜交时交角不小于 45°。农村道路在与之相交道路两侧应各有不小于 10m 水平路段,接水平路段纵坡不宜大于 3%。交叉口范围应有良好的视距,驾驶员在距交叉口不小于 20m,能看到相交道路两侧 50m 外的行车。交叉口处必须设置明显的安全行车标志。

三、道路与管线交叉

  各种管线(电力线,电信线,电缆,管道等)与道路相交时,均不得侵入道路限界。不得妨碍道路交通安全,不得损害道路构造物,不得影响道路设施的使用。

  城市道路与线杆,照明设施,底下管线接近或交叉布置时,应参照城市道路设计规范与市政设施管理规定执行。

思 考 题 与 习 题

1. 何谓分叉点、交汇点、冲突点?
2. 减少和消灭冲突点的方法有哪三种?
3. 平面交叉按其形式可以分为哪几类?
4. 何谓交织长度? 何谓交织角?
5. 交叉口立面设计的原则是什么?
6. 何谓设计等高线法? 设计等高线法的优缺点是什么?
7. 某市有一处五路相交的平面交叉口,试计算其交叉口冲突点的个数?
8. 某市一正交十字形交叉口,AB 街为主干道,CD 街为次干道,干道 AB 方向的单向交通量为 160 辆/h,大型公共汽车为 50 辆/h,中型卡车为 300 辆/h,至交叉口处,公共汽车为全部直行交通,其他车种右转占 15%,左转占 10%,其余为直行,信号灯周期 $T=72s$,AB 街绿灯时间为 30s,直行车辆通过交叉口的行驶速度均为 22 辆/h,试设计 AB 方向交叉路口进口车道的宽度 $b_{进}$?

第二篇　路基工程

第五章 绪 论

【本章学习要点】 路基工程特点，影响路基稳定的因素及对路基的要求，路基土的工程特性，公路自然区划，路基干湿类型、临界高度，路基受力状况与路基工作区，土基的强度指标。

第一节 概 述

一、路基工程的特点

路基工程是道路工程中的一项重要工程，是按照路线位置和一定技术要求修筑的带状构造物。它是路面的基础。路基工程质量的好坏，直接影响到结构物的排水稳定、道路使用品质、旅客的舒适和正常的行车交通。

路基工程的特点是工艺较简单、要求高、工程数量大、耗费劳力多、涉及面广、而且分布不均。如公路可能通过平原、丘陵或山岭，还有河川、沼泽、岩石、沙漠等，除一般的施工技术外，还要考虑软土压实、桩基、边坡稳定、挡土墙等。另一特点是投资大、施工工期长。一般公路的路基建设投资约占总投资的25%～45%，个别山区公路可达65%。在城市道路中，除征地拆迁外，碰到的隐蔽工程多，如给水管、污水管、燃气管、电缆等，需与有关部门相互协调，公共关系比较复杂。

路基工程改变了沿线原有自然状态，挖、填和借、弃土石方皆涉及当地生态平衡、水土保持和农田水利。路基工程对施工期限的影响亦较大，土石方相对集中或条件比较复杂的路段，往往是道路施工期限的关键。路基稳定与否，对路面工程质量影响甚大，关系到道路的正常投入使用。因此做好路基工程设计、施工与养护非常重要。

二、对路基的要求

路基工程设计必须满足如下基本要求：

1. 具有足够的强度

路基除与路面共同承受交通荷载外，又是路面结构物的基础。道路上的交通荷载，通过路面传递给路基，并对其产生一定的压力，再加上路基、路面的自重，路基会产生一定变形。因此，要求路基应具有一定的强度和抗变形能力，而路基的强度又直接影响到路面的强度。在我国的路基设计方法中，路基的强度指标以回弹模量或路床的CBR值表示，要求路基在不利季节条件下的强度要达到规定的标准值，以保证路面的强度与稳定。

2. 具有足够的水稳定性

路基不仅承受交通荷载的作用，同时还受到水文、气候条件的影响。我国南方非冰冻地区，路基主要受大气降水、地表水、地下水的作用，不仅影响到路基的强度并会引发季节性变化，使路基强度降低，产生过量的变形。特别是高填方路堤，受水侵蚀，路基的抗剪强度显著降低，在交通荷载及路基路面自重的综合作用下，路基失稳，易在路基体内产生滑动破裂面或者产生过大的位移，从而引起路面的变形与损坏。因此，要求路基应具有足够的水稳性。

3. 具有足够的整体稳定性

路基的整体稳定性是指路基整体在车辆及自然因素作用下，产生不允许的变形和破坏。路基是直接在地面上填筑或挖去一部分地面修建而成。路基修建后，改变了原地面的天然平衡状态。因此，为防止路基结构在行车荷载及自然因素作用下发生不允许的变形或破坏，必须因地制宜地采取一定的措施来保证路基整体结构的稳定性。

4. 我国季节性冰冻地区的路基，不仅受到交通荷载的作用，同时受到季节性的冰冻作用，使路基出现周期性的冻融状态，可能引发冻胀病害的发生。路面不均匀冻胀会破坏路面平整度，使路面产生裂缝及春融时路基强度急剧降低。因此，对季节性冰冻地区的路基，除具有足够的强度外，还要求具有足够的冰冻稳定性。

三、影响路基稳定性的因素

道路路基是一种线形结构物，具有路线长与大自然接触面广的特点，其稳定性在很大程度上由当地自然条件决定。

1. 影响路基稳定性的自然因素

（1）地形：平原区地势平坦，地面水容易聚集，地下水水位高，因此路基需要保持一定的最小填土高度（特别是在水稻田地区）。

（2）气候：气温、降水、湿度、日照、风向和风力等，都影响到路基的水温情况。

（3）水文与水文地质：水文如地面径流、常水位、河岸的冲刷等。水文地质条件如地下水位高度、有无泉水等。所有这些都会影响路基的稳定性，如处理不当，往往导致路基各种病害。

（4）土的类别：土是建筑路基和路面的材料，并影响路基的形状和尺寸。土的性质，视其类别而定。土的强度，砂粒成分多则以摩擦力为主，黏土粒成分多则以黏聚力为主。

（5）地质条件：沿线岩石种类及风化程度，岩层走向、不良地质现象（泥石流、地震等），都对路基稳定性有一定影响。

（6）植物覆盖：植物覆盖影响地面径流和导热情况，从而在一定程度上影响路基水温情况的改变。

2. 影响路基稳定性的人为因素

（1）荷载作用：包括静载、活载及其大小和重复作用次数。

（2）路基结构：包括路基填土或填石的类别与性质，路基形式，路面等级与类型，排水结构物的设置等。

（3）施工方法：包括是否分层填筑、压实是否充分和压实的方法等。

（4）养护措施。

第二节　路基土的分类及公路的自然区划

一、路基土的分类

世界各国公路用土的分类方法虽然不尽相同，但是分类的依据大致相近，一般都根据土颗粒的粒径组成，土颗粒的矿物成分或其余物质的含量，土的塑性指标进行区划。我国公路用土依据《土的分类标准》（GBJ 145—90）土的颗粒组成特征，土的塑性指标和土中有机质存在的情况，分为巨粒土、粗粒土、细粒土和特殊土四类，并进一步细分为十一种土。土的颗粒组成特征用不同粒径粒组在土中的百分含量表示。表 5-1 所列为不同粒组的划分界限及范围。

粒 组 划 分 表　　　　　　表 5-1

200		60	20		5	2	0.5		0.25	0.074	0.002(mm)
巨粒组			粗　粒　组							细粒组	
漂石（块石）	卵石（小块石）	砾（角砾）			砂					粉粒	粘粒
		粗	中	细	粗		中	细			

土分类总体系包括四类并且细分为 11 种，如图 5-1 所示。

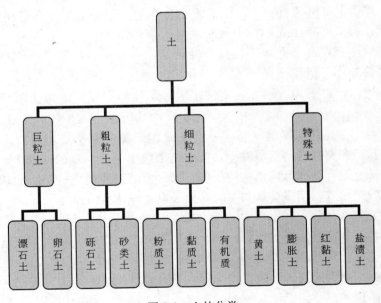

图 5-1　土的分类

二、土的工程性质

各类道路用土具有不同的工程性质，在选择路基填筑材料，以及修筑稳定土路面结构层时，应根据不同的土类分别采取不同的工程技术措施。

巨粒土包括漂石（块石）和卵石（块石），有很高的强度和稳定性，用以填筑路基是良好的材料。亦可用于砌筑边坡。

级配良好的砾石混合料，密实程度好，强度和稳定性均能满足要求。除了填筑路基之外，可以用于铺筑中级路面，经适当处理后可以铺筑高级路面的基层、底基层。

砂土无塑性，透水性强，毛细上升高度小，具有较大的内摩擦系数，强度和水稳定性均好，但砂土粘结性小，易于松散，压实困难。而经充分压实的砂土路基，压缩变形小，稳定性好。为了加强压实和提高稳定性，可以采用振动法压实，并可掺加少量黏土，以改善级配组成。

砂性土含一定数量粗颗粒和黏土颗粒，遇水不膨胀，干得快，干燥时有足够粘结力，扬尘少。砂性土路基容易压实，易构成平整表面，是良好的筑路材料。

粉性土含有较多的粉土颗粒，干时虽有黏性，但易于破碎，浸水时容易成为流动状态。粉性土毛细作用强烈，毛细上升高度大（可达1.5m）。在季节性冰冻地区容易造成冻胀、翻浆等病害。粉性土属于不良的道路用土，如必须用粉性土填筑路基，则应采取技术措施改良土质并加强排水、采取隔离水等措施。

黏性土中细颗粒含量多，土的内摩擦系数小而黏聚力大，透水性小而吸水能力强，毛细现象显著，有较大的可塑性。黏性土干燥时较坚硬，施工时不易破碎，浸湿后能长期保持水分，不易挥发，因而承载力小。对于黏性土如在适当含水量时加以充分压实和设置良好的排水设施，筑成的路基也能获得稳定。

重黏土工程性质与黏性土相似，但其含黏土矿物成分不同时，性质有很大差别。黏土矿物主要包括蒙脱土、伊里土、高岭土。蒙脱土主要分布在东北地区，其塑性大，吸湿后膨胀强烈，干燥时收缩大，透水性极低，压缩性大，抗剪强度低。高岭土分布在南方地区，其塑性较低，有较高的抗剪强度和透水性，吸水和膨胀量较小。伊里土分布在华中和华北地区，其性质介于上述两者之间。重黏土不透水，黏聚力特别强，塑性很大，干燥时很坚硬，施工时难以挖掘与破碎。

总之，土作为路基建筑材料，砂性土最优，黏性土次之，粉性土属不良材料，最容易引起路基病害，重黏土，特别是蒙脱土也是不良的路基土。此外，还有一些特殊土类，如有特殊结构的土（黄土）、含有机质的土（腐殖土）以及含易溶盐的土（盐渍土）等，用以填筑路基时必须采取相应技术措施。

三、公路自然区划

我国各地气候、地形、地貌、水文地质等自然条件相差很大，而这些自然条件与公路建设密切相关。为区分不同地理区域自然条件对公路工程影响的差异性，并在路基路面的设计、施工和养护中采取适当的技术措施和采用合适的设计参数，以体现各地公路设计与施工的特点，侧重解决必须的问题，更有利于保证公路的质量和经济合理，特制定公路自然区划。

为使自然区划便于在实践中应用，结合我国地理、气候特点，将全国的公路自然区划划分为三个等级。一、二级区划的具体位置与界限，详见《公路自然区划标准》（JTJ 003—86）。

1. 一级区划

根据不同地理、气候、构造、地貌界限的交错和叠合,将我国分为七个一级自然区。即：

Ⅰ 北部多年冻土区；

Ⅱ 东部湿润季冻区；

Ⅲ 黄土高原干湿过渡区；

Ⅳ 东南湿热区；

Ⅴ 西南湿热区；

Ⅵ 西北干旱区；

Ⅶ 青藏高寒区。

2. 二级区划

二级区划仍以气候和地形为主导因素,但具体标志与一级区划有显著差别。一级自然区划的共同标志为气候因素潮湿系数 K 值(即年降水量与年蒸发量之比),地形因素是独立的地形单元。二级区划的划分则需因区而异,将上述标志具体化或加以补充,其标志是以潮湿系数 K 为主的一个标志体系。

根据二级区划的主导因素与标志,在全国七个一级自然区内又分为 33 个二级区和 19 个副区,共有 52 个二级自然区,见表5-2。

公路自然区划名称表　　　　表5-2

Ⅰ 北部多年冻土区	Ⅲ₄ 黄渭间山地、盆地轻冻区	Ⅴ₄ 川、滇、黔高原干湿交替区
Ⅰ₁ 连续多年冻土区	Ⅳ 东南湿热区	Ⅴ₅ 滇西横断山地区
Ⅰ₂ 岛状多年冻土区	Ⅳ₁ 长江下游平原润湿区	Ⅴ₅ₐ 大理副区
Ⅱ 东部湿润季冻区	Ⅳ₁ₐ 盐城副区	Ⅵ 西北干旱区
Ⅱ₁ 东北东部山地湿冻区	Ⅳ₂ 江淮丘陵山地湿润区	Ⅵ₁ 内蒙草原中干区
Ⅱ₁ₐ 三江平原副区	Ⅳ₃ 长江中游平原润湿区	Ⅵ₁ₐ 河套副区
Ⅱ₂ 东北中部山前平原重冻区	Ⅳ₄ 浙闽沿海山地中湿区	Ⅵ₂ 绿洲、荒漠区
Ⅱ₂ₐ 辽河平原冻融交替副区	Ⅳ₅ 江南丘陵过湿区	Ⅵ₃ 阿尔泰山地冻土区
Ⅱ₃ 东北西部润干冻区	Ⅳ₆ 武夷南岭山地过湿区	Ⅵ₄ 天山、界山山地
Ⅱ₄ 海滦中冻区	Ⅳ₆ₐ 武夷副区	Ⅵ₄ₐ 塔城副区
Ⅱ₄ₐ 冀热山地副区	Ⅳ₇ 华南沿海台风区	Ⅵ₄ᵦ 伊犁河谷副区
Ⅱ₄ᵦ 旅大丘陵副区	Ⅳ₇ₐ 台湾山地副区	Ⅶ 青藏高寒区
Ⅱ₅ 鲁豫轻冻区	Ⅳ₇ᵦ 海南岛西部润干区	Ⅶ₁ 祁连、昆仑山地区
Ⅱ₅ₐ 山东丘陵副区	Ⅳ₇ᵧ 南海诸岛副区	Ⅶ₂ 柴达木荒漠区
Ⅲ 黄土高原干湿过渡区	Ⅴ 西南潮暖区	Ⅶ₃ 河源山区草甸区
Ⅲ₁ 山西山地、盆地中冻区	Ⅴ₁ 秦巴山区润湿区	Ⅶ₄ 羌塘高原冻土区
Ⅲ₁ₐ 雁北张宣副区	Ⅴ₂ 四川盆地中湿区	Ⅶ₅ 川藏高山峡谷区
Ⅲ₂ 陕北典型黄土高原中冻区	Ⅴ₂ₐ 雅安乐山过湿副区	Ⅶ₆ 藏南高山台地区
Ⅲ₂ₐ 榆林副区	Ⅴ₃ 三西、贵州山地过湿区	Ⅶ₆ₐ 拉萨副区
Ⅲ₃ 甘东黄土山地区	Ⅴ₃ₐ 滇南、桂西润湿副区	

3. 三级区划

三级区划是二级区划的进一步划分。三级区划的方法有两种：一种是按照地貌、水文和土质类型将二级自然区进一步划分为若干类型单元；另一种是继续以水热、地理和地貌等为标志将二级区划细分为若干区域。各地可根据当地的具体情况选用。

第三节　路基的干湿类型

路基的强度和稳定性受路基的湿度状况影响很大，在进行路基设计时要对路基的湿度状况进行分析和评价。

一、路基湿度来源

路基的潮湿来源主要有以下几个方面（图 5-2）：

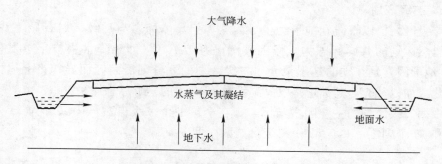

图 5-2　路基湿度来源示意图

1. 大气降水：大气降水透过路面、路肩、边沟等渗入路基。
2. 地面水：当排水条件不良时，地表迳流水、边沟流水形成积水，渗入路基。
3. 地下水：路基下地下水位较高时，水分就会因地下水位升高或毛细作用而上升侵入路基。
4. 水蒸气及其凝结水：由于温度变化，导致土孔隙中移动的水蒸气遇冷凝结为水，从而使路基湿度分布发生变化。
5. 给排水设施渗漏：路基地下涵管等给排水设施渗漏引起局部路基湿度增大。

路基土湿度来源随着季节和地区的不同而发生变化。进行路基设计时，应根据不同地区和季节的湿度来源情况，结合当地的自然条件，采取相应的设计措施，以保证路基的强度和稳定性。

二、冻胀与翻浆

路基修筑后，路基和其下伏的地基土的融冻过程和温度环境与天然建筑物场地有着明显的差异。负温度与水的共同作用，往往给路面和土基带来不利的影响。冬季冻胀，春季翻浆，这是寒冷地区和季节性冰冻地区公路的主要病害之一。

在北方地区，随着冬季来临，上层土基开始冰冻。随着气温下降，土基冻结深度不断向下发展，其上层温度低而下层温度高，形成了负温度坡差。在负温区内，土中的自由水首先冻结，形成冰晶体，再冷时，弱结合水（土颗粒表面吸附的薄膜水）也移向冰晶体冻结，由于土粒上的结合水膜变薄，就要从水膜较厚的土粒吸附水分，就这样产生土基内温度较高的水分不断向温度较低处移动的现象。这就是负温差作用的水分迁移现象。由于水分源源不断地移向 0℃ 等温线处的冰晶体，并在此不断地冻结，使冰晶体不断扩大，而水结成冰时，其体积将膨胀 11%，这就形成了路面的冻胀。冻胀的程度与土基温度、水分来源和气候条件有关。如果冬季严寒、且冷得很快，则土基很快冻结到路基深处，下层水分来不及向上层积聚。反之，若入冬尚暖，降温缓慢，则土基冻结进度也缓慢，冰冻线长期停留在土基上某个深度，水分就会积聚在该处，形成聚冰层。聚冰层愈靠近路面，冻胀愈严重。

春天，气温逐渐回升到零度以上，土基开始解冻，由于路面的导热性大，路中间的融解速度较两侧快，因而溶解过程中多量的水分不易向下及两侧排除，土基上层含水量增大。当融解到聚冰层时，土基的湿度便达到了饱和的程度。因此，土基的承载力降低。如果有大量的运输车辆通过，尤其是重车的通过，稀软的泥浆便会沿着开裂的路面缝隙挤出或形成较深的车辙和鼓包，这就是翻浆现象。

综上所述，造成道路冻胀与翻浆的条件主要有：

(1) 土质——若采用粉性土作路基，便构成了冻胀与翻浆的内因；

(2) 水文——地面排水困难或地下水位较高的路段，为水分积聚提供了充足的水源；

(3) 气候——多雨的秋季，暖和的冬天，早春等都是加剧湿度积累而造成翻浆的天气；

(4) 行车——通过过大的交通量或过重的汽车，能加速翻浆的发生；

(5) 养护——不及时的养护会促成翻浆的出现。

三、路基干湿类型与临界高度

(一) 路基干湿类型

路基的强度与稳定性，同路基的干湿状态有密切关系，并在很大程度上影响路面结构设计。路基按其干湿状态不同，分为四类：干燥、中湿、潮湿和过湿。由于土基处于干燥状态具有足够的承载力，而处于中湿状态具有相当的承载力，为了保证路基路面结构的稳定性，一般要求路基处于干燥或中湿状态。潮湿和过湿状态的路基必须经处理后方可铺筑路面。

(二) 路基干湿类型划分

1. 根据平均稠度划分

我国沥青路面设计规范规定，路基的干湿类型可以实测不利季节路床表面以下 800mm 深度内土的平均稠度 w_c，按表 5-3 和表 5-4 确定，分为干燥、中湿、潮湿和过湿四类干湿类型。以分界稠度 w_{c1}、w_{c2} 和 w_{c3} 划分。路基的平均稠度 w_c 按下式计算：

$$w_{ci} = \frac{w_L - \overline{w}}{w_L - w_P} \tag{5-1}$$

$$w_c = \frac{\sum_{i=1}^{8} w_c}{8} \tag{5-2}$$

式中 w_{ci}——平均稠度；

$\overline{w}$——平均含水量；

w_L、w_P——为土的液限、塑限。

可按《公路土工试验规程》(JTJ 051—93)中 T0118 法测定。土基干湿状态的稠度建议值详见表 5-3。

土基干湿状态的稠度建议值　　　　表 5-3

干湿类型 土组	干燥状态 $w_c \geq w_{c1}$	中湿状态 $w_{c1} > w_c \geq w_{c2}$	潮湿状态 $w_{c2} > w_c \geq w_{c3}$	过湿状态 $w_c < w_{c3}$
土质砂	$w_c \geq 1.20$	$1.20 > w_c \geq 1.00$	$1.00 > w_c \geq 0.85$	$w_c < 0.85$
黏质土	$w_c \geq 1.10$	$1.10 > w_c \geq 0.95$	$0.95 > w_c \geq 0.80$	$w_c < 0.80$
粉质土	$w_c \geq 1.05$	$1.05 > w_c \geq 0.90$	$0.90 > w_c \geq 0.75$	$w_c < 0.75$

注：w_{c1}、w_{c2}、w_{c3} 分别为干燥和中湿、中湿和潮湿、潮湿和过湿状态路基的分界稠度，w_c 为路床顶面以下 800mm 深度内的平均稠度。

根据 w_c 判别路基的干湿类型，要按照道路所在自然区划和路基土的类型，查表 5-3，与分界稠度作比较，并按表 5-4 所列区划界限确定道路所属的路基干湿类型。

路 基 干 湿 类 型　　　　表 5-4

路基干湿类型	平均稠度 w_c 与分界稠度 w_{ci} 的关系	一 般 特 征
干 燥	$w_c \geq w_{c1}$	土基干燥稳定，路面强度和稳定性不受地下水和地表积水影响。路基高度 $H_0 > H_1$
中 湿	$w_{c1} > w_c \geq w_{c2}$	土基上部土层处于地下水或地表积水影响的过渡带区内。路基高度 $H_2 < H_0 \leq H_1$
潮 湿	$w_{c2} > w_c \geq w_{c3}$	土基上部土层处于地下水或地表积水毛细影响区内。路基高度 $H_3 < H_0 \leq H_2$
过 湿	$w_c < w_{c3}$	路基极不稳定，冰冻区春融翻浆，非冰冻区软弹土基经处理后方可铺筑路面。路基高度 $H_0 \leq H_3$

注：1. H_0 为不利季节路床表面距地下或地表积水水位的高度。
　　2. 地表积水指不利季节积水 20 天以上。
　　3. H_1、H_2、H_3 分别为干燥、中湿和潮湿状态的路基临界高度，见表 5-5。

2. 根据临界高度划分

对于新建道路，路基尚未建成，无法按上述方法现场勘查路基的湿度状况，可以用路基临界高度作为判别标准。路基土的平均稠度随路基高度而变化，路基的临界高度指路基在不利季节当路基分别处于干燥、中湿、潮湿状态时，路槽底面距地下(地表)水位的最小高度。路面设计时,为了保证路基的强度和稳定性不受地下水及地表积水的影响,路堤标高应尽可能超过中湿状态路基的临界高度,而使路基处于中湿或干燥状态。地下水位较高或地表有积水时,宜提高路基的设计标高,如图 5-3 所示。与分界稠度相对应的路基距地下水位或地表积水水位的高度称为路基临界高度 H。即:

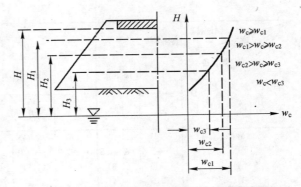

图 5-3 路基临界高度与路基干湿类型

H_1 相对应于 w_1,为干燥和中湿状态的分界标准;

H_2 相对应于 w_2,为中湿与潮湿状态的分界标准;

H_3 相对应于 w_3,为潮湿和过湿状态的分界标准。

在设计新建道路时,通过确定路基临界高度值,则可判断路基的干湿类型,见表 5-5、表 5-6、表 5-7 所示。并可以此作为判别标准,来进行路基纵断设计面设计。

路基临界高度参考值　　　　表 5-5

自然区划	土组 路床面至各水位临界高度(m)	砂 性 土								
		地下水			地表长期积水			地表临时积水		
		H_1	H_2	H_3	H_1	H_2	H_3	H_1	H_2	H_3
	Ⅱ₃	1.9~2.2	1.3~1.6							
	Ⅱ₄									
	Ⅱ₅	1.1~1.5	0.7~1.1							
	Ⅲ₂	1.3~1.6	1.1~1.3	0.9~1.1	1.1~1.3	0.9~1.1	0.6~0.9	0.9~1.1	0.6~0.9	0.4~0.6
	Ⅲ₃	1.3~1.6	1.1~1.3	0.9~1.1	1.1~1.3	0.9~1.1	0.6~0.9	0.9~1.1	0.6~0.9	0.4~0.6
	Ⅲ₄									
	Ⅲ₁ₐ									
	Ⅲ₂ₐ	1.4~1.7	1.0~1.3							
	Ⅳ₄	1.0~1.1	0.7~0.8							
	Ⅳ₅									
	Ⅳ₆	1.0~1.1	0.7~0.8							
	Ⅳ₇				0.9~1.0	0.7~0.8	0.6~0.7			
	Ⅴ₁	1.3~1.6	1.1~1.3	0.9~1.1	1.1~1.3	0.9~1.1	0.6~0.9	0.9~1.1	0.6~0.9	0.4~0.6
	Ⅵ₁	(2.1)	(1.7)	(1.3)	(1.8)	(1.4)	(1.0)	0.7	0.3	
	Ⅵ₁ₐ	(2.0)	(1.6)	(1.2)	(1.7)	(1.3)	(1.0)	(1.0)	(0.5)	
	Ⅵ₂	1.4~1.7	1.1~1.4	0.9~1.1	1.1~1.4	0.9~1.1	0.6~0.9	0.9~1.1	0.76~0.9	0.4~0.6
	Ⅵ₃	(2.1)	(1.7)	(1.3)	(1.9)	(1.5)	(1.1)			
	Ⅵ₄	(2.2)	(1.8)	(1.4)	(1.9)	(1.6)	(1.2)	0.8		
								(0.5)		
	Ⅵ₄ₐ	(1.9)	(1.5)	(1.1)	(1.6)	(1.2)	(0.9)			
	Ⅵ₄ᵦ	(2.0)	(1.6)	(1.2)	(1.7)	(1.3)	(1.0)			

续表

自然区划	土组 路床面至各水位临界高度(m)	砂性土								
		地下水			地表长期积水			地表临时积水		
		H_1	H_2	H_3	H_1	H_2	H_3	H_1	H_2	H_3
Ⅶ₁		(2.2)	(1.9)	(1.6)	(2.1)	(1.6)	(1.3)	(0.8)	(0.4)	
Ⅶ₃		1.5～1.8	1.2～1.5	0.9～1.2	1.2～1.5	0.9～1.2	0.6～0.9	0.9～1.2	0.7～0.9	0.4～0.6
Ⅶ₄		(2.1)	(1.6)	1.3	(1.8)	(1.4)	1.0	(0.9)		
Ⅶ₅		(3.0)	(2.4)	1.9	(2.4)	(2.0)	1.6	(1.1)	(0.5)	

表 5-6

自然区划	土组 路床面至各水位临界高度(m)	黏性土								
		地下水			地表长期积水			地表临时积水		
		H_1	H_2	H_3	H_1	H_2	H_3	H_1	H_2	H_3
Ⅱ₁		2.9	2.2							
Ⅱ₂		2.7	2.0							
Ⅱ₃		2.5	1.8							
Ⅱ₄		2.4～2.6	1.9～2.1	1.2～1.4						
Ⅱ₅		2.1～2.5	1.6～2.0							
Ⅲ₂		2.2～2.75	1.7～2.2	1.3～1.7	1.75～2.2	1.3～1.7	0.9～1.3	1.3～1.75	0.9～1.3	0.45～0.9
Ⅲ₃		2.1～2.5	1.6～2.1	1.2～1.6	1.6～2.1	1.2～1.6	0.9～1.2	1.2～1.6	0.9～1.2	0.55～0.9
Ⅳ₁ Ⅳ₁ₐ		1.7～1.9	1.2～1.3	0.8～0.9						
Ⅳ₂		1.6～1.7	1.1～1.2	0.8～0.9						
Ⅳ₃		1.5～1.7	1.1～1.2	0.8～0.9	0.8～0.9	0.5～0.6	0.3～0.4			
Ⅳ₄		1.7～1.8	1.0～1.2	0.8～1.0						
Ⅳ₅		1.7～1.9	1.3～1.4	0.9～1.0	1.0～1.1	0.6～0.7	0.3～0.4			
Ⅳ₆		1.8～2.0	1.3～1.5	1.0～1.2	0.9～1.0	0.5～0.6	0.3～0.4			
Ⅳ₆ₐ		1.6～1.7	1.1～1.2	0.7～0.8						
Ⅳ₇		1.7～1.8	1.4～1.5	1.1～1.2	1.0～1.1	0.7～0.8	0.4～0.5			
Ⅴ₁		2.0～2.4	1.6～2.0	1.2～1.6	1.6～2.0	1.2～1.6	0.8～1.2	1.2～1.6	0.8～1.2	0.45～0.8
Ⅴ₂ Ⅴ₂ₐ(紫色土)		2.0～2.2	0.9～1.1	0.4～0.6						
Ⅴ₂ Ⅴ₂ₐ		1.7～1.9	0.7～0.9	03～0.5						
黄壤土 现代冲积土 Ⅴ₄ Ⅴ₅ Ⅴ₅ₐ		1.7～1.9	0.9～1.1	0.4～0.6						
Ⅵ₁		(2.3)	(1.9)	(1.6)	(2.1)	(1.7)	(1.3)	0.9	0.5	
Ⅵ₁ₐ		(2.2)	(1.9)	(1.5)	(2.0)	(1.6)	(1.2)	(0.9)	(0.5)	
Ⅵ₂		2.2～2.75	1.65～2.2	1.2～1.65	1.65～2.2	1.2～1.65	0.75～1.2	1.2～1.65	0.75～1.2	0.45～0.75
Ⅵ₃		(2.4)	(2.0)	(1.6)	(2.1)	(1.7)	(1.3)	(0.8)	(0.6)	
Ⅵ₄		2.4	2.0	1.6	(2.1)	(1.7)	(1.3)	(0.8)	(0.6)	
Ⅵ₄ₐ		(2.2)	(1.7)	(1.4)	(2.0)	(1.6)	(1.3)	1.0	0.6	
Ⅵ₄ᵦ		(2.3)	(1.8)	(1.4)	(2.0)	(1.6)	(1.2)	0.7 (0.8)		
Ⅶ₁		2.2	(1.9)	(1.6)	(2.1)	(1.6)	(1.2)	(0.9)	(0.5)	
Ⅶ₂		(2.3)	(1.9)	(1.6)	1.8	1.4	1.1	0.8	0.4	
Ⅶ₃		2.3～2.85	1.75～2.3	1.3～1.75	1.75～2.3	1.3～1.75	0.75～1.3	1.3～1.75	0.75～1.3	0.45～0.75
Ⅶ₄		(2.1)	(1.6)	(1.3)	(1.8)	(1.4)	(1.1)	(0.7)		

表 5-7

自然区划\路床面至各临界高度(m)\土组	粉性土								
	地下水			地表长期积水			地表临时积水		
	H_1	H_2	H_3	H_1	H_2	H_3	H_1	H_2	H_3
Ⅱ₅	(3.3)	(2.6)	(2.1)	(2.4)	(2.0)	1.6	(1.5)	(1.1)	(0.5)
Ⅱ₆ₐ	(2.8)	2.4	1.9	2.5	2.0	1.6	1.4	(0.8)	
Ⅱ₁	3.8	3.0	2.2						
Ⅱ₂	3.4	2.6	1.9						
Ⅱ₃	3.0	2.2	1.6						
Ⅱ₄	2.6~2.8	2.1~2.3	1.4~1.6						
Ⅲ₁	2.4~3.0	1.7~2.4							
Ⅲ₂	2.4~2.85	1.9~2.4	1.4~1.9	1.9~2.4	1.0~1.9	1.0~1.4	1.4~1.9	1.0~1.4	0.5~1.0
Ⅲ₃	2.3~2.75	1.8~2.3	1.4~1.8	1.8~2.3	1.4~1.8		1.4~1.8	1.0~1.4	0.55~1.0
Ⅲ₄	2.4~3.0	1.7~2.4							
Ⅲ₁ₐ	2.4~3.0	1.7~2.4							
Ⅳ₁ Ⅳ₁ₐ	1.9~2.1	1.3~1.4	0.9~1.0						
Ⅳ₂	1.7~1.9	1.2~1.3	0.8~0.9						
Ⅳ₃	1.7~1.9	1.2~1.3	0.8~0.9	0.9~1.0	0.6~0.7	0.3~0.4			
Ⅳ₅	1.79~2.1	1.3~1.5	0.9~1.1						
Ⅳ₆	2.0~2.2	1.5~1.6	1.0~1.1						
Ⅳ₆ₐ	1.8~2.0	1.3~1.4	0.9~1.1						
Ⅴ₁	2.2~2.65	1.7~2.2	1.3~1.7	1.7~2.2	1.3~1.7	0.9~1.3	1.3~1.7	0.9~1.3	0.55~0.9
Ⅴ₂ Ⅴ₂ₐ(紫色土)	2.3~2.5	1.4~1.6	0.5~0.7						
Ⅴ₄ Ⅴ₅ Ⅴ₅ₐ	2.2~2.5	1.4~1.6	0.5~0.7						
Ⅵ₁	(2.5)	(2.0)	(1.6)	(2.3)	(1.8)	(1.3)	(1.2)	0.7	0.4
Ⅵ₁ₐ	(2.5)	(2.0)	(1.5)	(2.2)	(1.7)			0.6	
Ⅵ₂	2.3~2.15	1.85~2.3	1.4~1.85	1.85~2.31	1.4~1.85	0.9~1.4	1.4~1.85	0.9~1.4	0.5~0.9
Ⅵ₃	(2.6)	(2.1)	(1.6)	(2.4)	(1.8)	(1.4)	(1.3)	(0.7)	
Ⅵ₄ₐ	(2.4)	(1.9)	1.4	(2.1)	1.6	1.1	1.0	0.5	
Ⅵ₄ᵦ	(2.5)	1.9	1.4	(2.2)	(1.7)	(1.2)	1.0	0.5	
Ⅶ₁	(2.5)	(2.0)	(1.5)	(2.4)	1.8	1.3	1.1	0.6	
Ⅶ₂	(2.5)	(2.1)	(1.6)	(2.3)	(1.6)	(1.1)	0.9	0.4	
Ⅶ₃	2.4~3.1	2.0~2.4	1.6~2.0	(2.0~2.4)	(1.6~2.0)	(1.0~1.6)	(1.6~2.0)	1.0~1.6	0.55~1.0
Ⅶ₅	(3.8)	(2.2)	(1.6)	(2.9)	(2.2)	(1.5)		(1.3)	(0.5)

注：1. 表中 H_1、H_2、H_3 分别为路基干燥、中湿、潮湿状态的临界高度；路床面至地下水位高度小于 H_3 时为过湿路基，须经处治后方能铺筑路面。

2. Ⅵ、Ⅶ区有横线者，表示实测资料较少，有括号者表示没有实测资料，根据规律推算。

3. Ⅲ₂、Ⅲ₃、Ⅵ₂、Ⅶ₃资料系甘肃省1984年所提建议值，其他地区供参考。

4. 缺少资料的二级区可论证参考相邻二级区数值，并应积极调研积累本地区的资料。

3. 路基的最小填土高度

路基处于中湿状态时的填土高度为路基最小填土高度。路基的最小填土高度计算：

（1）当考虑地下水时：

$H_{填} \geqslant H_2 -$ 地下水位标高（地下水埋深）

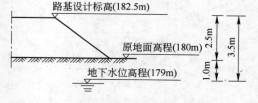

图 5-4 路基最小填土计算图示

（2）当考虑地表积水时：

$H_{填} \geqslant H_2 +$ 地表水位标高（地表水深）

按路基所处自然区划、土质、地下水位（或地表积水位），一般查表 5-5、表 5-6、表 5-7 确定路基临界高度。当路基不受各种水源影响时，考虑填料性质，一般最小填土高度不小于 0.5m。

【**例 5-1**】 已知某新建公路在 $Ⅳ_3$ 区，属于黏性土，地面高程 180m，地下水位为 179m，又知路基设计标高为 182.5m，该地区考虑地下水位时的临界高度为：$H_1 = 4.5m$，$H_2 = 3.0m$，$H_3 = 2.5m$。试完成：

（1）判断该路基的干湿类型，是否满足设计要求？
（2）计算路基的最小填土高度为多少？
（3）路基实际填土高度为多少？是否满足设计要求？

【**解**】 （1）计算路槽底至地下水位的距离 H_0。

$$H_0 = 182.5 - 179.0 = 3.5m$$

查表 5-6 可得 $Ⅳ_3$ 区，黏性土，路基的临界高度为：$H_1 = 4.5m$，$H_2 = 3.0m$，$H_3 = 2.5m$。再根据表 5-4 可知，介于 $H_1 > H_0 \geqslant H_2$ 之间，如图 5-4 所示。所以该路基处于中湿状态，满足设计要求。

（2）确定路基的最小填土高度：

该路基中湿状态临界高度为：$H_2 = 3.0m$，所以路基的最小填土高度为：

$$H_{填} \geqslant H_2 - 地下水埋深 = 3.0 - 1.0 = 2.0(m)$$

（3）路基的实际填土高度：$H_{填} = 182.5 - 180.0 = 2.5(m) > 2.0(m)$，满足路基处于中湿状态的设计要求。

第四节　路基的力学特性

一、路基受力与工作区

（一）路基受力状况

路基承受着路基自重和汽车轮重这两种荷载。在两种荷载共同作用之下，在一定深度范围内，路基土处于受力状态。正确的设计应使得路基所受的力在弹性限度范围内，而当车辆驶过后，路基能恢复原状，以保证路基相对稳定，路面不致引起破坏。

假设车轮荷载为圆形均布垂直荷载，路基为一弹性均质半空间体，如图 5-5

所示，路基土在车轮荷载作用下所引起的垂直压应力 σ_z 可以用近似式(5-3)计算。

$$\sigma_z = K\frac{P}{Z^2} \tag{5-3}$$

式中 P——车轮荷载的均布单位压力(kPa)；
K——系数，一般取 $K=0.5$；
Z——圆形均布荷载中心下应力作用点的深度(m)。

路基土本身自重在路基内深度为 Z 处所引起的垂直压应力 σ_B 按式(5-4)计算。

$$\sigma_B = \gamma Z \tag{5-4}$$

式中 γ——土的重力密度(kN/m³)；
Z——应力作用点深度(m)。

虽然路面结构材料的重力密度比路基土的重力密度略大，但是结构层的厚度相对于路基某一深度而言，这个差别可以忽略，仍可视作为均质土体。

路基内任一点处的垂直应力包括由车轮荷载引起的 σ_z 和由土基自重引起的 σ_B，两者的共同作用，如图5-5所示。

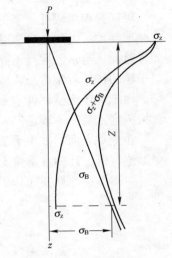

图5-5　土基中应力分布图

（二）路基工作区

路基某一深度 Z_a 处，当车轮荷载引起的垂直应力 σ_z 与路基土自重引起的垂直应力 σ_B 相比所占比例很小，仅为1/10～1/5时，该深度 Z_a 范围内的路基称为路基工作区。在工作区范围内的路基，对于支承路面结构和车轮荷载影响较大，在工作区范围以外的路基，影响逐渐减少。

路基工作区内，土基的强度和稳定性对保证路面结构的强度和稳定性极为重要，对工作区深度范围内的土质选择、路基的压实度应提出较高的要求。

当工作区深度大于路基填土高度时(图5-6)，行车荷载的作用不仅施加于路堤，而且施加于天然地基的上部土层。因此，天然地基上部土层和路堤应同时满足工作区的要求，均应充分压实。

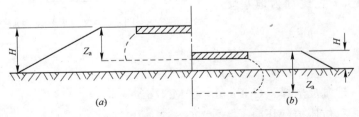

图5-6　工作区深度与路基填土高度关系
(a)路堤高度大于 Z_a；(b)路堤高度小于 Z_a

二、土基的力学强度指标

土基的力学强度指标取决于所采用的地基模型。目前世界各国在路面力学计算中采用的模型主要是弹性半空间体地基模型和文克勒地基模型两种。前者采用反映土基应力应变特征的弹性模量 E 和泊松比 μ 作为土基的刚度指标;后者用地基反应模量 K 表征土基受力后的变形性质。此外,尚有用于表征土基承载力的参数指标和进行路面结构设计的指标加州承载比(CBR)。

(一) 土基回弹模量

以回弹模量表征土基的荷载变形特征可以反映土基在瞬时荷载作用下的可恢复变形性质。对于各种以弹性半空间体模型来表征土基特性的设计方法,无论是沥青路面还是水泥混凝土路面都以回弹模量作为土基的强度和刚度指标。为了模拟车轮的作用,常以压入圆形承载板试验的方法测定回弹模量。

用于测定土基回弹模量的方法有柔性承载板与刚性承载板两种,常用刚性承载板测定土基回弹模量。

在土基表面,采用承载板逐级加载、卸载的方法,测出每级荷载相应的回弹变形值,通过计算可求得土基回弹模量值。

回弹模量计算公式如下:

$$E_0 = \frac{\pi D}{4}(1-\mu_0^2)\frac{\Sigma p_i}{\Sigma l_i} \tag{5-5}$$

式中　E_0——土基回弹模量(MPa/m^3 或 MN/m^3);

　　　μ_0——泊松比;

　　　D——承载板直径;

　　　p_i、l_i——分别为各级荷载的单位压力与相对应的回弹弯沉值。

(二) 地基反应模量

用文克勒(E. Winkler)地基模型描述土基工作状态时,用地基反应模量 K 表征土基的承载力。根据文克勒地基假定,土基顶面任一点的弯沉 l,仅同作用于该点的垂直压力 p 成正比,而同其相邻点处的压力无关。符合这一假定的地基如同由许多各不相连的弹簧所组成,如图 5-7 所示。压力 p 与弯沉 l 之比称为地基反应模量 K。

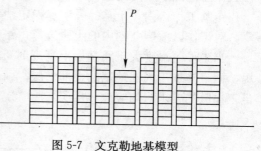

图 5-7　文克勒地基模型

$$K = \frac{p}{l} \tag{5-6}$$

式中　K——地基反应模量(MPa/m^3 或 MN/m^3);

　　　p——单位压力(MPa);

　　　l——弯沉(m)。

地基反应模量 K 应在现场测定。由于受季节的限制,现场测得的 K 值不能反映地基的最不利状态时,应进行修正,以模拟地基的最不利状态。

(三) 加州承载比(CBR)

加州承载比是早年由美国加利福尼亚州（California）提出的一种评定土基及路面材料承载能力的指标。承载能力以材料抵抗局部荷载压入变形的能力表征，并采用标准碎石为标准，以它们的相对比值表示 CBR 值。

CBR 试验设备有室内试验与室外试验两种。其具体的试验方法请参阅相关规范、规程。

第五节　路基的变形及破坏

一、路基的常见病害

路基的变形是由于土在自重和车轮荷载作用下，通过土基内水温变化及风化作用产生的弹性变形和不可恢复的残余变形。路基变形分路堤变形和路堑变形两种情况。

1. 路堤变形

（1）沉陷

路堤沉陷分为两种情况：路堤下沉和地基下沉。路堤下沉是由于填料不当和压实不足产生路堤本身沉缩（图 5-8a）；若土类不一，土基未经压实，会产生不均匀沉陷（图 5-8b）；地基下沉是由于地基软弱填方后，地基固结不合理，路基会大量下沉并造成路基两旁隆起（图 5-8c）。

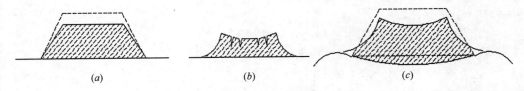

图 5-8　路堤沉陷
(a)沉缩；(b)不均匀沉陷；(c)软土地基隆起

（2）溜方

是由于被水饱和的少量土体沿边坡向下移动所形成。通常是指边坡上薄的表层土的下溜。它可能是由于流动水冲刷边坡引起，如图 5-9(a)所示。

（3）滑坡

边坡很大土体的位移就形成滑坡，即路堤的一部分土体与堤身分离，在重力作用下沿某一滑动面滑动，如图 5-9(b)所示。

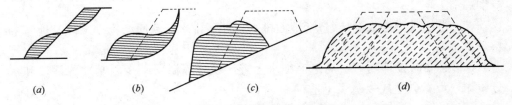

图 5-9　路堤的滑坡和坍散
(a)溜方；(b)滑坡；(c)路堤下滑；(d)坍散

引起滑坡的原因有：边坡过陡而未挖台阶；不正确地用倾斜层次的方法填筑路堤；土过于潮湿，或有软弱夹层，减低了黏聚力和内摩擦力；坡脚被水冲刷。

(4) 路堤下滑

在陡峭的山坡上，路堤整体或其一部分可能沿地基滑动，如图 5-9(c)所示。

(5) 路堤塌散

特征是边坡失去其正确的形状，以及边坡表面下沉。主要原因是土方施工不正确——用斜层法堆填含水量大的土和用各类不同性质的土杂乱堆填，如图 5-9(d)所示。

2. 路堑变形

路堑的主要变形是边坡变形。

(1) 边坡的溜方和滑坡

与路堤溜方相似，朝南边坡的冻结土融化时也常出现溜坡现象。

边坡夹有蓄水砂层或不透水黏土层被水浸透，或弃土堆离路堑边坡太近造成路堑超载，是引起滑坡的主要原因。

(2) 碎落和崩塌

碎落是软弱石质土经风化而成的碎块，大量沿边坡向下移动的现象。崩塌是大的石块或土块脱离原有岩石或土体而沿边坡塌落。这种现象是由于施工使岩基受损，或岩层向路堑方向倾斜、受水浸透或振动作用引起的。

二、路基病害产生的主要原因及防治措施

(一) 主要原因

路基发生变形破坏的主要原因可归纳如下：

(1) 路基土体整体或一部分不稳定；

(2) 路基以下的地基土体不稳定；

(3) 重复的行车荷载作用；

(4) 填土方法不正确或压实不足；

(5) 自然因素的作用。

(二) 防治措施

为提高路基的稳定性，防治各种病害的产生，主要有以下一些措施：

(1) 正确设计路基横断面；

(2) 选择良好的路基用土填筑路基，必要时对路基上层填土作稳定处理；

(3) 采取正确的填筑方法，充分压实路基，保证达到规定的压实度；

(4) 适当提高路基，防止水分从侧面渗入或从地下水位上升进入路基工作区范围；

(5) 正确进行排水设计(包括地面排水，地下排水，路面结构排水以及地基的特殊排水)；

(6) 必要时设计隔离层隔绝毛细水上升，设置隔温层减少路基冰冻深度和水分累积，设置砂垫层以疏干土基；

(7) 采取边坡加固，修筑挡土结构物，土体加筋等防护技术措施，以提高其整体稳定性。

以上各项技术措施的宗旨在于限制水分侵入路基，使已侵入路基的水分迅速排除，保持干燥，提高路基的整体强度与稳定性。

思 考 题 与 习 题

1. 路基的常见病害有哪些？说明病害产生的原因。
2. 对路基有哪些要求？为什么要有这些要求？
3. 路基干湿类型分为几种？
4. 判断土基干湿类型的分界稠度法与临界高度法各自依据的条件与资料有哪些？
5. 公路自然区划的意义是什么？
6. 什么是路基应力工作区？当路基高度小于应力工作区深度时，施工应如何处理？
7. 新建公路土基干湿类型是用什么方法来确定的？
8. 保证路基强度和稳定性措施有哪些？
9. 简述砂性土的物理力学性质。
10. 测得路槽下80cm内土层含水量见表5-8：

表5-8

深度(cm)	0～10	10～20	20～30	30～40	40～50	50～60	60～70	70～80
含水量(%)	18.54	18.63	19.91	19.23	19.52	19.15	19.85	19.87

$w_{c1}=0.55$，$w_{c2}=0.65$，$w_{c3}=0.75$，土的液限为34%，试判断土基干湿类型。

11. 已知某路段预估路面厚度约30cm，路面表层距地下水位的高度为1.65m，查得临界高度 $H_1=1.7\sim1.9m$，$H_2=1.2\sim1.3m$，$H_3=0.8\sim0.9m$，则该路段的干湿类型是什么？
12. 某新建公路经IV_4区，属于黏性土，地下水埋深0.5m，已知 $H_1=1.7m$，$H_2=1.0m$，求路堤的最小填土高度（图示各数据）。
13. 已知某地段是黏性土IV_3区，路表距地下水位高度为2.58m，预估路面厚度约为30cm。又知路面表面距地表长期积水高度为0.75m，地下水深1m，地表水深0.83m，试判断路基的干湿类型。最小填土高度为多少？

第六章 一般路基的设计原理

【本章学习要点】 路基设计的一般要求，路基横断面的形式、设计的基本要素与设计要点，路基附属设施。

第一节 路基设计的一般要求

一般路基是指在正常的地质与水文等条件下，填方高度和挖方深度小于规范规定高度和深度的路基。通常认为一般路基可以结合当地的地形、地质情况，直接按《公路工程技术标准》(JTG B010—2003)的规定，查表确定路基横断面进行设计，不必进行个别论证和验算。对于超过规范规定的高路堤和深路堑的土石方数量大，占地多，施工困难，边坡稳定性差，行车不利，应尽量避免使用，必须采用时应进行个别特殊设计。路基设计的一般规定如下：

(1) 路基设计应根据公路功能、公路等级、交通量，结合沿线地形、地质及路用材料等自然条件进行设计，路基稳定、整体性要好、路面耐久性要好。

(2) 路基设计应重视断面形式的合理，加强排水，防止诱发路基病害。

(3) 必须采取防止地面水和地下水浸入路面、路基的措施，以保证路基的强度和稳定性。设计宜使路基处于干燥或中湿状态，土基回弹模量值应大于30MPa。重交通、特重交通公路土基回弹模量值应大于40MPa。

潮湿、过湿状态的路基，应采取换填砂、砂砾、大度包容石渗水性材料处理地基，或采取掺入石灰、固化材料处理，再设置土工合成材料，加强路基排水，进入综合处治，最后再确定土基回弹模量值。

(4) 路基设计宜避免高路堤与深路堑。当路基中心填方高度超过20m、中心挖方深度超过30m时，宜结合路线方案与桥梁、隧道等构造物或分离式路基作方案比选。

(5) 高速公路、一级公路路面不宜分期修建，但位于软土、高填方等工后沉降较大的局部路段，可按"一次设计，分期实施"的原则实施。

(6) 沿河及受水浸淹的路基边缘标高，应不低于设计洪水频率的水位加壅水高、波浪侵袭高，以及0.5m的安全高度。各级公路路基设计洪水频率应符合表6-1规定。

路基设计洪水频率　　　　　表6-1

公路等级	高速公路	一级公路	二级公路	三级公路	四级公路
路基设计洪水频率	1/100	1/100	1/50	1/25	按具体情况确定

第二节　路基的类型与构造

由于地形的变化和填挖高度的不同,路基工程的类型也各不相同。根据路基设计高程和原地面的关系,通常把路基工程分为路堤(填方路基)、路堑(挖方路基)、填挖结合(半填半挖路基)和不填不挖路基四种基本类型。

一、路堤

路堤是指高于原地面的填方路基。路堤在结构上分为上路堤和下路堤,上路堤是指路面底面以下 0.80～1.50m 范围内的填方部分;下路堤是指上路堤以下的填方部分。

路堤按填土高度可分为:矮路堤、一般路堤、高路堤。

填土高度低于 1～1.5m 的属于矮路堤;填土高度超过 20m(土质)或 30m(石质)的路堤属于高路堤;处于两者之间属于一般路堤。

因受公路沿线地形、地貌的影响,填方路基的横断面也有多种形式。图 6-1 是填方路基横断面的基本形式。

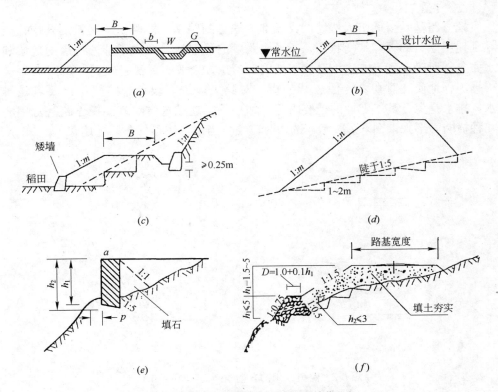

图 6-1　路堤常用的典型横断面(单位:m)
(a)—一般路堤;(b)沿河路堤;(c)矮墙路堤;(d)斜坡路堤;(e)护肩路基;(f)护脚路基

1. 矮路堤设计要点
(1)满足最小填土高度。路基应处于干燥或中湿状态。

(2) 加深边沟。加深边沟（边沟底宽 0.4～0.6m），以提高矮路堤相对高度，达到提高路基水稳性的目的。

(3) 路基要特殊处理。一般矮路堤施工，原地面清表后再压实，方可填筑路基。

(4) 确定合适的边坡率。依土质查表 6-3 和表 6-4 确定，路基的边坡率不得陡于表中值。

2. 一般路堤设计要点

(1) 确定边坡。查规范拟定横断面路基断面尺寸，根据土质和边坡高度查表 6-3 和表 6-4 确定边坡率。

(2) 取土坑和护坡道。一般路堤取土少，在路基两侧取土；取土多，取土坑底不得积水，并应利于排水。为了保证路基的强度和水稳性，应设置护坡道。如图 6-1(a) 所示。

3. 高路堤设计要点

《公路路基设计规范》（JTG D30—2004）规定：土质路基填方高度超过 20m，石质路基填方超过 30m，路基需要个别设计。可采用折线形边坡，上陡（边坡取 1∶1.5），下缓（边坡取 1∶1.75），或者在变坡处设置护坡道。

二、路堑

挖方路基是指低于天然地面，全部为挖方的路基，即路堑。路堑的开挖，破坏了地层原有的天然平衡状态，所形成路堑的稳定性，取决于开挖地层的地质和水文条件所确定的挖方边坡高度和坡度，当挖方边坡的高度超过 20～30m 时，应根据工程地质法对其稳定性进行分析，对其边坡进行设计。路堑设计要点是排水，排水是保证其稳定性的重要内容。并且不得超挖挖方路基。挖方路基常用的几种横断面形式如图 6-2 所示，选用时应结合当地具体条件参照选用。

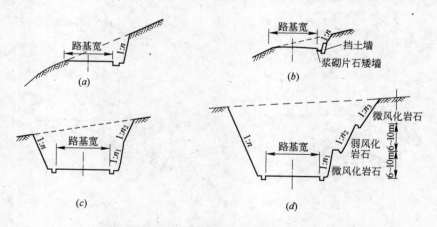

图 6-2 路堑常用的典型横断面（单位：m）
(a) 直线形边坡横断面；(b) 设挡土墙或矮墙横断面；
(c) 折线形边坡横断面；(d) 台阶形边坡横断面

三、填挖结合（半填半挖）

如图 6-3 所示是半填半挖路基的几种常见横断面形式。

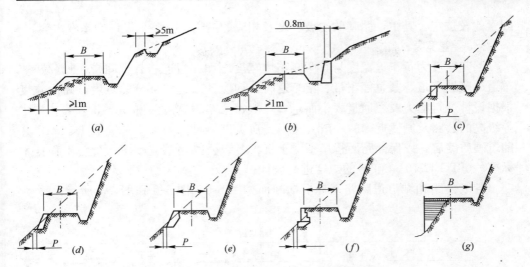

图 6-3 半填半挖路基的几种常用横断面形式
(a)—一般填挖路基；(b)矮挡土墙路基；(c)护肩路基；(d)砌石护坡路基；
(e)砌石护墙路基；(f)挡土墙支撑路基；(g)半山桥路基

位于山坡上的路基，通常取路中心的标高接近原地面的标高，以便减少土石方数量，保持土石方数量横向平衡，形成半填半挖路基。这种类型的工程量最小，形式是比较经济的。由于开挖部分路基为原状土，而填方部分为扰动土，这两部分密实程度不相同，填方部分与山坡结合不够稳定，若处理不当，路基会在填挖交界处出现纵向裂缝，造成填方沿基底滑动等病害。

设计要点是：较陡山坡宁挖勿填或者多挖少填；陡峭的山坡少挖多填（沿溪线）。同时应加强填挖交界结合处的处理，技术方案应满足规范的要求。

四、不填不挖

不填不挖路基的典型横断面形式如图 6-4 所示。这种路基虽然节省土石方，但对排水非常不利，而且原状土密实程度往往不能满足要求，容易发生水淹、雪埋、沉陷等病害。因此，应尽量少用或不用该类路基。为保证路基的稳定性，需要检查路槽底面以下 30cm 范围内的密实程度，必要时翻松原状土重新分层碾压，或采用换填土层，同时路基两侧应设置边沟，以利于排水。

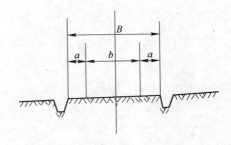

图 6-4 不填不挖的路基典型断面
B—路基宽度；b—路面宽度；a—路肩宽度

第三节 路基设计与边坡稳定

路基由宽度、高度和边坡坡度三者构成。路基的宽度取决于公路技术等级；路基的高度（包括路中心线的挖填深度，路基两侧的边坡高度）取决于纵坡设计及地形；路基边坡坡度取决于地质、水文条件，并由边坡稳定性和横断面经济性等因素比较选定。其中，路基的边坡坡度及相应的措施，是路基设计的基本内容。

一、路基宽度

路基宽度为行车道宽度与其两侧路肩宽度之和。当道路有中间带、加（减）速车道、爬坡车道、紧急停车带、错车道时，均应计入这些部分的宽度。路面宽度根据设计通行能力及交通量大小而定，一般每个车道宽度为3.50~3.75m。技术等级高的公路及城镇近郊的一般公路，路肩宽度尽可能增大，一般取1~3m，并铺筑硬质路肩，以保证路面行车不受干扰。各级公路路基宽度按《公路工程技术标准》(JTG B010—2003)的规定进行设计。

各级公路和城市道路路基标准横断面如图6-5、图6-6和图6-7所示。

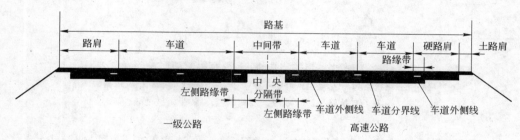

图6-5 高速公路、一级公路路基标准横断面

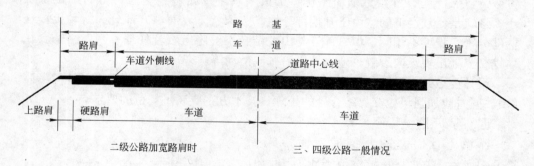

图6-6 二、三、四级公路路基标准横断面图

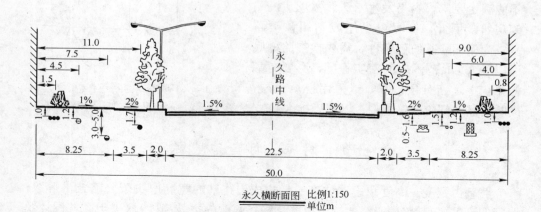

图6-7 城市道路路基标准横断面图

高速公路、一级公路的路基横断面分为整体式和分离式两类。整体式断面包括车道、中间带(中央分隔带及左侧路缘带)、路肩(硬路肩和土路肩)以及紧急停车带、爬坡车道、加(减)速车道等；分离式断面包括车道、路肩(硬路肩和土路肩)以及紧急停车带、爬坡车道、加(减)速车道等。

二、三、四级公路的路基横断面包括车道、路肩以及错车道等。二级公路位于中、小城市城乡结合部，混合交通量大的连接线路段，实行快、慢车道分开行驶时，可根据当地经验设置车道或加宽右侧硬路肩。

各级公路路基宽度应符合《公路工程技术标准》(JTG B01—2003)中规定的宽度值，见表 6-2 所示。

各级公路路基宽度 表 6-2

公路等级		高速公路、一级公路								
设计车速(km/h)		120			100			80		60
车道数		8	6	4	8	6	4	6	4	4
路基宽度(m)	一般值	45.00	34.50	28.00	44.00	33.50	26.00	32.00	24.50	23.00
	最小值	42.00	—	26.00	41.00	—	24.50	—	21.50	20.00
公路等级		二级公路、三级公路、四级公路								
设计车速(km/h)		80		60	40		30	20		
车道数		2		2	2		2	2 或 1		
路基宽度(m)	一般值	12.00		10.00	8.50		7.50	6.50 (双车道)	4.50 (单车道)	
	最小值	10.00		8.50	—		—	—	—	

注：1. "一般值"为正常情况下的采用值；"最小值"为条件受限制时可采用的值；
　2. 八车道高速公路路基宽度"一般值"为设置左侧硬路肩、内侧车道采用 3.50m 时的宽度；八车道高速公路路基宽度"最小值"为不设置左侧硬路肩、内侧车道采用 3.75m 时的宽度。

二、路基高度

路基高度是指路堤的填筑高度或路堑的开挖深度，是指路基中心线处设计标高与原地面标高之差。

路基高度的设计应使路肩边缘高出路基两侧地面积水高度，同时要考虑地下水、毛细水和冰冻的作用，不致影响路基的强度和稳定性。

路基的填挖高度，是指路肩边缘距原地面的高度(或指路槽底距原地面中心点的高度)。是在路线纵断面设计时，综合考虑路线纵坡要求、路基稳定性和工程经济等因素确定的。路基最小填土高度是指路基处于中湿状态时的填土高度。

新建公路的路基设计标高为路基边缘标高，在设置超高、加宽地段，则为设置超高、加宽前的路基边缘标高。改建公路的路基设计标高可与新建公路相同，也可采用路中线标高。设有中央分隔带的高速公路、一级公路，其路基设计标高为中央分隔带的外侧边缘标高。城市道路中线的设计标高为道路中心线处的标高。

新建公路的路基设计标高确定时,首先为保证路基稳定性,应尽量满足路基最小填土高度的要求,并考虑设计洪水位的影响。若无法满足时,为了增强路基路面的综合强度与稳定性,需要另外增加投资加强路面结构或增设地下排水设施,如图 6-8 所示。

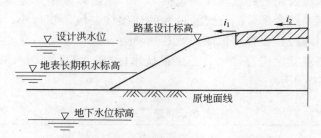

图 6-8 路堤设计标高确定分析图

沿河及受水浸淹的路基,其设计标高应根据技术标准所规定的设计洪水频率(表 6-1),求得设计水位加壅水高度加浪高(即波浪侵袭高度)和 0.5m 的安全高度。以保证路基不致淹没,并据此进行路基的防护与加固。路基设计标高确定,应综合考虑各水位,以最不利的情况来确定。

三、路基边坡率

确定路基边坡的坡率,是路基设计的主要任务。公路路基的边坡坡率,用边坡坡高 H 与边坡宽度 b 之比值表示。一般记为 $1:m$。

1. 路堤边坡率

路基边坡坡率的大小,应根据填料物理力学性质、边坡高度和工程地质条件进行合理选定,如图 6-9 所示。在陡坡或填挖较大的路段,边坡稳定不仅影响到土石方工程量和施工的难易,而且是路基整体稳定性的关键。因此,确定边坡坡度对于路基的稳定性和工程的经济合理性至关重要。一般路基的边坡坡率不宜陡于表 6-3 的规定值。

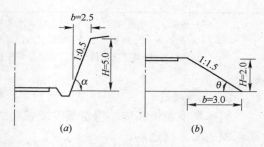

图 6-9 路基边坡坡度示意图(单位:m)
(a)路堑;(b)路堤

一般土质路堤边坡坡度可根据填料种类和边坡高度按表 6-3 所列的坡度选用。

路堤边坡坡率表　　　　　　　　表 6-3

填料类别	边 坡 坡 率	
	上部高度($H \leqslant 8m$)	下部高度($H \leqslant 12m$)
细 粒 土	1:1.5	1:1.75
粗 粒 土	1:1.5	1:1.75
巨 粒 土	1:1.3	1:1.5

路堤边坡高度超过表列数值时，属高路堤，应进行单独设计。

沿河浸水路堤的边坡坡度，在设计水位以下视填料情况可采用 1：1.75～1：2.0，在常水位以下部分可采用 1：2.0～1：3.0。

当公路沿线有大量天然石料或路堑开挖的废石方时，可用以填筑路堤。填石路堤的边坡坡率应根据填石料种类、边坡高度和基底的地质条件确定。

在路堤基底良好时，填石路堤边坡坡率不宜陡于表 6-4 及表 6-5 岩石抗压强度规定。当采用易风化的岩石填筑路堤时，边坡坡度应按土质路堤边坡设计。当路基全部采用 25cm 左右的石块砌筑，且边坡采用码砌的路堤，其边坡坡度应根据具体情况确定，亦可参考表 6-4 采用。

填石路堤边坡坡率　　　　　　　　　　　　　　　　表 6-4

填石料种类	边坡高度(m)			边坡坡率	
	全部高度	上部高度	下部高度	上部高度	下部高度
硬质岩石	20	8	12	1：1.1	1：1.3
中硬岩石	20	8	12	1：1.3	1：1.5
软质岩石	20	8	12	1：1.5	1：1.75

岩石分类表　　　　　　　　　　　　　　　　表 6-5

岩石类型	单轴饱和抗压强度(MPa)	代表性岩石
硬质岩石	≥60	1. 花岗岩、闪长岩、玄武岩等岩浆岩类 2. 硅质、铁质胶结的砾岩及砂岩、石灰岩、白云岩等沉积岩类
中硬岩石	30～60	3. 片麻岩、石英岩、大理岩、板岩、片岩等变质岩类
软质岩石	5～30	1. 凝灰岩等喷出岩类 2. 泥砾岩、泥质砂岩、泥质页岩、泥岩等沉积岩类 3. 云母片岩或千枚岩等变质岩类

陡坡上的路基填方可采用砌石如图 6-10 所示，砌石应选用当地不易风化的片、块石砌筑，内侧填石；岩石风化严重或软质岩石路段不宜采用砌石路基。

砌石顶宽不小于 0.8m，基底面向内倾斜，砌石高度不宜超过 15m。砌石内、外坡率不宜陡于表 6-6 规定。

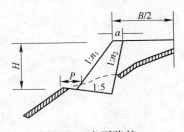

图 6-10　砌石路基

砌石边坡坡率　　　　　　　　　　　　　　　　表 6-6

序　号	砌石高度(m)	内坡坡率	外坡坡率
1	≤5	1：0.3	1：0.5
2	≤10	1：0.5	1：0.67
3	≤15	1：0.6	1：0.75

2. 路堑边坡

路堑是从天然地层中开挖出来的路基结构物,设计路堑边坡时,首先应从地貌和地质构造上判断其整体稳定性。在遇到工程地质或水文地质条件不良的地层时,应尽量使路线避绕它;而对于稳定的地层,则应考虑开挖后,是否会由于减少支承,坡面风化加剧而引起失稳。

土质路堑边坡形式及坡率应根据工程地质、水文地质条件、边坡高度、排水措施、施工方法,并结合自然稳定山坡和人工边坡的调查及力学分析综合确定。

边坡高度不大于 20m 时,边坡坡率不宜陡于表 6-7 规定。

土质路堑边坡坡率 表 6-7

土 的 类 别		边坡坡率
黏土、粉质黏土、塑性指数大于 3 的粉土		1:1
中密以上的中砂、粗砂、砾砂		1:1.5
卵石土、碎石土、圆砾土、角砾土	胶结和密实	1:0.75
	中密	1:1

表 6-7 中的密实程度应通过挖坑试验判别。其划分标准见表 6-8。黄土、红黏土、高液限黏土、膨胀土等特殊土质的挖方边坡形式及坡度应按《公路路基设计规范》(JTG D30—2004)相关规定确定。

土的密实程度划分表 表 6-8

分级	试坑开挖情况
较松	铁锹很容易铲入土中,试坑坑壁很容易坍塌
中密	天然坡面不易陡立,试坑坑壁有掉块现象,部分需用镐开挖
密实	试坑坑壁稳定,开挖困难,土块用手使力才能破碎,从坑壁取出大颗粒处能保持凹面形状
胶结	细粒土密实度很高,粗颗粒之间呈弱胶结,试坑用镐开挖很困难,天然坡面可以陡立

边坡高度不大于 30m 时,无外倾软弱结构面的边坡按表 6-9 确定岩体类型,边坡坡率可按表 6-10 确定。

岩质路堑边坡坡率 表 6-9

边坡岩体类型	风化程度	边 坡 坡 率	
		$H<15m$	$15m \leqslant H \leqslant 30m$
Ⅰ类	未风化、微风化	1:0.1~1:0.3	1:0.1~1:0.3
	弱风化	1:0.1~1:0.3	1:0.3~1:0.5
Ⅱ类	未风化、微风化	1:0.1~1:0.3	1:0.3~1:0.5
	弱风化	1:0.3~1:0.5	1:0.5~1:0.75
Ⅲ类	未风化、微风化	1:0.3~1:0.5	—
	弱风化	1:0.5~1:0.75	—
Ⅳ类	弱风化	1:0.5~1:1	
	强风化	1:0.75~1:1	

注:1. 有可靠的资料和经验时,可不受本表限制;
2. Ⅳ类强风化包括各类风化程度的极软岩。

岩质边坡的岩体分类 表 6-10

判定条件 边坡岩体类型	岩体完整程度	结构面结合程度	结构面产状	直立边坡自稳能力
Ⅰ	完 整	结构面结合良好或一般	外倾结构面或外倾不同结构面的组合线倾角>75°或<35°	30m 高边坡长期稳定，偶有掉块
Ⅱ	完 整	结构面结合良好或一般	外倾结构面或外倾不同结构面的组合线倾角 35°~75°	15m 高的边坡稳定，15m~30m 高的边坡欠稳定
Ⅱ	完 整	结构面结合差	外倾结构面或外倾不同结构面的组合线倾角>75°或<35°	15m 高的边坡稳定，15m~30m 高的边坡欠稳定
Ⅱ	较完整	结构面结合良好或一般或差	外倾结构面或外倾不同结构面的组合线倾角<35°，有内倾结构面	边坡出现局部塌落
Ⅲ	完 整	结构面结合差	外倾结构面或外倾不同结构面的组合线倾角 35°~75°	8m 高的边坡稳定，15m 高的边坡欠稳定
Ⅲ	较完整	结构面结合良好或一般	外倾结构面或外倾不同结构面的组合线倾角 35°~75°	8m 高的边坡稳定，15m 高的边坡欠稳定
Ⅲ	较完整	结构面结合差	外倾结构面或外倾不同结构面的组合线倾角>75°或<35°	8m 高的边坡稳定，15m 高的边坡欠稳定
Ⅲ	较完整（碎裂镶嵌）	结构面结合良好或一般	结构面无明显规律	8m 高的边坡稳定，15m 高的边坡欠稳定
Ⅳ	较完整	结构面结合差或很差	外倾结构面以层面为主，倾角多为 35°~75°	8m 高的边坡不稳定
Ⅳ	不完整（散体、碎裂）	碎块间结合很差		8m 高的边坡不稳定

注：1. 边坡岩体分类中未含由软弱结构面控制的边坡和倾倒崩塌型破坏的边坡。
2. Ⅰ类岩体为软岩、较软岩时，应降为Ⅱ岩体。
3. 当地下水发育时，Ⅱ、Ⅲ类岩体可视具体情况降低一档。
4. 强风化岩和极软岩可划为Ⅳ类岩体。
5. 表中外倾结构面系指倾向与坡向的夹角小于 300 的结构面。
6. 岩体完整程度按表 6-11 确定。

岩体完整程度划分 表 6-11

岩体完整程度	结构面发育程度	结构类型	完整性系数 K_V
完 整	结构面 1~2 组，以构造节理或层面为主，密闭型	巨块状整体结构	>0.75
较完整	结构面 2~3 组，以构造节理或层面为主，裂隙多呈密闭型，部分为微张型，少有充填物	块状结构、层状结构、镶嵌碎裂结构	0.35~0.75
不完整	结构面大于 3 组，在断层附近受构造作用影响较大，裂隙以张开型为主，多有充填物，厚度较大	碎裂状结构、散体结构	<0.35

注：1. 完整性系数 $K_V=\left(\dfrac{V_R}{V_P}\right)^2$；$V_R$——弹性纵波在岩体中的传播速度；$V_P$——弹性纵波在岩块中的传播速度。
2. 镶嵌碎裂结构为碎裂结构中碎块较大且相互咬合、稳定性相对较好的一种结构。

四、边坡稳定性设计

(一)边坡稳定原理

路基边坡滑坍是路基常见的破坏现象之一。它会影响车辆的安全、迅速、舒适地行驶,甚至造成交通中断。根据对边坡发生滑坍现象的大量观察,路基边坡破坏时形成一滑动面,滑动面的形状与土质有关。对于黏性土具有较大的黏聚力,而内摩擦角较小,边坡滑坍时,滑动土体有时像圆柱体,有时像碗形;对于松散的砂土、砂性土和砾(石)土具有较大的内摩擦角(φ)和较小的黏聚力,边坡滑坍时,滑动面类似于平面或折线面。

为了简化计算,可近似认为滑动面通过边坡坡脚,并假设滑动面形状为直线、圆曲线或折线三种,如图 6-11 所示,以土的抗剪强度为理论基础,按力的平衡原理建立相应的计算式进行判断。

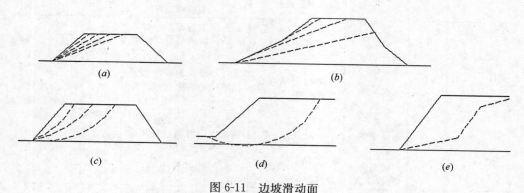

图 6-11 边坡滑动面
(a)、(b)直线滑动示意图;(c)、(d)圆曲线滑动示意图;(e)折线滑动示意图

(二)计算参数

边坡稳定性分析所需试验资料:

(1)路堑或天然边坡:取原状土的重力密度 γ(kN/m³)、内摩擦角 φ(°)和黏聚力 c(kPa)。

(2)路堤边坡:应取与现场压实度一致的压实土的试验数据。数据包括压实后土的重力密度 γ、黏聚力 c 和内摩擦角 φ。

在边坡稳定性分析时,对于均匀土体边坡填料的物理力学参数的选用,应力求能与路基将来实际使用情况相一致。故试验所得的资料应根据当地的气候条件、交通发展状况等因素,以最不利状况进行调整,然后才能用于验算中。如边坡由多层土体所构成,所采用各层土的边坡稳定性分析参数 γ、c 和 φ 的值应根据试验分析确定,对于直线和圆弧法可通过合理的分段,直接取用不同土层的参数值。如用综合土体边坡稳定性分析,可采用加权平均法求得,见下式:

$$c = \frac{c_1 h_1 + c_2 h_2 + \cdots + h_n}{h_1 + h_2 + \cdots + h_n} = \frac{\sum_{i=1}^{n} c_i h_i}{\sum_{i=1}^{n} h_i} \tag{6-1}$$

$$\tan\varphi = \frac{h_1\tan\varphi_1 + h_2\tan\varphi_2 + \cdots + h_n\tan\varphi_n}{h_1 + h_2 + \cdots + h_n} = \frac{\sum_{i=1}^{n} h_i\tan\varphi_i}{\sum_{i=1}^{n} h_i} \qquad (6\text{-}2)$$

$$\gamma = \frac{\gamma_1 h_1 + \gamma_2 h_2 + \cdots + \gamma_n h_n}{h_1 + h_2 + \cdots + h_n} = \frac{\sum_{i=1}^{n} h_i\tan\varphi_i}{\sum_{i=1}^{n} h_i} \qquad (6\text{-}3)$$

式中 c_i, φ_i, γ_i——第 i 土层的黏聚力、内摩擦角、重力密度；

h_i——第 i 土层的厚度。

加权平均法适用于较为粗略的边坡稳定性分析。边坡的取值对于折线形或阶梯形边坡，一般可取平均值。例如，图 6-12(a)取 AB 线，图 6-12(b)则取坡脚点 B 和坡顶点 A 的连线。

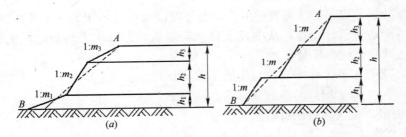

图 6-12 多层土体边坡稳定性设计图
(a)折线形边坡；(b)阶梯形边坡

(3) 汽车荷载当量换算

路基除承受自重作用外，同时还承受行车荷载的作用，如图 6-13 所示。在边坡稳定性分析时，需要将车辆按最不利情况排列，并将设计车辆的相应加重车进行布置，将车辆的设计荷载换算成当量土柱高（即以相等压力的土层厚度来代替荷载），以 h_0 表示。验算时将此当量高度土体连同滑动土体一并进行计算。

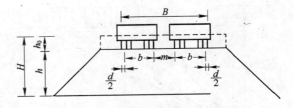

图 6-13 计算荷载换算示意图

当量土柱高度 h_0 的计算式为：$h_0 = \dfrac{NG}{\gamma BL}$ \qquad (6-4)

式中 N——横向分布的车辆数，单车道 $N=1$，双车道 $N=2$；

G——每一辆车的重力(kN)；

γ——路基填料的容重(kN/m³)；

L——汽车前后轴的总距(m)；对一级公路和二级公路，$L=12.8$m；

B——横向分布车辆轮胎最外缘之间总距(m)（当横向分布两列车队时，对一级公路和二级公路均为 5.5m)。

$$B=Nb+(N-1)m+d \tag{6-5}$$

式中　b——每一车辆的轮距，取 1.8m；

　　　m——相邻两车辆轮胎之间的净距，取 1.3m；

　　　d——轮胎着地宽度(cm)；对一级公路和二级公路均为 0.6m。

荷载分布宽度，可以分布在行车道(路面)的范围，考虑到实际行车可能有横向偏移或车辆停放在路肩上，也可认为 h_0 厚的当量土层分布在整个路基宽度上。

(三) 边坡稳定性分析方法

路基边坡稳定性分析方法可分为两类，即力学分析法和工程地质法。

1. 力学分析法

常用的边坡稳定性力学分析方法，根据滑动面形状分直线法验算和圆弧法验算，前者适用于边坡破坏时，破裂面近似平面的砂类土；后者适用于边坡破坏时，破裂面近似圆曲面的黏性土。

力学分析方法一般首先假定出若干个可能滑动面，再按力学平衡原理，对每个可能的滑动面进行验算，从中找出最危险滑动面，以此来判断边坡的稳定性。在进行边坡稳定性分析时有如下假设：

1) 不考虑滑动土体本身内应力的不均匀分布。

2) 滑动土体无局部的变形和移动。

3) 极限平衡状态只在滑动面上达到。

(1) 直线法验算

如图 6-14(a)，路堤土楔体 ABC 沿假设滑动面 AB 滑动，其稳定系数 K 按下式计算(按纵向单位长度计)。

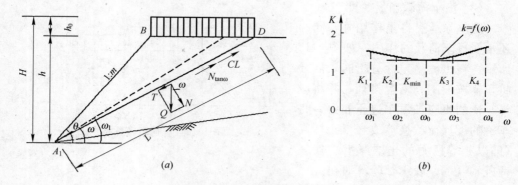

图 6-14　直线滑动面法示意图

$$K=\frac{F}{T}=\frac{G\cos\omega\tan\varphi+cL}{G\sin\omega} \tag{6-6}$$

式中　F——沿滑动面 AB 方向的抗滑阻力(kN)；

　　　T——沿滑动面 AB 方向的下滑力(kN)；

　　　G——滑动土楔体 ABC 自重及路基顶面换算土柱重力之和(kN)；

ω——滑动面 AB 对于水平面的夹角(°);
φ——路堤填土的内摩擦角(°);
c——路堤填土的黏聚力(kPa);
L——滑动面 AB 的长度(m)。

边坡稳定性分析时,先假定路堤边坡值,然后通过坡角 A 点,假定 3~4 个可能的滑动面倾角值 ω_i,如图 6-14(a)所示,按式(6-6)求出相应的稳定系数 K_i 值,得出 K_i 与 ω_i 的关系曲线,如图 6-14(b)所示。在 $K=f(\omega)$ 关系曲线上找到最小稳定系数数值 K_{min} 及对应的极限破裂面倾斜角 ω_i 值。

由于试验所得的计算参数 φ、c 值与实际有一定的偏差,为了保证边坡有足够的安全储备,一般取稳定系数 $K \geqslant 1.25$,但也不应取过大,而使工程不经济。

由于砂类土粘结力很小,一般可忽略不计,即取 $c=0$,则式(6-6)可表达为

$$K=\frac{F}{T}=\frac{G\cos\omega\tan\varphi+cL}{G\sin\omega}=\frac{\tan\varphi}{\tan\omega} \tag{6-7}$$

由式(6-7)知,当 $K=1$ 时,抗滑力等于下滑力,滑动土体处于极限平衡状态,此时路堤的极限坡度等于砂类土的内摩擦角,相当于自然休止角;当 $K>1$ 时,路堤边坡处于稳定状态且与边坡高度无关;当 $K<1$,则不论边坡高度多少,都不能保持稳定。

【例 6-1】 如图 6-15 为一路堤横横断面。已知填料为砂性土,重力密度 $\gamma=18.62\text{kN/m}^3$,粘结力 $c=0.98\text{kPa}$,内摩擦角 $\varphi=35°$。试问该路堤边坡会不会沿滑动面 AB 产生滑动?

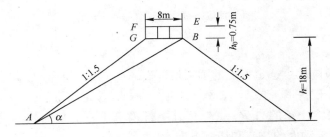

图 6-15 直线滑动面计算图例

【解】 $\triangle ABG$ 的面积 $S_{ABG}=8\times 18/2=72\text{m}^2$
矩形:$S_{BEFG}=8\times 0.75=6\text{m}^2$
∴滑动面以上土体及车辆荷载总重
$$G=(S_{ABG}+S_{BEFG})\gamma=(72+6)\times 18.62\times 1=1452.36\text{kN}$$
滑动面与水平线的夹角
$$\alpha=\arctan[18/(18\times 1.5+8)]=27.22°$$
滑动面的长度 $L=[18^2+(18\times 1.5+8)^2]^{1/2}=39.36\text{m}$
∴下滑力:$T=G\sin\alpha=1452.36\sin 27.22°=664.32\text{kN}$
抗滑力:$F=G\cos\alpha\tan\varphi+cL=1452.36\times\cos 27.22°\times\tan 35°+0.98\times 39.36$
$=942.91\text{kN}$

∴稳定系数 $K=F/T=942.91/664.32=1.42>1.25$

∴该路堤边坡不会沿滑动面 AB 滑动。

(2) 圆弧法验算

1) 条分法

A. 基本原理：如图 6-16 所示，先假定一圆弧滑动面，将圆弧滑动面上的土体划分为竖向土条（认为土破裂滑动面是一个圆柱面，每个条分面积的截面矩形）；结合横断面，划分在边坡变化处和地形变化处，以便简化计算。分段长：一般一个断面分为 8~10 段（2~4m），纵向取 1m 长。依次计算每一个土条沿滑动面的下滑力和抗滑力，然后叠加计算出整个滑动土体的稳定性，从而判断出路基边坡是否稳定。

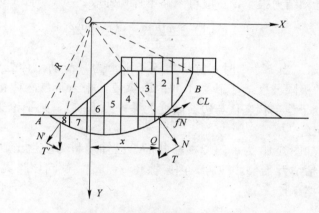

图 6-16 条分法边坡稳定性设计图

B. 验算步骤与计算公式：

a. 通过坡脚任意选定可能的圆弧滑动面 AB，其半径为 R。取单位长的路段，将其划分为若干个垂直土条，其宽一般取 2~4m，如图 6-16 所示。

b. 计算每个土条的自重 G_i（包括其上部换算土柱的重力），并引至滑动圆弧上，并分解到滑动面的法向和切线方向上。

则其在圆弧上的切向分力为 $T_i=Q_i\sin\alpha_i$，法向分力为 $N_i=Q_i\cos\alpha_i$，其中 α_i 为该圆弧中心点的半径线至圆心垂线的夹角，$\alpha_i=\arcsin\dfrac{x}{R}$（其中 R 为圆弧半径，x 为弧段中心点距圆心竖线的水平距离，如图 6-16 所示）。每小段滑动面上反力为内摩擦力 $N_i\tan\varphi$ 和黏聚力 cl_i（其中 l_i 为小段弧长），注意图中圆心竖线以左的切力向右，抵消部分滑动力。

因此，绕圆心 O 的滑动力矩为：

$$M_{滑动}=(\Sigma T_i-\Sigma T'_i)R \tag{6-8}$$

绕圆心 O 的抵抗力矩为：

$$M_{抵抗}=(\Sigma N_i\tan\varphi+\Sigma cl_i)R \tag{6-9}$$

在总长度 L 的圆弧 AB 上，求稳定系数 K 为

$$K = \frac{M_{\text{滑动}}}{M_{\text{抵抗}}} = \frac{\tan\varphi \Sigma Q_i \cos\alpha_i + cL}{\Sigma Q_i \sin\alpha_i - \Sigma Q_i \sin\alpha_i'} \qquad (6\text{-}10)$$

然后，再定 O_2 画圆弧，分条求 K_2，依次可求得 $K_{\min}$。此法定圆心随意性大，工作量多。为此，工程设计中使用了确定圆心的 $4.5H$ 法。

验算时可作不同倾角 α_i 的破裂面，求出相应的 K_i，画出相应的曲线 K_i-α_i，取与最小安全系数 $K_{\min}$ 相应的 $\alpha_{\min}$，即为危险破裂角。

通常以最小稳定系数 $K_{\min} \geqslant 1.25$，来判定边坡稳定性。若 $K_{\min} < 1.25$，则边坡不安全。此时可减缓边坡、降低路堤高度或修筑挡土墙，以增加边坡稳定性。

2) 危险圆心辅助线的确定。为了较快地找到最危险滑动面，减少试算工作量，根据经验，最危险滑动面圆心在一条线上，该线即是圆心辅助线。确定圆心辅助线可以采用 $36°$ 法和 $4.5H$ 法。

A. $4.5H$ 法，如图 6-17 所示。

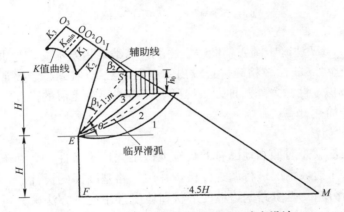

图 6-17　$4.5H$ 法最危险滑动面圆心确定设计

a. 由坡角 E 向下引竖线，在竖线上截取高度 $H = h + h_0$，得 F 点。

b. 自 F 点向右引水平线，在水平线上截取 $4.5H$，得 M 点。

c. 连接边坡坡角 E 和顶点 S，求得 SE 的斜度 $i_0 = 1/m$，据此值查表 6-12 得 β_1、β_2 的值。E 点作与 SE 成 β_1 角（逆时针方向）的直线，再由 S 点作与水平线成 β_2 角（顺时针方向）的直线，两线相交得 I 点。

辅助线作图角度值表　　　　　　　　　　　　表 6-12

边坡角度 i_0	边坡倾角 θ	β_1	β_2	边坡角度 i_0	边坡倾角 θ	β_1	β_2
1∶0.5	63°26′	29°30′	40°	1∶2.0	26°34′	25°	35°
1∶0.75	53°08′	29°	39°	1∶2.25	23°58′	25°	35°
1∶1	45°00′	28°	37°	1∶2.5	21°48′	25°	35°
1∶1.25	38°40′	27°	35°30′	1∶3	18°26′	25°	35°
1∶1.5	33°41′	26°	35°	1∶4	14°02′	25°	36°
1∶1.75	29°41′	26°	35°	1∶5	11°19′	25°	37°

d. 连接 I 和 M 两点即得圆心辅助线。

最危险圆心一般在 MI 辅助线的延长线上。

B. 36°线法：如图 6-18 所示。由荷载换算土柱部边缘 S 点（不计荷载时 S 点位于路基边缘）处作与水平线呈 36°角的射线 SI，即得圆心辅助线。

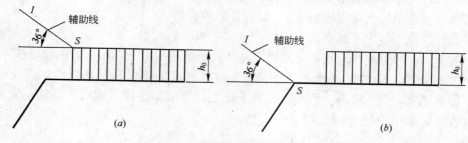

图 6-18　36°法绘辅助线图
(a) 考虑车辆荷载时；(b) 不计车辆荷载时

36°法和 $4.5H$ 法确定圆心辅助线方法的计算结果相差不大，为求解简便，一般用 36°法。但 $4.5H$ 法较精确，且求出的稳定系数 K 值最小，故常用分析重要建筑物的边坡稳定性。另外两种方法均可不计荷载换算土层的高度，所得结果相差不大，可作简化计算。

2. 工程地质法

工程地质法就是对照当地已有的具有类似工程地质条件，而处于极限平衡的天然斜坡和人工边坡情况进行调查分析，并用于路基断面的设计中，对路基边坡的稳定性进行分析。挖方路基边坡的形状和坡度常用这一方法来分析路基边坡的稳定性。

按工程地质法对路基进行稳定性设计，对比分析时，要考虑各方面的因素，包括岩石（土）性质、工程 地质和水文地质条件、拟用施工方法、边坡形状等。

第四节　路基的附属设施

为保证路基稳定和行车的安全畅通，除应认真搞好路基结构及必要的排水、加固与防护等主体工程外，根据《标准》"路基设计应重视排水设施与防护设施的设计，取土、弃土应进行专门设计，防止水土流失，堵塞河道和诱发路基病害"的要求，还应同时合理设置取土坑、弃土堆、护坡道、碎落台、堆料坪以及错车道等。这些附属设施也影响到公路的使用品质，是路基工程不可缺少的组成部分。

一、取土坑与弃土堆

在进行路基土石方调配时，不可避免地会出现填缺或挖余的问题，遇填缺就需借土，自然挖余又需弃土，为了路基的稳定和保护自然环境，对此，应作专门设计。在公路沿线挖取土方填筑路基或用于养护所留下的整齐土坑称为取土坑。将开挖路基所废弃的土堆放于公路沿线一定距离的整齐土堆称为弃土堆。无论取土与弃土，都要注意以下几个方面：

(1) 合理选择地点。

(2) 尊重沿线区域规划。要结合当地农田、水利规划，生态平衡，发展利用等需要。

(3) 不得影响路基主体的使用功能，确保路基的稳定。

(4) 采用必要的排水，防护和绿化措施，避免水土流失。

1. 取土坑

平原地区，如果用土量较小，可以沿道路两侧设置取土坑，但应与路基排水和农田灌溉相结合。路旁取土坑，如图 6-19 所示，深度约为 1.0m 或稍大一些，宽度依据用土数量和用地允许而定。

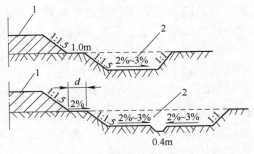

图 6-19 路旁取土坑示意图
1—路堤；2—取土坑

当堤顶与坑底高差（边坡高度）$h \geq 3.0m$ 时，在路基坡脚与坑之间需设宽度不小于 1.0m 的护坡道。坑底设纵横排水坡及相应设施。河水淹没地段的桥头引道两侧，一般不宜设置取土坑。如设取土坑要距河流中水位边界 10m 以外，并与调治构筑物位置相适应。

2. 弃土堆

对于弃方，首先要考虑充分利用，如用以加宽加固路堤，填补坑洞或路旁洼地，应与农田建设和自然环境相结合。弃土堆应堆放规则，进行适当碾压，并应采取必要的排水、防护和绿化措施，不得影响路基稳定及斜坡稳定。

开挖路堑的废方，应妥善处理，防止因乱弃造成水土流失，危害路基及农田水利，亦要注意堵塞河道而带来严重环境破坏的不良后果。

弃土堆通常设在就近低地或路堑的下边坡一侧，当地面横坡小于 1∶5 时，可设在两侧。沿河路基应尽量避免弃方入河，堵塞河道。对于清表和爆破时无法避免的入河部分，应征得水利部门的同意或另行清理。其中，路旁弃土堆的设置，如图 6-20 所示，要求堆弃整平，顶面具有适当的横坡，并设置排水沟。宽度

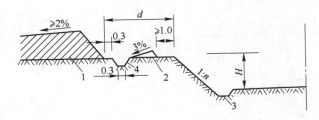

图 6-20 弃土堆横断面图
1—弃土堆；2—三角平台；3—边沟；4—截水沟；
d—弃土堆内侧坡脚与路堑坡顶的距离；H—路堑高度

d 与地面土质有关,最小 3.0m,最大可按路堑深度加 5.0m,即 $d \geqslant H+5.0m$。弃土堆表面应进行绿化设计,以使其尽快恢复生态。

积砂或积雪地区的弃土堆,宜有利于防砂防雪,可设在迎风面一侧,并且距路基有足够的距离。

二、护坡道与碎落台

护坡道设置的目的是加宽边坡横距,减少边坡平均坡度,增加边坡整体稳定性。一般设置在路堤坡脚,如取土坑与坡脚之间,高路堤边坡中部的变坡处等,护坡道是沿原地面或边坡坡面纵向做成的有一定宽度的平台。护坡道愈宽,愈有利于边坡稳定,但工程量也随之增加。护坡道宽度至少为 1.0m,兼顾路基稳定与经济合理,通常护坡道宽度 d 视边坡高度 h 而定,$h \leqslant 3.0m$ 时,$d=1.0m$;$h=3\sim6m$ 时,$d=2.0m$;$h=6\sim12m$ 时,$d=2\sim4m$。浸水路基的护坡道,可设在浸水线以上的边坡上。在岩石破碎,土质较差或土夹石地段开挖路堑,在雨水作用下,路堑边坡经常发生碎落坍方,容易堵塞边沟或阻碍交通。因此,可在边沟外侧或路堑边坡中间设碎落台,如图 6-21 所示,以供风化碎落土石块积聚,养护时再作定期清除。设置碎落台,同时提高了边坡稳定

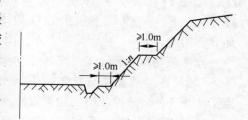

图 6-21 碎落台示意图

性,兼有护坡道和视距台(弯道)的作用。碎落台宽度一般为 $1.0\sim1.5m$。

三、堆料坪与错车道

二级以下公路,路面养护所用集料,可以就近选择路旁合适地点堆置备用,也可以在路肩外侧设置堆料坪,其面积可结合地形与材料数量而定,一般每隔 $50\sim100m$ 设置一个,其长为 $5.0\sim8.0m$,宽 2.0m 左右,如图 6-22 所示。

《标准》规定,四级公路采用 4.5m 路基时,应设置错车道。设置错车道的道路的路基宽度不得短于 6.5m,通常应每隔 $200\sim500m$ 设置错车道一处。按规定错车道的长度不得短于 30m,两端各有长为 10m 的出入过渡段,中间 10m 供停车用,如图 6-23 所示。错车道是单车道路基的一个组成部分,应与路基同时设计与施工。

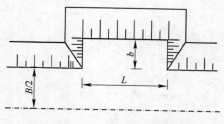

图 6-22 堆料坪示意图
b—堆料坪宽度;L—堆料坪长度;
B—路基宽

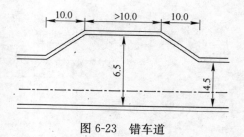

图 6-23 错车道

思考题与习题

1. 路基设计的一般规定包括哪些内容？
2. 常见的路基横断面形式有哪些？
3. 如何确定路基宽度？它与哪些因素有关？
4. 请分别叙述路堤边坡和路堑边坡边坡度的确定因素。
5. 边坡稳定性验算的方法有哪些？各适用于哪种情况？
6. 用 1：200 的比例尺画出横断面。已知路基宽度 8.5m，地面横坡 1：5，中桩地面标高为 500m，设计标高 495m，挖方边坡 1：1(注：在图上应标出有关尺寸)。
7. 如图 6-24 所示，已知路堤由双层土体组成，试确定边坡稳定性验算参数 c、$\tan\varphi$ 和 γ 值。

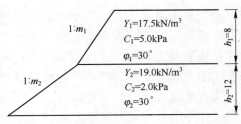

图 6-24 题 7 图

8. 某公路为双车道，路基填料重度为 18.62kN/m³，须对路基作稳定性验算。设计荷载为汽车—15 级(重车为 20t)，相邻两车的轮距 $m=1.3$m，一辆汽车的轮距 $b=1.8$m，轮胎着地宽度面 $\triangle=0.6$m，汽车前后轮胎外线距离 $L=5.6$m。试将汽车荷载换算成相当的土层厚度 h_0。

9. 如图 6-25 所示，已知填料为黏性土，今欲验算该路基边坡的稳定性，试用 4.5H 法作出圆心辅助线，并写出具体步骤(不计车辆荷载换算的土层厚度)。边坡坡度为 1：1.5 时，$\beta_1=26°$，$\beta_2=35°$。

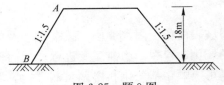

图 6-25 题 9 图

10. 现有一高路堤，路基宽 12m，高 20m，黏性土，填料重度 $\gamma=19.2$kN/m³，单位粘结力 $c=43$kPa，内摩擦角 $\varphi=24°$，试设计其边坡(提示：先假设边坡坡率)。

　　要求：(1) 先用 4.5H 法确定危险滑动面的圆心辅助线；
　　　　(2) 计算一个危险滑动面，设此圆心距 O 点 $0.3h$；
　　　　(3) 按条分法边坡稳定性计算并列入表内。

第七章 路基防护

【本章学习要点】 路基防护与支挡的意义和作用，防护设施的类型与构造。

第一节 概 述

由岩土所筑成的路基，大多暴露于大气之中，长期受自然因素的作用，岩土在不利水温条件作用下，物理、力学性质将发生变化。浸水后湿度增大，土的强度降低；岩性差的岩体，在水温变化条件下，加剧风化；路基表面在温差作用下形成胀缩循环，在湿差作用下形成干湿循环，可导致强度衰减和剥蚀；地表水流冲刷，地下水源浸入，使岩土表层失稳，易造成和加剧路基的水毁病害；沿河路堤在水流冲击、淘刷和侵蚀作用下，易遭破坏；湿软地基承载力不足，易导致路基沉陷。所有这些，均取决于岩土的物理力学性质及自然因素，且与路基承受行车荷载的情况密切相关。

合理的路基设计，应在路基位置、横断面尺寸、岩土组成等方面综合考虑。为确保路基的强度与稳定性，路基的防护与加固，也是不可缺少的工程技术措施。随着公路等级的提高，维护正常的汽车运输，减少公路灾害，确保行车安全，保持公路与自然环境协调，路基的防护与加固更具有重要意义。

1. 防护与支挡

路基防护与支挡类型，主要有边坡坡面防护、沿河路堤河岸冲刷防护与加固支挡建筑以及湿软地基的加固处治。

（1）坡面防护

主要是保护路基边坡表面免受雨水冲刷，减缓温差及湿度变化的影响，防止和延缓软弱岩土表面的风化、碎裂、剥蚀演变进程，从而保护路基边坡的整体稳定性，在一定程度上还可兼顾路基美化和协调自然环境。坡面防护设施，不承受外力作用，必须要求坡面岩土自身整体稳定牢固。简易防护的边坡高度与坡度不宜过大，土质边坡坡度一般不陡于 1∶1～1∶1.5。地面水的径流速度以不超过 2.0m/s 为宜，水亦不宜集中汇流。雨水集中或汇水面积较大时，应有排水设施相配合，如在挖方边坡顶部设截水沟，高填方的路肩边缘设拦水埂等。

常用的坡面防护设施有植物防护（植被防护、三维植被网防护、湿法喷播、客土防护喷播防护等）和圬工防护（喷护、锚杆挂网喷浆、石砌护坡、抹面墙等）。前者可视为有"生命"（成活）防护，后者属无机物防护。有"生命"防护以土质边坡为主，无机物防护以石质路堑边坡为主。在一定程度上，有"生命"防护在边坡稳定和改善路容方面，优于无机物防护。

（2）堤岸防护与加固

主要对沿河滨海路堤、河滩路堤及水泽区路堤,亦包括桥头引道,以及路基边旁的防护堤岸等。此类堤岸常年或季节性浸水,受流水冲刷、拍击和淘洗,造成路基浸湿、坡脚淘空,或水位骤降时路基内细粒填料流失,致使路基失稳,边坡崩坍。所以堤岸防护与加固,主要针对水流的破坏作用而设,起防水治害和加固堤岸双重功效。

堤岸防护与加固设施,有直接和间接两类。直接防护与加固设施中包括植物防护和石砌防护与加固两种,常用的有植树、铺石、抛石或石笼等。间接防护主要指导治结构物,如丁坝、顺坝、防洪堤、拦水坝等,必要时进行疏浚河床、改变河道,目的是改变流水方向,避免或缓和水流对路基的直接破坏作用。改变水流流速、流向和原来状态,可能导致堤岸对面及路基附近上下游遭害,必须慎重对待,掌握流水运动规律,因势利导,防治结合,综合治理。

2. 支挡建筑

是用来防止路基变形或支撑路基或山体的位移,保证路基的稳定。包括路基边坡支撑(挡土墙等)和堤岸支撑(驳岸、浸水挡土墙等),应验算确定。

3. 湿软地基的加固

湿软地基的承载能力较差,如泥沼与软土、低洼的湖(海)相沉积土层、人为垃圾杂填土等,填筑路基前必须予以加固,以防路基沉陷、滑移或产生其他病害。湿软地基加固,规模大,造价高,应注意方案比较,研究技术和经济方面的可行性,力求从简,尽量就地取材。地基加固是路基主体工程的一部分,要结合路基设计(即确定路基标高,选择横断面,决定设施等),综合处治。

湿软地区修筑路基时,地基加固关键在于排水和固结。各种加固方法,可归纳为换填土、辗压夯实、排水固结、振动挤密、土工格栅加筋和化学加固等五类。

第二节 坡面防护

一、植物防护

植物防护适用于比较平缓的稳定土质边坡,可美化路容,起到固结和稳定边坡的作用。不同的植被还可起到交通诱导、防眩、吸尘和隔声的作用。植物防护的方法有植被防护、三维植被网防护、湿法喷播、客土喷播及骨架植物防护等措施。

(一)植被防护

1. 种草

适用于边坡坡度不陡于1:1,土质适宜种草,不浸水或短期浸水但地面径流速度不超过0.6m/s的边坡。草的品种,应适应当地自然条件,最好是根系发达,中茎低矮,多年生长,几种草籽混种。不宜种草的坡面,可以铺5~10cm厚的种植土层,土层与原坡面结合稳固。

2. 铺草皮

铺草皮适用于需要快速绿化,且坡度小于1:1的土质边坡和严重风化的软质岩石边坡。

草皮铺砌形式可根据边坡坡度与水流流速等，选用平铺（平行于坡面）、水平叠铺、垂直坡面、与坡面成一半坡角的倾斜叠铺草皮或网格式等方式，如图7-1所示。

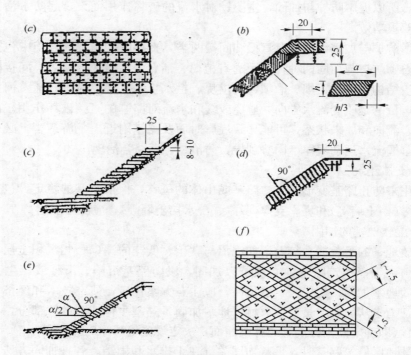

图7-1　草皮防护示意图（除已注明尺寸外，其余单位为cm）
(a)平铺平面；(b)平铺剖面；(c)水平叠铺；(d)垂直叠铺；(e)斜交叠铺；(f)网格式
（图中h为草皮厚度，约5～8cm，a为草皮边长，约20～25cm）

铺草皮需预先备料，草皮可就近培育，切成整齐块状，然后移铺在坡面上。铺时应自下而上，并用竹木小桩将草皮钉在坡面上，使之稳固。草皮根部土应随草切割，坡面要预先整平，必要时还应加铺种植土，草皮应随挖随铺，注意相互贴紧。

3. 植树

植树适用于坡度小于1∶1.5的边坡，或在边坡以外的河岸及漫滩处。可用来加固路基和防护河岸，也可与种草、铺草皮结合使用，在坡面形成很好的防护。在堤岸边的河滩上，植树可以降低流速，促使泥沙淤积，防止水直接冲刷路堤。树种应选用能迅速生长且根深枝密的低矮灌木类。公路弯道内侧边坡严禁栽植高大树木。城市或风景区的植物防护应与有关部门协调配合。

（二）边坡三维植被网防护

三维植被网以热塑脂为原料，采用科学配方，经挤出、拉伸、焊接、收缩等工序制成，其结构分为上下两层，下层为一个经双面拉伸的高模量基础层，强度足以防止植被网变形，上层由具有一定弹性的、规则的、凹凸不平的网包组成。由于网包的作用，能降低雨滴的冲蚀能量，并通过网包阻挡坡面雨水，同时网包能很好地固定充填物使其不被雨水冲走，为植被生长创造条件。另外，三维网固定在坡面上，直接对坡面起固筋作用。

三维植被网适用于砂性土、土夹石及风化岩，且坡率缓于 1∶0.75 边坡防护，三维植被网中的回填土采用客土或土、肥料及含腐殖质土的混合物。

（三）湿法喷播

湿法喷播是一种以水为载体的机械化植被建植技术，它采用专门的设备（喷播机）施工。种子在较短时间内萌芽、生长成株、覆盖坡面，达到迅速绿化、稳固边坡的目的。

湿法喷播适用于土质边坡、土夹石边坡、严重风化岩石的坡率缓于 1∶0.5 的路堑和路堤边坡及中央分隔带、立交区、服务区及弃土堆绿化防护。

（四）客土喷播

客土喷播是将客土（提供植物生育的基盘材料）、纤维（基盘辅助材料）、侵蚀防止剂、缓效肥料和种子按一定比例，加入专用设备中充分混合后，喷射到坡面，使植物获得必要的生长基础，达到快速绿化的目的。

客土喷播适用于风化岩、土壤较少的软岩、养分较少的土壤、硬质土壤，植物立地条件差的高大陡坡面和受侵蚀显著的坡面。当坡度陡于 1∶1.0 时，宜设置挂网或混凝土框架。

二、圬工防护

1. 喷护

适用于坡度缓于 1∶0.5、易风化但未遭强风化的岩石边坡。喷护防护可在边坡表面形成保护层，达到阻止面层风化，防止边坡剥落与碎落。喷浆防护厚度不宜小于 50mm。砂浆可用水泥浆或水泥砂浆，甚至水泥石灰砂浆。采用的砂浆强度不应低于 M10。喷护前应将坡面整平，去除已经风化的表层，洒水湿润，一次喷成。喷射混凝土防护厚度不宜小于 80mm，混凝土强度不应低于 C15。喷护坡面应设置泄水孔和伸缩缝，排除岩石内渗水。

2. 锚杆挂网喷浆（混凝土）

适用于坡面为碎裂结构的硬岩或层状结构的不连续地层以及坡面岩石与基岩分开并有可能下滑的挖方边坡。锚杆应嵌入稳固基岩内，锚固深度应根据岩体性质确定。钢筋网喷射混凝土支护厚度不应小于 100mm，亦不应大于 250mm。钢筋保护层厚度不应小于 20mm。

3. 护坡

干砌片石护坡适用于坡度缓于 1∶1.25 的土（石）质路堑边坡。干砌片石护坡厚度不宜小于 250mm。浆砌片（卵）石护坡适用于坡度缓于 1∶1 的易风化的岩石和土质路堑边坡。浆砌片（卵）石护坡的厚度不宜小于 250mm，砂浆强度不应低于 M5，护坡应设置伸缩缝和泄水孔。水泥混凝土预制块护坡适用于石料缺乏地区的路基边坡防护，预制块的混凝土强度不应低于 C15，在严寒地区不应低于 C20。铺砌层下应设置碎石或砂砾垫层，厚度不宜小于 100mm。

4. 护面墙

护面墙适用于防护易风化或风化严重的软质岩石或较破碎岩石的挖方边坡以

及坡面易受侵蚀的土质边坡，边坡不宜陡于 1：0.5。护面墙类型应根据边坡地质条件确定，窗孔式护面墙防护的边坡不应陡于 1：0.75；拱式护面墙适用于边坡下部岩层较完整而上部需防护路段，边坡应缓于 1：0.5。单级护面墙的高度不宜超过 10m，并应设置伸缩缝和泄水孔，如图 7-2 所示。

护面墙基础应设置在稳定的地基上，埋置深度应根据地质条件确定，冰冻地区，应埋置在冰冻深度以下不小于 250mm。护面墙前趾应低于边沟铺砌的底面。

圬工防护的主要问题是与周围环境不协调，道路景观差，应尽量少用。尤其是不宜采用锚杆挂网喷浆。若要采用圬工防护时，应加强其细部设计，注意与周围自然环境和当地人文环境的融合，并在边坡碎落台、平台上种植植物等，或者采用客土喷播的岩面植生措施，以减少对周围环境的影响。

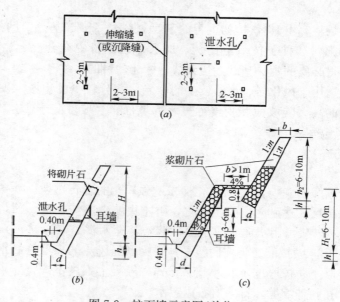

图 7-2 护面墙示意图（单位：m）
(a) 立面图；(b) 剖面图；(c) 二级护面墙

三、砌石防护

为防止雨、雪水或河水冲刷、侵蚀，公路填方边坡、沿河路堤边坡可采用砌石防护。砌石防护可分为干砌和浆砌两种（图 7-3）。

易遭受雨、雪、水流冲刷的较缓土质边坡，风化较重的软质岩石坡，受水流冲刷较轻的河岸和路基，均可采用干砌片石护坡。这些边坡应符合路基边坡稳定要求，坡度一般为 1：1.5～1：2。干砌片石防护一般有单层铺砌、双层铺砌和网格内铺石几种，流速较大时宜采用网格内铺石的防护。单层铺砌厚度为 0.25～0.35m，双层的上层为 0.25～0.35m，下层为 0.15～0.25m。

砌石防护应先在片石下面设置 0.1～0.15m 厚的碎（砾）石或砂砾混合物垫层，以起到整平、反滤的作用，并可增加抗冲击能力；然后由下而上平整铺砌片石，要错缝嵌紧，并用砂浆勾缝，以防渗水。石砌护坡坡脚处应设置墁石基础。在无河水冲刷时，基础埋置深度一般为护坡厚度的 1.5 倍。当受水流冲刷时，基础应

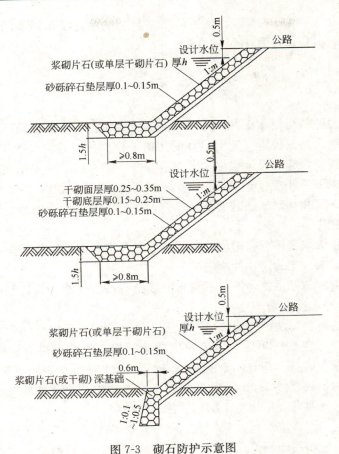

图 7-3 砌石防护示意图

注：m 值应缓于或等于 1:1.5，H 值干砌为 0.25~0.35m，浆砌为 0.25~0.4m。

埋置在冲刷线以下 0.5~1.0m 处，或采用石砌深基础。

当不适宜采用干砌片石护坡或效果不好时，或水流流速较大，波浪作用强，有漂浮物等冲击时，可采用浆砌片石护坡。其厚度一般为 0.20~0.50m。用于冲刷防护时最小厚度一般不小于 0.35m。浆砌片石防护较长时，应在每隔 10~15m 处设置伸缩沉降缝，缝宽约 2cm，内填沥青麻筋或沥青木板；护坡的中、下部设 10cm×10cm 的矩形或直径为 10cm 的圆形泄水孔。其间距为 2~3m，孔后 0.5 范围内设反滤层。

四、封面、捶面

1. 封面

封面适用于坡面较干燥、未经严重风化的各种易风化岩石边坡，但不适用于由煤系岩层及成岩作用很差的红色黏土岩组成的边坡。抹面防护使用年限为 8~10 年，高速公路路基边坡不宜采用抹面防护。抹封面厚度不宜小于 30mm，表层可涂软化点稍高于当地气温的沥青保护层。

2. 捶面

捶面适用于边坡坡度缓于 1:0.5、易受冲刷的土质边坡或易风化剥落的岩石边坡。使用年限为10~15年，高速公路路基边坡不宜采用捶面防护。捶面宜采用等厚截面，其厚度不宜小于100mm。

第三节 沿河路基防护

沿河地段路基当受水流冲刷时，应根据河流特性、水流性质、河道地貌、地质等因素，结合路基位置，选用适宜的防护工程类型、导流或改河工程。冲刷防护工程顶面高程，应为设计水位加上波浪侵袭、壅水高度及安全高度。基底埋设在冲刷深度以下不小于1m或嵌入基岩内。当冲刷深度较深、水下施工困难时，可采用桩基、沉井基础或适宜的平面防护。

一、直接防护

为了防止流水直接危害沿河、滨海路堤以及有关海河堤坝护岸的堤岸边坡和坡脚，必须采取一定的防止冲刷措施。

直接措施，包括植物防护、石砌防护或抛石与石笼防护，以及必要时设置的支挡（驳岸、浸水挡土墙等）。

植物防护与石砌防护，同坡面防护所述基本类同，但堤岸的防冲刷主要原因是洪水急流，水位变迁不定，水流速度较大，相应的要求更高。盛产石料的地区，当水流速度达到3.0m/s或更高，植树与石砌防护无效时，可采用抛石防护。当水流速度达到或超过5.0m/s时，则改用石笼防护，也可就地取材，用竹笼或梢料防护，必要时可以采用土工织物软体沉排护坡。

抛石适用于经常浸水且水深较大的路基边坡或坡脚以及挡土墙、护坡的基础防护。抛石一般多用于抢修工程。抛石边坡坡度和选用石料块径应根据水深、流速和波浪情况确定，石料块径应大于300mm，坡度不应陡于所抛石料浸水后的天然休止角，厚度不应小于所用最小石料块径的两倍，如图7-4所示。

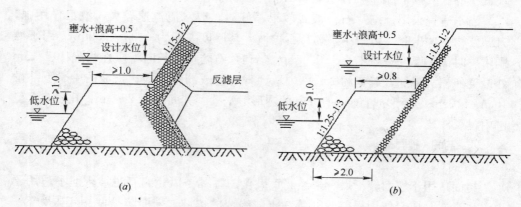

图7-4 抛石防护示意图（单位：m）
(a)适用于新筑路堤的抛石垛；(b)适用于旧路堤的抛石垛

石笼是用铁丝编织成框架，内填石料，设在坡脚处，以防急流和大风浪破坏堤岸，也可用来加固河床，防止淘刷。铁丝框架可以箱形或圆形，如图7-5中(a)

和(b)所示。石笼防护适用于受水流冲刷和风浪侵袭,且防护工程基础不易处理或沿河挡土墙、护坡基础局部冲刷深度过大的沿河路堤坡脚或河岸。

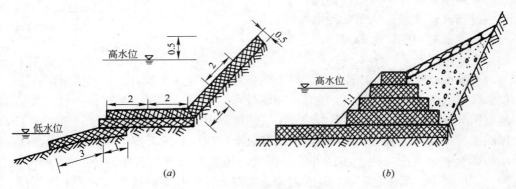

图 7-5 石笼防护示意图(单位:m)

石笼内所填石料,应采用重度大、浸水不崩解、坚硬且未风化石块,块径应大于石笼的网孔。

二、间接防护

为了改变水流方向,减轻水流对路基岸边的冲刷,如图 7-6 所示。也可采取间接防护的形式。常用的间接防护措施有设置导治结构物、实施改河工程以及种植防水林带等。

导治结构物是以改变水流方向为主的水工建筑物,按与河道的相对位置分为丁坝、顺坝、格坝等。图 7-7 所示为某河流导治构造物布置图例。导治结构物是桥涵和路基的重要附属工程,由于涉及水流改向,影响范围较大,工程费用亦较高,应多方进行技术经济比较后使用。

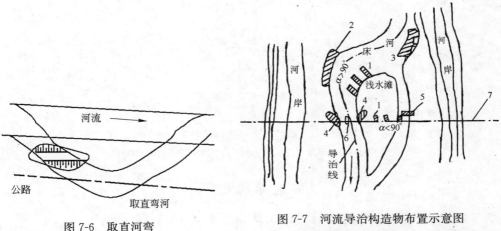

图 7-6 取直河弯

图 7-7 河流导治构造物布置示意图
1—丁坝;2—顺坝;3—格坝;4—导流坝;
5—拦水坝;6—桥墩;7—路中线

1. 丁坝

丁坝是与堤岸垂直或斜交,将水流挑离路基和河岸的横向层治结构物。丁坝的坝根与河岸相接时，坝头伸向河槽。适用于宽浅变迁性河段，可以将水流挑离路基或河岸，用以排流、减低流速和改善流态，从而减轻水流对河岸和路基的冲刷，保护河岸。丁坝的导流作用如图7-8所示。

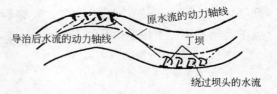

图7-8　丁坝的导流作用

丁坝设计时，其设计长度应按导治线来考虑，不宜过多地压缩水流断面。丁坝轴线与水流方向的夹角，需按导治线的外形、流速、水深、水流含沙量、河床地层情况及坝长综合考虑。丁坝的间距必须使其上游的雍高水位延伸到前一个丁坝的坝头，以免在坝头下游发生水面跌落现象，同时要使下游丁坝布置在上游丁坝的影响水流范围之内。坝根处结构薄弱，易被水冲开，应作适当的处理和防护，丁坝群中的第一座丁坝，受水流冲击力最大，尤其要做好坝根防护。丁坝的断面构造要求及设计方法参见公路设计手册《路基》第二版。

2. 顺坝

顺坝是具有导流、束水、调整航道曲度、改善流态的纵向导流结构物。顺坝的坝根与河岸相接，坝身与导治线基本重合或平行，适用于河床断面较窄、基础地质条件较差的河岸或沿河路基防护，调整流水曲度和改善流态。

3. 格坝

格坝是具有使水流反射入主要河床，促进河床及坝内其间淤积，可以造田的横向结构物。格坝是顺坝和丁坝组合形成的横向结构物，其终点必须与河岸连在一起，通常设计为开口式，以利淤积。格坝是建于顺坝与河岸之间，一端与河岸相连，另一端与顺坝坝身相连的横向结构物，防止高水位时水流溢入顺坝与河岸间而冲刷其间的河床及坝内坡脚和河岸，并促进淤积。顺坝一般与格坝联合使用，布置形式如图7-9所示。

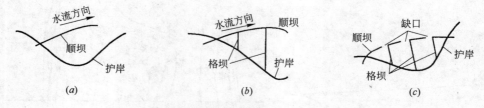

图7-9　顺坝与格坝的布置形式
(a)顺坝的布置；(b)顺坝与格坝联合布置；(c)设有缺口的顺坝与格坝

复习思考题

1. 路基防护与加固工程，按作用不同，可分为哪几种？各类的作用是什么？
2. 直接防护与间接防护的本质区别是什么？间接防护有哪些导流结构物？
3. 什么是护面墙？什么是挡土墙？从受力分析有什么不同？
4. 防护工程与加固工程有什么不同？
5. 路基防护与加固的重点是路基的哪部分？

第八章 挡土墙设计与施工

【本章学习要点】 挡土墙的分类、构造、用途，重力式挡土墙的布置、计算与施工。

第一节 基 本 概 念

(1) 挡土墙——是用来支承路基填土或山坡土体，防止填土或土体变形失稳的一种构造物。在路基工程中，挡土墙用来稳定路基或路堑边坡，减少土石方工程数量和占地面积，防止水流冲刷路基，整治塌方、滑坡等路基病害。它广泛应用于支撑路堤或路堑边坡、隧道洞口、桥梁两端及河流岸壁等。

(2) 路基在遇到以下情况应考虑修建挡土墙：
1) 陡坡地段或岩石风化的路堑边缘地段；
2) 为避免大量挖方及降低边坡高度的路堑地段；
3) 可能产生塌方、滑坡的不良地质路段；
4) 高填方地段；
5) 水流冲刷严重或长期受水浸泡的沿河路基地段；
6) 为节约用地、减少拆迁或少占农田的地段；
7) 为保护重要建筑物、生态环境或其他特殊需要的地段。

(3) 挡土墙各部分的名称

挡土墙各部分的名称如图 8-1 所示。墙身靠近填土(或山体)一侧称为墙背，挡土墙大部分外露的一侧称为墙面(墙胸)，墙的顶面部分称为墙顶(顶宽)，墙的底面部分称为墙底(底宽)，称为基础或基脚，根据需要可与墙分开建造，也可整体建造成为墙身的一部分。基底的外侧前缘部分称为墙趾，基底的内侧后缘部分称为墙踵。墙背与竖直面的夹角称为墙背倾角，一般用 α 表示；工程中常用单位墙高与水平长度之比来表示，即可表示为 $1:n$。墙踵到墙顶的垂直距离称为墙高，用 H 表示。

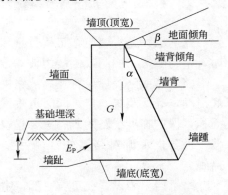

图 8-1 挡土墙各部分的名称

此外，为计算土压力而采用的名称有：地面倾角 β 和墙背摩擦角 δ(墙背与填土之间的摩擦角，主动土压力 E_a 与墙背的法线之间的夹角)。

(4) 按设置位置分类：

挡土墙可分为路肩墙(墙顶置于路肩时)、路堤墙(墙支撑于路堤边坡，墙底以上有一定的高度）、路堑墙（用于稳定路堑边坡）和山坡墙（用于整治滑坡的抗滑挡土墙）等类型，如图 8-2 所示。

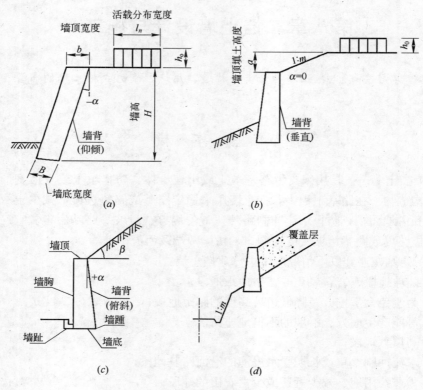

图 8-2 挡土墙
(a)路肩挡土墙；(b)路堤挡土墙；(c)路堑挡土墙；(d)山坡挡土墙

路肩墙和路堤墙应在工程数量和经济上比选来确定；采用路堑或山坡挡土墙时，常与隧道、明洞或侧缓边坡等方案进行比较，以求工程技术经济合理。

路肩墙或路堤墙设置在高填路堤或陡坡路堤的下方，可以防止路基边坡或基底滑动，确保路基稳定，同时可收缩填土坡脚，减少填方数量，减少拆迁和占地面积，保护临近线路的既有重要建筑物。滨河及水库路堤，在傍水一侧设置挡土墙，可防止水流对路基的冲刷和浸蚀，也是减少压缩河床或少占库容的有效措施。

路堑挡土墙设置在堑坡底部，主要用于支撑开挖后不能自行稳定的边坡，同时可减少挖方数量，降低边坡高度。山坡挡土墙设在堑坡上部，用于支挡山坡上可能坍滑的覆盖层，有的也兼有拦石作用。

选择挡土墙设计方案时，应与其他方案进行技术经济比较。例如，采用路堑或山坡挡土墙，常须与隧道、明洞或刷缓边坡的方案作比较；采用路堤或路肩挡土墙，有时须与栈桥或陡坡填方等相比较，以求工程经济合理。

第二节　挡土墙的类型及适用范围

挡土墙分类方法较多，除按挡土墙的位置设置划分外，还可按挡土墙的建筑材料、结构形式、施工方法及所处环境条件等进行分类。

挡土墙的建筑材料分为：石砌挡土墙、混凝土挡土墙、钢筋混凝土挡土墙、砖砌挡土墙、木质挡土墙和钢板挡土墙等。

按挡土墙的结构形式不同分为：重力式、半重力式、衡重式、悬臂式、扶壁式、锚杆式、拱式、锚定板式、柱板式和垛式等。

一般以挡土墙的结构形式分类为主，分类见表8-1，并列出挡土墙的特点和适用范围。挡土墙的类型的选择应根据与所支挡的稳定平衡条件，考虑荷载的大小和方向、地形、地质状况、冲刷深度、基础的埋置深度、基底的承载力设计值和不均匀沉降、可能的地震作用、与其他构造物的衔接、墙面的外观美感、施工难易、造价高低、环境特点等因素，综合比较后确定。

挡土墙的特点和适用范围　　　　　　　　　　　表8-1

类　型	结构示意图	特　点	适用条件
重力式挡土墙		依靠墙自重承受土压力，结构简单、施工简便，由于墙身重，对地基承载力的要求高	适用于一般地区、浸水地区和地震地区的路肩、路堤和路堑等支挡工程。墙高不宜超过12m，干砌挡土墙的高度不宜超过6m。高速公路、一级公路不应采用干砌挡土墙
衡重式挡土墙		设置衡重台使墙身重心后移，并利用衡重台上的填土，增加墙身稳定。上墙背俯斜而下墙背仰斜，可降低墙身及减少基础开挖，以及节约墙身断面尺寸	适用于陡山坡的路肩墙、路堤墙和路堑墙（兼有拦挡落石作用）
混凝土半重力式挡土墙		在墙背设少量钢筋，并将墙趾展宽（保证基底必要的宽度），以减薄墙身，节省圬工	适用于不宜采用重力式挡土墙的地下水位较高或较软弱的地基上。墙高不宜超过8m
悬臂式挡土墙		墙身及基础均采用钢筋混凝土浇筑，断面尺寸较小，由立壁、墙趾板和墙踵板三部分组成。立壁下部弯矩较大，特别在墙高时，需设置的钢筋较多	宜在石料缺乏、地基承载力较低的填方路段采用。墙高不宜超过5m

续表

类型	结构示意图	特点	适用条件
扶壁式挡土墙		相当于沿悬臂式墙的墙长，每隔一定距离设置一道扶壁，增强墙面板（立壁）与墙踵板的连接，以承受较大的弯矩作用	宜在石料缺乏、地基承载力较低的填方路段采用。墙高不宜超过15m
锚杆挡土墙		由肋柱、挡板和锚杆组成，靠锚杆锚固在山体内拉住肋柱。肋柱、挡板可预制	宜用于墙高较大的岩质路堑地段。可用作抗滑挡土墙。可采用肋柱式或板壁式单级墙或多级墙。每级墙高不宜大于8m，多级墙的上、下级墙体之间应设置宽度不小于2m的平台
锚定板挡土墙		类似于锚杆式，仅锚杆的固定端用锚定板固定在山体内	宜使用在缺少石料地区的路肩墙或路堤式挡土墙，但不应建筑于滑坡、坍塌、软土及膨胀土地区。可采用肋柱式或板壁式，墙高不宜超过10m
加筋土挡土墙		由面板、拉筋和填料三部分组成，依靠拉筋与填料之间的摩擦力来抵抗侧向土压力，面板可预制	用于一般地区的路肩式挡土墙、路堤式挡土墙。但不应修建在滑坡、水流冲刷、崩塌等不良地质地段。高速公路、一级公路墙高不宜大于12m，二级及二级以下公路不宜大于20m
桩板式挡土墙		由柱板的挡板组成，利用深埋的桩柱前土层的被动土压力来平衡墙后主动土压力	用于表土及强风化层较薄的均质岩石地基、挡土墙高度可较大，也可用于地震区的路堑或路堤支挡或滑坡等特殊地段的治理

第三节 挡土墙的构造与布置

一、挡土墙的构造

常用的重力式挡土墙一般是由墙身、基础、排水设施和沉降与伸缩缝等部分组成，如图8-3所示。

(一) 墙身构造

1. 墙背

挡土墙墙背的形式对抵抗墙背土体的平衡起很大的作用。重力式挡土墙的墙背，可做成仰斜、垂直、俯斜、凸形折线和衡重式等形式(图8-4)。

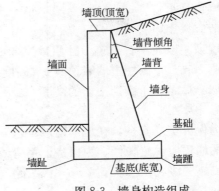

图8-3 墙身构造组成

仰斜墙背所受的土压力小，故墙身断面较经济。用于路堑墙时，墙身与开挖面边坡较贴合，故开挖量与回填量均较小。但当墙趾处地面横坡较陡时，会使墙身增高，断面增大。故仰斜墙背适用于路堑墙及墙趾处地面平坦的路肩墙或路堤墙。仰斜墙背的坡度不宜缓于1∶0.3，以免施工困难。

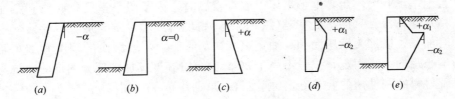

图8-4 重力式挡土墙的断面形式
(a)仰斜；(b)垂直；(c)俯斜；(d)凸形折线；(e)衡重式

仰斜墙背所受的土压力小，故墙身断面较经济。仰斜式墙背的坡度不宜缓于1∶0.3，以免施工困难。用于路堑墙时，墙身与开挖面边坡较贴合，故开挖量与回填量均较小。但当墙趾处地面横坡较陡时，会使墙身增高，断面增大。故仰斜墙背适用于路堑墙及墙趾处地面平坦的路肩墙或路堤墙。

俯斜墙背所受的土压力较大。在地面横坡陡峻时，俯斜式挡土墙可采用陡直的墙面，借以减小墙高。俯斜墙背也可做成台阶形，以增加墙背与填料间的摩擦力。

垂直墙背的特点介于仰斜和俯斜墙背之间。

凸形折线墙背系将仰斜式挡土墙的上部墙背改为俯斜，以减小上部断面尺寸，多用于路堑墙，也可用于路肩墙。

衡重式墙在上下墙之间设衡重台，并采用陡直的墙面。适用于山区地形陡峻处的路肩墙和路堤墙，也可用于路堑墙。上墙俯斜墙背的坡度1∶0.25～1∶0.45，下墙仰斜墙背在1∶0.25左右，上下墙的墙高比一般采用2∶3。

2. 墙面

墙面一般均为平面，其坡度应与墙背坡度相协调。墙面坡度直接影响挡土墙的高度。因此，在地面横坡较陡时，墙面坡度一般为1∶0.05～1∶0.20，矮墙可采用陡直墙面；地面平缓时，一般采用1∶0.20～1∶0.35较为经济。

3. 墙顶

墙顶最小宽度，浆砌挡土墙不小于 50cm，干砌不小于 60cm。浆砌路肩墙墙顶一般宜采用粗石料或混凝土做成顶帽，厚 40cm。如不做顶帽，对路堤墙和路堑墙，墙顶应以大块石砌筑，并用砂浆勾缝，或用强度等级为 5 的砂浆抹平顶面，砂浆厚 2cm。干砌挡土墙墙顶 50cm 高度内，应用强度等级为 25 的砂浆砌筑，以加强墙身稳定。干砌挡土墙的高度一般不宜大于 6m。

4. 护栏

为保证交通安全，在地形险峻地段，或过高（6m 时）过长（连续 20m 长）的路肩墙的墙顶应设置护栏。为保持土路肩最小宽度，护栏内侧边缘距路面边缘的距离，二、三级路不小于 0.75m，四级路不小于 0.5m。

（二）基础

基础设计的主要内容包括基础类型形式和基础埋置深度的确定。

1. 基础类型

绝大多数挡土墙，都直接修筑在天然地基上。

当地基承载力不足，地形平坦而墙身较高时，为了减小基底压应力和增加抗倾覆稳定性，常常采用扩大基础（图 8-5a），将墙趾或墙踵部分加宽成台阶，或两侧同时加宽，以加大承压面积。加宽宽度视基底应力需要减少的程度和加宽后的合力偏心距的大小而定，一般不小于 20cm。台阶高度按加宽部分的抗剪、抗弯拉和基础材料的刚性角的要求确定（刚性角：浆砌片石 35°，混凝土 45°）。

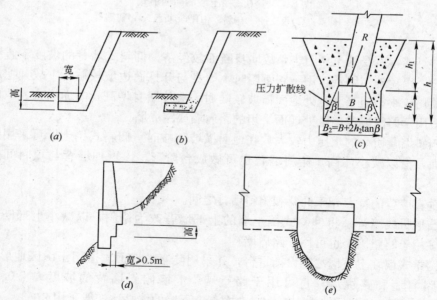

图 8-5 重力式挡土墙的基础类型

(a)墙趾或墙踵部分加宽；(b)钢筋混凝土底板；(c)换填地基；(d)台阶基础；(e)拱形基础

当地基压应力超过地基承载力过多时，需要的加宽值较大，为避免加宽部分的台阶过高，可采用钢筋混凝土底板（图 8-5b），其厚度由剪力和主拉应力控制。

地基为软弱土层(如淤泥、软黏土等)时,可采用砂砾、碎石、矿渣或灰土等材料予以换填,以扩散基底压应力,使之均匀地传递到下卧软弱土层中,如图8-5(c)所示。一般换填深度 h_2 与基础埋置深度 h_1 之总和不宜超过5m,对淤泥和泥炭等应更浅些。

当挡土墙修筑在陡坡上,而地基又为完整、稳固、对基础不产生侧压力的坚硬岸石时,可如图8-5(d)所示,设置台阶基础,以减少基坑开挖和节省圬工。分台高一般约1m左右,台宽视地形和地质情况而定,不宜小于0.2m,高宽比可以采用3∶2或2∶1。最下一个台阶的底宽应满足偏心距的有关规定,不宜小于1.5～2.0m。

如地基有短段缺口(如深沟等)或挖基困难(如需水下施工等),可采用拱形基础,以石砌拱圈跨过,再在其上砌筑墙身(图8-5e),但应注意土压力不宜过大,以免横向推力导致拱圈开裂。设计时,对拱圈应进行验算。

2. 基础埋置深度

对于土质地基,基础埋置深度应符合下列要求:

(1) 当冻结深度小于或等于1m时,基底应在冻结线以下不小于0.25m,并应符合基础最小埋置深度不小于1m的要求。

(2) 当冻结深度超过1m时,基底最小埋置深度不小于1.25m,还应将基底至冻结线以下0.25m深度范围内的地基土换填为弱冻胀材料。

(3) 受水流冲刷时,应按路基设计洪水频率计算冲刷深度,基底应置于局部冲刷线以下不小于1m。

(4) 路堑式挡土墙基础顶面应低于路堑边沟底面不小于0.5m。

在风化层不厚的硬质岩石地基上,基底一般应置于基岩表面风化层以下;在软质岩石地基,基底最小埋置深度不小于1m。碎石、砾石和砂类地基,不考虑冻胀影响,但基础埋深不宜小于1m。

对于岩石地基,应清除表面风化层。当风化层较厚难以全部清除时,可根据地基的风化程度及其容许承载力将基底埋入风化层中。基础嵌入岩层的深度,可参照表8-2确定。墙趾前地面横坡较大时,应留出足够的襟边宽度(趾前至地面横坡的水平距离),以防止地基剪切破坏(表8-2)。

基础嵌入岩层的深度与襟边宽度　　　　表8-2

岩层种类	基础埋深 h(m)	襟边宽度 L(m)	嵌入示意图
较完整的坚硬岩石	0.25	0.25～0.5	
一般岩石(如砂页岩互层等)	0.6	0.6～1.5	
松散岩石(如千枚岩等)	1.0	1.0～2.0	
砂夹砾石(土基)	≥1.0	1.5～2.5	

当挡土墙位于地质不良地段,地基土内可能出现滑动面时,应进行地基抗滑稳定性验算,将基础底面埋置在滑动面以下,或采用其他措施,以防止挡土墙滑动。

(三) 排水设施

挡土墙应设置排水措施，以疏干墙后土体和防止地面水下渗，防止墙后积水形成静水压力，减少寒冷地区回填土的冻胀压力，消除黏性土填料浸水后的膨胀压力。

挡墙排水设计分为：地面排水和墙背排水。

排水措施主要包括：设置地面排水沟，引排地面水；夯实回填土顶面和地面松土，防止雨水及地面水下渗，必要时可加设铺砌片石等；对路堑挡墙墙趾前的边沟应予以铺砌加固，以防边沟水渗入基础；墙背排水包括设置墙身泄水孔，排除墙后水。

墙背排水分为两大类：连续排水层和不连续排水层。

浆砌块（片）石墙身应在墙前地面以上设一排泄水孔（图 8-7）。墙高时，可在墙上部加设一排泄水孔。泄水孔的尺寸一般为 5cm×10cm、10cm×10cm、15cm×20cm 的方孔或直径为 5~10cm 的圆孔。孔眼间距一般为 2~3m，对于浸水挡土墙孔眼间距一般 1.0~1.5m，干旱地区可适当加大，孔眼上下错开布置。下排排水孔的出口应高出墙前地面 0.3m；若为路堑墙，应高出边沟水位 0.3m；若为浸水挡土墙，应高出常水位 0.3m。为防止水分渗入地基，下排泄水孔进水口的底部应铺设 30cm 厚的黏土隔水层。泄水孔的进水口部分应设置粗粒料反滤层，以免孔道阻塞。当墙背填土透水性不良或可能发生冻胀时，应在最低一排泄水孔至墙顶以下 0.5m 的范围内铺设厚度不小于 0.3m 的砂卵石连续排水层（图 8-6c）。

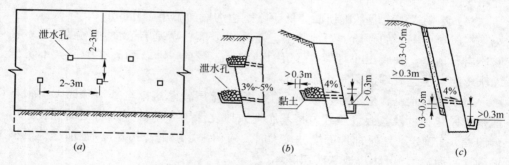

图 8-6 挡土墙的排水设施示意图
(a) 挡土墙泄水孔布置图；(b) 不连续排水层；(c) 连续排水层

干砌挡土墙因墙身透水，可不设泄水孔。

(四) 沉降缝与伸缩缝

为避免因地基不均匀沉陷而引起墙身开裂，需根据地质条件的变异和墙高、墙身断面的变化情况设置沉降缝。为了防止圬工砌体因收缩硬化和温度变化而产生裂缝，应设置伸缩缝。设计时，一般将沉降缝与伸缩缝合并设置，沿路线方向每隔 10~15m 设置一道，兼起两者的作用，缝宽 2~3cm，缝内一般可用胶泥填塞，但在渗水量大、填料容易流失或冻害严重地区，则宜用沥青麻筋或涂以沥青的木板、橡胶条等具有弹性的材料，沿内、外、顶三方填塞，填深不宜小于 0.15m，当墙后为岩石路堑或填石路堤时，可设置空缝。

干砌挡土墙，缝的两侧应选用平整石料砌筑，使成垂直通缝。

二、挡土墙的布置

挡土墙的布置，通常在路基横断面图和墙趾纵断面图上进行。布置前，应现场核对路基横断面图，不足时应补测；测绘墙趾处的纵断面图，收集墙趾处的地质和水文等资料。

1. 位置选择

路堑挡土墙大多设置的边沟旁，基础应与边沟底部比较，符合埋置深度要求。山坡挡土墙应考虑设在基础可靠边处，并保证墙后墙顶以上边坡稳定。路肩挡土墙可以充分起到收敛坡脚的作用，减少占地范围和填方。当路肩墙与路堤墙的墙高或截面圬工数量相近时，应优先考虑路肩墙。浸水路堤处设置挡墙，可以减小压缩河道等。

2. 挡土墙的纵向布置

挡土墙纵向布置在墙趾纵断面图上进行，布置后绘成挡土墙纵断面图（图8-7）。

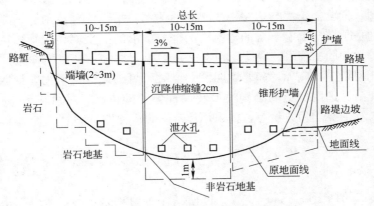

图 8-7 挡土墙纵断面图

布置的内容有：

（1）确定挡土墙的起讫点和墙长，选择挡土墙与路基或其他结构物的衔接方式。

路肩挡土墙端部和挖方路基连接处时，一般将墙高逐渐降低至 2m 以下，使边坡坡脚不至于伸入边沟内，有时也可以横向端墙连接。路肩挡土墙与路堤相接处应采用锥形护坡与路堤衔接；与桥台连接时，为了防止墙后回填土从桥台尾端与挡墙连接处的空隙中溜出，需在台尾与挡土墙之间设置隔墙及接头墙。

路堑挡土墙在隧道洞口应结合隧道洞门、翼墙的设置做到平顺衔接；与路堑边坡衔接时，一般将墙高逐渐降低至 2m 以下，使边坡坡脚不致伸入边沟内，有时也可与横向端墙连接。

（2）按地基及地形情况进行分段，确定伸缩缝与沉降缝的位置及缝的间距。

（3）布置各段挡土墙的基础。墙趾地面有纵坡时，挡土墙的基底宜做成不大于 5% 的纵坡。但地基为岩石时，为减少开挖，可沿纵向做成台阶。台阶尺寸视纵坡大小而定，但其高宽比不宜大于 1∶2。

(4) 布置泄水孔的位置，包括数量、间隔和尺寸等。

对于个别复杂的挡土墙，如高、长的高河挡土墙和曲线挡土墙，除了纵、横向布置外，还应进行平面布置，绘制平面图。在平面布置图上标明挡土墙与路线的平面位置及附近地貌和地物等情况，特别是与挡土墙干扰的建筑物的情况。并注明各特征点的桩号，以及墙顶、基础顶面、基底、冲刷线、冰冻线、常水位线或设计洪水位的标高等。

3. 挡土墙的横向布置

挡土墙横向布置图，应选择在墙高最大处、墙身断面或基础形式有变异处的横断面图上进行。根据墙型、墙高及地基与填料的物理力学指标等设计资料，进行挡土墙设计或套用标准图，确定墙身断面、基础形式和埋置深度，布置排水设施等，并绘制挡土墙横断面图。

4. 平面布置

对于个别复杂的挡土墙，如较高、较长的沿河曲线挡土墙，应作平面布置，绘制平面图，标明挡土墙与道路中线之间的关系，平面位置及附近地貌与地物等情况，特别是与挡土墙有干扰的建筑物的情况。沿河挡土墙还应绘出河道及水流方向，防护与加固工程等。

在设计图纸上，应标写简要说明。必要时可另编设计说明书，说明选用挡土墙方案的理由、选用挡土墙结构类型和设计参数的依据、对材料和施工的要求、注意事项以及主要工程数量等，如采用标准图，应注明其编号。

第四节　挡土墙土压力计算

各种形式的挡土墙，都以支撑土体使其保持稳定为目的，所以挡土墙这类构造物的主要荷载即是土体的侧压力，即土压力。为了使挡土墙的设计经济合理，关键是正确计算主动土压力。

一、作用在挡土墙上的力

作用在挡土墙上的力系，根据荷载性质分为永久荷载、可变荷载和偶然荷载。

永久荷载是长期作用于挡土墙上的，如图 8-8 所示，它包括下列一些力：

(1) 墙身自重 G 及位于墙顶上的有效荷载；

(2) 由填土自重产生的墙后土体的主动土压力 E_a（包括作用在墙后填料破裂棱体上的荷载，简称超载）；

(3) 基底的法向反力 N 及摩擦力 T；

(4) 墙前土体的被动土压力 E_p。

可变荷载主要有：

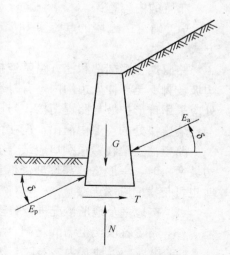

图 8-8　作用在挡土墙上的力系

(1) 车辆荷载引起的土压力;

(2) 对浸水挡土墙而言,考虑设计水位、常水位时的浮力静水压力;

(3) 季节性作用于挡土墙的各种力,例如冻胀压力以及冰压力等;

(4) 温度变化影响力。特殊力是偶然出现的力,例如地震力、施工荷载、水流漂浮物的撞击力等。

偶然荷载是指暂时的或属于灾害性的,其发生概率极小,包括地震力、施工荷载和临时荷载、水流漂浮物的撞击力等。挡土墙设计时,应根据挡土墙可能出现的作用荷载,选择荷载组合,按最不利的组合作为设计的依据,见表8-3。

常用作用(或荷载)组合表　　表8-3

组合	作用(或荷载)名称
Ⅰ	挡土墙结构重力、墙顶上的有效永久荷载、填土重力、填土侧压力及其他永久荷载组合
Ⅱ	组合Ⅰ与基本可变荷载相组合
Ⅲ	组合Ⅱ与其他可变荷载、偶然荷载相组合

注:1. 洪水与地震力不同时考虑;
　　2. 冻胀力、冰压力不与流水压力或波浪压力同时考虑;
　　3. 车辆荷载与地震力不同时考虑。

二、土压力分类

在影响挡土墙土压力大小及其分布规律的诸多因素中,根据挡土墙的位移和墙后土体年处的应力状态,土压力有以下三种类型。即静止土压力、主动土压力、被动土压力,如图8-9所示。

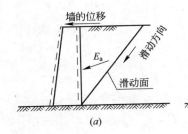
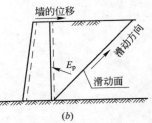
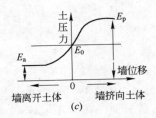

图8-9　三种不同性质的土压力
(a)主动土压力;(b)被动土压力;(c)土压力与墙身位移的关系

1. 主动土压力

当挡土墙在土压力作用下向前(离开土体)产生微小移动或转动,如图8-9所示,从而使墙体对土体的侧向应力逐渐减小,土体便于出现向下滑动的趋势,直到墙后土体沿破裂面下滑而处于极限平衡状态时,作用于墙背的土压力称主动土压力(E_a)。

2. 被动土压力

当挡土墙在外力作用下，移动或转动方向是推挤土体，如图 8-9 所示，从而使墙体对土体的侧向应力逐渐增大，这时土体便出现向上滑动的趋势，土压力随之增大，直到土体被推移向上滑动处于极限平衡状态，此时作用于墙背上的土压力称为被动土压力（E_p）。

3. 静止土压力

如果挡土墙的刚度很大，在土压力的作用下，墙处于原来位置不动，不发生任何变形和位移，墙背后土体处于弹性平衡状态，此时墙背所受的土压力称为静止土压力（E_0），静止土压力介于主动土压力和被动土压力两者之间。采用哪种性质的土压力作为挡土墙设计荷载，要根据挡土墙的具体条件而定。

路基挡土墙一般都可能有向外的位移或倾覆，因此在设计中按墙背土体达到主动极限平衡状态，且设计时取一定的安全系数，以保证墙背土体的稳定。对于墙趾前土体的被动土压力 E_p，在挡土墙基础一般埋深的情况下，考虑到各种自然力和人畜活动的作用，一般均不计，以偏于安全。

三、库伦主动土压力计算

如图 8-10(a)所示，AB 为墙背，BC 为破裂面，BC 与竖直方向的夹角 θ 为破裂角，ABC 为破坏棱体。这个破坏棱体上作用着三个力，即破坏棱体自重 W、主动土压力的反力 E_a、破坏棱体上的反力 R。其中 E_a 的方向与墙背后法线方向成 δ 角，且偏于阻止棱体下滑的方向，R 的方向与破裂面法线成 φ 角，同样偏于阻止棱体下滑方向。由于棱体处于极限平衡状态，因此，力三角形必须闭合，如图 8-10(b)所示。从力三角形中可得：

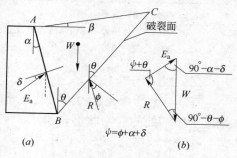

图 8-10　库仑主动土压力计算图式

从力三角形中可得：

$$E_a = W \frac{\cos(\theta+\phi)}{\sin(\theta+\psi)} \qquad (8-1)$$

式中　$\psi = \phi + \alpha + \delta$。

但是主动状态破裂角 θ 是未知的，由式(8-1)和图 8-10 可知，由于所假定的破裂面的位置不同，则 θ 不同，随之 G 和 E_a 都变化。因此，按库仑主动土压力理论计算时，当墙背形态变化（直线、折线、衡重台）、当墙顶上方填土表面不同（平面、折面）、荷载分布范围不同，即边界条件不同，土压力有多种计算图示和计算公式。

以路基挡土墙为例，按破裂面交于路基位置的不同，可分为：破裂面交于内边坡、破裂面交于荷载的内侧、中部和外侧。表 8-4 中的挡土墙主动土压力计算图示及公式，仅适用于墙背是平面的，不同墙后填料表面和荷载作用情况下的主动土压力，且墙背后填料是砂性土的情况。对于其他形式的墙背或填料为黏性土，可参照公路手册《路基》采用相关公式进行设计验算。

挡土墙主动土压力计算公式   表 8-4

类型	计算图式及土压力分布图形	计 算 公 式
路堑墙或路堤墙墙后填土表面为平面，无荷载		破裂角：$\theta=90°-\varphi-\varepsilon$ $\tan\varepsilon=\dfrac{\sqrt{\tan(\varphi-\beta)[\tan(\varphi-\beta)+\cot(\varphi-\alpha)][1+\tan(\alpha+\delta)\cot(\varphi-\alpha)]}-\tan(\varphi-\beta)}{1+\tan(\alpha+\delta)[\tan(\varphi-\beta)+\cot(\varphi-\alpha)]}$ 主动土压力：$E=\dfrac{1}{2}\gamma H^2 K$，$E_x=E\cos(\alpha+\delta)$，$E_y=E\sin(\alpha+\delta)$ 主动土压力系数：$K=\dfrac{\cos^2(\varphi-\alpha)}{\cos^2\alpha\cos(\alpha+\delta)\left[1+\sqrt{\dfrac{\sin(\varphi+\delta)\sin(\varphi-\beta)}{\cos(\alpha+\delta)\cos(\alpha-\beta)}}\right]^2}$ 土压力作用点：$Z_y=\dfrac{1}{3}H$，$Z_x=B-Z_y\tan\alpha$
路肩墙墙后填土表面水平，连续均布荷载		$\tan\theta=-\tan\psi\pm\sqrt{(\cot\varphi+\tan\psi)(\tan\psi+A)}$ $\psi=\varphi+\alpha+\delta$，$A=-\tan\alpha$ 主动土压力：$E=\dfrac{1}{2}\gamma H^2 K K_1$，$E_x=E\cos(\alpha+\delta)$，$E_y=E\sin(\alpha+\delta)$ 主动土压力系数：$K=\dfrac{\cos(\theta+\varphi)}{\sin(\theta+\psi)}(\tan\theta+\tan\alpha)$，$K_1=1+\dfrac{2h_0}{H}$ 土压力作用点：$Z_y=\dfrac{H}{3}+\dfrac{h_0}{3K_1}$，$Z_x=B-Z_y\tan\alpha$
路肩墙墙后填土表面水平，连续均布荷载，破裂面交于荷载内		$\tan\theta=-\tan\psi\pm\sqrt{(\cot\varphi+\tan\psi)(\tan\psi+A)}$ $\psi=\varphi+\alpha+\delta$，$A=\dfrac{2dh_0}{H(H+2h_0)}-\tan\alpha$ 主动土压力：$E=\dfrac{1}{2}\gamma H^2 K K_1$，$E_x=E\cos(\alpha+\delta)$，$E_y=E\sin(\alpha+\delta)$ 主动土压力系数：$K=\dfrac{\cos(\theta+\varphi)}{\sin(\theta+\psi)}(\tan\theta+\tan\alpha)$，$K_1=1+\dfrac{2h_0}{H}\left(1-\dfrac{h_1}{H}\right)$ $h_1=\dfrac{d}{\tan\theta+\tan\alpha}$ 土压力作用点：$Z_y=\dfrac{H}{3}+\dfrac{h_0(H-2h_1)^2-h_0 h_1^2}{3K_1}$，$Z_x=B-Z_y\tan\alpha$
路肩墙墙后填土表面水平，连续均布荷载，破裂面交于荷载外		$\tan\theta=-\tan\psi\pm\sqrt{(\cot\varphi+\tan\psi)(\tan\psi+A)}$ $\psi=\varphi+\alpha+\delta$，$A=\dfrac{-2b_0 h_0}{H(H+2h_0)}-\tan\alpha$ 主动土压力：$E=\dfrac{1}{2}\gamma H^2 K K_1$，$E_x=E\cos(\alpha+\delta)$，$E_y=E\sin(\alpha+\delta)$ 主动土压力系数：$K=\dfrac{\cos(\theta+\varphi)}{\sin(\theta+\psi)}(\tan\theta+\tan\alpha)$，$K_1=1+\dfrac{2h_0 h_2}{H^2}$ $h_1=\dfrac{d}{\tan\theta+\tan\alpha}$，$h_2=\dfrac{b_0}{\tan\theta+\tan\alpha}$ 土压力作用点：$Z_y=\dfrac{H}{3}+\dfrac{h_0 h_2(4H-6h_1-3h_2)}{3H^2 K_1}$，$Z_x=B-Z_y\tan\alpha$

注：1. 应用本表各式时，仰斜墙背，α 取负值；俯斜墙背，α 取正值；垂直墙背，α 取0。

2. 破裂角公式中的 $\pm\sqrt{(\cot\varphi+\tan\psi)(\tan\psi+A)}$ 项，$\psi<90°$时，取正值；$\psi>90°$时取负值。

3. 当均布荷载自墙顶内缘（路肩墙）或路基边缘（路堑墙）开始布置时，以 $d=0$ 代入有关各式样。

第五节 重力式挡土墙设计与验算

挡土墙的验算方法有两种:一是采用总安全系数的容许应力法;二是采用分项安全系数法的极限状态法。为保证挡土墙在土压力及外荷载作用下,有足够的强度及稳定性,在设计挡土墙时,应验算挡土墙沿基底的抗滑动稳定性,绕墙趾的抗倾覆稳定性,基底应力和偏心距及墙身强度等。本教材介绍挡土墙的验算采用容许应力法。

一、车辆荷载换算

作用在填料上的车辆荷载,可以近似地按均布荷载考虑。计算时,把荷载换算成密度与墙后填料相同的均布土层。换算时把作用在破坏棱体上车辆荷载换成均布土层其厚度,按式(8-2)进行。

$$h_0 = \frac{\Sigma Q}{\gamma B_0 L} \tag{8-2}$$

式中 γ——墙后填料的重度(kN/m^3);

B_0——破坏棱体的宽度(m),对于堤墙边坡部分宽度 b 不计入内,如图 8-11 所示。

L——挡土墙的计算长度(m),取值见下述有关规定:

ΣQ——布置在 $B_0 \times L$ 面积内的车轮总重(kN)。

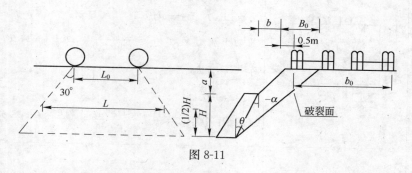

图 8-11

挡土墙的计算长度,可按以下情况取值:

(1) 汽车—20 级作用时,取重车的扩散长度。当挡土墙分段长度在 10m 及以下时,扩散长度不超过 10m;当挡土墙分段长度在 10m 及以上时,扩散长度不超过 15m。

(2) 汽车—超 20 级作用时,取重车的扩散长度,但不超过 20m。

(3) 平板车或履带车作用时,取挡土墙分段长度和车辆扩散长度中较大者,但不得大于 15m。

各级汽车荷载土的重车、平板车或履带车的扩散长度,可按式(8-3)计算:

$$L = L_0 + (H + 2a)\tan 30° \tag{8-3}$$

式中 L_0——前后轴距加轮胎着地长度或履带着地长度(m)。

纵向：当取用挡土墙分段长度时，为分段长度内可能布置的车轮；当取用一辆重车的扩散长度时，为一辆重车。

横向：破坏棱体宽度 B_0 范围内可能布置的的车轮，车辆外侧车轮中线距路面（或路肩）安全带边缘的距离为 0.5m。

二、挡土墙抗滑稳定性验算

1. 挡土墙抗滑稳定性验算

挡土墙的抗滑稳定性是指在土压力和其他外荷载的作用下，基底摩阻力抵抗挡土墙滑移的能力，用抗滑稳定系数 K_c 表示，即作用于挡土墙的抗滑力与实际下滑力之比，如图 8-12 所示。

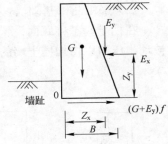

$$K_c = \frac{(G+E_y)f}{E_x} \geqslant [K_c] \quad (8\text{-}4)$$

图 8-12 挡土墙的抗滑动稳定

式中 G——挡土墙自重(kN)；

E_x、E_y——墙后主动土压力的水平分力和竖向分力(kN)；

f——基底（圬工）与地基之间的摩擦系数，当缺乏可靠试验资料时，可按表 8-5 的规定采用；

$[K_c]$——抗滑稳定系数，可按表 8-6 的规定采用。

基底与基底土间的摩擦系数 f 表 8-5

地基土的分类	摩擦系数 f	地基土的分类	摩擦系数 f
软塑黏土	0.25	碎石类土	0.50
硬塑黏土	0.30	软质岩石	0.40～0.60
砂类土、黏砂土、半干硬的黏土	0.30～0.40	硬质岩石	0.60～0.70
砂类土	0.40		

抗滑动和抗倾覆的稳定系数 表 8-6

荷载情况	验算项目	稳定系数	
荷载组合Ⅰ、Ⅱ	抗滑动	K_c	1.3
	抗倾覆	K_0	1.5
荷载组合Ⅲ	抗滑动	K_c	1.3
	抗倾覆	K_0	1.3
施工阶段验算	抗滑动	K_c	1.2
	抗倾覆	K_0	1.2

2. 增加抗滑稳定性的方法

（1）设置倾斜基底

设置向内倾斜的基底，可以增加抗滑力和减少滑动力，从而增加了抗滑稳定性。

基底倾角 α_0 越大，越有利于抗滑稳定性，但应考虑挡土墙连同地基土体一起滑走的可能性，因此对地基倾斜度应加以控制。通常，对土质地基，不陡于 $1:5(\alpha_0\leqslant 11°10')$；对岩石地基，不陡于 $1:3(\alpha_0\leqslant 16°42')$，如图 8-13 所示。

（2）采用凸榫基础

在挡土墙基础底面设置混凝土凸榫，与基础连成整体，利用榫前土体产生的被动土压力以增加挡土墙的抗滑稳定性，如图 8-14 所示。

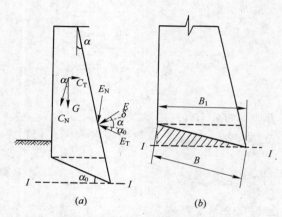

图 8-13 倾斜基底增加挡土墙抗滑稳定性

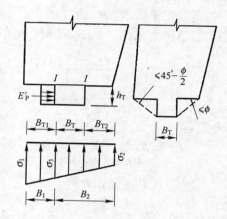

图 8-14 凸榫基础

三、抗倾覆稳定性验算

1. 抗倾覆稳定性验算

挡土墙的抗倾覆稳定性是指它抵抗墙身绕墙趾向外转动倾覆的能力，用抗倾覆稳定系数 K_0 表示。

$$K_0 = \frac{GZ_G + E_y Z_x}{E_x Z_y} \geqslant [K_0] \qquad (8-5)$$

式中 G——作用于基底以上的重力(kN)，浸水挡土墙的浸水部分应计入浮力；

Z_G——墙身重力、基础重力、基础上填土的重力及作用于墙顶的其他荷载的竖向力合力重心到墙趾的距离(m)；

Z_x——墙后主动土压力的竖向分量到墙趾的距离(m)；

Z_y——墙后主动土压力的水平分量到墙趾的距离(m)。

其余符号意义同前，如图 8-15 所示。

在规范规定的墙高范围内，验算挡土墙的抗滑动和抗倾覆稳定时，稳定系数不宜小于表 8-6 的规定。

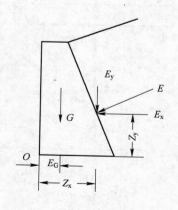

图 8-15 挡土墙的抗倾覆稳定

2. 增加抗倾覆稳定性的方法

为增加抗倾覆稳定性，应采取加大稳定力矩和减小倾覆力矩的办法。

(1) 展宽墙趾

在墙趾处展宽基础以增加稳定力臂，是增加抗倾覆稳定性的常用方法。但在地面横坡较陡处，会由此引起墙高增加。

(2) 改变墙面及墙背坡度

改缓墙面坡度可增加稳定力臂（图8-16a），改陡俯斜墙背或改缓仰斜墙背可减少土压力（图8-16b、图8-16c）。在地面纵坡较陡处，均须注意对墙高的影响。

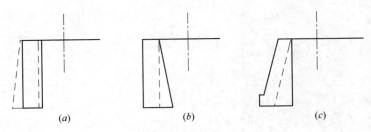

图 8-16　改变胸坡及背坡
(a) 改变胸坡；(b) 改陡俯斜墙背；(c) 改为仰斜墙背

(3) 改变墙身断面类型

当地面横坡较陡时，应使墙胸尽量陡立。这时可改变墙身断面类型，如改用衡重式墙或者墙后加设卸荷平台、卸荷板（图8-17），以减少土压力并增加稳定力矩。

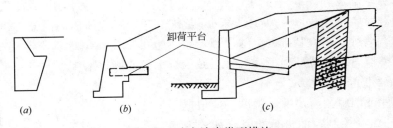

图 8-17　改变墙身类型措施

当挡土墙的设计墙高大于 12～15m 时，应注意加大 K_c、K_0 值，以保证挡土墙的抗滑和抗倾覆稳定性。

四、基底应力及合力偏心距验算

为了保证挡土墙基底应力不超过地基承载力，应进行基底应力验算；同时，为了使挡土墙墙型结构合理和避免发生显著不均匀沉陷，还应控制作用于挡土墙基底的合力偏心距。

1. 基底合力的偏心距 e_0 可按下式计算：

$$e_0 = \frac{B}{2} - Z_N = \frac{B}{2} - \frac{GZ_G + E_y Z_x - E_x Z_y}{G + E_y} \tag{8-6}$$

式中 Z_N——作用于基底上的合力的法向力分力 N 对 O 点的力力臂(m)。

2. 基底压应力 σ 应按下列公式计算：

当 $|e| \leqslant \dfrac{B}{6}$ 时，墙趾或墙踵处的压应力按式(8-7)计算：

$$\sigma_{1,2} = \dfrac{N}{A}\left(1 \pm \dfrac{6e}{B}\right) = \dfrac{G+E_y}{A}\left(1 \pm \dfrac{6e}{B}\right) \leqslant [\sigma] \tag{8-7}$$

位于岩石地基上的挡土墙，基底出现拉应力，一般均不考虑地基能承受此拉力，则基底应力重新分布，此时按式(8-8)确定最大压应力，如图 8-18 所示。

$$e > \dfrac{B}{6} \text{时}, \sigma_2 = 0 \tag{8-8}$$

$$\alpha_1 = \dfrac{B}{2} - e_0 \tag{8-9}$$

式中 σ_1——挡土墙趾部的压应力(kPa)；
σ_2——挡土墙踵部的压应力(kPa)；
B——基底宽度(m)，倾斜基底为其斜宽；
A——基础底面每延米的面积，矩形基础为基础宽度 $B \times 1 (\text{m}^2)$；
N——作用于基底上的垂直力组合设计值(kN/m)；

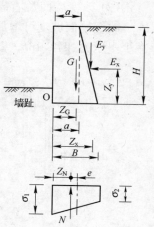

图 8-18 基底应力及偏心检算图示

其余符号意义同前。

基底合力的偏心距 e_0，对土质地基不应大于 $B/6$；岩石地基不应大于 $B/4$。基底压应力不应大于基底的容许承载力 $[\sigma_0]$；基底容许承载力值可按现行《公路桥涵地基与基础设计规范》(JTJ 024—85)的规定采用，当为作用(或荷载)组合Ⅲ及施工荷载时，且 $[\sigma_0] > 150\text{kPa}$ 时，可提高 25%。基底压应力或偏心距过大时，可采取加宽墙趾或扩大基础的办法予以调整，也可采用换填地基土以提高其承载力；或调整墙背坡度或断面形式尺寸以减少合力偏心距等措施。

五、墙身截面强度验算

为了保证墙身具有足够的强度，应根据经验选择 1~2 个控制断面进行验算，如墙身底部、二分之一墙高处、上下墙(凸形及衡重式墙)交界处(图 8-19)。重力式挡土墙一般均属于偏心受压，故截面强度应按偏心受压构件进行验算。

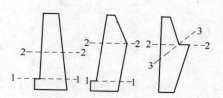

图 8-19 验算断面的选择

挡土墙验算方法详见《公路路基设计规范》(JTG D30—2004)。当挡土墙墙身高小于 12m 时，可依据当地质土质、墙体类型及荷载情况直接应用标准图集。

六、例题

【例 8-1】 挡土墙验算某汽车专用路公路二级设置一座重力式浆砌路肩挡土墙，墙背为俯斜式，地基为一般天然土质地基，挡土墙高 $H = 4.6\text{m}$，墙顶宽

1.25m,墙背坡度为 $i=1:0.3$,墙背粗糙,排水良好,荷载换算等代土层高为 $h_0=1.1$m,墙背填土破裂面交于荷载内,填料重度 $\gamma=19$kN/m³,内摩擦角 $\varphi=35°$,墙背与填土的摩擦角为 $\delta=\frac{1}{2}\varphi$,挡墙与地基之间的摩擦系数 $f=0.5$,挡墙砌体的重度为 $\gamma=23$kN/m³,采用岩石地基,基础的容许承载力 $[\sigma]=450$kPa,如图8-20所示。试验算此挡土墙。(取 $d=0.75$m)

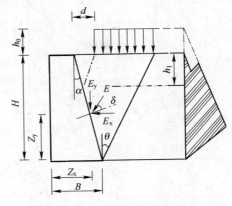

图8-20 例8-1图

【解】 1. 计算主动土压力

(1) 求破裂角 θ

由于破裂面交于荷载内,按照表8-4公式计算得

$$\tan\alpha=\frac{1}{i}=\frac{1}{1:0.3}=0.3$$

所以,$\alpha=\arctan 0.3=16°41'57''$

又 $A=\dfrac{2\times d\times h_0}{H(H+2h_0)}-\tan\alpha=\dfrac{2\times 0.75\times 1.1}{4.6(4.6+2\times 1.1)}-0.3=-0.247$

$$\psi=\varphi+\alpha+\delta=\varphi+\alpha+\frac{1}{2}\varphi=35°+16°41'57''+17.5°=69°11'57''$$

因 $\psi<90°$ 时,故

$\tan\theta=-\tan\psi+\sqrt{(\cot\varphi+\tan\psi)(\tan\psi+A)}$

$=-\tan69°11'57''+\sqrt{(\cot 35°+\tan69°11'57'')(\tan69°11'57''-0.247)}$

$=0.480$

故 $\theta=\arctan 0.480=25°39'$

(2) 计算主动土压力

先计算主动土压力系数:

$K=\dfrac{\cos(\theta+\varphi)}{\sin(\theta+\psi)}(\tan\theta+\tan\alpha)=\dfrac{\cos(25°39'+35°)}{\sin(25°39'+69°11'57'')}(0.480+0.3)$

$=\dfrac{\cos 60°39'}{\sin 94°50'57''}\times 0.780=0.384$

$h_1=\dfrac{d}{\tan\theta+\tan\alpha}=\dfrac{0.75}{0.480+0.3}=0.962$m

$B=a+b=1.25+H\cdot\tan\alpha=1.25+4.6\times 0.3=2.63$m

$K_1=1+\dfrac{2h_0}{H}\left(1-\dfrac{h_1}{H}\right)=1+\dfrac{2\times 1.1}{4.6}\left(1-\dfrac{0.962}{4.6}\right)=1.378$

则主动土压力:

$$E_a = \frac{1}{2} \cdot \gamma \cdot H^2 \cdot K \cdot K_1 = \frac{1}{2} \times 19 \times 4.6^2 \times 0.384 \times 1.378 = 106.370 \text{kN}$$

主动土压力水平分力：
$$E_x = E_a \cdot \cos(\alpha + \delta) = 106.370 \times \cos(16°41'57'' + 17.5°) = 87.978 \text{kN}$$

主动土压力竖向分力：
$$E_y = E_a \cdot \sin(\alpha + \delta) = 106.370 \times \sin(16°41'57'' + 17.5°) = 59.787 \text{kN}$$

土压力作用点位置：
$$Z_y = \frac{H}{3} + \frac{h_0(H - 2h_1)^2 - h_0 \cdot h_1^2}{2H^2 \cdot K_1}$$

$$= \frac{4.6}{3} + \frac{1.1(4.6 - 2 \times 0.962)^2 - 1.1 \times 0.962^2}{2 \times 4.6^2 \times 1.378} = 1.651 \text{m}$$

$$Z_x = B - Z_y \cdot \tan\alpha = (1.25 + 4.6 \times 0.3) - 1.651 \times 0.3 = 2.135 \text{m}$$

2. 抗滑稳定性验算

取 1 米延长的挡墙来分析，挡土墙重力为：
$$G = r \cdot v = 23 \times \frac{(1.25 + 2.63)}{2} \times 4.6 \times 1 = 205.252 \text{kN}$$

滑动稳定系数 K_c
$$K_c = \frac{(G + E_y) \cdot f}{E_x} = \frac{(205.252 + 59.787) \times 0.5}{87.978} = 1.51 > [K_c] = 1.3$$

抗滑稳定性满足要求。

3. 抗倾覆稳定性验算

(1) 计算 Z_G

$a = 1.25 \text{m}$ $b = H \cdot \tan\alpha = 4.6 \times 0.3 = 1.38 \text{m}$

$$Z_G = \frac{a \cdot H \cdot \frac{a}{2} + \frac{1}{2} \cdot H \cdot b\left(a + \frac{b}{3}\right)}{a \cdot H + \frac{1}{2}H \cdot b}$$

$$= \frac{(1.25 \times 4.6 \times 0.625 + 0.5 \times 4.6 \times 1.38 \times (1.25 + 1.38/3)}{1.25 \times 4.6 + 0.5 \times 4.6 \times 1.38}$$

$$= 1.01 \text{m}$$

(2) 计算抗倾覆稳定性系数
$$K_0 = \frac{G \cdot Z_G + E_y \cdot Z_x}{E_x \cdot Z_y}$$

$$= \frac{205.252 \times 1.01 + 59.787 \times 2.135}{87.978 \times 1.651} = 2.306 > [K_0] = 1.5$$

抗倾覆稳定性满足要求。

4. 基底应力及合力偏心距验算

$$e_0 = \frac{B}{2} - \frac{G \cdot Z_G + E_y \cdot Z_x - E_x \cdot Z_y}{G + E_y} = 0.599 > \frac{B}{6} = 0.44$$

故

$$\sigma_1 = \frac{2G+E_y}{3\alpha_1}, \quad \sigma_2 = 0$$

这里：$\alpha_1 = \frac{B}{2} - e_0$

则 $\sigma_1 = \dfrac{2 \cdot G + E_y}{3 \cdot \left(\dfrac{B}{2} - e_0\right)} = 246.78\text{kPa} < [\sigma_0] = 450\text{kPa}$

基底应力满足要求；

偏心距 $e_0 = 0.599 < \dfrac{B}{4} = 0.66$，满足要求。

5. 墙身截面强度验算

由于挡土墙采用采用材料和施工方法均满足规范要求，可不予验算。

第六节 挡土墙的施工

一、重力式挡土墙的施工

（一）材料要求

1. 石料材料

石料强度必须符合设计要求，应为结构密实、石质均匀、不易风化、无裂缝的硬质石料。当在一月份平均气温低于－10℃的地区，所用石料和混凝土等材料，均须通过冻融试验，其砂浆强度等级不低于M25。

2. 砌筑砂浆

（1）砂浆强度等级应符合设计要求。必须具有良好的和易性。

（2）当采用水泥、石灰砂浆时，所用石灰除应符合技术标准外，还应成分纯正，锻烧均匀透彻，一般宜熟化成消石灰粉使用，其中活性 CaO 和 MgO 的含量应符合规定要求。

（3）砂浆配合比须通过试验确定，当更换砂浆的组成材料时，其配合比应重新试验确定。

（4）水泥、砂、石材等材料均应符合规范规定要求。

（二）重力式挡土墙的砌筑

挡土墙砌筑前应精确测定挡土墙基座主轴线和起迄点，并查看与两端边坡衔接是否适顺。砌筑时必须两面立杆挂线或样板挂线，外面线应顺直整齐，逐层收坡，内面线可大致适顺，以保证砌体各部尺寸符合设计要求，在砌筑过程中应经常校正线杆。浆砌石底面应卧浆铺筑，立缝填浆补实，不得有空隙和立缝贯通现象。砌筑工作中断时，可将砌好的石层孔隙用砂浆填满，再砌筑时，砌体表面要仔细清扫干净，洒水湿润。工作段的分段位置宜在伸缩缝和沉降缝处，各段水平缝应一致，分段砌筑时，相邻段高差不宜超过1.2m，砌筑砌体外坡时，浆缝需留出1~2cm深的缝槽，以硬砂浆勾缝，其强度等级应比砂浆提高一倍，隐蔽面的砌缝可随砌随填平，不另勾缝。

1. 浆砌片石

(1) 片石宜分层砌筑，以2~3层石块组成一工作层，每工作层的水平缝大致齐平，竖缝应错开，不能贯通。

(2) 外圈定位行列和转角石选择形状较方正、尺寸相对较大的片石，并长短相间地与里层砌块咬接成一体，下层石块也应交错排列，避免竖缝重合，砌缝宽度一般不应大于4cm。

(3) 较大的砌块应使用于下层，石块宽面朝下，石块之间均要有砂浆隔开，不得直接接触，竖缝较宽时可在砂浆中塞以碎石块，但不得在砌块下面用小石子支垫。

(4) 砌体中的石块应大小搭配，相互错叠，咬接密实并备有各种小石块，作挤浆填缝之用，挤浆时可用小锤将小石块轻轻敲入缝隙中。

(5) 砌片石墙必须设置拉结石，并应均匀分布，相互错开，一般每0.7m^2墙面至少设置一块。

2. 浆砌块石

(1) 用做镶面的块石，表面四周应加修整，尾部略微缩小，易于安砌。丁石长度不短于顺石长度的1.5倍。

(2) 块石应平砌，要根据墙高进行层次配料，每层石料高度做到基本齐平。外圈定位行列和镶面石应一丁一顺排列，丁石深入墙心不小于25cm，灰浆缝宽2~3m，上下层竖缝错开距离不小于10cm。

3. 料石砌筑

(1) 每层镶面料石均应事先按规定缝宽要求配好石料，再用铺浆法顺序砌筑和随砌随填立缝，并应先砌角石。

(2) 当一层镶面石砌筑完毕后，方可砌填心石，其高度与镶面石齐平。如用水泥混凝土填心，可先砌2~3层镶面石后再浇筑混凝土。

(3) 每层料石均应采用一丁一顺砌法，砌缝宽度均匀，为1.0~1.5cm。相邻两层立缝应错开不小于10cm，在丁石的上层和下层不得有立缝。

4. 墙顶

墙顶宜用粗料石或现浇混凝土做成顶帽，厚30cm，路肩墙顶面宜以大块石砌筑，用M5.0以上砂浆勾缝和抹平顶面，厚2cm，并均应在墙顶外缘线留10cm的幅沿。

5. 基础

(1) 基础的各部尺寸、形状、埋置深度均按设计要求进行施工。当基础开挖后，若发现与设计情况有出入时，应按实际情况请示有关部门调整设计。

(2) 在松软地层或坡积层地段开挖时，基坑不宜全段贯通，而应采用跳槽办法开挖以防上部失稳。当基底土质为碎石土、砂砾土、砂性土、黏性土等，将其整平夯实。基础开挖大多采用明挖。

(3) 当遇有基底软弱或土质不良地段时，可按以下方法分别进行处理：

1) 当地基软弱，地形平坦，墙身又超过一定高度时，为减少地基压应力，增加抗倾覆稳定，可在墙趾出伸出一个台阶，以拓宽基础。如地基压应力超过地基承载力过多时，为避免台阶过多，可采用钢筋混凝土底板。

2) 如地层为淤泥质土、杂质土等，可采用砂砾、碎石、矿渣灰土等材料，可采用换填或砂桩、石灰桩、碎石桩、挤淤法、土工织物及粉体喷搅等方法分别予以处理。

(4) 基坑开挖大小，需满足基础施工的要求。渗水土的基坑要根据基坑排水设施（包括排水沟、集水坑、网管）和基础模板等大小而定。一般基坑底面宽度应比设计尺寸各边增宽 0.5～1.0m，以免施工干扰，基坑开挖坡度按地质、深度、水位等具体情况而定。

(5) 任何土质基坑挖至标高后不得长时间暴露、扰动或浸泡而削弱其承载能力。一般土质基坑挖至接近标高时，保留 10～20cm 的厚度，在基础施工前以人工突击挖除。基底应尽量避免超挖，如有超挖或松动，应将其夯实。基坑开挖完成后，应放线复验，确认其位置无误并经监理鉴认后，方可进行基础施工。基坑抽水应保证砌体砂浆不受水流冲刷。当基础完成后，立即回填，以小型机械进行分层压实，并在表层稍留向外斜坡，以免积水浸泡基础底。

6. 排水设施

挡土墙的排水设施通常由地面排水和墙身排水两部分组成。

地面排水可设置地面排水沟，引排地面水。夯实回填土顶面和地面松土，防止雨水和地面水下渗，必要时可加设铺砌。对路堑挡土墙墙趾前的边沟应予以铺砌加固，以防止边沟水渗入基础。

墙身排水主要是为了迅速排除墙后积水。浆砌挡土墙应根据渗水量在墙身的适当高度处布设泄孔。泄水孔尺寸可视水量大小分别采用 5cm×10cm、10cm×10cm、15cm×20cm 方孔，或直径 5～10cm 的圆孔。泄水孔间距一般为 2～3m 由下向上交错设置，最下排泄水孔的底部应高出地面或排水沟底 0.3m。

7. 墙背材料

(1) 需待砌体砂浆强度达到 70% 以上时，方可回填墙背材料，并应优先选择渗水性较好的砂砾土填筑。如有困难采用不透水土壤时，必须做好砂砾反滤层，并与砌体同步进行。浸水挡土墙背全部用水稳定性和透水性较好的材料填筑。

(2) 墙背回填要均匀摊铺平整，并设不小于 3% 的横坡逐层夯实，不允许向着墙背斜坡填筑，严禁使用膨胀性土和高塑性土。每层压实厚度不宜超过 20cm，碾压机具和填料性质应进行压实试验，确定填料分层厚度及碾压遍数，以便正确地指导施工。

(3) 压实时应注意勿使墙身受较大的冲击影响，临近墙背 1.0m 范围内，应采用小型压实机具碾压。小型压实机械有蛙式打夯机、内燃打夯机、手扶式振动压路机、振动平板夯等。

二、混凝土挡土墙施工

1. 基础施工

(1) 基础处理与重力式挡土墙相同，软基础可采用桩基、加固结剂等加固措施。

(2) 混凝土板可以在基础上直接立模，钢筋混凝土底板则需先浇垫层，在垫层上放线扎钢筋立模。基础模板的反撑,不宜直接落在土基上,应加垫木。钢筋混凝土施工时,应注意钢筋的保护层厚度。墙体的钢筋应安装到位,并且有可靠的固定措施。混凝土的施工缝应尽量避免设置在基础与墙体的分界面。

(3) 墙体模板可使用木模以及整体模板,或滑模和翻模。

1) 基本要求:挡土墙分段施工,相邻段应错开。

2) 整体模板技术:由面板、筋肋和支撑件构成,面板常用胶合板、竹胶板或木板;筋肋可用木条、型钢或冲压件。挡土墙对模板接缝要求不是很高,可不用拼接件而直接安装,安装时从转角处开始,注意控制对角线和模板坡度。整体模板一般用于专用支撑,有时可用临时支撑,也可用对销螺栓来平衡混凝土侧压力。为了方便拆模,模板表面应涂刷拆模剂,拆模在混凝土成型24h以后,但不能太迟,以免增加拆模的难度。混凝土挡土墙的排水、渗水、接缝处理与重力式挡土墙相同。

2. 墙体钢筋及混凝土施工

(1) 墙体钢筋安装应在立模前施工。安装模板特别是护壁式挡土墙,钢筋不易校正其位置偏差,因此钢筋安装绑扎必须控制到位,一般控制方法是搭架支撑,控制钢筋在顶端的准确位置,拉紧固定。

(2) 墙体混凝土:钢筋混凝土挡土墙截面较小,混凝土下仓要有漏斗、漏槽等辅助措施。另外,挡土墙应分层浇筑,分层振捣,每层厚度以30cm为宜,浇筑控制在每小时1~1.5m;混凝土挡土墙属大体积混凝土,宜用低热量、收缩小的矿渣类水泥,必要时还可在混凝土中抛入块卵石、石块,矩石块、模板、钢筋及预埋件净距均不小于4~6cm,混凝土的养生方法及要求与其他结构相同。

三、加筋土挡土墙施工

加筋土挡土墙施工包括基础开挖、基底处理、基础浇筑、构件准备、面板安装、筋带布设、填料摊铺及压实、封闭压顶附属构件安装。

1. 基础施工

基底处理措施同其他挡土墙一样,一般其他基础为钢筋混凝土条形基础,要求顶面水平整齐。

2. 控制放线

加筋土挡土墙墙面垂直平面随现场条件做成直线或曲线。第一层面板安装准确,以后每层只需用垂线控制。其另一个控制内容是面板的接缝线条。

3. 施工程序

施工时应注意事项如下:

1) 面板安装以外缘定线,每块面板的放置应从上而下垂直就位,为防止相邻面板错位,可采用螺栓夹木或斜撑固定面板一并干砌,接缝不作处理,可用砂浆或软土进行调整。

2) 面板的施工缝和沉降缝设在一起,且填料应在后一项工程施工前放入。

3) 筋带铺设应与面板的安装同步,进行铺设的底料应平整密实。

4) 钢筋不得弯曲,接头(插销连接)和防锈(镀锌)处理应符合标准规定,钢带或面板间钢筋连接,可采用焊接、拉环或螺栓连接,且在连接处应浇筑混凝土保护。

5) 聚丙烯土工带、塑钢带应穿过面板的预留孔或拉环折回与另端对齐或绑扎在钢筋中间与面板连接，筋带本身连接也采取绑扎方式。

6) 面板安装、筋带铺设和埋地排水管完成到位并检查验收合格后，用准备充足的合格填料进行填料施工。

7) 运土机具不得在未覆盖填料的筋带上行驶，且要离面板 1.5m 以上，填料可用机械或手工摊铺，应厚度均匀，表面平整，并有不小于 3% 的向外倾斜横坡。机械摊铺方向应与筋带垂直，不得直接在筋带上行驶，距面板 1.5m 范围内只能采用人工摊铺。

8) 填料采用机械碾压，禁止使用羊足碾，不得在填料上急转弯和急刹车，以免破坏筋带碾压前应确定最佳含水量的碾压标准。碾压过程中应随时检测填料的含水量和密实度。

9) 加筋土的排水管反滤层及沉降缝等设施应同时施工，排水设施施工中应注意水流通道，不得有碍水流或积水(如水坡)等。

10) 错层施工应有明确停顿，一层完工后再进行第二层施工。

思考题与习题

1. 路基防护与加固工程，按作用不同，可分为哪几种？各类的作用是什么？
2. 直接防护与间接防护的本质区别是什么？
3. 按照挡土墙的设置的位置，挡土墙分为哪几类？挡土墙有哪些用途？
4. 重力式挡土墙的基本组成部分有哪些？
5. 什么叫主动土压力、被动土压力、静止土压力？
6. 试述挡土墙的设计步骤。
7. 试述挡土墙稳定性验算的内容。
8. 挡土墙抗滑稳定性和抗倾覆稳定性不满足要求时，应采用哪些措施？
9. 如图 8-21 所示，已知某路肩墙高 $H=7.0$m，顶宽 $B=1.2$m，墙面与墙背平行，基底水平，经计算上压力为 $E_x=64.29$kN，$E_y=6.8$kN，$Z_x=2.51$m，$Z_y=1.74$m，基底摩擦系数 $\mu=0.43$，墙身容重 $\gamma_a=23.5$kN，墙身自重重心距离墙趾水平距离 $z_G=1.47$m，抗滑动稳定系数 $[K_c]=1.3$，抗倾覆稳定系数 $[K_0]=1.5$。试进行：

（1）滑动稳定性计算；
（2）倾覆稳定性验算。

10. 简述重力式挡土墙三视图布置的设计要点(各视图反映内容)。

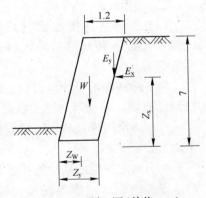

图 8-21 题 9 图(单位：m)

第九章 道路的排水

【本章学习要点】 路基排水目的和要求，地面与地下排水设施的构造、作用与设置。

一、路基排水目的和要求

路基的病害有多种，形成病害的因素亦很多，但水的作用是主要因素之一，因此路基设计、施工和养护中，必须十分重视路基排水工程，以提高路基的强度与稳定性。

根据水源的不同，公路排水分为地面排水和地下排水两大类。

地面水包括大气降水（雨和雪）以及海、河、湖、水渠、水库水。地面水对路基产生冲刷和渗透，冲刷可能导致路基整体稳定性受损害，形成水毁现象。渗入路基土体的水分，使土体过湿而降低路基强度。

地下水包括上层滞水、潜水、层间水等，它们对路基的危害程度，因条件不同而异。轻者能使路基湿软，降低路基强度；重者会引起冻胀、翻浆或边坡滑坍，甚至整个路基沿倾斜基底滑动。

路基排水的目的，就是将路基范围内的土基湿度降低到一定的限度以内，保持路基常年处于干燥状态，确保路基、路面具有足够的强度与稳定性。

本章重点讲述公路排水，关于城市道路的排水，可以参考《市政工程管道施工》一书。

二、一般规定

（1）公路路基排水设计应防、排、疏结合，并与路面排水、路基防护、地基处理以及特殊路基地区（段）的其他处治措施等相互协调，形成完善的排水系统。

（2）路基排水设计应遵循总体规划，合理布局，少占农田，环境保护，景观协调的原则，并与当地排灌系统协调。

（3）排水困难地段，可采取降低地下水位、设置隔离层等措施，使路基处于干燥、中湿状态。

（4）施工场地的临时性排水设施，应尽可能与永久性排水设施相结合。各类排水设施的设计应满足使用功能要求，结构安全可靠，便于施工、检查和养护维修。

第一节 公 路 排 水

一、地表排水设备

常用的路基地面排水设备，包括边沟、截水沟、排水沟、跌水与急流槽等，必要时还有渡槽、倒虹吸及积水池等。这些排水设备，分别设在路基的不同部位，各自的排水功能、布置要求或构造形式均有所差异。路基地表排水设施设计中，对于降雨的重现期：高速公路、一级公路应采用 15 年，其他等级公路应采用 10 年。各类地表排水设施的断面尺寸应满足设计排水流量的要求，沟顶应高出沟内设计水面 0.2m 以上。

1. 边沟

边沟设置多与路中线平行，用以汇集和排除路基范围内和流向路基的少量地面水。平坦地面填方路段的路旁取土坑，常与路基排水设计综合考虑，使之起到边沟的排水作用。

设计要点：

(1) 位置——挖方路堑的路肩边缘或矮路堤边坡外侧。

(2) 纵坡度——地势较缓的路段，土质边沟宜保持不大于 0.5% 的纵坡，避免产生冲刷。特殊情况容许采用不小于 0.3% 的纵坡，避免产生淤积，但边沟之间距离宜减短。边沟的纵坡（出水口附近除外）一般与路线纵坡一致。

(3) 出口间距——尽量使沟内水流就近排至路旁自然水沟或低洼地带，必要时设置涵洞，将边沟水横穿路基从另一侧排出。边沟长度一般不超过 500m。

(4) 断面形式——梯形、矩形、流线形、三角形。底宽与深度一般取 0.4～0.6m，如图 9-1 所示。边沟横断面一般采用梯形，梯形边沟内侧边坡为 1∶1.0～1∶1.5，外侧边坡坡度与挖方边坡坡度相同。石方路段的边沟宜采用矩形横断面，其内侧边坡直立。流量较大时沟深宜适当加大。

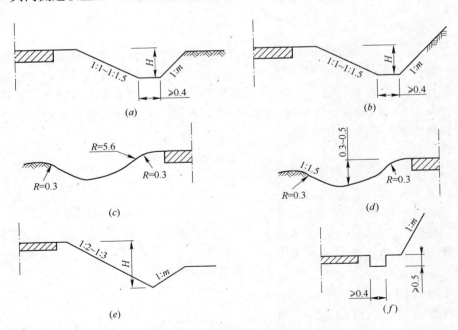

图 9-1 边沟的横断面形式示意图（单位：m）
(a)、(b) 梯形；(c)、(d) 流线形；(e) 三角形；(f) 矩形

（5）材料——边沟可采用浆砌片石，栽砌卵石，水泥混凝土预制块防护。砌筑用的砂浆强度，对于高速公路、一级公路采用 M7.5，其他等级公路采用 M5。边沟出水口附近，水流冲刷比较严重，必须慎重布置和采取相应措施。

边沟的排水量不大，一般不需要进行水文、水力计算，依据沿线具体条件，选用标准横断面形式。边沟紧靠路基，通常不允许其他排水沟渠的水流引入，亦不能与其他人工沟渠合并使用。

路堑与高路堤衔接处的边沟排水布置如图 9-2 所示，由于边沟泄出水流流向路堤坡脚处，两者高差大，必须因地制宜，根据地形与地质等具体条件，将出水口延伸至坡脚以外，以免边沟水冲刷填方坡脚。

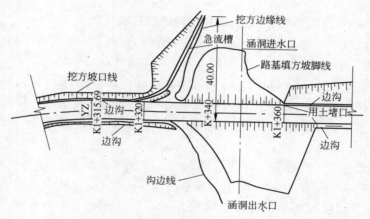

图 9-2 路堑与高路堤的边沟出口布置图（单位：m）

2. 截水沟

又称天沟，用以拦截并排除路基上方流向路基的地面径流，减轻边沟的水流负担，保证挖方边坡和填方坡脚不受流水冲刷。降水量较少或坡面坚硬和边坡较低以致冲刷影响不大的路段，可以不设截水沟；反之，如果降水量较多，且暴雨频率较高，山坡覆盖层比较松软，坡面较高，水土流失比较严重的地段，必要时可设置两道或多道截水沟。

设计要点：

（1）位置——一般设置在挖方路堑边坡坡顶以外，或山坡路堤上方的适当地点，如图 9-3 所示。图中距离 d 一般应大于 5.0m，地质不良地段可取 10.0m 或更大。截水沟下方一侧，可堆置挖沟的土方，要求作成顶部向截水沟倾斜 2% 的土台。山坡路堤截水沟应与坡脚之间，要有不小于 2.0m 的间距，并做成 2% 的

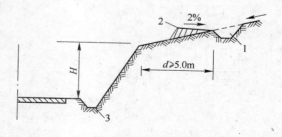

图 9-3 挖方路段截水沟示意图
1—截水沟；2—土台；3—边沟

向沟倾斜横坡，确保路堤不受水害，如图 9-4 所示。

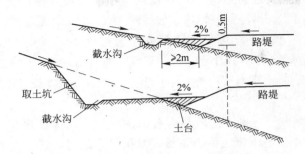

图 9-4　山坡路堤上方截水沟示意图

（2）横断面形式——截水沟断面一般为梯形沟的边坡坡度，因岩土条件而定，一般采 1∶1.0～1∶1.5，如图 9-5 所示。沟底宽度 b 不小于 0.5m，沟深 h 按设计流量而定，亦不应小于 0.5m。

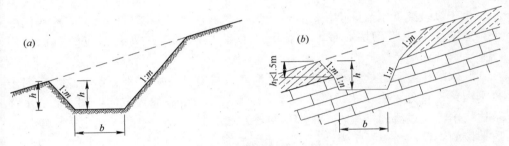

图 9-5　截水沟的横断面图例
（a）土沟；（b）石沟

（3）截水沟的布置——应尽量顺着等高线布设，并与绝大多数地面水流方向垂直，以提高截水效能和缩短沟的长度，如图 9-6 所示。截水沟应保证水流畅通，就近引入自然沟内排出，必要时配以急流槽或涵洞等泄水结构物将水流引入指定地点。截水沟水流不应引入边沟，当必须引入时，应增大边沟横断面，并进行防护。

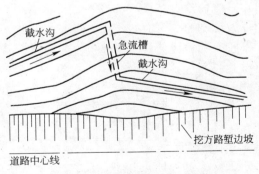

图 9-6　中部以急流槽相连接的截水沟

3. 排水沟

排水沟的主要用途在于引水，将路基范围内各种水源的水流（如边沟、截水沟、取土坑、边坡和路基附近积水）引至桥涵或路基范围以外的指定地点。当路线受到多段沟渠或水道影响时，为保护路基不受水害，可以设置排水沟或改移渠道，以调节水流，整治水道。

(1) 横断面——排水沟一般采用梯形，尺寸大小应经过水力水文计算选定。用于边沟、截水沟及取土坑出水口的排水沟，横断面尺寸根据设计流量确定，底宽与深度不宜小于 0.5m，土沟的边坡坡度约为 1:1～1:1.5。

(2) 排水沟的布置——可根据需要并结合当地地形等条件而定，离路基尽可能远些，距路基坡脚不宜小于 2m，平面上应力求直捷，需要转弯时亦应尽量圆顺，做成弧形，其半径不宜小于 10～20m，连续长度宜短，一般不超过 500m。

(3) 排水沟纵坡——排水沟应具有合适的纵坡，以保证水流畅通，不致流速太大而产生冲刷，亦不可流速太小而形成淤积，为此宜通过水文水力计算而择优选定。一般情况下，可取 0.5～1.0%，不小于 0.3%，亦不宜大于 3%。

4. 跌水与急流槽

跌水与急流槽是路基地面排水沟渠的特殊形式，用于陡坡地段，沟底纵坡可达 45°。跌水的作用是在短距离内，降低流速，消减水流能量。急流槽是一种很陡的人工水槽，作用是在短距离内降低水的落差，将水流引至桥涵进口或路基下方。

由于纵坡陡、水流速度快、冲刷力大，要求跌水与急流槽的结构必需稳固耐久，通常应采用浆砌块石或水泥混凝土预制块砌筑，并具有相应的防护加固措施。

跌水的构造，有单级和多级之分，沟底有等宽和变宽之别。单级跌水适用于排水沟渠连接处，由于水位落差较大，需要消能或改变水流方向，图 9-7 表示路基边沟水流通过涵洞排泄时，采用单级跌水（相当于雨水井）的示例之一。较长陡坡地段的沟渠，为减缓水流速度，并予以消能，可采用多级跌水，图 9-8 即为示例之一。多级跌水底宽和每级长度，可以采用各自相等的对称形，亦可根据实地需要，做成变宽或不等长度与高度。

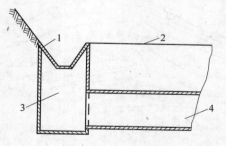

图 9-7 边沟与涵洞单级跌水连接图
1—边沟；2—路基；3—跌水井；4—涵洞

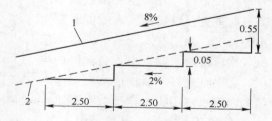

图 9-8 多级跌水纵剖面图（单位：m）
1—沟顶线；2—沟底线

按照水力计算特点，跌水的基本构造可分为进水口、消力池和出水口三个组成部分，如图 9-9 所示。各个组成部分的尺寸，由水力计算而定。

跌水两端的土质沟渠，应注意加固，保持水流畅通，不致产生水流冲刷和淤积，以充分发挥跌水的排水效能。

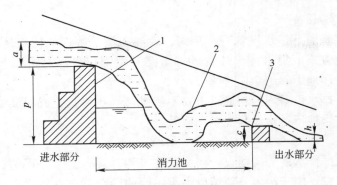

图 9-9 跌水构造示意图

1—护墙；2—消力池；3—消力槛；p—护墙高；e—消力槛高；a—上游水深；h—下游水深

急流槽的纵坡，比跌水的平均纵坡更陡，结构的坚固稳定性要求更高，是山区公路回头展线，沟通上下线路基排水及沟渠出水口的一种常见排水设施。急流槽主体部分的纵坡，依地形而定，一般可达 67%（1∶1.5），如果地质条件良好，需要时还可更陡，但结构要求更严，造价亦相应提高，设计时应通过比较而定。

急流槽多用砌石（抹面）和水泥混凝土结构，亦可利用岩石坡面挖槽。如临时急需时，可就近取材，采用竹木结构。

急流槽的构造，如图 9-10 所示。按水力计算特点，亦由进口、主槽（槽身）和出口三部分组成。

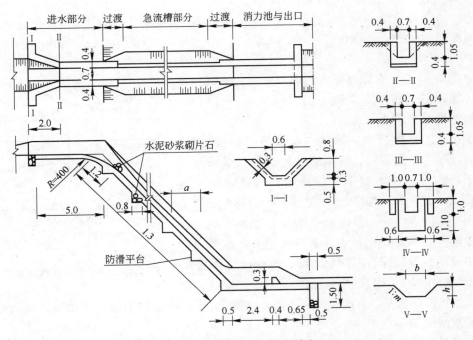

图 9-10 急流槽构造示意图（单位：m）

二、地下排水设备

常用的路基地下排水设备有：暗沟、渗沟和渗井等，其特点是排水量不大，主要是以渗流方式汇集水流，并就近排出路基范围以外。对于流量较大的地下水，应设置专用地下管道予以排除。

由于地下排水设备埋置地面以下，不易维修，在路基建成后又难以查明失效情况，因此要求地下排水设备能牢固有效。

1. 暗沟

相对于地面排水的明沟而言，暗沟又称盲沟，具有隐蔽工程的含义。从盲沟的构造特点出发，由于沟内分层填以大小不同的颗粒材料，利用渗水材料透水性将地下水汇集于沟内，并沿沟排泄至指定地点，此种构造相对于管道流水而言，在水力特性上属于紊流。

图 9-11 为一侧边沟下面所设的盲沟，用以拦截流向路基的层间水，防止路基边坡滑坍和毛细水上升危及路基的强度与稳定性。

图 9-12 是路基两侧边沟下面均设盲沟，用以降低地下水位，防止毛细水上升至路基工作区范围内，形成水分积聚而造成冻胀和翻浆，或土基过湿而降低强度等。

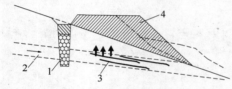

图 9-11 一侧边沟下设盲沟
1—盲沟；2—层间水；3—毛细水；4—可能滑坡线

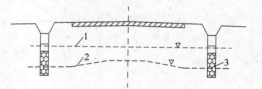

图 9-12 二侧边沟下设盲沟
1—原地下水位；2—降低后地下水位；3—盲沟

图 9-13 是设在路基挖方与填方交界处的横向盲沟，用以拦截和排除路堑下面层间水或小股泉水，保持路堤填土不受水害。

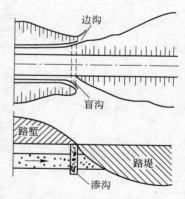

图 9-13 挖填交界处横向盲沟

以上所述的盲沟，沟槽内全部填满颗粒材料，可以理解为简易盲沟，其构造比较简单，横断面成矩形，亦可做成上宽下窄的梯形，沟壁倾斜度约 $1:0.2$，底宽 b 与深度 h 大致为 $1:3$，深约 $1.0\sim1.5m$，则底宽约 $0.3\sim0.5m$。盲沟的底部中间填以粒径较大（$3\sim5cm$）的碎石，其空隙较大，水可在空隙中流动。粗粒碎石两侧和上部，按一定比例分层（层厚约 10cm）填以较细粒径的粒料，逐层粒径比例大致按 6 倍递减。盲沟顶部和底面，一般设有厚 30cm 以上的不透水层，或顶部设有双层反铺草皮。

简易盲沟的排水能力较小，不宜过长，沟底具有 $1\sim2\%$ 的纵坡，出水口底面标高应高出沟外最高水位 20cm，以防水流倒渗。

寒冷地区的暗沟，应做防冻保温处理或将暗沟设在冻结深度以下。

2. 渗沟

采用渗透方式将地下水汇集于沟内，并通过沟底通道将水排至指定地点，此种地下排水设备统称为渗沟，它的作用是降低地下水位或拦截地下水，其水力特性是紊流，但在构造上与上述简易盲沟有所不同。要点是考虑水流方向设置反滤层。

渗沟有三种结构形式，如图9-14所示。

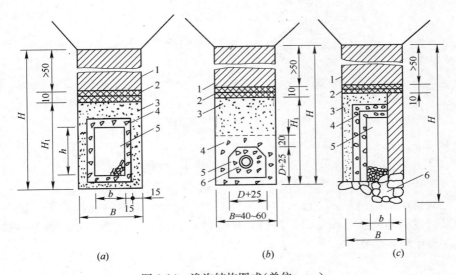

图 9-14 渗沟结构图式（单位：cm）
(a)盲沟式；(b)洞式；(c)管式
1—黏土夯实；2—双层反铺草皮；3—粗砂；4—石屑；5—碎石；6—浆砌片石沟洞

盲沟式渗沟与上述简易盲沟相似，但构造更为完善。当地下水流量较大，要求埋置更深，可在沟底设洞或管，前者称为洞式渗沟，后者称为管式渗沟。

渗沟的位置与作用，视地下排水的需要而定。

3. 渗井

渗井属于水平方向的地下排水设备，当地下存在多层含水层，其中影响路基的上部含水层较薄，排水量不大，且平式渗沟难以布置，采用立式（竖向）排水，设置渗井，穿过不透水层，将路基范围内的上层地下水，引入更深的含水层中去，以降低上层的地下水位或全部予以排除。图9-15为圆形渗井的结构与布置图例。

渗井的平面布置，以及孔径与渗水量，按水力计算而定，一般为直径1.0～1.5m的圆柱形，亦可是边长为1.0～1.5m的方形。井深视地层构造情况而定，井内由中心向四周按层次，分别填入由粗而细的砂石材料，粗料渗水，细料反滤。填充料要求筛分冲洗，施工时需用铁皮套筒分隔填入不同粒径的材料，要求层次分明，不得粗细材料混杂，以保证渗井达到预期排水效果。

鉴于渗井施工不易，单位渗水面积的造价高于渗沟，一般尽量少用。有时，因土基含水量较大，严重影响路基、路面的强度，其他地下排水设备不易布置，其他技术措施如隔离层的造价较高，此时渗井可作为方式之一，设计时应进行分析比较，有条件地选用。

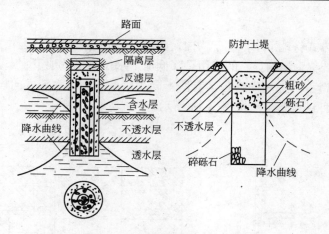

图 9-15 渗井结构与布置图例

第二节 排水沟渠加固

路基排水沟渠的加固类型有多种，表 9-1 为土质沟渠各种加固类型，图 9-16 为沟渠加固横断面图，设计时可结合当地条件，根据沟渠土质、水流速度、沟底纵坡和使用要求等而定。

沟渠加固类型及适用 表 9-1

序号	形式	加固类型	使用条件			一般边坡坡度	铺砌厚度(cm)
			沟底最大纵坡(%)	容许流速(m/s)	适用条件		
1	简易式	表面夯实	1.5	0.8	土质边沟、排水沟	1:0.5~1:1	
2		铺植草皮	1.5	0.8	密实、较缓边坡	1:1~1:1.5	
3		三(四)合土抹面	3	1.0~2.5	无冻害及地下水	1:1~1:1.5	10~25
4	干砌式	单层干砌片石	3~5	2	密实无防渗漏	1:1	15~25
5		单层栽砌卵石	3~5	2~2.5	密实无防渗漏	1:1~1:1.5	15~20
6		干砌片石水泥砂浆缝	3~5	2~2.5	密实无防渗漏	1:1~1:1.5	15~25
7		干砌片石水泥砂浆抹面	3~5	2~2.5	密实有防渗漏	1:1~1:1.5	20~25
8	浆砌式	浆砌片石	5~7	>4	防渗要求高	1:0.5~1:1	25~30
9		片石(砖)砌矩形沟渠	5~7	>4	防渗要求高	垂直	30~50
10		混凝土预制块	5~7	>4	缺砂、石地段	1:1~1:1.5	6~10
11		跌水或急流槽	>7	>4	陡坡地段	1:0.1~1:1.5	

注：1. 三合土采用水泥：砂：炉渣=1:5:1.5(质量比)；在无炉渣地区可试用石灰：黏土：碎(砾)石=1:3.3:2.3(体积比)。
2. 四合土采用水泥：石灰：砂：炉渣=1:3:6:24(质量比)。

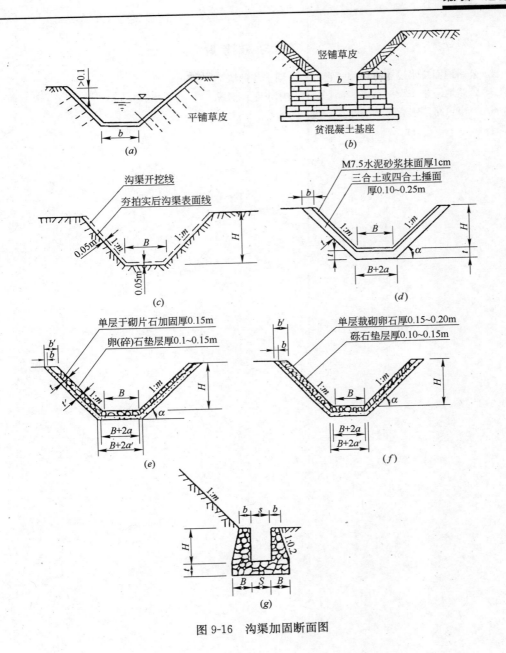

图 9-16 沟渠加固断面图

沟渠加固类型与沟底纵坡有关，表 9-2 所列可供设计时参照使用。

加固类型与沟底纵坡关系　　　　　　表 9-2

纵坡（%）	<1	1~3	3~5	5~7	>7
加固类型	不加固	1. 土质好，不加固 2. 土质不好，简易加固	简易加固或干砌式加固	干砌式或浆砌式加固	浆砌式加固或改用跌水

复习思考题

1. 公路地面排水设施有哪些？它们各适用于哪种情况？
2. 公路地下排水设施有哪些？它们各适用于哪种情况？
3. 城市道路排水有哪些设施？

第十章 一般路基施工

【本章学习要点】 路基施工的基本方法，路基施工前的准备工作，土质路堤的填筑方案与施工方法、石质路堤的填筑，土质路堑的填筑方案与施工方法、石质路堑的填筑方案与施工方法，常用爆破方法及特点；路基压实的意义与机理，影响压实效果的因素，压实标准，软土路基的施工，路基工程质量标准。

第一节 路基准备工作的内容与要求

一、路基施工的重要性

理想的设计必须通过施工来实现，施工实现和检验是非常重要的。路基工程，涉及范围广，影响因素多，灵活性亦较大，尤其是岩土内部结构复杂多变，设计阶段难以尽善，施工过程中必须进一步完善。"精心设计，精心施工"是一个完整的过程，就耗费人力、资源和财力，以及快速、高效与安全的要求而言，施工比设计更为重要，更为复杂。

路基土石方工程量大、分布不均匀，不仅与路基工程相关的设施，如路基排水、防护与加固等相互制约，而且同道路工程的其他工程项目，如桥涵、隧道、路面及附属设施相互交错。因此，路基施工，在质量标准、技术操作、施工管理等方面具有特殊性，必须予以研究和不断改进，就整个道路工程的施工而言，路基施工往往是施工组织管理的关键。

公路施工是野外操作，边远山区自然条件差，运输不便，设备与施工队伍的供应与调度难；路基工地分散，遇有特殊地质不良现象时，使一般的技术问题变的复杂化，而复杂的技术问题，更是难以用常规的方法去解决。城市道路路基施工条件一般比公路好，尤其在物质供应、生活条件及通讯运输等方面，比较容易安排。但城市路基施工亦有不利的方面，集中表现在：地面拆迁多、地下管线多、配套工程多、施工干扰多。此外，路基施工中还存在：场地布置难、临时排水难、用土处置难、土基压实难及地层不利等因素。路基的隐蔽工程较多，质量不合标准会给路面及自身留下隐患，一旦产生病害，不仅损坏道路使用品质，导致妨碍交通及经济损失，而且往往后患无穷，难以根治。因此，为要确保工程质量，实现快速、高效、安全施工，必须重视施工技术与管理。就目前情况而言，首先要有一个稳定的专业施工队伍，配有相应的技术骨干和机具设备，建立和健全施工技术操作规程与质量检查验收制度，采用现代化的施工管理方法是实现"精心施工"的必由之路。

二、路基施工的基本方法

路基施工的基本方法，按其技术特点大致可分为：人工及简易机械化、综合机械化、水力机械化和爆破方法等。人力施工是传统方法，使用手工工具、劳动强度大、功效低、进度慢、工程质量亦难以保证，但限于具体条件，短期内还必然存在并适用于地方道路和某些辅助性工作。为了加快施工进度，提高劳动生产率，实现高标准高质量施工，对于劳动强度大和技术要求高的工序，应配以数量充足、配套齐全的施工机械。机械化施工和综合机械化施工，是保证高等级公路施工质量和施工进度的重要条件，对于路基土石方工程来说，更具有迫切性。实践证明，单机作业的效率，比人力及简易机械施工要高得多，但需要大量的人力与之配合。由于机械和人力的效率悬殊过大，难以协调配合，单机效率受到限制，势必造成停机待料，机械的生产率很低。如果对主机配以辅机，相互协调，共同形成主要工序的综合机械化作业，工效才能大大提高。以挖掘机开挖土路堑为例，如果没有足够的汽车配合运输土方，或者汽车运土填筑路基，如果没有相应的摊平和压实机械配合，或者不考虑相应的辅助机械为挖掘机松土和创造合适的施工面，整个施工进度就无法协调，难以紧凑作业，功效亦势必达不到应有的要求，所以实现综合机械化施工，科学地严密组织施工，是路基施工现代化的重要途径。

水力机械化施工，亦是机械化施工的方法之一，它是运用水泵、水枪等水力机械，喷射强力水流，冲散土层并流运至指定地点沉积，例如采集砂料或地基加固等。水利机械适用于电源和水源充足，挖掘比较松散的土质及地下钻孔等。对于砂砾填筑路堤或基坑回填，还可起到密实作用（称为水夯法）。

爆破法是石质路基开挖的基本方法，如果采用钻岩机钻孔与机械清理，亦是岩石路基机械化施工的必备条件。除石质路堑开挖而外，爆破法还可用于冻土、泥沼等特殊路基施工，以及清除路面、开石取料与石料加工等。

上述施工方法的选择，应根据工程性质、施工期限、现有条件等因素而定，而且应因地制宜和各种方法综合使用。

三、施工前的准备工作

施工单位接受施工任务后，即可着手进行施工准备工作。施工单位的施工准备工作千头万绪，涉及面广，必须有计划、按步骤、分阶段进行，才能在较短的时间内为工程的开工创造必要的条件。准备工作的基本任务是了解施工的客观条件，根据工程的特点、进度要求，合理安排施工力量，从人力、物资、技术和施工组织等方面为工程施工创造一切必要条件。

（一）组织准备

组织准备包括建立健全施工组织机构和组建施工队伍。

1. 建立施工组织机构

我国与国际施工惯例接轨，工程建设已全部按照FIDIC合同条件进行施工与监理，因此，对一个施工单位来讲，主要是实行项目经理负责制，即项目经理全面负责的目标责任制。

2. 组建施工队伍

根据所承担的工程量的大小和工期要求，安排出总进度计划网络图，并进一步估算出全部工程用工工日数，平均日出工人数，施工高峰期日出工人数，以及技术工种、机械操作工种、普通工种等用工比例，选择能够适应其工程质量、工期进度要求的作业队伍，并与施工劳动作业单位签订劳务合同，实行合同管理。

考虑到所担负工程的具体情况，结合施工队伍施工特点、技术装备情况、技术熟练程度和施工能力，施工队伍应进行适当的培训，以满足工程施工的要求。

（二）物质准备

1. 机械及工具准备

根据工程需要、工程量大小及施工进度，配备足够数量且有效的施工机械、设备及工具机械设备要配套选择，充分发挥机械设备的性能，要保证机械设备的正常操作使用。

2. 材料准备

（1）编好材料预算，提出材料的需用量计划及加工计划。

（2）根据施工平面图安排，落实材料的堆放和临时仓库设施。

（3）组织材料的分批进场。当场地狭小时，要考虑场地的多次周转使用，按时间、地点使用场地。

（4）组织材料的加工准备，尽可能的集中加工。

3. 安全防护准备

按照施工安全要求，切实做好防火、防爆工作，准备好各种安全防护和劳动防护用品，并要求全体人员严格遵守安全操作规程进行施工。

（三）技术准备

1. 熟悉设计文件

主要是领会文件精神，注意设计文件中所采用的各项技术指标，考虑其技术经济的合理性和施工的可能性。

2. 编制施工方案，进行施工组织设计

主要是编制施工进度图和概预算控制文件等。

3. 技术交底

（1）熟悉和核对设计文件。设计文件是工程施工最重要的依据。组织技术人员熟悉和了解设计文件，是为了明确设计者的设计意图，掌握图样、资料的主要内容及有关的原始资料。

1）各项计划的布置、安排是否符合国家的有关方针、政策和规定以及国家的整体布局；设计图样、技术资料是否齐全，有无错误和相互矛盾之处。

2）设计文件所依据的水文、气象、岩土等资料是否准确、可靠、齐全。

3）掌握整个工程的设计内容和技术条件，弄清设计规模、结构特点和形式。

4）核对路线中线、主要控制点、转角点、水准点、三角点、基线等是否准确无误；重点地段的路基横断面是否合理；重要构造物的位置、结构形式、尺寸大小、孔径等是否恰当，能否采用更先进的技术或使用新材料。

5）路线或构造物与农用、水利、航道、公路、铁路、电信、管道及其他建造物的互相干扰情况及其解决办法是否恰当，干扰可否避免，特别要注意解决好发生在历史文物纪念地、民族特殊习惯区域等的干扰问题。

6）对地质不良地段采取的处理措施是否先进合理，对防止水土流失和保护环境采取的措施是否恰当、有效。

7) 施工方法、材料分布、运输工具道路条件等是否符合工程现场实际情况。

8) 临时便桥、便道、房屋、电力设施、电信设施、临时供水、场地布置等是否恰当。

9) 各项纪要、协议等文件是否齐全、完善。

10) 明确建设期限，包括分期、分批施工的工程期限要求。

现场核对时，如发现设计有错误或不合理之处，应提出修改意见报上级机关审批，待核准批复后进行现场测量、修改设计、补充图样等工作。

(2) 补充调查资料。进行现场补充调查是为优化和修改设计、编制实施性施工组织设计、因地制宜地布置施工场地等收集资料。调查的内容主要有工程地点的地形、地质、水文、气候条件；自采加工材料场储量；地方生产材料情况、施工期间可供利用的房屋数量；当地劳动力资源、工业生产加工能力、运输条件和运输工具；施工场地的水源、水质、电源以及生活物质供应状况；当地民俗风情、生活习惯等。

(3) 组织先遣人员进场。道路施工需要调用大量人工、材料和机具，施工先遣人员的任务，就是结合施工现场的实际情况具体落实施工队一旦进入工地后在生产、生活、环境等方面必须解决的问题，对施工中涉及其他部门的问题做好联系、协调工作，签订相应的会谈纪要、协议书或合同，同时还要及时与当地政府部门取得联系，积极争取地方政府对工程施工的支持。

(4) 编制实施性施工组织设计和施工预算。实施性施工组织设计是指导施工的重要技术文件。公路施工系野外作业，又是线性工程，各地自然地理状况和施工条件差异很大，不可能采用一种定型的、一成不变的施工方案和施工方法，每项工程的施工都需要通过深入细致的工作，个别确定施工方案和施工组织方法。因此，必须认真做好实施性施工组织设计，并编制相应的施工预算。

4. 施工测量

工程开工前，要对业主及设计单位提供的现场红线控制桩等进行现场复核，确认无误后才能使用。施工前的测量工作主要包括：

(1) 导线复测；

(2) 水准点复测与加密；

(3) 中线放样；

(4) 路基放样。

(四) 场地准备

施工场地的准备一般由建设单位(业主)完成，或根据合同文件规定由建设单位配合施工单位准备。

1. 用地划界及拆迁建筑物

施工前，根据实际情况确定用地范围进行公路用地测量，并绘制用地平面图及用地划界表，送交有关单位拆迁及办理占用土地手续。

2. 二级及二级以上公路路堤和填方高度小于1m的公路路堤，应将路堤基底范围内的树根全部挖除，并将坑穴填平夯实；填方高度大于1m的二级以下公路路堤，可保留树根，但树根不能露出地面。取土坑范围内的树根应全部挖除。对路幅范围内、取土坑的原地面表层腐殖土、表土、草皮等进行清理，填方地段还应按设计要求整平压实。清出的表层土宜充分利用。

3. 砍伐树木

在路基施工范围内，对妨碍视线、影响行车的树木、灌木丛，均应在施工前进行砍伐或移植清理。砍伐后的树木，应堆放在不妨碍施工和不影响农业生产的地方。

4. 场地排水

通常是根据现场情况，设置纵横排水沟，形成排水系统，将水引入附近河渠、低洼处排除。为节省工程量，避免返工浪费，所开的排水沟应按所设计的路基排水系统布置。

（五）铺筑试验路

对二级及二级以上公路路堤、填石路堤、土石路堤、特殊地段路堤、特殊填料路堤、拟采用新技术、新工艺、新材料的路堤应铺筑试验路。试验路段应选择在地质条件、断面形式等工程特点具有代表的地段，路段长度不宜小于100m。

路堤试验路段应包括以下内容：

（1）填料试验、检测报告等；

（2）压实工艺主要参数：机械组合；压实机械规格、松铺厚度、碾压遍数、碾压速度；最佳含水量及碾压时含水量允许偏差等；

（3）过程质量控制方法、指标；

（4）质量评价指标、标准；

（5）优化后的施工组织方案及工艺；

（6）原始记录、过程记录；

（7）对施工设计图的修改建议等。

（六）临时工程

为了维护施工期间的场内外交通，保证机具、材料、人员和给养的运送，必须在开工前修做到"四通一平"，通水、通电、通临时道路及电信设备，并应保持行驶安全。在施工过程中，如需阻断原有道路的交通时，应事先设置便道、便桥和必要的行车标志及灯光，以保证交通不受阻碍。完工时，应恢复受施工干扰的旧路与其他场地，并做好新旧路的连接工程。

第二节 填方路基施工

一、施工特点

（1）由于路堤存在沉降和稳定问题，特别是高路堤可能发生的稳定性问题，要求其施工质量高，因此无论对基底的处理，填料的选择，排水措施，压实标准的控制等方面都要求比较高，从而保证路基的稳定性与耐久性。

（2）公路路堤，尤其是高等级公路，一般都比较高，所需土方量很大，因此一般应采用机械化作业，从基础的处理，填料的开挖、运送、摊铺、压实均采用一系列的机械进行施工。

（3）为尽量减少路堤沉降，提高路堤稳定性，必须广泛采用新材料、新的施工设备和新的检测手段，如采用粉煤灰材料填筑路堤，采用重型压实标准等。

（4）道路施工中必须做好环境保护和绿化工作，而这一点在路堤施工中是相当重要的，施工中存在的水土、植被地貌都不应由于施工而遭到破坏，填料不能有有害物质，防止环境受污染。

二、基底处理

路堤是在天然地基上人为构筑的主体，一般都是利用当地土石做填料、按一定方案在原地面上填筑起来的。经验证明，为保证路堤的填筑质量、保证路堤具有足够的强度和稳定性，必须对基底的处理予以严格控制。

路堤基底是指路堤填料与原地面的接触部分。为使两者结合紧密，避免路堤沿基底发生滑动、防止因草皮、树根腐烂而引起路堤沉陷，需视基底的土质、水文、坡度和植被情况及填筑高度采取相应的技术措施。

填方路堤，如基底为坡面时，在荷载作用下，粒料极易失稳而沿坡面产生滑移，因此在施工前必须注意对基底坡面处理后方能填筑。经验表明，当坡度在1∶10～1∶5之间时，只需清除坡面上的树、草杂物后，将翻松的表层压实后即可保证坡面的稳定。但当坡度在1∶5～1∶2.5之间时，应采取如图10-1所示的方法将坡面做成台阶形，一般宽度不宜小于2m，高度最小为1.0m，而且台阶顶面应做成向堤内倾斜3％～5％的坡度。如果基底坡面超过1∶2.5时，则应采用修护墙、护脚等措施对外坡脚进行特殊处理。

当路基稳定受到地下水影响时，应予拦截或排除，引地下水至路堤基础范围之外（图10-2），再进行填方压实。

地基表层处理后，二级及二级以上公路路堤基底的压实度不小于90％；三四级公路应不小于85％。

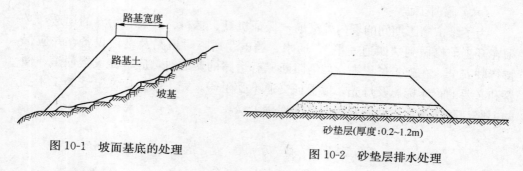

图10-1 坡面基底的处理　　图10-2 砂垫层排水处理

三、填料选择

（1）填方路基应优先选用级配较好的砾类土、砂类土等粗粒土作为填料，填料最大粒径应小于150mm。

（2）泥炭、淤泥、冻土、强膨胀土、有机土及易溶盐超过允许含量的土等，不得直接用于填筑路基。冰冻地区的路床及浸水部分的路堤不应直接采用粉质土填筑。

(3) 当采用细粒土填筑时,路堤填料最小强度应符合表 10-1 的规定。

路堤填料最小强度要求   表 10-1

项目分类	路面底面以下深度(m)	填料最小强度 CBR(%)		
		高速公路、一级公路	二级公路	三、四级公路
上路堤	0.8～1.5	4	3	3
下路堤	1.5 以下	3	2	2

注:1. 当路基填料 CBR 值达不到表列要求时,可掺石灰或其他稳定材料处理。
    2. 当三、四级公路铺筑沥青混凝土和水泥混凝土路面时,应采用二级公路的规定。

(4) 液限大于 50%、塑性指数大于 26 的细粒土,不得直接作为路堤填料。

(5) 浸水路堤应选用渗水性良好的材料填筑。当采用细砂、粉砂作填料时,应考虑振动液化的影响。

(6) 膨胀岩石、易溶性岩石不宜直接用于路堤填筑,强风化石料、崩解性岩石和盐化岩石不能直接用于路堤填筑。

(7) 填石的填料粒径应不大于 500mm,并不宜超过层厚的 2/3,不均匀系数宜为 15～20。路床底面以下 400mm 范围内,填料粒径应小于 150mm。

(8) 路床填料粒径应小于 100mm。

四、土质路堤的填筑

1. 填筑方法

路堤基本填筑方案有分层填筑法、竖向填筑法和混合填筑法三种。

(1) 分层填筑法

路堤填筑必须考虑不同的土质,从原地面逐层填起并分层压实,每层填土的厚度可按压实机具的有效压实深度和压实度确定。分层填筑法又可分为水平分层填筑法和纵向分层填筑法两种。

水平分层填筑法在填筑时按照横断面全宽分成水平层次,逐层向上填筑。如原地面不平,应由最低处分层填起,每填筑一层经过压实后再填下一层,如图 10-3(a)所示。

纵向分层填筑法宜于用推土机从路堑取土填筑距离较短的路堤,依纵坡方向分层,逐层向上填筑,如图 10-3(b)所示。

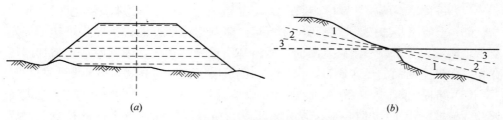

图 10-3 分层填筑法
(a)水平分层填筑法;(b)纵向分层填筑法
注:图中数字为填筑顺序

(2) 竖向填筑法

在深谷陡坡地段填筑路堤，无法自下而上分层填筑，可采用竖向填筑法。竖向填筑是指从路堤的一端或两端按横断面全部高度，逐步推进填筑，如图10-4所示。竖向填筑因填土地过厚不易压实，施工时需采取下列措施：选用振动式或夯击式压实机械；选用沉陷量较小及颗粒径均匀的砂石材料；暂不铺筑较高级的路面，容许短期内自然沉落。

(3) 混合填筑法

在深谷陡坡地段填筑路堤，尽量采用混合填筑法，如图10-5所示，即在路堤下层竖向填筑，上层水平分层填筑，使上部填土经分层压实获得需要的压实度。

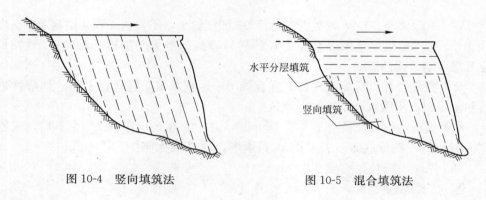

图10-4 竖向填筑法　　　　图10-5 混合填筑法

2. 基本要求

(1) 性质不同的填料，应水平分层、分段填筑，分层压实。同一水平层路基的全宽应采用同一种填料，不得混合填筑。每种填料的填筑层压实后的连续厚度不宜小于500mm。填筑路床顶最后一层时，压实后的厚度应不小于100mm。在填筑效果方面，使用不同的填料应采用适宜的施工工艺，不合理的施工工艺会造成路基出现不均匀沉降、水囊现象和不稳定的滑动面等病害。

(2) 潮湿或冻融敏感性小的填料应填筑在路基上层。强度较小的填料应填筑在下层。在有地下水的路段或临水路基范围内，宜填筑透水性好的填料。

(3) 在透水性不好的压实层上填筑透水性较好的填料前，应在其表面设2%～4%的双向横坡，并采取相应的防水措施。不得在透水性较好的填料所填筑的路堤边坡上覆盖透水性不好的填料。

(4) 每种填料的松铺厚度应通过试验确定，并考虑工后削坡预留宽度。

(5) 土质路基如按设计断面尺寸填筑，路基边缘部分的压实度很难达到规定要求，实际上等于缩小了路基断面，使路基质量受到影响，因此应适当增加碾压宽度，保证全断面的压实质量，保证每一填筑层压实后的宽度不小于设计宽度。

(6) 路堤填筑时，应从最低处起分层填筑，逐层压实；当原地面纵坡大于12%或横坡陡于1:5时，应按设计要求挖台阶，以保证填方土体的稳定。每级台阶高度可取压实机具一层压实厚度的整倍数。

(7) 填方分几个作业段施工时，接头部分如不能交替填筑，则先填路段，应按 1∶1 坡度分层留台阶；如能交替填筑，则应分层相互交替搭接，搭接长度不小于 2m。

用不同土质填筑的正确与错误方案如图 10-6 所示。

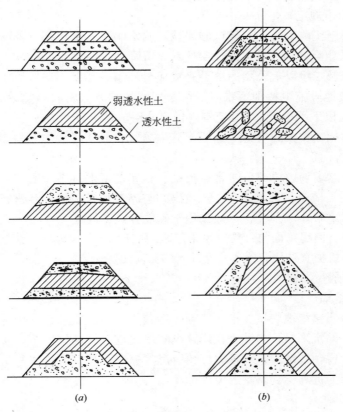

图 10-6　路堤分层填筑方案
(a)正确方案；(b)错误方案

3. 桥涵台背填土

为保证桥头路堤稳定，防止产生不均匀沉降，台背填土除设计文件另有规定外，一般应用砂性土或其他渗水性良好的材料填筑。在渗水材料缺乏的地方，采用细粒土填筑时，宜用石灰、水泥、粉煤灰等无机结合料进行处治。

填土长度：一般在上部距翼墙尾端不小于台高加 2m，下部为距基础内沿不小于 2m。

填土高度：从路堤顶面起向下计算，在冰冻地区一般不小于 2.5m；无冰冻地区到高水位，均应填以渗水性材料，其余部分可用与路堤相同的土填筑，并在其上设横向排水盲沟或铺向外倾斜的黏土或胶泥层。

填土应分层夯实到要求的压实度，每层的松铺厚度不得超过 20cm。

桥台台背的填土应与锥坡填土同时进行，并认真做到水平分层铺筑和压实。涵洞两侧应水平分层对称地向上填筑，分层压实，并注意压实度的均匀性。

五、填石路堤的填筑

填石路堤的填筑方式有逐层填筑压实和倾填（含抛填）两种。抛填又可分为石块从岩面爆破后直接散落在准备填筑的路堤内，和用推土机将爆破后堆放在半路堑上的石块以及用自卸汽车从远处运来的爆破石块推入路堤两种情况。填石路堤填筑应符合以下规定。

（1）路堤施工前，应先修筑试验路段。确定满足孔隙率标准的松铺厚度、压实机械型号及组合、压实速度及压实遍数、沉降差等参数。

（2）二级及二级以上公路的填石路堤应分层填筑压实。二级以下砂石路面公路在陡峻山坡地段施工特别困难时，可采用倾填的方式将石料填筑于路堤下部，但在路床底面以下不小于 1.0m 范围内仍应分层填筑压实。

（3）岩性相差较大的填料应分层或分段填筑，严禁将软质石料与硬质石料混合使用。

（4）填石路堤的边坡部位常常是摊铺、压实的薄弱环节，因此中硬、硬质石料填筑路堤时，应进行边坡码砌。边坡码砌与路基填筑应该同步进行。并且所采用的石料应整齐、不易风化。一般采用干砌的方式进行。

（5）在填石路堤顶面与细粒土填土层之间应设 2～3 层碎石过渡层。

（6）压实机械宜选用自重不小于 18t 的振动压路机。

六、路堤预留沉降量

1. 一般路基

一般路基当路堤填料按要求压实程序达到规定的压实度后，仍可能在路堤竣工后产生一定的沉降量，为此，在线路纵断面设计允许的情况下，应在施工中对填筑的路堤考虑预留沉降量，可以按预留沉降速率计算日后路堤总沉降量，以便使道路纵断面的标高达到路基的设计标高。

2. 特殊地基

对于软土、超软土、沼泽地带，路基除了首先进行排水和加固处理外，通常还应通过试验路段试铺，得到施工中地基固结的沉降速率，以便提出施工铺筑路基的周期和层厚（案例：杭甬高速公路宁波地段，属于超软土地基，采用宕渣填筑路基，经试铺后，提出以每周加铺一层，每层厚 20cm 填筑，才能满足超软土地基垂直排水固结要求地基的强度和稳定性，路基填筑完工后，堆载半年，使其沉降达到稳定）。因此，特殊地带路堤的沉降还应综合考虑基底的沉降变形，即一并考虑填方沉降和地基的沉降量。所以，这些地带填方路基高度要达到设计标高，由于地基的沉降，实际填方高度、路基的实际放样宽度远远地大于一般地区。高路堤则应将地基和堤身分开考虑，并应通过设计和试验综合确定沉降量。

路堤填方的沉降与施工碾压质量、填土高度、填料土质等因素有关。在正常情况下可按堤高的 1‰～3‰ 预留量进行路基设计标高放样，同时计算路基放样宽度时，在考虑了沉降损失后，还应根据经验略有放宽，以满足沉降后路基的设计宽度和日后修理边坡要求。施工期间要加强沉降量观测工作。施工加强质量管理，边坡要夯密实，尽早密铺草皮及其他必要的防护。

第三节 挖方路基施工

一、路堑施工特点和边坡类别

1. 挖方路基施工特点

由于挖方路堑是由天然地层构成的,天然地层在生成和演变的长期过程中,一般具有复杂的地质结构。处于地壳表层的挖方路堑边坡施工中受到自然和人为因素,包括水文、地质、气候、地貌、设计与施工方案等的影响,比路堤边坡更容易发生变形和破坏。

工程实践证明,路基出现的病害大多发生在路堑挖方地段上,诸如滑坡、崩坍、落石、路基翻浆等。路基大断面的开挖施工,破坏了原有山体的平衡,施工方案选择不合理,边坡太陡,废方堆弃太近,草皮栽种、护面铺砌及挡土墙施工不及时,排水不良等都会引起路堑边坡失稳、滑坍,严重时甚至影响整个工程进度,这是挖方路基施工中经常出现的问题。施工人员应从设计审查、施工方案选择、现场地质水文调查多方面把关,切实搞好挖方路基施工。

2. 挖方路基边坡类别

挖方边坡分类见表10-2。

挖方边坡分类表　　表10-2

分类依据	名称	简述	分类依据	名称	简述
岩性	土质边坡	由土构成	边坡高度	高边坡	岩石边坡高大于30m 土质边坡高大于20m
				中等边坡	岩石边坡高介于8~30m 土质边坡高介于6~20m
	岩石边坡	由岩石构成		低边坡	岩石边坡高大于8m 土质边坡高大于6m

二、土质路堑施工

(一) 施工方法

路堑开挖施工,除需考虑当地的地形条件、采用的机具等因素外,还需考虑土层的分布。在路堑开挖前,应做好现场伐树除根等清理和排水工作。如果移挖作填时,还应将表土单独掘弃,或按不同的土层分层挖掘,以满足路堤填筑的要求。路堑的开挖方法根据路堑高度、纵向长短及现场施工条件,可采用以下几种基本方法:

1. 横向挖掘法

(1) 单层横向全宽挖掘法

从开挖路堑的一端或两端按断面全宽一次性挖到设计高程,逐渐向纵深挖掘,挖出的土一般都是向两侧运送如图10-7(a)所示。这种方法适用于挖掘深度小、且较短的路堑。

(2) 多层横向全宽挖掘法

从开挖的一端或两端按横断面分层挖至设计高程,如图10-7(b)所示。多层横向全宽挖法主要适用于开挖深而短的路堑。土质路堑的开挖可采用人工作业,也可选用机械作业。

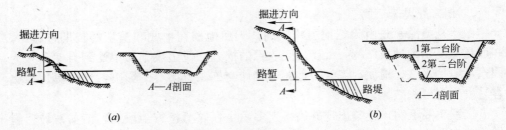

图10-7 横向全宽挖掘法
(a)单层横向全宽挖掘法;(b)多层横向全宽挖掘法
1—第一台阶运土道;2—临时排水沟

2. 纵向挖掘法

(1) 分层纵挖法

沿路堑全宽,以深度不大的纵向分层进行挖掘,如图10-8(a)所示,适用于较长的路堑开挖。

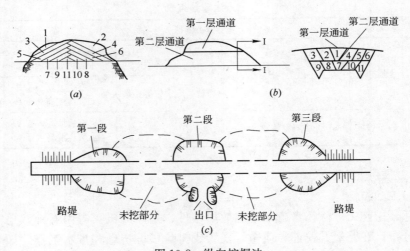

图10-8 纵向挖掘法
(a)分层纵挖法(图中数字为挖掘顺序);(b)通道纵挖法(图中数字为拓宽顺序);(c)分段纵挖法

(2) 通道纵挖法

先沿路堑纵向挖掘一通道,然后将通道向两侧拓宽以扩大工作面,并利用该通道作为运土路线及场内排水的出路,如图10-8(b)所示,该层通道拓宽至路堑边坡后,再开挖下层通道,如此向纵深开挖至路基高程。该法适用于较长、较深、两端地面纵坡较小之路堑开挖。

(3) 分段纵挖法

沿路堑纵向选择一个或几个适宜处,将较薄一侧堑壁横向挖穿,使路堑分成两段或数段，各段再纵向开挖，如图10-8(c)所示。该法适用于路堑过长，弃土运距过远的傍山路堑，其一侧堑壁不厚的路堑开挖。土质路堑纵向挖掘，多采用机械化施工。

  3. 混合式挖掘法

  当路线纵向长度和挖深都很大时，为扩大工作面，可将多层横挖法和通道纵挖法综合使用。先沿路堑纵向挖通道，然后沿横向坡面挖掘，以增加开挖坡面，如图10-9所示。每一坡面的大小应能容纳一个施工小组或一台机械作业。

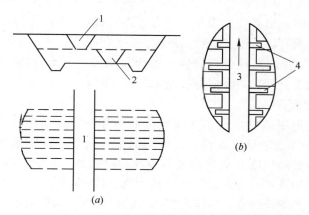

图10-9　混合挖掘法
(a)挖空横断面；(b)纵、横通道平面示意图
图中：箭头表示运土与排水方向，数字表示工作面号数

（二）注意事项

  深挖掘中特别需要注意的问题是保证施工过程或竣工后的有效排水。一般应先开挖排水沟槽，并要求与永久性构造物相结合，并设法排除一切可能影响边坡稳定的地面水和地下水，为此，路堑开挖作业时应注意以下几点：

  (1) 由于水是造成路堑各种病害的主要原因，所以，不论采取何种开挖方法，均应保证开挖过程中及竣工后的有效排水，如图10-10所示，确保施工作业面不积水。开挖路堑时，要在路堑的线路方向保持一定的纵坡度，以利于排水和提高运输效率。

图10-10　施工时排水
(a)纵坡路堑；(b)平坡路堑
注：图中数字为开挖顺序

  (2) 开挖时应按照横断面自上而下，依照设计边坡逐层进行，防止因开挖不当而引起边坡失稳崩塌。当开挖至零填、路堑路床部分后，应尽快进行路床施

工，如不能及时进行，宜在设计路床顶标高以上预留至少 300mm 厚的保护层。

在地质不良拟设挡土墙的路堑中，路堑开挖应以分段挖掘，同时修筑挡土墙或其他防护设施的方法为宜，以保证安全。

(3) 开挖过程中，应采取措施保证边坡稳定。开挖至边坡线前，应预留一定宽度，预留的宽度应保证刷坡过程中设计边坡线外的土层不受扰动。

(4) 路堑弃土应按要求，整齐地堆在路基一侧或两侧，不得占用耕地。弃土堆内侧坡脚（靠路堑一侧），至路堑边坡顶端距离不得小于规定限度。

(5) 弃土运往它处时，挖掘工作面的运输散落土料要及时清除，尤其是每个工作日作业结束时，更要注意及时用推土机将散落土清除干净，以防土遇雨积水，造成滑坡损害，以至于发生滑塌事故。

(6) 松软土地带或其他不符合要求的土质地段，要采取各种稳定处理措施，并注意地下水的上升情况，根据需要设置排水盲沟等。

三、石质路堑施工

石质路堑是道路通过山区与丘陵地区的一种常见路基形式，由于是开挖建造，结构物的整体稳定是路堑设计、施工的中心问题。地质条件（岩石的性质、地质构造、风化破碎程度及边坡高度等）对路基的稳定有决定性影响，设计前应对路线的工程地质条件、岩体特征（结构、产状、破碎程度）及公路等级、边坡高度和施工方法进行综合调查，制定切实可行的设计指标和施工方法。

路基边坡的形状，一般可分为直线、折线和台阶形三种。当挖方边坡较高时，可根据不同的土质、岩石性质和稳定要求开挖成折线式或台阶式边坡，边沟外侧应设置碎落台，其宽度不宜小于 1.0m；台阶式边坡中部应设置边坡平台，边坡平台的宽度不宜小于 2m。

边坡坡顶、坡面、坡脚和边坡中部平台应设置地表排水系统，当边坡有积水湿地、地下水渗出或地下水露头时，应根据实际情况设置地下渗沟、边坡渗沟或仰斜式排水孔，或在上游沿垂直地下水流向设置拦截地下水的排水隧洞等排导设施。

根据边坡稳定情况和周围环境确定边坡坡面防护形式，边坡防护应采取工程防护与植物防护相结合，稳定性差的边坡应设置综合支挡工程。条件许可时，宜优先采用有利于生态环境保护的防护措施。

当土质挖方边坡高度超过 20m、岩石挖方边坡高度超过 30m 以及不良地质地段路堑边坡，应按有关规定，进行路基高边坡个别处理设计。

对于岩土的破碎开挖，主要采用两种方法：一是松土机械作业法，二是爆破作业法。松土机械作业法是利用大型、整体式松土器，耙松岩土后由铲运机械装运。其特点是：作业过程比较简单，具有较高的作业效率。在国外高等级公路施工作业中被广泛采用。因此，对岩土的开挖，如果能用松土器破碎，建议使用该种方法。爆破作业法是利用炸药爆炸时所产生的热和高压，使岩石或周围的介质受到破坏或移位。其特点是施工进度快，并可减轻繁重的体力劳动，提高劳动生产率。但这种方法，毕竟是一种带有危险性的作业，需要有充分的爆破知识和必要的安全措施。

本部分内容着重介绍常用的爆破法。

(一) 常用爆破方法

(1) 裸露药包法。是将药包置于被炸物体表面或经清理的岩缝中,药包表面用草皮或稀泥覆盖,然后进行爆破。主要用于破碎大孤石或进行大块石的二次爆破。

(2) 钢钎炮(炮眼法)。通常指炮眼直径和深度分别小于 7cm 和 5m 的爆破方法。由于其炮眼直径小,装药量不多,爆破的石方量不大,在路基石方工程集中且数量大时,较少采用这种炮型。但此法操作简便,机动灵活,耗药量少,在工程分散、石方量少时(如整修边坡、清除孤石),仍然是适用的炮型。此外,也常用此法为大型炮创造有利地形(图 10-11)。

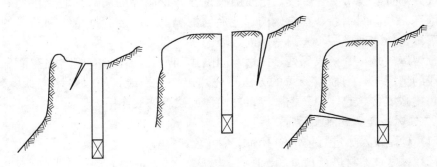

图 10-11 炮眼布置图

(3) 药壶炮(葫芦炮)。在深 2.5m 以上的炮眼底部用少量炸药经一次或多次烘膛,使炮眼底部扩大成药壶形(葫芦形),将炸药集中装入"药壶"中进行爆破,如图 10-12 所示。由于炮眼底部容积增大,装药较多,爆炸能量集中,从而可提高爆破效果。

此法适用于结构均匀致密的硬土、次坚石、坚石。当炮眼深度小于 2.5m,或是节理发育的软石、岩层很薄及渗水或雨期施工时,不宜采用。

(4) 猫洞炮。炮眼直径为 0.2~0.5m,深度 2~6m,炮眼成水平或略有倾斜,用集中药包进行爆破的方法,如图 10-13 所示。其特点是充分利用岩体本身的崩

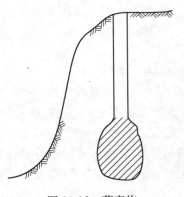

图 10-12 药壶炮

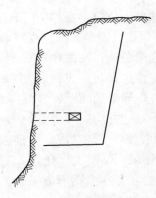

图 10-13 猫洞炮

坍作用,能用较浅的炮眼爆破较高的岩体。其最佳使用条件是:岩石为Ⅴ~Ⅶ级,阶梯高度至少应大于炮眼深度的两倍,自然地面坡度在70°左右。在有裂缝的软石和坚石中,阶梯高度大于4m,采用此法可获得好的爆破效果,对独岩包和特大孤石的爆破效果更佳。

(5)微差爆破。两相邻药包或前后排药包以毫秒的时间间隔(一般为15~75ms)依次起爆,亦称毫秒爆破。多发一次爆破最好选用毫秒雷管。其优点是当装药量相等时,可减震1/3~2/3左右;前发药包为后发药包开创了临空面,加强了岩石的破碎效果;降低多排孔一次爆破的堆积高度,有利于挖掘机作业;由于是依次爆破,减少岩石挟制力,可节省炸药20%,并可增大孔距,提高每米钻孔的爆落石方。多排孔微差爆破是浅孔深孔爆破的发展方向。

(6)光面爆破和预裂爆破。光面爆破是在开挖眼界的周边,适当排列一定间隔的炮孔,须同时引爆,在有侧向邻空面的情况下,用控制抵抗线和药量的方法进行爆破,使之形成一个光滑平整的边坡。

预裂爆破是在开挖眼界处,按适当间隔排列炮孔,在没有侧向临空面和最小抵抗线的情况下,用控制药量的方法预先炸出一条裂缝,使拟爆体与山体分开,作为隔震减震带,起保护开挖限界以外山体或建筑物的作用。

(二)爆破作业的施工程序

(1)对爆破人员进行技术学习和安全教育。

(2)对爆破器材进行检查和试验。

(3)清除岩石表面的覆盖土及松散石层,确定炮型,选择炮位。

(4)钻眼或挖坑道、药室,装药及堵塞。

(5)敷设起爆网络。

(6)设置警戒线。

(7)起爆。

(8)清理现场(处理瞎炮、测定爆破效果等)。

(三)爆破作业

1. 炮位选择与钻眼

(1)炮位的选择。炮眼位置直接影响爆破的效果。在选择炮位时应注意以下几点:

1)选择炮位时,必须注意石层、石质、纹理、石穴,应在无裂纹、无水湿处为宜。在用铁锤敲击石面发生空响处,应避免打眼。

2)应避免选择在两种岩石硬度相差很大的交界处。

3)炮位选择时,应尽量为下一炮创造更多的临空面。

4)群炮炮眼的间距,宜根据地形、岩石类别、炮型及炸药的种类计算确定。

5)炮眼的方向应与岩石侧面平行,并尽量与岩石走向垂直。一般按岩石外形、纹理裂隙等实际情况,分别选择正眼、斜眼、平眼和吊眼等方位。

(2)钻眼。钻眼工作分为人工钻眼和机械钻眼两种。人工钻眼操作简便,但效率低,适用于少量的石方爆破,机械钻眼所需设备较多,但钻眼速度快,工效高,适合大量石方爆破。

人工钻眼使用的工具有钢钎、大锤、注水工具和掏石粉的小勺。钢钎的长度需较炮眼深度高出 0.5m 为宜，常用直径 22mm 的一字形实心钢钎头，刃口可根据岩石软硬程度做成不同的形状。

机械钻眼的主要设备是凿岩机，有风动式和电动式。凿岩机的型号很多，应在施工前根据岩石的类别、钻孔的深度、工作环境与附属设备分情况选用。凿岩机用的钢钎一般为直径 22～38mm 的中空六角钢，常用碳素工具钢制作，在坚硬岩石时，可用合金工具钢。钎头的形式有一字形（单刃）、十字形和梅花形（星形）。

炮眼打成后，应将其中石粉、泥浆清除干净，用稻草或塞子将孔口塞好，避免石渣、泥块等落入孔内。

2. 装药、堵塞炮眼与引爆

（1）装药。装药是一项要求细致而危险性很大的工作，应由熟练的炮工担任。装药时，无关人员应撤离危险区。装药与堵塞工作要求连续快速进行，以免炸药受潮，降低威力。

散装的黑火药，装时用木片或竹片（不得使用铁器）将药灌入孔中，现场不得有任何火源，药装好后，将导火索插入药中，用木棍轻轻压实。

黄色炸药可以散装，也可将条状药包直接装入，待药装入一半时，将已插好导火索的雷管放入，再散装另一半药量，最后用木棍轻轻捣实。

（2）堵塞炮眼。炮眼的堵塞材料，一般为干细砂土、砂、黏土等。最好用一分黏土，三分粗砂，在最佳含水量下混合而成的堵塞料。

在炸药装好后，先用干砂灌入捣实，再用堵塞料堵满炮眼并捣实，在捣实时应注意防止弄断导火索或导爆线。

在所有炮眼堵塞完毕后，应布置安全警戒，疏散危险区内人员、牲畜，封闭所有与爆破地点相连的路径，作好点火引报的准备。

（3）点火引爆。火雷管的引爆由指定的点火人员按规定线路同时点火。点火时应用草绳、香火引燃导火索，禁止用明火引爆。

电雷管的引爆用接通电源的方法引爆。

点火引爆后，应仔细记录爆炸的炮数，当爆炸的炮数与装药的炮数相等时，方可解除安全警戒。与炮数不相等时，应在最后一炮响过 30min 后，方可解除警戒。

3. 瞎炮处理

点火后未爆炸的炮称为瞎炮。瞎炮不仅费工费料，影响施工进度而且给处理工作带来不少困难，在施工中应注意防止产生瞎炮。一旦出现瞎炮，应立即查明原因，研究采取妥善处理的办法。

产生瞎炮的原因，一般有雷管、导火索受潮失效；导火索与雷管接头脱开；堵塞炮眼时导火索被拉断；炮眼潮湿有水；点炮时漏点等。

处理瞎炮时，先找出瞎炮位置，在其附近重新打眼，使瞎炮同新炮一起爆炸。如瞎炮为小炮且为一般炸药时，可用水冲洗处理。

4. 清理渣石

清理渣石可用人工或机械进行,应严格按操作规程要求进行,以避免炸松的山石坍塌,造成伤人毁物事故。

炸落的岩石体积过大,可进行二次爆破,以便于清运工作的进行。

第四节 路 基 压 实

一、路基压实的意义

土基的压实程度对路基的强度和稳定性影响极大。未经压实的土质路基,在自然因素和行车荷载作用下,必然要产生较大的变形或破坏,这是由于未经压实的路基抵抗暴雨或水流冲刷的能力很低。与此相反,压实紧密的路基,强度提高,变形显著地减小,可以避免大规模的破坏,稳定性得到明显改善。因此,土基的压实是路基施工极其重要的环节,是保证路基质量的关键。在实际操作中,压实度表示某一有限厚度的路面结构经碾压后的相对密实程度。

二、影响压实的主要因素

1. 含水量对压实效果的影响

室内击实试验获得的含水量同干密度的关系如图10-14所示曲线1,图中纵坐标为干密度,用其表征土的密实程度。在同等压实功下,土的干密度随着含水量增加而提高,这主要是由于水在土颗粒之间起润滑作用,使得土粒间摩阻力减小,外力施加后,孔隙减小,土粒挤紧,干密度提高。干密度至最大值后,若含水量继续增大,土粒孔隙为过多水分占据,而水一般不为外力所压缩,因而土的干密度随含水量增加反而降低。通常在一定击实条件下得到的干密度的最大值,

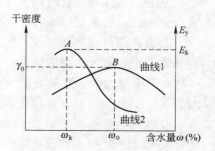

图10-14 含水量与干密度、弹性模量关系曲线

称为最大干密度,与之相对应的含水量称为最佳含水量,见表10-3。因此,在路基压实过程中,如能控制工地含水量为最佳含水量,就能获得最好的压实效果。

如果以形变模量 E_y 代替 γ,如图10-14曲线2所示,它与含水量 ω 亦有类似的驼峰曲线关系,而且最高点 A 的 E_k 及其相应之 ω_k 值,与 γ_0 及 ω_0 有别。土体湿度未达到最佳值之前,强度 E_k 已达最高值,而土中湿度的减少或增加,相应的 E_y 随之有所降低。实践证明,控制最佳含水量压实 ω_0 压实土基,其强度和稳定性最好。

各种土壤的最佳含水量和最大干密度　　　　　表10-3

土壤类别	最佳含水量(%)	最大干密度(kg/cm³)	土壤类别	最佳含水量(%)	最大干密度(kg/cm³)
砂　土	8~12	1.80~1.88	亚黏土	12~15	1.85~1.95
亚砂土	9~15	1.85~2.08	重亚黏土	16~20	1.67~1.79
粉　土	16~22	1.61~1.80	黏　土	19~23	1.58~1.70
粉质亚黏土	18~21	1.65~1.74			

2. 土质对压实效果的影响

不同的土质，其压实效果不同。如图 10-15 所示，不同的土质具有不同的最佳含水量及最大干密度。

分散性（液限、黏性）较高的土，其最佳含水量较高而最大干密度较低，这是由于土粒愈细，比面积愈大，土粒表面的水膜愈多，加之黏土中含有亲水性较高的胶体物质所致。对砂土，由于其颗粒粗并且呈松散状，水分易于散失，故最佳含水量对其没有更多的实际意义。路基施工最好的土是砂性土，它们压实性好，容易施工，水稳性良好。

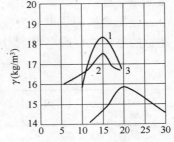

图 10-15 不同土质的压实曲线

3. 压实功

土的压实效果与压实工具的类型、质量、速度和碾压次数有关。压实工具质量越大，速度越慢和压实次数越多，压实功就越大，最佳含水量则变小，最大干密度增大。试验证明，适宜的压实工具质量为 8～30t，碾压速度为 2～4km/h，压实次数为 4～6 次。

4. 温度

温度升高，水分蒸发过快，影响水对土的润滑作用，使土含水量减小，土质松散而不易压实。温度在 0℃ 以下，水会结冰，严重影响土的压实，应停止施工。

所以路基压实施工中，控制最佳含水量是首要关键，在此前提下采取分层铺筑，控制有效土层厚度，均匀压实。

三、路基压实标准

路基压实标准通常用压实度来表征。土的压实度 K 是现场压实后土的干密度 γ 与室内用重型压实标准仪测定的土的最大干密度 γ_{max} 的比值百分数：

$$K = \frac{\gamma}{\gamma_{max}} \times 100\% \tag{10-1}$$

式中 $\gamma = \dfrac{\gamma_w}{1 + \dfrac{w}{100}}$；

γ_w——湿密度；

w——现场土基实测含水量百分数。

由于车轮对路基作用的应力随深度而减小，因此对不同深度的土基的压实度要求也不同。路基压实度标准列于表 10-4。

路基压实度　　　　　　　　　　　表 10-4

填挖类型		路面底层以下深度（cm）	压实度（%）	
			高速公路、一级公路	其他等级公路
填方路基	上路床	0～30	≥95	≥93
	下路床	30～80	≥95	≥93
	上路堤	80～150	≥93	≥90
	下路堤	>150	≥90	≥90
零填及路堑路床		0～30	≥95	≥93

四、压实机械的选用

根据工程施工的要求,正确地选择压路机种类、规格、压实作业参数及运行路线是保证压实品质和压实效率的前提条件。

碾压机械通常可分为静碾型、振碾型和夯实型,各有其适用场合。各种土质适宜的碾压机械配套可参考表 10-5。

各种土质适宜的碾压机械表　　　　　表 10-5

机械名称＼土的类别	细粒土	砂类土	砾类土	巨粒土	备注
6~8t 两轮光轮压路机	A	A	A	A	用于预压整平
12~18t 三轮光轮压路机	A	A	A	B	最常使用
20~50t 轮胎压路机	A	A	A	A	最常使用
羊足碾	A	C 或 B	C	C	粉、黏土质砂可用
振动压路机	B	A	A	A	最常使用
凸块式振动压路机	A	A	A	A	最宜使用于含水量较高的细粒土
手扶式振动压路机	B	A	A	C	用于狭窄地点
振动平板夯	B	A	A	B 或 C	用于狭窄地点,机械质量 800kg 的可用于巨粒土
手扶式振动夯	A	A	A	B	用于狭窄地点
夯碾(板)	A	A	A	A	夯击影响深度最大
推土机、铲运机	A	A	A	A	仅用于摊平土层和预压

注:1. 表中符号:A 代表适用;B 代表适用无适当的机械时可用;C 代表不适用。
　　2. 自行式压路机宜用于一般路堤、路堑基底的换填等的压实,宜采用直线式进退运行。
　　3. 羊足碾(包括凸块式碾、条式碾)应有光轮压路机配合使用。

常有压实机械适应的松铺厚度如下:

羊足碾(6~8t)　　　　　≤0.50m
振动压路机(10~12t)　　≤0.40m
压路机(8~12t)　　　　　0.20~0.25m
压路机(12~15t)　　　　0.25~0.305m

五、路基的压实施工

1. 压实前的准备工作

(1) 根据路基土壤的特性和所要达到的压实度标准,正确地选择压路机的类型和压实功。

(2) 根据压路机的压实功所能达到的最佳作用深度,确定最佳压实厚度。

(3) 做试验路段或根据以往经验,测定最佳碾压遍数。

(4) 测定土壤的最佳含水量,并使土壤的含水量控制在最佳含水量的±2%范围之内。表 10-3 为各类土壤的最佳含水量可供参考,一般要现场试验确定。

土壤的含水量在施工现场由工程技术人员通过试验方法测定,并将测定的结果通知压路机驾驶员。施工人员也可以通过简易方法判断土壤的含水量。通常"手握成团,没有水痕,离地1米,落地散开",即说明土壤的含水量接近最佳含水量。另外,新挖土壤的含水量一般处于最佳值。

(5) 严格控制松铺层厚度,压实前可自路中线向路两边作2%～4%的横坡并整平,根据松铺厚度,正确选择振动压路机的振频和振幅。

(6) 压路机驾驶员应在作业前,检查和调控压路机各部位及作业参数,保证压路机正常的技术状况和作业性能。

(7) 正确选择压路机的运行路线,确保压实的均匀度。

(8) 施工技术人员向压路机驾驶员作好各项技术交底。

2. 路基压实的基本原则

在压实作业时,压路机驾驶员应与工程技术人员紧密配合,工程技术人员应随时掌握压实层含水量和压实度的变化,并及时通知驾驶人员。驾驶人员应遵从技术人员的指导,严格按施工程序进行压实。在路基压实过程中,应遵循"先轻后重、先慢后快、先边后中、先低后高、注意重叠"的原则。

先轻后重:指开始时先使用轻型压路机进行初压,然后再换重型压路机进行复压。

先慢后快:指压路机碾压速度随碾压遍数增加而逐渐加快。

先边后中:指碾压作业中始终坚持从路基两侧开始,逐渐向路基中心移动的碾压原则,以保证路基设计拱形和防止路基两侧的塌落。

先低后高:在超高地段,为了形成单向超高坡度,碾压路线,从低处到高处。

注意重叠:指相邻两碾压带重叠一定的宽度,以防止漏压,使全路宽均匀密实。

3. 路基的压实作业

路基的压实作业一般按初压、复压和终压三个步骤进行。

(1) 初压。初压是指对铺筑层进行的最初1～2遍的碾压作业。初压的目的是使铺筑层表层形成较稳定平整的承重层,以利压路机以较大的作用力进行进一步的压实作业。

一般采用重型履带式拖拉机或羊脚碾进行路基的初压,也可用中型静压式压路机或振动式压路机以静力碾压方式进行初压作业。

初压时,碾压速度应不超过1.5～2km/h。初压后,需要对铺筑层进行整平。

(2) 复压。复压是指继初压后的10～8遍的碾压。复压的目的是使铺筑层达到规定的压实度,它是压实的主要作业阶段。

复压应尽可能发挥压路机的最大压实功能,以使铺筑层迅速达到规定的压实度。轮胎压路机可通过增加压路机配重、调节轮胎气压,使单位线荷载和平均接地比压达到最佳状况;振动压路机可通过调整振频和振幅,使振动压实功能达到最佳值。

复压碾压速度应逐渐增大。静光轮压路机取2～3km/h,轮胎式压路机为3～4km/h,振动压路机为3～6km/h。

复压作业中，应随时测定压实度，以便做到既达到压实度标准，又不过度碾压。

（3）终压。终压是指继复压之后，对每一铺筑层竣工前所进行的1～2遍的碾压。终压的目的是使压实层表面密实平整。一般分层修筑路基时，只在最后一层实施终压作业。

终压作业，可采用中型静力式压路机或振动压路机以静力碾压方式进行碾压，碾压速度可适当高于复压时的速度。

采用振动压路机或羊脚碾压路机进行分层压实时，由于表层会产生松散层（约10cm左右），在压实过程中，可将该厚度算作下一铺筑层之内进行压实，这样就可不进行终压压实。

4. 边坡的碾压

路堤填土的坡面应该充分压实，而且要符合设计截面。如果边坡面层和路堤整体相比压得不够密实，下雨时，由于表层流水的洗刷和渗透，而发生滑坡、崩溃和路侧下沉等现象，因此，边坡亦必须给予充分压实，不可忽视。

边坡面施工有剥土坡面施工和堆土坡面施工两种方法。

剥土坡面施工，路堤堆土要加宽（一般超宽30～50cm），经正常的填土碾压后，再将坡面没有压实的土铲除后修整坡面，用液压挖掘机对坡面进行整形（图10-16）。

堆土坡面施工，系采用碾压坡面的方法。碾压机械可用振动压路机、推土机或挖掘机等。

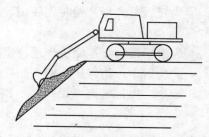

图10-16　用液压机挖掘机对坡面整形

坡面的坡度在1：1.8左右时，要先粗拉线放坡，用自重3t以上的拖式振动压路机，从填土的底部向上滚动振动压实（图10-17）。为防止土壤塌落，压路机下行时不要振动。压路机的上下运动，用装在推土机后的卷扬机来操纵。

土质良好时，可以利用推土机在斜坡上下行驶碾压（图10-18）。对含水量高的黏性土，使用湿地推土机进行碾压。

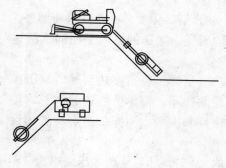

图10-17　用振动压路机压实坡面

图10-18　用推土机压实坡面

5. 台背回填的压实

桥梁、箱形涵洞等构筑物和填土相连接部分(图10-19),一般在行车后,连接部发生不同沉陷,使路面产生高差导致损坏,影响正常交通。究其原因,除基础地基和填土下沉外,碾压不足亦为其一,因此台背回填的压实工作必须认真做好。

台背回填用土最好采用容易压实的压缩性小的材料。当能用大型压实机械进行充分压实时,选用粒度分布良好者即可。

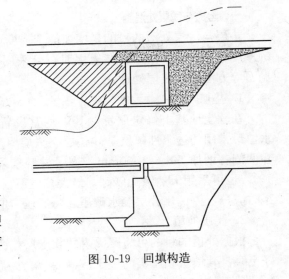

图10-19 回填构造

6. 路基压实作业中的注意事项

(1) 碾压时,相邻碾压轮应相互重叠20~30cm。

(2) 压实作业时,应随时掌握压实层的含水量,只有在最佳含水量时压实效果最好。当含水量不足时,应补充洒水。

(3) 保证当天铺筑,当天压实。

(4) 碾压过程中,若土体出现"弹簧"现象,应立即停止碾压,并采取相应措施,待含水量降低后再进行碾压。对于局部"弹簧"现象,也应及时处理,不然会造成路基强度不均,留下隐患。

(5) 碾压时,若压实层表层出现起皮、松散、裂纹等现象,应及时查明原因,采取措施处理后再继续碾压。一般土壤含水量低、压路机单位线压力高、碾压遍数过多及土质不良等原因易造成上述不良现象。

(6) 碾压作业中,应随时注意路基边坡及铺筑层主体的变化情况,出现异常,及时处理,以免发生陷车或翻车事故。一般碾压轮外侧面距路线不小于30~50cm,山区公路则距沟崖边缘不小于100cm。

(7) 遇到死角或作业场地狭小的地段,应换用机动性好的小型压实机械予以压实,切不可漏压,以免路基强度不均匀,留下隐患。

(8) 每班作业结束后,应将压路机驶离新铺筑的路基,选择硬实平坦,易于排水的地段停放。

第五节 软土路基施工

软土在我国滨海平原、河口三角洲、湖盆地周围及山涧谷地均有广泛分布。在软土地基上修筑高等级公路,特别是修筑高路堤时,若对软基不加以处治或处理不当,往往会导致路基失稳或过量沉降,造成道路不能正常使用。软土地基处理恰当与否也关系到整个工程质量、投资。因此道路修建于软土地基时,无论是设计还是施工均必须给予充分的重视。

一、垫层与浅层处治施工

垫层与浅层处治的目的是增加地基强度,防止地基产生局部变形。当软土层的厚度小于 3m 且软土层在表层时,可采用垫层或用生石灰等浅层拌合、换填、抛石等方法进行浅层处理。

1. 垫层

在软土地基上修筑路堤,其下均宜设置透水性垫层,以排除地基中的孔隙水。最常用的透水性垫层是砂垫层,垫层厚度以 50cm 为宜,宽度为路堤底宽并在两侧各增加 500~1000mm。垫层材料宜采用洁净的中、粗砂,含泥量不大于 5%。也可采用天然级配砂砾,最大粒径不宜大于 5cm,砾石强度不低于四级。施工时应分层摊铺,分层洒水碾压,每层压实厚度宜为 15~20cm。

2. 浅层换填

根据处治的目的可将路堤内的软土层挖去,换填好土或局部挖除换填。换填好土时,其填筑、压实的施工应满足《公路路基设计规范》(JTG D30—2004)和《公路路基施工技术规范》(JTG F10—2006)的要求。换填料应选用水稳性或透水性好的材料,回填应分层摊铺、分层碾压,每层的压实度要达到规范规定的压实标准。

3. 浅层拌合稳定剂处治

该处治方法是用稳定材料,如生石灰、消石灰、水泥、石灰粉煤灰或其他固化剂掺入软弱的表层软土层中,就地拌合、压实以改善地基的压缩性和软土地基的强度。施工时,应通过室内试验确定施工配合比。其施工工艺与加固土路拌法的施工工艺相同,主要工序如下:摊铺→拌合→压实→养生等。处治稳定层的强度可采用 7d 龄期抗压强度或 CBR 值,其中任何一个达到规定的要求即可。

二、反压护道法施工

(1) 反压护道法主要是当路堤在施工过程中,达不到要求的稳定安全系数容许值时,用主路堤两侧的反压护道达到使路堤稳定的目的。可在路堤的两侧或一侧设置反压护道。

(2) 反压护道的高度宜为路堤高度的 1/2,宽度应通过稳定性验算确定,且应满足路堤施工后沉降的要求。反压护道所用的填筑材料应符合路堤填料的要求。

(3) 反压护道施工应与路堤同时填筑,分开填筑时,必须在路堤达到临界高度前将反压护道填筑好。反压护道的施工一般按图 10-20 所示顺序进行。

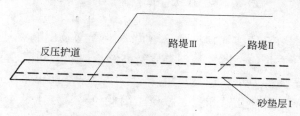

图 10-20 反压护道施工顺序图

三、土工合成材料处治施工

土工合成材料具有加筋、防护、过滤、排水、隔离等功能,利用土工合成材料的抗拉抗剪强度好,改善施工机械的作业条件,均匀支承路堤荷载,减小地基的沉降和侧向位移,提高地基的承载力。土工合成材料的种类有:土工网、土工格栅、土工模袋、土工织物、土工复合排水材料、土工垫等。

1. 材料要求

土工合成材料技术、质量指标应满足设计要求。土工合成材料的存放经及铺设过程中应避免长时间暴露或暴晒。与土工合成材料直接接触的填料中严禁含强酸性、强碱性物质。

2. 施工要求

(1) 土工合成材料在铺设时,应将强度高的方向置于垂直于路堤轴线方向。土工合成材料之间的连接应牢固,在受力方向连接处的强度不得低于材料设计抗拉强度,且其叠合长度不应小于15cm。

(2) 土工合成材料的铺设不允许有褶皱,应用人工拉紧,必要时可采用插针等措施固定土工合成材料于填土层表面。铺设土工合成材料的土层表面应平整,表面严禁有碎、块石等坚硬凸出物。在距土工合成材料层8cm以内的路堤填料,其最大粒径不得大于6cm。

(3) 土工合成材料摊铺以后应及时填筑填料,以避免其受到阳光过长时间的直接暴晒,一般情况下,间隔时间不应超过48h。填料应分层摊铺、分层碾压,所选填料及其压实度应达到《公路路基设计规范》(JTG D30—2004)规定的要求。

(4) 铺设土工合成材料,应在路堤每边各留一定长度,回折覆裹在已压实的填筑层面上,折回外露部分应用土覆盖。

(5) 对于软土地基,应采用后卸式卡车沿加筋材料两侧边缘倾卸填料,以形成运土的交通便道,并将土工合成材料张紧。填料不允许直接卸在土工合成材料上面,必须卸在已摊铺完毕的土面上;卸土高度以不大于1m为宜,以免造成局部承载能力不足。卸土后应立即摊铺,以免出现局部下陷。

(6) 土工合成材料的连接,采用搭接时,搭接长度宜为300~600mm;采用缝接时,缝接宽度应不小于50mm,缝接强度应不低于土工合成材料的抗拉强度。

四、袋装砂井施工

1. 材料要求

(1) 袋:选用聚丙烯或其他适用的编织料制成,抗拉强度应能保证承受砂袋自重,装砂后砂袋的渗透系数应不小于砂的渗透系数。

(2) 砂:采用渗水率较高的中、粗砂,大于0.6mm的砂的含量宜占总重的50%以上,含泥量不应大于3%,渗透系数不应小于5×10^{-2}mm/s。

2. 施工机械

主要机具为导管式振动打桩机,在行进方式上普遍采用的有轨道门架式、履带臂架式、吊机导架式等。

3. 施工工艺

袋装砂井的施工工艺如图 10-21 所示。

五、塑料排水板施工

塑料排水板是由芯板和滤膜组成的复合体，或是由单一材料制成的多孔管道无滤套板带。

1. 材料要求

（1）芯板：是由聚乙烯或聚丙烯加工而成两面有间隔沟槽的的板条，土层中孔隙水通过滤膜渗入到沟槽内，并沿着沟槽竖向排入地面的砂垫脚石层内。应具有足够的抗拉强度和垂直排水能力，其抗拉强度不应小于 130N/cm。芯板应具有耐腐性和足够的柔性，保证塑料排水板在地下的耐久性并在主体固结变形时不会被折断或破裂。

（2）滤套：一般由非纺织物制成，具有一定的隔离土颗粒和渗透功能，且应等效于 0.025mm 孔隙，其最小自由透水表面积宜为 1500cm^2/m，渗透系数应不小于 5×10^{-3} cm/s。

2. 施工机械

主要机具是插板机，也可与袋装砂井机具共用，但应将圆形套管换成矩形套管。

3. 施工工艺

塑料排水板的施工工艺如图 10-22 所示。

图 10-21　袋装砂井的施工工艺　　图 10-22　塑料排水板的施工工艺

六、碎石桩施工

碎石桩是采用碎石材料做桩料并依靠振动沉管机、水振冲器等在软土地基层内做成。碎石桩与桩间的软土形成复合地基，碎石桩对地基起加固、置换作用，可提高地基承载能力，减少最终的地基固结沉降量。

1. 材料要求

（1）填料：一般是未风化的砾石或碎石，粒径宜为19～63mm，含泥量应小于10%。

（2）水：一般饮用水均可使用。

2. 成桩试验

施工前应按规定做成桩试验，记录冲孔、清孔、成桩时间和深度、冲水量、水压、压入碎石量及电流的变化等，作为碎石桩施工的控制指标。

3. 施工机械

主要机具是振冲器、吊机或施工专用平车和水泵。

（1）选择振冲器型号应考虑桩径、桩长及加固工程离周围建筑物的距离。

（2）配备的供水设备，出口水压应为400～600kPa，流量20～30m³/h。起重机械起吊能力应大于100～200kN。

4. 施工工艺

碎石桩的施工工艺如图10-23所示。

七、加固土桩施工

加固土桩是用某种专用机械将软土地基内局部范围的软土主体用无机结合料加固、稳定，使桩体与桩间的软土形成复合地基。改良后的加固土桩起置换作用和应力集中效应，以减少地基的总沉降。

1. 材料要求

加固土桩所采用的材料有水泥、生石灰、粉煤灰等。

（1）生石灰：粒径应小于2.36mm，无杂质，氧化镁和氧化钙总量应不小于85%，其中氧化钙含量应不小于80%。

（2）水泥：宜采用普通硅酸盐水泥或矿渣水泥等。严禁使用过期、受潮、结块、变质的劣质水泥。

（3）粉煤灰：宜选用干拌粉煤灰，要求（SO_2＋Al_2O_3）的含量应大于70%，烧失量小于10%。

2. 成桩试验

加固土桩施工前必须进行成桩试验，桩数不小于5根，且应达到下列要求，并取得以下技术参数作为施工质量控制的依据。

（1）满足设计喷入量的各种技术参数，如钻进速度、提升速度、搅拌速度、喷气压力、单位时间喷入量等。

（2）确定搅拌的均匀性。

（3）掌握下钻和提升的阻力情况，采取适当的技术处理措施。

（4）根据地层、地质情况确定覆喷范围，成桩工艺试验桩数不宜少于5根。

3. 室内配合比试验

应根据软土层的土质情况进行加固土的室内配合比试验,选择合适的固化剂和外掺剂量,确定实际使用时的施工配合比。

4. 施工机具、施工工艺

(1) 施工机具:粉体固化剂所用的施工机械主要有钻机、粉体发送器、空气压缩机、搅拌钻头等。

(2) 施工工艺如图 10-24 所示。

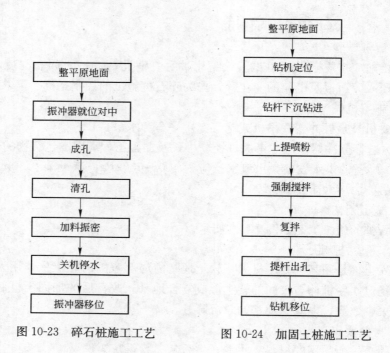

图 10-23 碎石桩施工工艺　　图 10-24 加固土桩施工工艺

第六节 路基工程质量检查

一、土质路基

(一) 基本要求

1. 在路基用地和取土坑范围内,应清除地表植被、杂物、积水、淤泥和表土,处理坑塘,并按规范和设计要求对基底进行压实。

2. 路基填料应符合规范和设计的规定,经认真调查、试验后合理选用。

3. 填方路基须分层填筑压实,每层表面平整,路拱合适,排水良好。

4. 施工临时排水系统应与设计排水系统结合,避免冲刷边坡,勿使路基附近积水。

5. 在设定取土区内合理取土,不得滥开滥挖。完工后应按要求对取土坑和弃土场进行修整,保持合理的几何外形。

(二) 土质路基施工质量标准

土质路基施工标准见表 10-6。

土质路基施工质量标准　　　　　　　　　　　　　　　　表 10-6

项次	检查项目	规定值或允许偏差			检查方法和频率
		高速公路、一级公路	二级公路	三、四级公路	
1	压实度(%)	符合规范规定			施工记录
2	弯沉(0.01mm)	不大于设计要求值			—
3	纵断高程(mm)	+10，−15	+10，−20		每200m测4个断面
4	中线偏位(mm)	50	100		每200m测4点，弯道加 HY、YH 两点
5	宽度(mm)	不小于设计要求值			每200m测4处
6	平整度(mm)	15	20		3m直尺：每200m测2处×10尺
7	横坡(%)	±0.3	±0.5		每200m测4个断面
8	边坡	不陡于设计坡度			每200m抽查4处

二、石方路基

（一）基本要求

1. 石方路堑的开挖宜采用光面爆破法。爆破后应及时清理险石、松石，确保边坡安全、稳定。

2. 修筑填石路堤时应进行地表清理，逐层水平填筑石块，摆放平稳，码砌边部。填筑层厚度及石块尺寸应符合设计和施工规范规定，填石空隙用石碴、石屑嵌压稳定。上、下路床填料和石料最大尺寸应符合规范规定。采用振动压路机分层碾压，压至填筑层顶面石块稳定，18t 以上压路机振压两遍无明显标高差异。

3. 路基表面应整修平整。

（二）填石路堤施工质量标准

填石路堤施工标准见表 10-7。

填石路堤施工质量标准　　　　　　　　　　　　　　　　表 10-7

项次	检查项目		规定值或允许偏差		检查方法和频率
			高速公路、一级公路	其他公路	
1	压实度		符合试验路确定的施工工艺		施工记录
			沉降差≤试验路确定的沉降差		水准仪：每40m检测1个断面，每个断面检测5～9点
2	纵面高程(mm)		+10，−20	+10，−30	水准仪：每200m测4断面
3	弯沉		不大于设计值		—
4	中线偏位(mm)		50	100	经纬仪：每200m测4点，弯道加 HY、YH 两点
5	宽度(mm)		不小于设计值		米尺：每200m测4处
6	平整度(mm)		20	30	3m直尺：每200m测4点×10尺
7	横坡(%)		±0.3	±0.5	水准仪：每200m测4个断面
8	边坡	坡度	不陡于设计值		每200m抽查4处
		平顺度	符合设计要求		

填石路堤成型后的外观质量标准：路堤表面无明显孔洞；大粒径石料不松动，铁锹挖动困难；边坡码砌紧贴、密实、无明显孔洞、松动，砌块间承接面向内倾斜，坡面平顺。

三、软土地基处治

(一) 基本要求

1. 换填地基的填筑压实要求同土方路基。

2. 砂垫层：砂的规格和质量必须符合设计要求和规范规定；适当洒水，分层压实；砂垫层宽度应宽出路基边脚0.5~1.0m，两侧端以片石护砌；砂垫厚度及其上铺设的反滤层应符合设计要求。

3. 袋装砂井、塑料排水板：砂的规格、质量、砂袋织物质量和塑料排水板质量必须满足设计要求；砂袋和塑料排水板下沉时不得出现扭结、断裂等现象；井(板)底标必须符合设计要求，其顶端必须按规范要求伸入砂垫层。

4. 碎石桩：碎石材料应符合设计要求；应严格按试桩结果控制电流和振冲器的留振时间；分批加入碎石，注意振密挤实效果，防止发生"断桩"或"颈缩桩"。

5. 砂桩：砂料应符合规定要求；砂的含水量应根据成桩方法合理确定；应确保桩体连续、密实。

6. 粉喷桩：水泥应符合设计要求；根据成桩试验确定的技术参数进行施工；严格控制喷粉时间、停粉时间和水泥喷入量，不得中断喷粉，确保粉喷桩长度；桩身上部范围内必须进行二次搅拌，确保桩身质量；发现喷粉量不足时，应整桩复打；喷粉中断时，复打重叠孔段应大于1m。

7. 软土地基上的路堤，应在施工过程中进行沉降观测和稳定性观测，并根据观测结果对路堤填筑速率和预压期等做出必要调整。

(二) 施工质量标准

软土地基处治的施工质量标准见表10-8~表10-11。

袋装砂井施工质量标准　　　　　　　　　表10-8

项次	检查项目	规定值或允许偏差	检查方法和频率
1	井距(mm)	±150	抽查3%
2	井长	不小于设计值	查施工记录
3	竖直度(%)	1.5	查施工记录
4	井径(mm)	+10, 0	挖验3%
5	灌砂率(%)	-5	查施工记录

塑料排水板施工质量标准　　　　　　　　表10-9

项次	检查项目	规定值或允许偏差	检查方法和频率
1	板距(mm)	±150	抽查3%
2	板长	不小于设计值	抽查3%
3	竖直度(%)	1.5	查施工记录

第十章 一般路基施工

碎石桩(砂桩)施工质量标准 表 10-10

项次	检查项目	规定值或允许偏差	检查方法和频率
1	桩距(mm)	±150	抽查 3%
2	桩长(m)	不小于设计值	抽查 3%
3	桩径(mm)	不小于设计值	查施工记录
4	竖直度(%)	1.5	查施工记录
5	灌石(砂)量	不小于设计值	查施工记录

加固土桩施工质量标准 表 10-11

项次	检查项目	规定值或允许偏差	检查方法和频率
1	桩距(mm)	±100	抽查桩数 3%
2	桩径(mm)	不小于设计值	抽查桩数 3%
3	桩长(m)	不小于设计值	喷粉(浆)前检查钻杆长度，成桩 28d 后钻孔取芯 3%
4	竖直度(%)	1.5	抽查桩数 3%
5	单桩每延米喷粉(浆)量(%)	不小于设计值	查施工记录
6	桩体无侧限抗压强度	不小于设计值	成桩 28d 后钻孔取芯，桩体三等分段各取芯样一个，成桩数 3%
7	单桩或复合地基承载力	不小于设计值	成桩数的 0.2%，并不少于 3 根

四、路基排水工程

(一) 基本要求

(1) 纵坡顺直，曲线线形圆滑。

(2) 沟壁平整、稳定，无贴坡。沟底平整，排水畅通，无冲刷和阻水现象。

(3) 各类防渗、加固设施坚实稳固。

(4) 浆砌片石工程，嵌缝均匀、饱满、密实，勾缝平顺无脱落、密实、美观，缝宽均衡协调；砌体咬扣紧密；抹面平整、压光、顺直，无裂缝、空鼓。

(5) 干砌片石工程，砌筑咬合紧密，无叠砌、贴砌和浮塞。

(6) 水泥混凝土砌块的强度符合设计要求，砌体平整，勾缝整齐牢固。

(二) 施工质量标准

土质边沟、截水沟、排水沟施工质量，应符合表 10-12 的规定。

土质边沟、截水沟、排水沟施工质量标准 表 10-12

项次	检查项目	规定值或允许偏差	检查方法和频率
1	沟底纵坡	符合设计要求	水准仪：每 200m 测 8 点
2	沟底高程(mm)	+0, -30	水准仪：每 200m 测 8 处
3	断面尺寸	不小于设计要求	尺量：每 200m 测 8 处
4	边坡坡度	不陡于设计要求	每 50m 测 8 处
5	边棱顺直度(mm)	50	尺量：20m 拉线，每 200m 测 4 处

浆砌排水沟、截水沟、边沟、施工质量应符合表10-13的规定。

浆砌边沟、截水沟、排水沟施工质量标准　　　表10-13

项次	检查项目	规定值或允许偏差	检查方法和频率
1	砂浆强度	符合设计要求	同一配合比，每台班2组
2	轴线偏位(mm)	50	经纬仪：每200m测8处
3	墙面直顺度(mm)或坡度	30 符合设计要求	20m拉线坡度尺：每200m测4处
4	断面尺寸(mm)	±30	尺量：每200m测4处
5	铺砌厚度	不小于设计值	尺量：每200m测4处
6	基础垫层宽、厚度	不小于设计值	尺量：每200m测4处
7	沟底高程(mm)	±15	水准仪：每200m测8处

注：跌水、急流槽等的质量标准可参照本表。

五、砌筑挡土墙

（一）基本要求

1. 石料或混凝土预制块的强度、规格和质量应符合有关规范和设计要求。

2. 砂浆所用的水泥、砂、水的质量应符合有关规范的要求，按规定的配合比施工。

3. 地基承载力必须满足设计要求，基础埋置深度应满足施工规范要求。

4. 砌筑应分层错缝。浆砌时坐浆挤紧，浆砌嵌填饱满密实，不得有空洞；干砌时不得松动、叠砌和浮塞。

5. 沉降缝、泄水孔、反滤层的设置位置、质量和数量应符合设计要求。

（二）施工质量标准

砌筑挡土墙的施工质量标准见表10-14和表10-15。

砌体挡土墙施工质量标准　　　表10-14

项次	检查项目		规定值或允许偏差	检查方法和频率
1	砂浆强度(MPa)		不小于设计强度	每1工作台班2组试件
2	平面位置(mm)		50	经纬仪：每20m检查墙顶外边线5点
3	顶面高程(mm)		±20	水准仪：每20m检查2点
4	竖直度或坡度(%)		0.5	吊垂线：每20m检查4点
5	断面尺寸(mm)		不小于设计	尺量：每20m量4个断面
6	底面高程(mm)		±50	水准仪：每20m检查2点
7	表面平整度(mm)	块石	20	2m直尺：每20m检查5处，每处检查竖直和墙长两个方向
		片石	30	
		混凝土块、料石	10	

干砌挡土墙施工质量标准　　　　　　　　表 10-15

项次	检查项目	规定值或允许偏差	检查方法和频率
1	平面位置(mm)	50	经纬仪；每20m检查5点
2	顶面高程(mm)	±30	水准仪；每20m检查5点
3	竖直度或坡度(%)	0.5	吊垂线；每20m检查4点
4	断面尺寸(mm)	不小于设计	尺量：每20m量4个断面
5	底面高程(mm)	±50	水准仪；每20m检查2点
6	表面平整度(mm)	50	2m直尺；每20m检查5处，每处检查竖直和墙长两个方向

复习思考题

1. 简述土质路基填挖基本方案及各自的特点。
2. 简述路堑开挖的方法。
3. 简述不同土质混填时的要求。
4. 路堤基底处理有哪些内容？
5. 路堤填筑方法有几种？各方法如何施工？
6. 影响土质路堤压实的因素有哪些？
7. 路堤压实中对于填料及压实机械如何选择？
8. 常用爆破方法有哪几种？各适用于什么情况？
9. 石质路堑常用开挖方法有哪些？开挖施工中应注意哪些问题？
10. 路基土石方工程的检测项目有哪些？各用什么方法检测？检测频率是多少？
11. 简述砌筑挡土墙基本要求。

第三篇 路面工程

第十一章 绪 论

【本章学习要点】 沥青路面基层的基本要求，对沥青路面的基本要求及特点，以及常见病害，路面按力学特性分类，路面面层类型的选用，路面结构分层及功能，及各层路面结构层通常采用的材料。

第一节 我国路面工程发展概况

路面工程是道路工程的一个很重要的组成部分，它直接影响汽车的行车速度、运输成本、行车安全和舒适程度。路面工程在整个道路工程造价中所占的比例很大，一般要占公路建设总投资的60%～70%。因此，合理安排好公路路面建设，具有十分重要的意义。

新中国成立以来，我国公路的路面开始建设大致可以划分为三个阶段：

第一阶段，从20世纪50年代早期，在这个阶段，公路交通量小，车辆荷载质量和轴载小，路线和路面等级低，以解决主要城市之间的通车为特征，采用人工砸制的碎石、砾石、碎石土、以及石灰土等铺筑路面，形成了中、低级砂石路面。施工机械极少，主要靠人力施工。也采用所谓的手摆片石做基层，由于交通量小，只能承担当时一定的交通量。

第二阶段，从20世纪60年代开始，随着我国石油开采技术的不断提高，国民经济的不断发展，国家逐年加大公路交通基础设施的投入，公路技术标准的不断提高，道路路面发展变化尤为显著。从20世纪50年代早期的中、低级砂石路面，发展成为以行驶安全、增加车速，减轻养护为特征的沥青表面处治路面。

20世纪七八十年代的路面是以沥青表面处治、沥青贯入式路面为主，且石灰土作为路面基层是本阶段的代表。随着渣油表面处治路面的推广，含土多、塑性指数大的泥结碎石和级配砾石基层越来越明显地暴露出它们水稳性差的弱点。在铺筑渣油表面处治之前，为了增强原级配砾石路面或泥结碎石路面作为渣油表面处治的基层的水稳性，出现了泥灰结碎石（用石灰稳定原泥结碎石）和级配砾石掺灰（用石灰稳定原级配砾石）；有些地区采用了含土量和塑性指数都符合规范要求的基层级配砾石和干压碎石。在个别公路上也开始使用水泥稳定砂砾和水泥稳定碎石。

在本阶段，渣油表面处治和路面混合料缺少明确的技术指标，及缺乏相应的试验仪器，而且路面施工工艺水平低，路基压实采用轻型压实标准。而且主要用人工或配合农用机械进行施工，因此，新建路面质量差，早期破坏现象严重"前修后坏"、"一年修、两年坏"的现象较为普遍。

第三阶段，从20世纪80年代初到现在。以提高路线和路面等级，改建和新建一级和二级公路，同时开始建设高速公路为特征，以沥青混凝土和水泥混凝土路面作为高级路面，以适应交通量和车辆荷载质量迅速增长的需要。

在这个阶段的初期，路面结构和材料以及不完备的施工技术，导致路面设计荷载偏低，路面上行驶的车辆超载严重，新建或改建的高等级公路的沥青路面也发生了一些严重的早期破坏现象，路面使用二三年就开始大面积损坏，其使用质量和寿命达不到设计和使用要求。

实践证明，在这些较高等级的公路上，原有的一些基层结构已不能适应，要求采用新的强度更高的基层材料。《公路沥青路面设计规范》（JTG D50—2006）提出较合理的半刚性基层路面、柔性基层路面、刚性基层路面；同时对以往习用的路面结构层材料进行筛选和提高，并细化路面面层和基层的一些技术指标和标准，以使路面结构层符合使用要求。

本阶段，在半刚性路面发展、成熟和完善的同时，水泥混凝土路面的应用也很快增加，从人工浇筑到小型机械为主，直到目前的滑模摊铺和三滚轴铺筑，其施工技术也渐趋完善。在已建成的高速公路中，约近20%采用了水泥混凝土路面。国内外现在已开始采用柔性基础和透水性基层，可以改善各种路面的使用品质。为了减小城市道路的噪声、减小路表积水，采用透水性沥青路面和透水性水泥路面，以保证汽车安全行驶。

21世纪，在高等级公路快速发展的同时，我国的路面设计和施工技术及管理水平将会进一步完善，科技创新的环境将会得到改善。从我国的资源状况考虑，我国高速公路建设将走沥青路面和水泥混凝土路面并举的发展方向。

第二节　路面的要求及特点

一、对路面的要求

路面是分层铺筑在路基顶面上的结构物。铺筑路面的目的是为了加固路基，使道路在行车和各种自然因素作用下，保证车辆高速、安全、舒适地行驶，并能节约运输成本，延长道路的使用寿命，充分发挥道路的功能。路面应具有表11-1性能。

对路面要求　　　　　　　　表11-1

要求	具体说明
强度和刚度	路面强度是指路面结构整体及各结构层抵抗在各种荷载作用下产生的应力（压应力、拉应力、剪应力）及破坏（裂缝、变形、车辙、沉陷、波浪）的能力；刚度则是指其抵抗变形的能力
稳定性	路面结构暴露在大气之中，会受到气温、降水与湿度变化的影响，其物理、力学性质也将随之不断发生变化，处于一种不稳定状态。路面结构承受这种不稳定状态，并能保持结构设计所要求的几何形态及物理力学性质，称为路面结构的稳定性
耐久性	路面结构要承受车辆荷载与自然因素的重复作用，由此而逐渐产生疲劳破坏或塑性变形的累积；此外，路面各结构层组成材料也可能由于老化而导致破坏。这些都将影响到路面的使用性能与使用寿命，增加路面的养护维修费用。因此，要求路面结构必须具有足够的抗疲劳强度、抗变形能力及抗老化能力

续表

要 求	具 体 说 明
表面平整度	不平整的路表面会使车辆产生附加振动作用,并增大行车阻力。这种振动作用会造成行车颠簸,影响行车的速度和安全、驾驶的平稳和乘客的舒适;同时,振动作用还会对路面施加冲击力,从而加剧路面的破坏与车辆机件的损坏及轮胎的磨损,并增大油料的消耗,而且不平整的路面还会因积水而加速路面的破坏
表面抗滑性能	路面表面要求既平整又粗糙。汽车在光滑的路面上行驶时,车轮与路面之间缺乏足够的附着力或摩擦阻力,在雨天高速行车,或紧急制动或突然启动,或爬坡、转弯时,车轮易产生空转或打滑,致使车速降低,油料消耗增多,甚至引起严重的交通事故。因此要求路面表面具有一定抗滑性能

二、对沥青路面的基本要求

沥青路面面层直接承受车辆和大气因素的作用,而沥青材料自身的性质受气候和时间影响很大,这是沥青路面使用中的一个重要特点。因此沥青路面必须满足表 11-2 要求。

对沥青路面的基本要求　　　　　　　　　　　表 11-2

要 求	具 体 说 明
高温稳定性	高温季节在行车荷载的反复作用下不至于产生病害。如波浪、推移、车辙、泛油、拥包、粘轮等现象,确保高温时期仍具有足够的强度与刚度
低温抗裂性	沥青路面高温时变形能力较强,而低温时变形能力差,故低温时产生裂缝多,从而沥青路面在低温时,应具有较低的刚度模量和较大的变形能力,不至于在车轮荷载反复作用下产生低温开裂
耐久性	沥青路面应具有抵抗大气综合因素作用的能力,确保在设计使用年限内,在这些因素的作用下,不至于失去黏性、弹性,从而在车轮荷载作用下产生碎裂、松散破坏不足。沥青用量比最佳用量少 0.5% 时,沥青路面的寿命减半
抗滑能力	沥青路面应具有足够的抗滑能力,以保证在最不利条件影响下,车辆安全高速行驶,而抗滑性能不至于降低。沥青用量比最佳用量多 0.5% 时,沥青路面的抗滑性能明显降低
抗渗能力	沥青路面应具有足够的抗渗能力,特别在多雨地带和透水路面尤为重要

三、沥青路面的优缺点

沥青路面俗称"黑色路面",又称柔性路面,沥青路面的优点是:

(1) 沥青路面由于车轮与路面两级减振,无接缝、平整度好,噪声小,行车舒适好。

(2) 柔性路面对路基、地基变形或不均匀沉降的适应性强,路面出现细小裂纹,可以通过车辆行驶对路面的碾压而自行修复。

(3) 沥青路面修复速度快,碾压后温度降到 50℃ 以下即可通车。

沥青路面的缺点是:

(1) 压实的混合料空隙率大时,其耐水性差,易产生水损坏,一个雨季就可能造成路面大量破损;

(2) 沥青材料的温度稳定性差,脆点到软化点之间的温度区偏小,经不住天然高低温差,冬季易脆裂,夏季易软化;

(3) 沥青是有机高分子材料,耐"老化"性差,使用后将产生老化和龟裂破坏;

(4) 平整度的保持性差，不仅沉降会带来平整度劣化，而且材料软化会形成车辙。

四、沥青路面的常见病害

沥青路面的破坏可分为两类：一类是结构性破坏，它是路面结构整体或其组成部分的一处及多处的破坏，这种破坏严重时可能不具有支承车辆荷载的能力；另一类是功能性破坏，即由于路面的不平整，使其不再满足行车要求的功能。这两类破坏不一定是同时发生，而是逐渐积累起来的。对于功能性破坏，可以通过修复、养护来恢复路面的平整性，以满足使用的要求。沥青路面的常见病害见表11-3。

沥青路面的常见病害　　　　表11-3

分类	名称	说明
裂缝类	纵向裂缝	纵向裂缝基本平行于道路中心线，有时伴有少量支缝。如原路面未充分压实或压实不均匀，强度不足和变形过大，往往产生较长的纵向裂缝
	横向裂缝	横向裂缝近垂直于道路中心线，间距不等，有时伴有少量支缝，并逐年增加。沥青路面低温裂缝多为横向裂缝
	网裂	在轮迹带出现纵缝，然后在纵缝之间出现横向或斜向裂缝，形成裂缝网。如沥青路面材料老化、整体强度不够多产生闭合的龟裂、网裂
	反射裂缝	指半刚性基层的收缩开裂及由此引起沥青路面的反射性裂缝
变形类	沉陷	路表面的局部凹陷，原因是路面结构在沉降处两边产生不均匀沉降
	车辙	路面由于长期受到车轮的碾压，将沥青路面碾压成沟槽，形成车辙
	波浪（搓板）	多发生在沥青道路的路口，夏季由于重型车辆经常在路口部位制动、起步和加速，路面受到横向力的作用，将地面推挤成鼓包
表面损坏类	泛油	沥青路面上沥青从混合料中渗出。产生的原因是沥青混合料中矿料明显减少造成的，夏天沥青路面泛油的部位会出现变软现象
	啃边	指沥青路面边缘不断缺损，路面宽度不断减少的现象。产生啃边的主要原因是路肩加固处理不当，路面边缘强度不足，加上行车对路面边缘过多的作用等
	磨光	沥青路面的表面由于车轮的长期磨损，路面表面变得较为光滑，地面摩擦力降低，使车辆行驶时制动力不足，道路的安全性能下降
水损害类	松散（麻面）	产生松散的原因是沥青含量偏少或稠度偏低，沥青性能较差或沥青老化，矿料过湿，造成沥青黏性不足，路面沥青混合料松散、矿料脱落
	坑洞	沥青路面松散严重，在荷载的作用下，沥青路面表面形成一定面积的坑洼，是较为严重的病害。产生的原因是基层强度局部不足，或沥青面层网裂、龟裂未及时养护等造成的
	唧泥	外界水从裂缝等处渗入，在车辆荷载作用挤压下，基础中的细粒料从裂缝处与水一同喷出的现象

沥青路面损坏的原因大体可分为以下几种：

(1) 汽车车轮碾压——重型和超载车辆对路面的作用，大大超过道路设计的承载能力，会对路面和基层造成严重损坏。

(2) 气候自然因素影响——夏季天气炎热，易使沥青软化。寒冷的冬季沥青易于脆硬。雨水侵袭到沥青混合料内部易于使沥青失去黏性。冬季雪水侵入沥青混合料的裂缝。

(3) 沥青老化——沥青路面暴露在空气中，长期受到日晒和雨淋，造成老化、脆硬、黏性下降，使表面开裂。

（4）设计和施工缺陷——若道路设计不合理、道路材料没达到设计要求的质量、施工质量不好可能会造成早期的损坏。

五、路面面层种类

道路的路面直接承受汽车荷载，抵抗车轮的磨耗。在路面设计中，根据路面结构的力学特性，路面分为下述三种类型：

1. 柔性路面

柔性路面是指刚度较小，在车轮荷载作用下产生的弯沉较大，路面结构本身的抗弯拉强度较低，它通过各结构层将荷载传递给路基，使路基承受较大的单位压力。通常采用半刚性基层，提高车轮荷载的扩散性。柔性路面依靠抗压、抗剪切强度来承受车轮荷载作用。主要包括各类沥青面层、块石面层、砂石路面中的级配碎（砾）石、水结碎石、填隙碎石及其他粒料路面面层。另外，各种未经处理的粒料基层（如天然砂砾）叫做柔性路面基层。

2. 刚性路面

刚性路面是指面层板刚度较大，它的抗弯拉强度较高，一般指水泥混凝土路面。在车轮荷载的作用下，水泥混凝土结构层处于板体工作状态，竖向弯沉较小，主要靠水泥混凝土的抗弯拉强度承受车轮荷载，通过板体的扩散分布作用，传递给土基的单位压力较柔性路面小得多。但基层的稳定、均匀、一定厚度（等厚）尤为重要。当采用水泥混凝土作为路面的基层叫做刚性路面的基层（简称刚性基层）。

3. 半刚性路面

在沥青路面结构中含有一层或一层以上厚度大于 15cm 的半刚性基层且能发挥其特性，此沥青路面结构称为半刚性路面。由于采用各种无机结合料（水泥或石灰）稳定的集料或土修筑成基层，在前期具有柔性路面的力学特性，当环境适宜，随着时间的推移其强度和刚度会大幅度增长，但最终强度和刚度还是小于水泥混凝土路面（刚性路面）。由于这种材料的刚性处于柔性路面和刚性路面之间，因而把这种基层称为半刚性路面基层（简称半刚性基层）。

六、沥青面层类型选用

《公路沥青路面设计规范》（JTG D50—2006）要求路面面层类型适用符合表11-4 的规定。新规范根据路面的类型，提出适用公路等级范围，城市道路可根据交通等级参考选用。

各类路面面层适用公路的等级　　　　　表 11-4

沥青面层类型	公路的等级	其他应用
沥青混凝土（水泥混凝土）	高速公路、一级公路、二级公路、三级公路、四级公路	
热拌沥青碎石混合料	二级公路、三级公路	用于柔性基层、调平层
沥青贯入式（含上拌下贯沥青碎石）	二级公路、三级公路	用于柔性基层、调平层
沥青表面处治与稀浆封层	三级公路、四级公路	各级公路的上、下封层
冷拌沥青混合料	三级公路、四级公路	旧路修补工程

第三节 沥青路面结构

沥青路面常用不同的材料分层修筑,以保证道路具有较好的承载力。路面交通等级为中交通或轻交通路面结构层的层次较少,且较厚,通常包括面层、基层、路基等层次;而特重交通和重交通的路面结构层次则较厚,每个结构又分成数层铺筑,且采用不同的材料,以满足行车荷载、材料特点、施工要求和满足经济的需求。而路基材料可以采用路基土或碎石修筑路基。典型沥青路面结构层如图11-1所示。

有些路面结构层为避免出现反射裂缝设置联结层;为了使结构层次联接牢固,在沥青层之间洒粘层沥青(粘层油);在沥青层与基层之间洒透层沥青

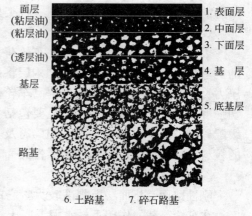

图 11-1 沥青路面结构层

(透层油);在地下水较高地带和季节性冰冻地区在路基上修筑垫层,可以降低水分、及冻结和春融对路基的影响。在稳定的挖方岩石地带有时需设整平层。总之,路面通常按照层位和功能的不同,划分为三个层次,即面层、基层、垫层。

一、面层

面层位于道路最上层,直接承受车轮荷载的垂直力和制动的水平力作用,及各种自然因素影响,并将荷载传递到基层以下的结构层,因此,它应满足表面功能性和结构特性的使用要求。面层可为单层、双层或三层。自上而下可分别称为表面层、中面层、下面层。

公路等级不同,路面类型有差异,路面结构层组合层数不同,见表11-5。如高速公路采用沥青混凝土路面,采用第①②类结构组合比较多;当采用水泥混凝土面层时,第④⑤类结构结构组合比较多;若挖方为稳定的基岩时,可以采用第⑥类结构组合;采用沥青表面治第⑦类时,沥青表面治层不能单独作为结构层设计。在各沥青层中至少有一层应为密级配沥青混合料。

常见各类路面结构层组合图表　　　　表11-5

① 表面层						
中面层	② 表面层					
下面层	下面层	③ 表面层				
基 层	基 层	下面层	④ 面 层			
底基层	底基层	基 层	基 层	⑤ 面层	⑥ 面层	⑦ 保护层
垫 层	垫 层	垫 层	垫 层	基 层	整平层	基 层
土 基	土 基	土 基	土 基	土 基	土 基	土 基

表面层也称磨耗层，具有较高的耐磨性能，同时具有较好的抗滑性能，及防渗漏和稳定耐久的服务功能，同时应具有高温抗车辙、抗低温开裂、抗老化等品质。旧路面可加设磨耗层以改善表面服务功能。

路面面层的中面层、下面层应密实、基本不透水，并具有高温抗车辙、抗剪切、抗疲劳的力学性能。

修筑面层所用的材料主要有：水泥混凝土、沥青混凝土、沥青碎(砾)石混合料、砂砾或碎石掺土或不掺土的混合料以及块料等。

沥青路面面层分为四种类型：热拌沥青混合料、冷拌沥青混合料、沥青贯入式、沥青表面处治与稀浆封层。热拌沥青混合料包含沥青混凝土、沥青碎石混合料。而沥青混凝土路和水泥混凝土路面适用于各类公路等级的面层。

沥青面层每层采用不同类型混合料，使路面以最经济的成本，达到最好的承载能力。但是分层过多、太薄会影响沥青层的整体性，影响到路面的强度。

二、基层和底基层

沥青路面的基层它位于面层之下，底基层或垫层之上，是沥青路面结构层中的主要承重层，基层主要承担着面层传下来的全部车辆垂直荷载，并把面层传下来的力扩散到垫层或路基。应具有较高的强度、稳定性和耐久性，且要求抗裂性和抗冲刷性好。基层可为单层或双层，双层称为上基层、下基层。

底基层是设置在基层之下，用质量较次材料铺筑的次要承重层。当路面基层太厚、垫层与基层模量比不符合要求时都应考虑设置底基层。因此，对底基层材料的技术指标要求可比基层材料略低，底基层也可分为上、下底基层。

根据基层材料和力学性质的不同组合成三种典型路面结构：

1. 半刚性基层、底基层

在半刚性基层上铺设沥青面层结构属于半刚性基层沥青路面。半刚性基层应具有足够的强度和稳定性、较小的收缩（温缩及干缩）变形和较强的抗冲刷能力，在中冰冻、重冰冻地区应检验半刚性基层、底基层的抗冻性能。

(1) 分类：半刚性基层、底基层材料按其混合料结构状态分为四种结构类型：骨架密实型、骨架空隙、悬浮密实、均匀密实。其中水泥稳定集料、石灰稳定集料、水泥粉煤灰稳定集料等可作为基层。

(2) 适用条件：水泥稳定集料、石灰粉煤灰稳定集料适用于各级公路的基层、底基层；石灰稳定类材料适用于各级公路的底基层以及三、四级公路的基层；骨架空隙混合料有较高的空隙率，适用于需考虑路面内部排水要求的基层。

2. 柔性基层、底基层

基层结构层由沥青碎石混合料，或沥青贯入式碎石、级配碎石、级配砾石、天然砂砾、填隙碎石等柔性材料层组成的结构类型。

(1) 分类：沥青碎石主要指半开级配沥青碎石（AM），空隙率一般为 $10\%\sim18\%$。沥青稳定碎石混合料（简称沥青碎石）基层分为三类：密级配沥青碎石（设计空隙率为 $3\%\sim6\%$）；开级配沥青碎石（设计空隙率大于 18%）；半开级配沥青碎石（设计空隙率大于 $6\%\sim12\%$）。

(2) 适用条件：密级配大粒径沥青碎石在充分压实后，可提高疲劳寿命，减少水的敏感性，提高强度与稳定性；半开级配沥青碎石混合料用于排水基层，以排除路面结构内部可能出现自由水的特殊路段。

3. 刚性基层

采用刚性基层铺筑的沥青路面。刚性基层与其他基层相比具有较高的强度、刚度、较好的整体性和稳定性，多孔透水混凝土还兼有内部排水功能。

（1）分类：贫混凝土、碾压式混凝土、水泥混凝土等刚性基层。

（2）适用条件：刚性基层适用于重交通、特重交通及运煤、矿石建筑材料等公路工程。刚性基层厚度一般为200～280mm，最小厚度应大于150mm。

沥青类路面结构层的基层应比面层每侧宽，便于施工，且稳定性好，如图11-2所示。而水泥混凝土路面基层每侧宽度，则根据施工方法来确定。

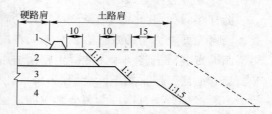

图11-2 路面结构层示意图
1—路缘石；2—面层；3—基层；4—底基层

三、垫层

垫层是在水温稳定性不良地带设置的路面结构层。垫层是介于底基层与土基之间的层次。设置垫层，始终保证路基处于干燥或中湿状态。另一方面的功能是将基层传下的车辆荷载应力加以扩散，以减小土基产生的应力和变形。同时防止路基土挤入基层中，影响基层结构的性能。

路面垫层按材料分为两大类：粒状材料和整体性材料。从垫层设置的作用分类有：隔离垫层、防污垫层、排水垫层、防冻垫层、稳定垫层。垫层常用材料参见表11-6。

垫层的作用及常用材料　　　　　　表11-6

序号	材料分类	按作用分类	作 用	常用材料
1	粒状材料	隔离、防污、排水垫层	①阻断土路基的毛细水上升，并排除路面下聚集的多余水分；②不透水隔离层可用土工合成材料及沥青砂等构筑，防止路基土浸入到路面污染结构；③排水不良的土质路堑，有裂隙水、泉眼等等水文不良的岩石挖方路段，采用大孔隙的材料	粗砂、级配砂砾、未筛分碎石、煤渣、矿渣、天然砂砾、片石、圆石颗粒材料（含泥量不超过5%）；砂垫层、砂桩或纵横排水盲沟。垫层应采用连续型、骨架型颗粒级配。详见《公路沥青路面设计规范》（JTG D50—2006）附录D
2		防冻垫层	季节性冰冻地区的中湿、潮湿路段，可能产生冻胀和冻胀翻浆破坏地段，应设置防冻垫层。地下水以毛细水形式积聚到－3℃区，－15℃毛细水冻结，体积发生变化，可能产生冻胀和冻胀翻浆破坏地段，其作用是调整路基冻胀和变形带来的影响	采用透水性好的粒料类材料，通过0.075mm筛孔颗粒含量不大于5%。级配砂砾、天然砂砾、炉渣等可以减小冰冻作用深度。一般为150～200mm。重冰冻地区潮湿、过潮路段可为300～400mm
3	整体性材料	稳定垫层	以其刚度来减少路基不均匀沉降而造成对路面的影响。用于软土地基或新老填土交替路基	石灰土、炉渣石灰以试验结果为准。水泥或石灰煤渣稳定类，石灰粉煤灰稳定类，（低剂量无机结合料稳定粒料的半刚性垫层）

各级公路排水垫层应与边缘排水系统相连接，宽度应铺筑到路基边缘或与边沟下的渗沟相连接。

四、路基(土基)

路基必须密实、均匀、稳定。填方路基的填料选择、路床的压实度以填方路堤的基底处理等均应符合相应公路路基设计规范的规定。

必须采取防止地面水和地下水浸入路面、路基的措施，以保证路基的强度和稳定性。设计宜使路基处于干燥或中湿状态，土基回弹模量值应大于 30MPa，重交通、特重交通公路回弹模量值应大于 40MPa。

潮湿、过湿状态的路基，应采取换填砂、砾石、碎石渗水性材料处理地基，或采取掺入消石灰，固化材料处理，设置土工合成材料，加强路基排水等，进行综合处治。根据处理措施，确定土基回弹模量的设计值。

复习思考题

1. 常用道路工程路面面层类型有哪些？分别适用于何种公路等级？
2. 路面结构层按力学特性可将道路的路面划分为哪三类？
3. 路面的基本结构层有哪些？并分别说出它们的相对位置、作用、采用哪些材料。
4. 对路面有哪些要求？对沥青路面又有哪些要求？
5. 沥青路面的常见病害有哪些？
6. 为什么原地基是软基或地下水位较高的情况下，采用垫层材料不同？
7. 某一级公路 $Ⅳ_4$ 区软基地区，如图 11-3 所示，采用沥青混凝土路面结构组合设计的合理性。

$h_1=4$cm	$E_1=1400$MPa	AC-13F 细粒式细型密级配沥青混凝土
$h_2=5$cm	$E_2=1200$MPa	AC-16C 细粒式粗型密级配沥青混凝土
$h_3=6$cm	$E_3=800$MPa	AC-25C 粗粒式粗型密级配沥青混凝土
$h_4=40$cm	$E_4=1300$MPa	水泥稳定碎石(5%)
$h_5=20$cm	$E_5=800$MPa	水泥稳定碎石(4%)
$h_6=18$cm	$E_6=500$MPa	石灰土
	$E_0=41$MPa	土基

图 11-3　一级公路沥青路面结构组合图

第十二章 一般沥青路面设计

【本章学习要点】 沥青路面设计的任务、原则、方法,沥青混合料的组成结构和强度形成原理,行车荷载,沥青路面交通等级确定及轴次换算,沥青路面结构设计,新建沥青路面的厚度计算,路面结构层厚度设计与设计参数,沥青路面结构层组合设计与新建沥青路面厚度设计实例,路面结构排水,排水沥青路面简介。

第一节 概 述

一、沥青路面设计的任务

一般沥青路面设计的任务是:首先进行沥青路面的设计包括原材料的调查和选择,道路所处位置场所的调查(如高速公路收费站、匝道、紧急停车带、及排水系统等),还要调查沿线的自然环境、材料产源及贮存量的调查;交通量实测、分析与预测,材料选择,混合料配合比设计,设计参数的测试与确定,路面结构组合设计与厚度计算;路面排水设计和其他路面工程设计等。并进行路面结构方案的技术经济综合比较,提出推荐方案。

并考虑采用新材料、新工艺、有利于环境保护。

二、沥青路面设计方法

沥青路面设计方法可以分为经验法和理论法两大类:

经验法是根据通过对试验路段或使用道路的观测,建立路面结构(不同结构组合、厚度和材料性质、不同地基)、不同车辆荷载(轴载类型和标准轴载作用次数)和路面使用性能三者关系,以此种方法来确定路面各结构层的经验厚度。

理论法是以弹性力学理论为基础,分析路面结构在荷载与环境作用下的力学响应量(应力、应变、位移),建立力学响应量与路面使用性能之间的关系模型,按路面设计使用要求,运用关系模型完成结构设计。

目前我国采用的是半理论—经验法,分析以往经验,综合确定合理的路面结构。

三、沥青路面厚度计算的控制参数

沥青路面厚度设计采用两参数为控制指标法,即以路表回弹弯沉值作为保证路面结构整体刚度的设计指标。以弯拉应力作为控制路面结构层疲劳开裂的设计指标。弯沉值标准是以路面在车辆荷载反复作用下出现纵向裂缝为临界状态,以纵向网裂为破坏状态,它主要反映在车辆荷载作用下路面结构整体的强度。设计弯沉值还可以作为质量检验、路面养护的评价指标。本章涉及主要技术标准依据中华人民共和国交通部颁布的《公路沥青路面设计规范》(JTG D50—2006)。

四、沥青路面的分类

(一)按强度构成原则划分

沥青路面按强度构成原则可分为嵌挤类和密实类两大类：

（1）嵌挤类。嵌挤类沥青路面要求采用矿质集料尺寸均一，路面的强度和稳定性形成以骨料相互嵌挤所产生的内摩阻力为主，而粘结力为辅而构成。按嵌挤原则修筑路面，其热稳性好，但应孔隙率大、易渗水，因而耐久性差。

（2）密实类。密实类沥青路面要求组成的矿料按最大密实原则设计，如：AC-25C属于粗型密级配、AC-25F属于细型密级配，其强度形成以沥青混合料的黏聚力为主，矿料颗粒之间嵌挤力和内摩阻力为辅而构成。密实型沥青路面空隙率大于6%时，其热稳定性较好。

（二）按沥青混合料集料的最大粒径分类

热拌沥青混合料（HMA）适用于各种等级公路的沥青路面或基层。按沥青混合料集料的最大粒径分为五类，主要有特粗式、粗粒式、中粒式、细粒式、砂粒式。

沥青混合料按公称最大粒径分类及适用层位：

（1）特粗式：公称最大粒径≥31.5mm，（用于沥青路面的基层）；

（2）粗粒式：公称最大粒径为26.5mm，（用于面层的下面层或基层）；

（3）中粒式：公称最大粒径为16mm或19mm，（用于面层的上面层、中层、下面层）；

（4）细粒式：公称最大粒径为9.5mm或13.2mm，（用于上面层、中层、下面层）；

（5）砂粒式：公称最大粒径≤4.75mm。（用于面层的上面层，下封层）。

集料最大粒径是指混合料中筛孔通过率为100%的最小筛孔尺寸。集料公称最大粒径是指混合料中筛孔通过率为90%~100%的最小筛孔尺寸（一般筛余不超过10%）。例：级配类型为AC-13，其公称最大粒径为13.2mm（集料在13.2mm筛孔上的筛余量小于10%），最大粒径为16mm（集料在16mm筛孔的通过百分率为100%）。

热拌沥青混合料种类按集料公称最大粒径、矿料级配、设计空隙率划分。各热拌沥青混合料的特征及种类代号见表12-1。

热拌沥青混合料种类　　　　　　表12-1

混合料类型	密级配			开级配		半开级配	公称最大粒径(mm)	最大粒径(mm)
	连续级配	间断级配		间断级配		沥青稳定碎石		
	沥青混凝土	沥青稳定碎石	沥青玛蹄脂碎石	排水式沥青磨耗层	排水式沥青碎石基层			
特粗式	—	ATB-40	—	—	ATPB-40	—	37.5	53.0
粗粒式	—	ATB-30	—	—	ATPB-30	—	31.5	37.5
	AC-25	ATB-25	—	—	ATPB-25	—	26.5	31.5
中粒式	AC-20	—	SMA-20	—	—	AM-20	19.0	26.5
	AC-16	—	SMA-16	OGFC-16	—	AM-16	16.0	19.0
细粒式	AC-13	—	SMA-13	OGFC-13	—	AM-13	13.2	16.0
	AC-10	—	SMA-10	OGFC-10	—	AM-10	9.5	13.2
砂粒式	AC-5	—	—	—	—	AM-5	4.75	9.5
设计空隙率注(%)	3~5	3~6	3~4	>18	>18	6~12		

注：SMA用于夏热区或重交通、特重交通公路时，设计空隙率高限可适当放宽至4.5%。

半开级配沥青碎石(AM)因空隙率大,渗水严重不宜做面层。但半开级配排水沥青碎石有一定承载能力,以及缓解反射裂缝、排除路面结构内部滞留水的作用,选用于做柔性基层、底基层(排水基层)。而半开级配沥青碎石 AM-13、AM-16、AM-20 主要用于调平层。

(三)按级配类型和设计空隙率分类

热拌沥青混合料按级配类型和设计空隙率大小将沥青混合料分为密级配、开级配、半开级配三大类。密级配沥青混合料又按关键性筛孔 4.75mm 和 2.36mm 通过率(%)分为粗型(AC-C)和细型(AC-F),见表 12-2。

粗型和细型密级配沥青混凝土的关键性筛孔通过率　　表 12-2

混合料类型	公称最大粒径(mm)	用以分类的关键性筛孔(mm)	粗型密级配		细型密级配	
			名称	关键性筛孔通过率(%)	名称	关键性筛孔通过率(%)
AC-25	26.5	4.75	AC-25C	<40	AC-25F	>40
AC-20	19	4.75	AC-20C	<45	AC-20F	>45
AC-16	16	2.36	AC-16C	<38	AC-16F	>38
AC-13	13.2	2.36	AC-13C	<40	AC-13F	>40
AC-10	9.5	2.36	AC-10C	<45	AC-10F	>45

根据公路等级、结构层位、气候及交通条件,不同级配类型适用于不同条件。粗级配以粗集料为主,具有表面粗糙,构造深度较大,抗车辙、抗变形性能较好等特点,适用于多雨炎热、交通量较大地区的表面层。中、下面层也可用粗级配沥青混合料,以增强抗车辙能力,但施工时应注意加强压实。细级配以细集料为主,施工和易性较好,具有水稳定性、低温抗开裂及抗疲劳开裂性能等较好。但是其表面致密,构造深度较小,可用于抗疲劳结构层或干旱少雨、交通量较少、气候寒冷地区的公路。在各沥青层中至少有一层应为密级配沥青混合料。

(四)按施工工艺分类

按施工工艺的不同,沥青路面分为层铺法、路拌法和厂拌法三类:

(1)层铺法。沥青表面处治和沥青贯入式路面其施工特点是:分层洒布沥青,分层铺撒矿料和分层碾压的方法修筑。主要优点是:施工设备和工艺简便、施工进度快、功效较高、造价较低。而其成型期较长,需要经过炎热夏季车轮碾压沥青路面方可成形。分层施工方法有利于提高路面的平整度,也利于提高路面的压实度。

采用分层施工方法要点,上面层的沥青混合料采用小粒径的集料结构,以提高防渗漏性能,下面层采用大粒径集料结构,以提高道路的承载能力。通过分层施工,充分发挥各种集料的优势,以提高路面整体的抗压强度、嵌锁性能和抗渗透性能。

(2)路拌法。在路上用机械将矿料和沥青材料就地拌合摊铺碾压密实而成型的沥青路面。这种拌合法,能使沥青材料在矿料中分布均匀情况较层铺法好。其缺点是：现场拌合矿料为冷料，采用的沥青材料标号较高稠度低，故混合料的强度较低。

（3）厂拌法。沥青混合料必须在沥青拌合厂或拌合站采用拌合机械拌。沥青混合料可采用间歇式拌合机或连续式拌机使用。高速公路和一级公路宜采用间歇式拌合机拌合。连续式拌机采用的集料必须稳定不变，一个工程多处进料、料源不稳不宜使用。

（五）按沥青路面技术特性分类

按沥青路面的技术特性分为沥青表面处治、沥青贯入式、沥青混凝土（AC）、沥青碎石（AM）、乳化沥青碎石、沥青玛琋脂碎石（SMA）。各种路面类型选择要适应路面交通分级要求、层位要求、以及功能特点的要求，详见表12-3。

1. 沥青表面处治

沥青表面处治用沥青和集料按层铺法或路拌法铺筑而成的结构层次。沥青表面处治适用于三级、四级公路的面层、旧沥青面层上加铺罩面或抗滑层、磨耗层等。沥青表面处治的厚度一般为1.5~3.0cm。层铺法可分为单层、双层、三层。单层表处厚度为10~15mm，双层表处厚度为15~25mm，三层表处厚度为25~30mm。（沥青表面处治层不能单独作为结构层进行设计，在路面结构设计中，一般将其减去10mm作为磨耗层，其余计入基层厚度）。

2. 沥青贯入式

沥青贯入式是指沥青材料灌入碎（砾）石形成的结构层次。沥青贯入式碎石适用于做二级及二级以下公路的沥青面层。厚度一般为40~80mm。当沥青贯入式的上部加铺拌合的沥青混合料时，也称为上拌下贯，此时拌合层的厚度宜为25~40mm，其总厚度为70~100mm。沥青贯入式路面宜用石油沥青。

3. 沥青碎石

沥青碎石是按矿料级配范围分为三类：密级配沥青碎混合料（ATB）、半开级配沥青碎石混合料（AM）、半开级配沥青碎石混合料（ATPB）。沥青碎石指集料中细粒含量少，不含或少含矿粉，混合料为开级配（设计空隙在6%~10%以上）的沥青混合料，详见《沥青路面施工技术规范》（JTG F40—2004），沥青碎石作为沥青与半刚性基层的联结层，或沥青类路面的基层及排水基层。

4. 密级配沥青混合料

密级配沥青混合料（AC）是指混合料中含有一定数量的矿粉，按最佳密实级配（空隙率在10%以下）拌制的沥青类混合料。密级配沥青混合料路面可由单层、双层或三层沥青混合料组成，根据层位选择不同的级配类型。各层混合料的组成设计应根据其层厚和层位、气温和降雨量等气候条件、交通量和交通组成等因素确定，以满足道路对沥青面层使用功能的要求。热拌沥青混合料按级配类型和设计空隙率大小将沥青混合料分为密级配、开级配密级配、半开级配三大类。又将密级配沥青混合料分为细型沥青混合料（AC-F）、密级配粗型沥青混合料（AC-C）。

5. 乳化沥青碎石

乳化沥青碎石混合料适用于做三级、四级公路的沥青面层、二级公路养护罩面以及各级公路的调平层。国外也用作为柔性基层。

6. 沥青玛琋脂碎石

沥青玛琋脂碎石混合料（简称SMA）是以间断级配为骨架，用改性沥青、矿粉及木质纤维素组成的沥青玛琋脂为结合料，经拌合、摊铺、压实而形成的一种构造深度较大的结构层次。它具有抗滑耐磨、孔隙率小、抗疲劳、高温抗车辙、低温抗开裂的优点，是一种全面提高密级配沥青混凝土使用质量的新材料。适用于高速公路、一级公路和其他重要公路的表面层。

（六）按沥青混合料的组成结构

沥青混合料按"嵌挤成分"和"密实成分"所占比例的不同，其组成结构形态分为三种结构类型：即悬浮—密实结构、骨架—孔隙结构、密实—骨架结构，如图12-1所示。

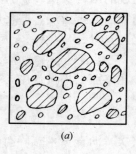 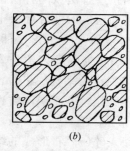 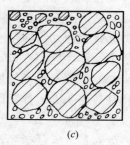

图 12-1　沥青混合料的组成结构
(a)悬浮—密实结构；(b)骨架—孔隙结构；(c)密实—骨架结构

1. 悬浮—密实结构

按密级配形成的沥青混合物料通常采用此种结构，集料的含量从小到大各尺寸都有，而含有细集料较多，粗集料较少，粗集料彼此互相不接触，悬浮在细集料中，这种沥青混合料的强度形成，以沥青材料自身的粘结力为主，而骨料的内摩阻力为辅。这种沥青混合料形成的路面结构的使用特点是：矿料级配密实、不透水性好、耐久性好；由于粗骨料形成骨架不稳定，受沥青材料性质影响较大，它的热稳定性较差。

2. 骨架—空隙结构

采用连续开级配的沥青混合料属于这种结构类型。这种沥青混合料中，粗集料较多，因此能形成骨架，而细集料较少，残余空隙率较大，不密实。这种沥青路面材料的强度以内摩阻力为主而粘结力为铺。这种沥青混合料形成的路面结构的使用特点是：强度较高、热稳定性好、耐久性不好。

3. 密实—骨架结构

间断级配是属于此种结构构成。这种级配类型的混合料既有一定量的粗骨料形成骨架，又根据残余空隙率加入一定量的细集料，从而形成较高的密实度。这种沥青混合料的内摩阻力和粘结力均比较高。它的特点是：强度高、热稳定性好、耐久性好。

第二节 行车荷载、材料力学性质

一、车辆种类

道路上的汽车种类繁多，总体分为客车、货车两大类。

客车又分为：大客车、中客车、小客车。小客车自重和满载总重比较轻，对路面破坏很小，路面设计中小客车一般不考虑。中型客车一般6～20个座位；大客车一般是指20个座位以上大型客车（包括铰接车和双层客车），主要用于长途客运和城市公共交通。

货车又分为：固定车身类、牵引式挂车类、牵引式半挂车类。固定车身是指货厢与汽车发动机为一整体；牵引式挂车类中指牵引车与挂车是分离的；牵引式半挂车的牵引车与挂车是分离的，但是通过铰接相互连接。随着交通事业的发展，综合联合运输中汽车运输更显出它的特点，灵活便捷，如：集装厢海、陆、空联合运输。

各种汽车全部重力是通过车轴分配给车轮，车轮荷载再作用到路面，所以路面结构设计中以轴重作为主要设计指标。在道路上，以行驶的大客车和重型货车的组合起决定性作用，以保证达到高速行驶的前提下，满足行车平稳、安全。

二、汽车的轴型

1. 标准轴载

道路上汽车种类繁多，汽车轴重大小对路面的作用影响很大，为了便于管理，各国对汽车的轴限均有明确规定，世界上采用100kN为标准轴载的国家最多。我国采取强行管制措施，限制超载，仍以双轮组单轴100kN作为标准轴重（我国标准车：黄河JN150）。设计中各级轴载均换算成BZZ-100kN。

2. 轴型

货车的前轴为了转向方便多为单轴单轮组（图12-2）；货车后轴——有单轴、双轴、三轴三种。后轴采用双轮组（两对双轮）和三轮组等。

3. 轴数

对路面某一点来说，一辆汽车若有两个轴载均超过25kN，作用次数为两次。

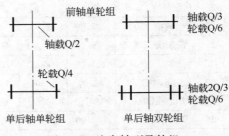

图12-2 汽车轴型及轮组

4. 轴载分配

(1) 一辆汽车总重为 Q，若前后轴是单轴单轮组，轴载和轮载分配如图12-2所示。

(2) 一辆汽车前轴为单轮组，而后轴为双轮组。轴载和轮载分配，如图12-2所示。

由于汽车载货运输向大型重载方向发展，货车总重有增加的趋势。为了满足各国对汽车轴的限制，采用增加轴数来提高汽车总重，同时用来减轻对路面的压力。路面设计中考虑汽车的总重,总重为前轴重与后轴重之和(或为载重与空车重之和)。我国部分常用汽车设计参数见表12-3。

常用汽车设计参数　　　　　表12-3

序号	汽车型号	总重(kN)	载重(kN)	前轴重(kN)	后轴重(kN)	后轴数	轮组数	轴距(cm)	出产国
1	解放 CA10B	80.25	40.00	19.40	60.85	1	双		中国
2	解放 CA30A	103.00	46.50	29.50	2×36.75	2	双		中国
3	黄河 JN150	150.60	82.60	49.00	101.60	1	双		中国
4	黄河 JN360	270.00	150.00	50.00	2×110.0	2	双		中国
5	交通 SH141	80.65	43.25	25.55	55.10	1	双		中国
6	交通 SH361	280.00	150.00	60.00	2×110.0	2	双	130.0	中国
7	长征 XD160	213.00	120.00	42.60	2×85.20	2	双		中国
8	长征 XD980	182.40	100.00	37.10	2×72.65	2	双	122.0	中国
9	南阳 351	146.00	70.00	48.70	97.30	1	双		中国
10	延安 SX161	237.00	135.00	54.64	2×91.25	2	双	135	中国
11	东风 EQ140	92.90	50.00	23.70	69.20	1	双		中国
12	太脱拉 111	186.70	102.40	38.70	2×74.00	2	双	120.0	捷克
13	太脱拉 130S	218.40	120.00	50.60	2×88.90	2	双	132.0	捷克
14	日野 KF300D	198.75	106.65	40.75	2×79.00	2	双	127.0	日本
15	日野 ZM440	260.00	152.00	60.00	2×100.0	2	双	127.0	日本
16	尼桑 CK10G	115.25	66.65	39.25	76.00	1	双		日本
17	扶桑 FU102N	214.00	133.80	44.00	2×85.00	2	双		日本
18	日野 KB222	154.50	80.00	50.20	104.30	1	双		日本
19	扶桑 CK20L	149.85	85.25	49.85	100.00	1	双		日本
20	依发 H6	132.00	65.50	45.50	86.50	1	双		德国
21	菲亚特 682N3	140.00	75.00	40.00	100.00	1	双		意大利
22	菲亚特 650E	105.00	67.00	33.00	72.00	1	双		意大利
23	玛斯 200	137.00	72.00	36.00	101.00	1	双		俄罗斯
24	沃尔沃 N8648	175.00	100.00	55.00	120.00	1	双		瑞典
25	沃尔沃 N8648	175.00	100.00	55.00	120.00	1	双		瑞典
26	切贝尔 D350	72.00	35.00	24.00	48.00	1	双		匈牙利
27	切贝尔 D750.0	160.0	93.60	69.00	180.00	1	双		匈牙利
28	切贝尔 D45.01	101.00	55.00	32.00	69.00	1	双		匈牙利

三、汽车静载对路面的作用

1. 汽车对路面的作用力

汽车在道路上行驶过程中,不同的轴载通过轮胎对路面作用影响是不一样的。当汽车为停驻状态,对路面的作用有静止荷载;当汽车在行驶中对路面的作用为动荷载,瞬间作用(0.01~0.1s),作用深度浅;当汽车在道路上行驶,由于路不平和车身的振动,汽车行驶过程中是在不断地跳动,而对路面产生振动冲击荷载,这种冲击力不断地作用,路面会产生破坏。而沥青路面具有很好塑性,对振动、冲击荷载有吸收作用，因而在柔性路面设计中不考虑，刚性路面设计中需要考虑荷载乘以冲击系数，以使刚性路面设计趋于合理。汽车在加速、减速、以及转弯处还会对路面产生一个向后、向前、保持车身稳定的水平力，如图 12-3 所示。

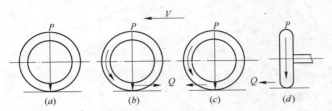

图 12-3　车轮作用于路面的垂直压力与水平力
(a)停驻；(b)启动、一般行驶、加速；(c)减速、制动；(d)转向

在这些作用力中，静载对路面的作用最深，影响最大，垂直力会使路面产生竖向弯沉变形，并使路面结构层层底产生拉应力，因此，在沥青路面设计中主要考虑静载对路面的作用。

2. 车轮荷载当量圆

车轮轴载通过轮胎作用于地面，轮胎与地表接触面，由于轮胎的新旧、花纹不同影响接触压力的分布，路面设计中忽略这些因素，将轮廓近似椭圆接地的面积，在工程中以圆形接触面积来表示，如图 12-4 所示。并将车轮荷载简化成当量圆形均布荷载，并以轮胎的内压力作为轮胎接压力 P。当量圆半径 δ 可按下式计算：

$$\delta=\sqrt{\frac{P}{\pi p}} \tag{12-1}$$

式中　P——作用在车轮上的荷载(kN)；
　　　p——轮胎压强(kPa)；
　　　δ——接地面的当量圆半径(m)。

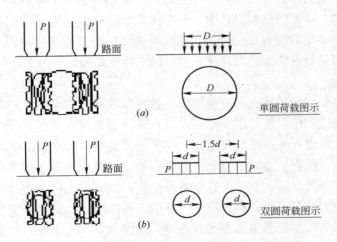

图 12-4　车轮荷载计算图示
(a)单圆荷载图示；(b)双圆荷载图示

对于单轴双轮组为标准轴型，其一侧双轮用一个圆来表示，称为单圆荷载图示；而用两个圆来表示，称为双圆荷载图示。双圆当量圆的直径 d 和单圆当量圆直径 D，分别按下式计算：

$$d=\sqrt{\frac{4P}{\pi p}} \tag{12-2}$$

$$D=\sqrt{\frac{8P}{\pi p}} \tag{12-3}$$

【例 12-1】 试用双圆荷载图式，计算黄河 JN150 型标准车的车、后轮胎接地当量圆直径 d。已有资料见表 12-4。

黄河 JN150 型汽车参数　　　　　　表 12-4

总重(kN)	前轴重(kN)	后轴重(kN)	后轴数	轮组数	轮胎压强(MPa)
150.60	49.00	101.60	1	双	0.7

【解】 （1）计算轮胎上的压力：

$$p_{前}=\frac{49}{2}=24.5(kN)=0.0245(MN)$$

$$p_{后}=\frac{101.6}{4}=25.4(kN)=0.0254(MN)$$

（2）采用双圆荷载图式，当量圆直径 d 按式(12-2)计算如下：

$$d_{前}=\sqrt{\frac{4P}{\pi p}}=\sqrt{\frac{4\times 0.0245}{0.7\pi}}=0.211(m)=21.1(cm)$$

$$d_{后}=\sqrt{\frac{4P}{\pi p}}=\sqrt{\frac{4\times 0.0254}{0.7\pi}}=0.215(m)=21.5(cm)$$

四、交通量与车道系数

道路上行驶的车辆种类繁多，而且每天行驶在道路上的车辆类型、轴型、数量也是变化的。路面的结构设计中，要考虑汽车对路面在设计使用年限内综合疲劳损伤作用，必须对现有日交通量、轴载组成及交通增长率进行调查和预估，并将其换算成当量标准轴载的累计作用，以确定路面结构设计的交通等级。

1. 交通量

确定道路交通量是指在某时间段内，各种车辆通过道路某一横断面的最大车辆数。在道路设计中，通常以交通量来表示车辆对道路的作用程度大小。根据时间段的不同，可以分为日平均交通量、年平均交通量和累计交通量。

统计交通量所得到结果是混合交通量。为了计算交通量，应将各种车种在一定的道路条件下的时间和空间占有率进行换算，从而得出各种车种间的换算，将各种车辆换算为单一车种，称为设计交通量。我国高速公路、一级公路至四级公路和城市道路均以小型车为标准换算车辆，见表 2-7。道路使用初期平均日交通量 N_1 一般可以通过调查测算得到(按式 12-4 计算)。累计交通量 $\overline{N_e}$ 是设计年限内通过某一横断面的车辆数总和(按式 12-5 计算)，从而确定公路等级。

$$N_{f}=\frac{\sum_{i=1}^{365}N_{i}}{365} \tag{12-4}$$

$$\overline{N_{e}}=\frac{365N_{1}}{r}\left[(1+r)^{t}-1\right] \tag{12-5}$$

式中 N_1——初始年平均日交通量；

N_i——每日实际交通量；

$\overline{N_e}$——累计交通量；

r——设计年限内交通年平均增长率(%)，根据调查预测分析确定；

t——设计年限。

路面结构设计的交通等级确定与公路等级确定不同。因为车轮对路面的损坏，是轮胎直接作用于路面某点的次数、轴载大小、作用范围有关，需要交通观测站报告提供交通量调查资料，可得到多年各种汽车交通量(自然车辆数)构成，即小型货车、大型客车、中型货车、大型货车、拖挂车等各种车型组成的比例，以及能预测第一年或设计年限末的日平均汽车交通量。将不同车型的轴重换算成 BZZ-100 标准轴载的当量轴次，按式(12-6)计算出交工后第一年双向日平均当量轴次(N_1)。再考虑车轮对路面的实际作用次数(车道系数)，最后按式(12-10)计算出设计年限内一个车道累计当量标准轴次(次)作为设计荷载的依据，用以确定路面的交通等级。

2. 交通量年平均增长率

交通年平均增长率(r)，在项目可行性研究报告等资料基础上，经研究调查分析或与类似的道路比较后确定。一般取值 4%～6%。也可以分不同时段进行平均增长率的评定。

3. 等效换算

不同重力的轴载对路面的损坏程度是不同的。而道路上行驶汽车种类繁多，按等效原则换算成为某一标准轴载当量通行次数，我国沥青路面设计规范和水泥混凝土路设计规范均选用单轴双轮组 100kN 作为标准轴载。

各级轴载的作用次数进行等效换算的原则是：同一种路面结构不同轴载作用下达到相同的损坏程度。例：同一种路面结构上甲种轴载作用了 N_1 次，而乙种轴载作用了 N_2 次，而损伤程度相同，则这两种轴载等效。沥青路面和水泥路面的结构特性不同，损伤标准也不同，因而换算系数和当量轴载作用次数不同。

4. 车道系数

车辆在道路上行驶时，车轮的轨迹总是在横断面中心线附近一定范围内左右摆动，也就是说，对路面固定的一点，车轮的轮迹分布有一定的分散性，公路等级越高分散性越大。而双向单车道(匝道)轮迹则在中心线附近，而道路两侧边缘附近作用的频率很低，如图 12-5 所示。车辆的横向分布频率影响因素与交通量、交通组成、车道宽度、交通管理规则等有关。而混合行驶的双车道内轮迹横向系数则比高级公路和一级公路系数略大。柔性路面的车辆的横向分布用车道系数来表示，车道系数宜按照表 12-5 选定，若公路无分隔时，路面窄宜选高值，路面宽宜选低值。

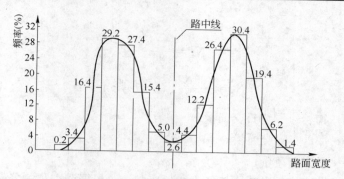

图 12-5 轮迹横向分布频率曲线(双向行驶双车道宽)

当上下行交通量或重车比例有明显差异时可区别对待,按上下行交通特点分别进行厚度设计。必须指出柔性路面设计时采用车道系数作为换算指标,而水泥混凝土路面采用的是交通量方向分配系数、车道分配系数、车辆轮迹横向分布系数三个系数为换算指标,而且相同的公路等级数值有差异。

五、沥青路面交通等级及轴载换算

1. 路面设计年限

路面设计年限宜根据公路等级、公路在公路网中的地位,并考虑投资条件综合论述确定。通常按表 12-6 来选取。在公路沥青路面设计中,各级公路的设计年限不宜低于相应表中的值;若特殊要求可适当调整。砂石路面根据当地经验而定。

车 道 系 数 η　　　　表 12-5

车 道 特 征	车 道 系 数
双向单车道	1.0
双向两车道	0.6~0.7
双向四车道	0.4~0.5
双向六车道	0.3~0.4
双向八车道	0.25~0.35

公路沥青路面设计年限　　表 12-6

公路等级及其功能	设计年限(年)
高速公路、一级公路	15
二级公路	12
三级公路	8
四级公路	6

根据《城市道路设计规范》(CJJ 37—90),道路交通量达到饱和状态时的设计年限规定如下:快速路、主干路——20 年;次干路——15 年;支路——10~15 年。

2. 标准轴载

公路上行驶车辆种类繁多,按规定采用等当量法将各级轴载换算成标准轴载。我国沥青路面设计交通量的计算应将不同轴重的各种车辆换算成 BZZ-100 标准轴重的当量轴次。当被换算轴载小于 25kN 忽略不计。标准轴载 BZZ-100 计算参数见表 12-7。

标准轴载计算参数　　　　　　　　　　　　　　　　　　表 12-7

标准轴载	BZZ-100	标准轴载	BZZ-100
标准轴载 P(kN)	100	单轮传压面当量圆直径 d(cm)	21.30
轮胎接地压强 p(MPa)	0.70	两轮中心距(cm)(δ当量圆半径)	1.5δ

(1) 当以设计弯沉值和沥青层层底拉应力为指标时，各种车辆的前、后轴均应按式(12-6)换算成标准轴载 P 的当量作用次数 N_1。

$$N_1 = \sum_{i=1}^{K} C_1 \cdot C_2 n_1 \left(\frac{P_i}{P}\right)^{4.35} \tag{12-6}$$

式中　N_1——标准轴载的当量轴次（次/日）；
　　　n_1——被换算车型的各种轴载作用次数，（次/日）；
　　　P——标准轴载(kN)；
　　　P_i——被换算车型的各种轴载(kN)；
　　　c_1——被换算车型的轴数系数；
　　　c_2——轮组系数，双轮组为 1.0，单轮组为 6.4，四轮组为 0.38。

当轴间距大于 3m 时，应按一个单独的轴载计算；当轴间距小于 3m 时，双轴或多轴的轴数系数按式(12-7)计算。

$$C_1 = 1 + 1.2(m-1) \tag{12-7}$$

式中　m——轴数。

(2) 当以半刚性材料层的拉应力为设计指标时，各种车辆的前、后轴均应按式(12-8)换算成标准轴载 P 的当量作用次数 N'。当被换算轴载小于 50kN 忽略不计。

$$N' = \sum_{i=1}^{K} C_1' \cdot C_2' \cdot n_1 \left(\frac{P_1}{P}\right)^8 \tag{12-8}$$

式中　C_1'——被换算车型的轴数系数；
　　　C_2'——被换算车型的轮组系数，双轮组为 1.0，单轮组为 18.5，四轮组为 0.09。

以拉应力为设计指标时，双轴或多轴的轴数系数按式(12-9)计算。

$$C_1' = 1 + 2(m-1) \tag{12-9}$$

(3) 上述轴载换算公式，适用于单轴轴载小于或等于 130kN 的各种车型的轴载换算。当轴重大于 130～300kN 时，按弯沉设计的轴载计算式(12-6)计算，则式中指数 4.35 次方推荐为 5 次方；若按弯拉应力的轴载换算式(12-8)计算时，则式中指数 8 次方改为 9 次方，进行计算。

3. 累计当量轴次

设计年限内一个车道沿一个方向的累计标准轴载作用次数按式(12-10)计算：

$$N_e = \frac{365 N_1}{r}[(1+r)^t - 1]\eta \tag{12-10}$$

式中　N_e——设计年限内一个车道沿一个方向通过的累计标准当量轴次(次/车道)；

N_1——路面营运第一年双向日平均当量轴次(次/d);

r——设计年限内交通量的年平均增长率(%);根据调查预测分析确定;

t——路面的设计年限(年);

η——与车道数有关的车辆横向分布系数,简称车道系数,见表12-5。

4. 沥青路面交通等级

我国路面结构按承担交通量不同根据表12-8的规定交通量宜划分为四级:轻交通、中交通、重交通、特重交通。沥青路面结构设计交通等级划分的方法有两种:一是设计时可根据累计当量轴次 N_e(次/车道)进行划分;二是可根据每车道、每日平均大型客车及中型轴重大于40kN以上的各种货车交通量[辆/(d·车道)]来划分,两种方法选择一个较高的交通等级为沥青路面设计交通等级作为沥青路面结构设计的主要依据。

交 通 等 级　　　　　　　　　　　　　　　　　表12-8

交 通 等 级	BZZ-100 累计标准 轴次 N_e(次/车道)	中型以上货车及大客车 (辆/d·车道)
轻 交 通	$<3\times10^6$	<600
中 交 通	$3.0\times10^6\sim1.2\times10^7$	$600\sim1500$
重 交 通	$1.2\times10^7\sim2.5\times10^7$	$1500\sim3000$
特重交通	$>2.5\times10^7$	>3000

第三节　自然因素对路面的影响

路面直接承受车轮荷载作用外,还直接受水、温度、阳光、空气等自然因素的影响。他们既有促进路面成型、稳定等有利的方面,也有促使路面软化、破坏和影响施工的不利方面,因此在设计、施工和养护中都是必须十分重视的问题。

一、湿度变化对路面的影响

湿度状况的变化是影响路面结构强度,刚度和稳定性的重要因素之一。路面中水的影响与道路所在地区的自然条件、季节、雨量、气温、蒸发条件及道路本身的排水能力等因素有关,详见图5-2。

土基中的毛细水上升高度取决与路基土质和土基压实度。路面渗水情况与路面面层类型和路面纵横向坡度有关。

路面结构中,基、垫层材料在最佳含水量下压实可得到最大密实度,并有较高的力学强度。含水量过大时,材料过分潮湿,其强度大大降低,变形也增大。但如果含水量过小,材料颗粒之间由于缺水膜粘结作用,会发生松散;由于缺乏润滑作用,压实度不高,同样也不会有较高的力学强度。沥青面层在水的作用下,沥青与石料的粘附力降低,导致石料与沥青剥离,从而使路面发生松散、坑槽等病害。水对水泥混凝土面层影响不大,但对其下的土基与基、垫层的影响与柔性路面是一样的。

路面材料可根据对水的敏感性，区分为水稳性材料和非水稳性材料，则在水的影响下，强度显著降低的材料。一般来讲，二渣、三渣，水泥土、石灰土和二灰土等是水稳性好的材料，而未经处理的含土的材料，如泥结碎（砾）石、级配碎（砾）石和级配砂砾等是非水稳性材料。这些材料不应在潮湿路段使用。

二、气温变化对路面的影响

大气湿度同样是影响路面结构强度的重要因素。同一路面，在炎热的夏季和严寒的冬季可能有不同的使用品质。就是在一天之内，路面的工作状态也会有差异，因此应考虑气温对路面的影响。

1. 气温对水泥混凝土路面的影响

水泥混凝土路面随着温度变化将产生体积的变化。在一年四季中，由于温差所引起的体积变化如果受到约束，将产生很大的温度应力，有时还能超过荷载产生的应力。由四季变化引起的混凝土板内的胀缩应力必须通过在混凝土路面设置缩胀缝来克服。此外还应考虑由于昼夜温度变化而引起的板顶与板底温度差产生的翘曲应力。

2. 气温对沥青路面的影响

沥青类路面材料的强度随温度变化而变化，这种特性被称做温度稳定性。温度稳定性差的材料在温度变化时，强度显著降低。由于沥青材料本身对温度非常敏感，因此沥青类路面也对温度非常敏感。由于温度的改变，沥青路面结构的强度和弹性模量会发生几倍甚至十几倍的变化。

沥青路面结构的强度随温度的升高而显著降低的原因在于：温度升高后的混合料中沥青稠度降低，一部分吸附沥青转化为自由沥青，这些自由沥青在颗粒间起润滑作用，从而使粘结力降低。温度过低，对沥青路面也是不利的，此时虽然弹性模量很高，但变形能力却很小，容易发生脆裂。

3. 气温对半刚路面材料的影响

气温对用无机结合料加固的路面结构的初期成型也有很大的影响。石灰土、工业废渣基层，在成型期间如气温高，在正常含水量和压实度的情况下，可以获得较高的强度。反之，如果在成型期间气温过低，即使含水量和压实度都正常，即使成型期延长，也不会有较高的强度。因此，这类基层宜于热季施工。

第四节 沥青路面结构设计

一、沥青路面结构组合设计基本原则

沥青路面设计应包括路面结构层拟定、各原材料的选择及混合料配合比设计、各设计参数测定和确定，路面结构组合与厚度计算，路面结构方案的比选，以及路面排水系统设计和路肩加固设计。本节讲述的路面组合设计遵循下列基本原则：

1. 交通等级、稳定性

不同的交通等级采用不同的结构组合及适宜的面层厚度。在整个预定的设计使用年限内，路面使用品质稳定，确保路面的强度、平整度、表面抗滑稳定性、

抗车辙性能、排水性能、干稳性、冰冻稳定性、耐抗水冲刷能力等各项功能指标都稳定在允许范围之内。

2. 因地制宜、合理选材

贯彻就地取材、就近取材的原则，减少运距，并考虑环境保护，以美化环境。结构层的类型、厚度、最大粒径、压实厚度、层间结合均要相匹配。降低建设和养护费用。

3. 一次设计、分期修建

软土地区或高填方路基、黄土湿陷地区等可能产生较大沉降的路段，以及初期交通量较小的公路可进行分期修建。高速公路、一级公路的路面一般不宜分期修建。

4. 方便施工、利于养护

应尽量采用机械化施工，并考虑建成后通车后的养护问题。特别是对于高速公路，要求平常的养护工作量越少越好，以免形成大范围交通量不畅。

5. 整体考虑、综合设计

路面在进行设计时，将土基、垫层、底基层、基层、和面层看作一个整体。要求"土基稳定、基层坚实、面层耐久"。使路面结构层在整体上满足强度和稳定性要求。

在沥青路面的组合设计过程中，路面各结构层材料确定和组合设计，应在吸取以往成功建设经验的基础上，遵循上述原则，选择技术可靠、经济合理的路面结构层。

二、沥青路面结构组合设计

沥青路面的面层、基层、垫层在进行组合设计时，应满足下列设计要求：

（一）适应行车荷载和结构层间模量比

汽车轴载在路面上引起的荷载应力和应变随着深度而递减，如图 12-6 所示。所以各结构层选用材料时，强度和刚度应按其模量随着深度递减，以满足竖向应力和应变随深度而递减的规律。且各层厚度宜从上至下由薄到厚。这样既能充分发挥各结构层材料的效能，又可充分利用当地材料，经济合理。当公路等级较高，路面交通等级越高，则路面厚度越大，相应面层结构层次也越多。并确保层间结合状态的连续，这是提高路面耐久性的关键。各结构层间应符合的模量比：要求基层与沥青面层之间的模量比宜在 1.5～3 之间；基层与底基层之间的模量比不宜大于 3.0；底基层（或垫层）与土基之间模量比宜在 2.5～12.5 之间。

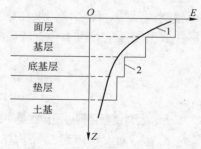

图 12-6 应力与强度随深度的变化
1—荷载应力分布曲线；
2—材料强度 E 布置曲线

（二）面层结构层的功能

1. 沥青面层厚度

各级公路沥青路面的面层结构类型选型可根据公路等级，参考表 12-9 论证选定。在路面结构层中，沥青面层厚小于基本结构层厚度不宜碾压成型，而成型的结构层太厚不经济。

各级公路沥青面层类型选择　　　　　　　　　　表 12-9

公路等级	热拌沥青混凝土	热拌沥青碎石混合料	沥青贯入式碎石	沥青表面处治	冷拌乳化沥青碎石混合料
高速、一级公路	√				
二级公路	√	√	√		
三级公路	√	√	√	√	√
四级公路	√			√	√

沥青面层厚度宜根据公路等级、沥青路面交通等级、所选用沥青路面结构层类型、气候条件等因素拟定，在符合典型路面结构层基础上，沥青层厚度范围要求，宜参考表 12-10 进行选用。

典型路面结构层上沥青层厚度范围（mm）　　　　表 12-10

典型路面结构层	高速公路一级公路	二级公路	三级公路	四级公路
半刚性基层	≥120（高速）≥100（一级）	≥60	30~50（拌合法）15~30（层铺法表面治处）	10~30（表面处治）
柔性路面结构	100 或 120 两层式（其下设沥青混合料基层）	100~120 两层式（其下设贯入式碎石基层）	100~120 双层式（其下设级配碎石基层）	
贫混凝土基层沥青路面	≥100	—	—	—

2. 公称最大粒径与最小压实厚度

设计沥青面层的结构层采用二层以上时，一般下层比上层结构层的粒径大。即材料集料的最大粒径宜从上至下逐渐增大，便于形成强度。沥青路面结构层最小厚度，应与沥青混合料集料的公称最大粒径相适应，便于碾压密实，并满足最小压实厚度，从而提高其耐久性、水稳性，防止水损害，参见表 12-11。对热拌热铺密级配沥青混合料，沥青层一层的压实厚度不宜小于集料公称最大粒径的 2.5~3 倍，对改性沥青路面（SMA）和排水沥青路面（OGFC）等嵌挤型混合料不宜小于公称最大粒径的 2~2.5 倍，以减少离析，便于压实。

沥青混合料结构层的最小压实厚度与适宜厚度　　　　表 12-11

沥青混合料类型	最大粒径（mm）	公称最大粒径（mm）	最小压实厚度（mm）	适宜厚度（mm）
砂粒式沥青混凝土	9.50	4.75	10	15~25
细粒式沥青混凝土	13.20	9.5	20	20~25
细粒式沥青混凝土	16.00	13.2	30	30~40

续表

沥青混合料类型	最大粒径（mm）	公称最大粒径（mm）	最小压实厚度（mm）	适宜厚度（mm）
中粒式沥青混凝土	19.00	16	40	40～60
中粒式沥青混凝土	26.50	19	50	60～80
粗粒式沥青混凝土	31.50	26.5	60	70～100
粗粒式大粒径沥青碎石	31.50	26.5	70	80～120
粗粒式大粒径沥青碎石	37.50	31.5	90	100～150
特粗式大粒径沥青碎石	53.00	37.5	100	120～150

3. 各等级路面面层的要求

（1）高等级公路面层级配类型

高速公路、一级公路的沥青面层结构常选用三层，而这三层结构层中，表面层通常采用粗型级配细粒式沥青混凝土。而在各沥青层中至少有一层应为密级配型沥青混合料，即粗型（C型）或细型（F型）密级配沥青混合料。它的空隙率一般为3%～6%，在这个范围内可以防止水害，也可以保证一定的空隙率以防止夏季沥青材料泛油。目前抗滑面层的级配类型有粗型密级配 AC-13C、AC-16C、SMA-13、SMA-16、OGFC-10、OGFC-13，应根据各地实际情况选用。

（2）中低等级公路面层级配类型

用于三、四级公路的沥青面层，可用 AM-13 或 AM-16 沥青碎石，由于它的空隙率大，渗水严重，应设置密级配上封层，如：乳化沥青稀浆封层、微表处、改性沥青集料封层。

路面表面层应具有一定构造深度、良好的抗滑性能；防止雨雪下渗，浸入基层、土基，沥青面层应选用密级配沥青混合料；其下均应设防水层，并设置结构内部的排水系统，将雨水排除路基外。

（三）基层结构层的功能

近年来，由于公路交通事业的迅速发展，路面结构类型呈多样化的趋势，因此，将基层分成为三种：半刚性、柔性、刚性基层，由此组合而成的沥青路面，可分为半刚性基层沥青路面、柔性基层沥青路面、刚性基层沥青路面。沥青路面的基层厚度拟定，应考虑交通等级、基层类型、所处设计层位、和其他结构层次的关系、总厚度、适宜碾压厚度及最小碾压厚度、并应考虑胶结材料的掺入比例。

1. 半刚性基层结构

（1）最小压实厚度与适宜厚度

半刚性基层或底基层上柔性结构层总厚度小于180mm 时称为半刚性基层结构。半刚性材料厚度小于150mm 时，则碾压易出现裂缝，甚至会被压路机压裂。半刚性材料最大压实厚度不宜超过200mm。一次碾压太厚，碾压不透，不能充分发挥材料的强度。为了充分发挥压路机具的功能，便利于施工等因素，应选择合理的各结构层厚度。各结构层的材料变化不宜过于频繁，不利于施工组织、管理。各种结构层施工最小厚度与适宜厚度应符合表 12-12 的要求。

结构层最小压实厚度与适宜厚度　　　　　表 12-12

结构层类型	最小压实厚度(mm)	适宜厚度(mm)
上拌下贯沥青碎石	60	60~100
沥青贯入式碎石	40	40~80
沥青表处	10	10~30
水泥稳定类	*150	180~200
石灰稳定类	*150	180~200
石灰粉煤灰稳定类	*150	180~200
贫混凝土	150	180~240
级配碎、砾石	80	100~200
泥结碎石	80	100~150
填隙碎石	100	100~120

注：*为半刚性基层补强的最小厚度。半刚性材料基层、底基层的一层压实厚度宜为 180~200mm，并不得分层铺筑小于 15cm 的薄层，对半刚性材料的上基层厚度不宜小于 180mm。

(2) 层位及材料选用

设计中半刚性基层材料选用及沥青路面结构层计算层位应参考表 12-13 中情况确定。

沥青路面的半刚性基层计算层位　　　　　表 12-13

基层材料	适用于公路等级	计算层位	适用及要求
水泥稳定粒料	高速公路、一级公路	基层、上基层	要求选用骨架密实型
	各级公路	基层、底基层	强度高、抗裂性、抗冲刷性好
石灰稳定粒料	各级公路	底基层	
	三、四级公路	基层	
石灰粉煤灰稳定粒料（二灰稳定碎石）	各级公路	基层、底基层	冰冻地区、多雨潮湿地区
悬浮密实型混合料	二级及二级以下公路	基层	
	各级公路	底基层	
骨架空隙结构型混合料		基层	有路面内部排水要求

(3) 水泥剂量

虽然随着水泥剂量的提高，基层强度会相应提高，但脆性也相应增大，因此有必要限制水泥剂量。以通过改善集料的级配和混合料的结构形态来达到设计强度要求。一般水泥稳定混合料的水泥剂量一般为 3%~5.5%。当达不到强度要求时应强调级配，水泥的最大剂量不应超过 6%。同时三种不同类型水泥稳定碎石的集料级配满足要求。

(4) 避免反射裂缝

宜采取以下措施减少半刚性基层低温缩裂、防止出现反射裂缝。

1) 选用骨架密实型半刚性基层，并严格控制细料含量、水泥剂量、含水量。

2) 采用混合式沥青路面结构(设置柔性基层的沥青路面结构)。

3) 在半刚性基层上设置改性沥青应力吸收膜或应力吸收层，有防止反射裂缝和加强层间结合的作用。

4) 沥青面层增厚或设置级配碎石过渡层，也具有减缓动水压力和反射裂缝的作用。

2. 柔性基层、底基层结构

当采用沥青混合料，或沥青贯入式碎石，或冷拌沥青混合料、级配碎石、砂砾等柔性材料作基层或底基层时，称之柔性基层、底基层结构。属于无半刚性材料基层的路面结构类型。它具有较大的塑性变形，要求沥青层较厚，初期投入成本高。柔性基础的应用如下：

(1) 柔性基层

柔性基层可用于各级公路。热拌沥青碎石宜用于中等交通及以上公路的基层、底基层；沥青贯入式宜用于中、重交通公路的基层、底基层；两者均可以用于改建工程的调平层。

密级配沥青碎石混合料具有较高的承载能力；半开级配沥青碎石混合料具有承重、减缓反射裂缝和一定的排水能力。开级配沥青碎石混合料适用于排水基层。基层用沥青碎石的公称最大粒径宜等于或大于 26.5mm。

(2) 粒状材料

级配碎石可用于各级公路的基层和底基层、以及沥青面层与半刚性基层之间的过渡层。级配砾石、级配碎砾石以及符合级配、塑性指数等技术要求的天然砂砾，可用作轻交通的二级及二级以下公路的基层和各级公路的底基层。

填隙碎石适用于三、四级公路的基层和各级公路的底基层。

3. 刚性基层

当采用贫混凝土、水泥混凝土等刚性材料作基层时形成的沥青路面。此时的基层称为刚性基层。刚性基层适用于重级、特重级交通，运煤、矿石、建筑材料等公路工程。刚性基层厚度一般为 200～280mm，最小厚度应大于 150mm。贫混凝土基层集料的最大粒径一般不应超过 31.5mm。贫混凝土基层应设置纵、横缝，并灌入填缝料，其上应设置热沥青或改性乳化沥青、改性沥青粘结层等。三种典型路面基层结构所处层位，宜参考表 12-14 选用。

沥青路面的三种典型基层结构所处层位　　表 12-14

路面基层	材料种类	公路等级	路面交通等级	所处层位	其他应用
半刚性基层沥青路面	骨架密实型的稳定集料	高速公路一级公路	特重、重交通	基层或上基层	
	石灰稳定类	三、四级公路	中交通	基层	

续表

路面基层	材料种类	公路等级	路面交通等级	所处层位	其他应用
柔性路面	热拌沥青碎石	二级以上公路	中级及以上	基层、底基层	改建工程的调平层
	沥青贯入碎石	二级以上	中、重交通	基层、底基层	改建工程的调平层
	级配碎石	二级及二级以下公路	轻交通	基层和底基层	与半刚性基层之间的过渡层
	填隙碎石	三、四级公路	中、轻交通	基层	
		各级公路		底基层	
刚性基层沥青路面	贫混凝土、混凝土等刚性基层	运输煤、矿石、材料等的公路	重、特重交通	刚性基层	运煤、矿石等公路或改建、扩建工程

（四）垫层结构层功能

沥青路面垫层结构位于基层以下，以确保路面结构不受路基中滞留的自由水的浸湿以及冻融的危害。对于季节性冰冻地区各级公路的中湿、潮湿路段，设计时应进行防冻厚度检验。首先考虑路基材料热物性系数、路基潮湿系数、路基断面形式系数和大地标准冻深进行多年最大冻深计算。详见《公路沥青路面设计规范》(JTG D50—2006)。再根据交通量计算的结构层总厚度应不小于表12-15中最小防冻厚度的规定。若小于最小防冻厚度，则应增加防冻垫层使其满足防冻厚度要求。

最小防冻厚度(cm)　　　　　表 12-15

路基类型	道路冻深	黏性土、细砂质粉土			粉性土		
		砂石类	稳定土类	工业废料类	砂石类	稳定土类	工业废料类
中湿	50～100	40～45	35～40	30～35	45～50	40～45	30～40
	100～150	45～50	40～45	35～40	50～60	45～50	40～45
	150～200	50～60	45～55	40～50	60～70	50～60	45～50
	>200	60～70	55～65	50～55	70～75	60～70	50～65
潮湿	60～100	45～55	40～50	35～45	50～60	45～55	40～50
	100～150	55～60	50～55	45～50	60～65	55～65	50～60
	150～200	60～70	55～65	50～55	70～80	65～70	60～65
	>200	70～80	65～75	55～70	80～100	70～90	65～80

注：1. 在《公路自然区划标准》(JTJ 003—86)中，对潮湿系数小于0.5的地区，Ⅱ、Ⅲ、Ⅳ等于干旱地区防冻厚度应比表中值减少15%～20%。
　　2. 对Ⅱ区砂性土路基防冻厚度应相应减少5%～10%。

（五）层间接触与结构层特点

沥青路面各结构层之间应紧密结合，避免产生层间滑移(结构层间在滑动状态下基层拉应力设计比连续状态提高1～2倍)，采取工艺措施尽量保证各层的紧密结合，以提高路面结构整体性。

1. 结构层特点

路面结构层通常是用密实级配、嵌挤形成板体的方式构成的,因此影响结构层的因素,除材料选择、施工工艺之外,路面结构组合也是十分重要的。如沥青路面不能直接铺筑在片石基层工作上,而应在其间设置碎石过渡层,否则铺砌片石可能的松动都会反映到沥青路面上,造成面层不平整甚至沉陷开裂。又如为了避免沥青混凝土或沥青碎石高级路面出现反射裂缝,应在无机材料稳定土基层之间设置粗粒式沥青混凝土或沥青碎石,并保证一定的厚度,以提高其抗疲劳性能。

2. 层间接触

沥青路面层间接触常按功能分为下列三类:

(1) 透层沥青——沥青路面各类基层表面都必须喷洒渗透性能良好透层油,使基层具有沥青层的特点,并防止粒料松散和雨水下渗,提高路面的整体强度。沥青层必须在透层油完全渗透入基层后方可铺筑。基层上设置下封层时,透层油不宜省略。

(2) 粘层沥青——粘层油是将层与层之间的沥青混合料牢牢粘成一个整体,粘层油的稠度略大于透层沥青,粘结性良好。

(3) 封层——封层的作用是使道路表面密封,防止雨水浸入道路,保护路面结构层表面磨耗损坏。封层分为上封层和下封层。用于路面结构层的连接与防护层。

城市道路路面、公路路面、城市道路人行道常用结构依次见表 12-16、表 12-17 和表 12-18。

城市道路路面常用结构示例　　　　　表 12-16

道路等级	道路名称	结构图例	结 构 层	设计弯沉(0.01mm)
快速路	杭州市德胜快速路东段(防水路面)		1. (4cm) SMA-13 改性沥青混凝土 2. (5cm) AC-20C 型中粒式沥青混凝土 3. (6cm) AC-30C 型粗粒式沥青混凝土 4. (1cm) 稀浆封层 5. (41cm) 石灰粉煤灰碎石基层 6. (15cm) 级配碎石 7. 土路基(36MPa)	21.6
主干道	杭州市体育场路(防水路面)		1. (5cm) 高黏度改性排水沥青混凝土 2. 乳化沥青粘层油隔水层 3. (5cm) AC-20C 型沥青混凝土 4. (5cm) AC-30F 型沥青混凝土 5. 乳化沥青透层+玻纤土工格栅 6. (35cm) 水泥稳定碎石基层 7. (30cm) 宕渣 8. 土路基	36.5

续表

道路等级	道路名称	结构图例	结构层	设计弯沉(0.01mm)
主干道	杭州市绍兴路		1.(4cm)SBS 改性沥青混凝土 2.(5cm)AC16C 型中粒式沥青混凝土 3. 玻纤土工格栅 4.(6cm)AC16C 型粗粒式沥青混凝土 5.(20cm)二灰碎石基层 6.(30cm)C15 水泥混凝土垫层 7.(15cm)级配碎石 8. 土路基	14.3
次干路	杭州市西文路		1.(4cm)细粒式沥青混凝土 2.(8cm)粗粒式沥青混凝土 3.(30cm)二灰碎石基层 4.(20cm)未筛分碎石垫层 5. 土路基(36MPa)	26.0
支路	杭州市丁桥东单元配套道路工程		1.(3cm)AC13C 型沥青混凝土 2.(5cm)AC20C 型沥青混凝土 3.(7cm)AC30F 型沥青混凝土 4.(30cm)二灰碎石基层 5.(30cm)宕渣 6. 土路基(36MPa)	28.4

公路路面常用结构示例　　表 12-17

公路等级	公路名称	结构图例	结构层	设计弯沉(0.01mm)
高速公路	衢南高速公路		1.(4cm)SBS 改性沥青 I-D 型 2.(6cm)AC-20C 型中粒式沥青混凝土 3.(8cm)AC-25C 粗粒式沥青混凝土 4.(20cm)5% 水泥稳定碎石基层 5.(32cm)4% 水泥稳定碎石底基层 6. 土路基	21.6
高速公路	沪杭甬高速公路		1.(5cm)LH-20F 半密实中粒式沥青混凝土 2.(7cm)LH-35 半型级配粗粒式沥青碎石混合料 3.(36cm)水泥稳定碎石基层 4.(20cm)级配碎石底基层 5. 土路基(45MPa)	23.7
机场跑道	某飞机场跑道		1.(44cm)水泥混凝土 2.(20cm)厚水泥碎石 3.(25cm)厚水泥碎石 4. 土路基	

续表

公路等级	公路名称	结构图例	结构层	设计弯沉(0.01mm)
一级公路	成渝公路（重庆段）		1.(4cm)中粒式沥青混凝土 2.(6cm)沥青碎石 3.(40cm)二灰砂砾基层 4.(40cm)级配碎石底基层 5. 土路基(45MPa)	20.8
一级公路	312国道（合肥～南京）		1.(28cm)水泥混凝土 2.(20cm)二灰碎石基层 3.(25cm)大块碎石底基层 4. 土路基	
二级公路	沪宁路（苏州段）		1.(4cm)中粒式沥青混凝土 2.(7cm)沥青碎石 3.(32cm)二灰碎石基层 4.(16cm)石灰土底层 5. 土路基(41MPa)	24.6
二级公路	浙江海盐秦山大道		1.(24cm)水泥混凝土 2.(18cm)5%水泥稳定碎石基层 3.(15cm)级配碎石底基层 4. 土路基	
三、四级公路	安徽当涂路		1.(3cm)沥青表面处治 2.(4cm)沥青碎石 3.(20cm)水泥稳定碎石 4.(20cm)天然砂砾 5. 土路基(35MPa)	51.8

城市道路人行道常用结构示例　　　　表 12-18

道路名称	结构图例	结构层
杭州市体育场路	行车道　平石　侧石　人行道	1.(6cm)火烧板（花岗岩） 2.(3cm)M10 水泥砂浆 3.(30cm)5%水泥稳定碎石 4. 地基夯实
杭州市西文路	行车道　平石　侧石　人行道	1.(5cm)彩色人行道板 2.(2cm)10 水泥砂浆 3.(15cm)粉煤灰三渣基层 4. 地基夯实

续表

道路名称	结构图例	结构层
杭浦高速公路		1. (4cm)细粒式沥青混凝土 2. (6cm)中粒式沥青混凝土 3. (8cm)粗粒式沥青混凝土 4. 沥青封层 5. (20cm)水泥稳定碎石(5%) 6. (35cm)水泥稳定碎石(3.5%)
某收费站路面		1. (26cm)水泥混凝土 2. (20cm)水泥稳定碎石(5%) 3. (25cm)水泥稳定碎石(3.5%)

浙江某高速公路沥青路面结构层图例（及整体式路面边部构造图）如图12-7所示。

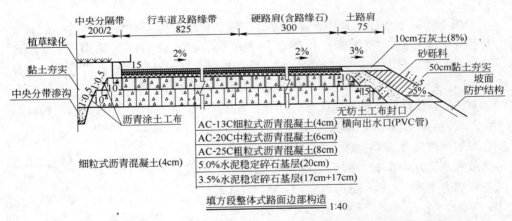

图12-7 高速公路沥青路面结构层图例（及整体式路面边部构造图）

第五节 新建柔性路面的厚度计算

沥青路面厚度计算属于弹性力学范畴，并采用有限元法来解决。路面厚度可按计算法或验算法两种方法确定。验算法是以已有经验或试验为依据确定厚度的方法；而计算方法则是以力学分析为基础，并考虑环境、交通等级及材料特性等因素确定厚度的方法。目前我国现行沥青路面设计规范仍用双圆均布荷载作用下的弹性层状理论为基础进行结构分析和厚度计算。即以设计弯沉值和抗弯拉应力为指标的厚度计算法。

一、弹性层状体系的基本假设

在应用弹性力学方法求解弹性层状体系的应力、变形、位移等分量时，引入下列假设：由于土基与路面材料的力学性质不同，假设各路面结构层是由多层弹性层组成，土基视为均质弹性半空间体，其应力和应变也呈直线关系（最下一层水平方向和垂直方向为无限大）；路面各层具有一定厚度，但不计自重，在水平方向是无限的，路面材料的应力和应变也呈直线关系；路面各结构层层间接触是连续的，各结构层的力学特性用回弹模量 E、泊松比 μ 以及厚度 h 表示，如图 12-8 所示。路面结构设计采用双圆均布荷载作用下的弹性层状连续体系理论进行计算，路面荷载及计算点如图 12-8 所示。

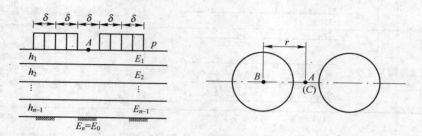

图 12-8　多层弹性层状体系示意图

A 点为双轮隙中心处弯沉的实测点；B 和 C 点为层底弯拉应力验算点

按照上述假定条件，直接计算双层、三层、多层弹性层状体系内任一点的应力与位移，工作量是很大的，且误差较大。我国在《公路沥青路面设计规范》（JTG D50—2006）中规定，根据设计指标采用指标多层弹性体系理论设计程序计算或验算厚度。本书仅以圆形均布荷载下弹性双层体系为例作简要的说明力学计算方法。而三层或多层体系沥青路面厚度计算可直接采用沥青路面专用程序软件计算。

二、双层弹性体系的理论弯沉计算

双层弹性层状体系上的荷载可以分为单圆均布荷载和双圆均布荷载。假设土基为一半空间无限的均质弹性体，在单圆均布垂直荷载作用下（图 12-9），路表面距荷载中心轴距离为 r 的某点，其表面弯沉 l 的理论计算公式为：

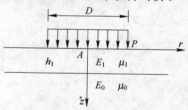

图 12-9　双层体系计算图式

$$l = \frac{pD}{E_0} \cdot \alpha_l = \frac{2p\delta}{E_0} \cdot \alpha_l \tag{12-11}$$

式中　l——路表理论弯沉值（0.01mm）；

p——标准轴载的轮胎接地压强（MPa）；

E_0——土基回弹模量值（MPa）；

α_l——理论弯沉系数，各结构层厚度与结构层的弹性模量的复杂函数，表示如下：

$\alpha_l = f(h/D, E_0/E_1)$，其计算结果绘成诺谟图（图 12-10）。计算时泊松比 $\mu_0 = 0.35$，$\mu_1 = 0.25$。

式中　E_0、E_1、h——分别为上层和半无限体的弹性模量，及上层的厚度（cm）。

　　　　D、δ——当量圆直径（cm）和当量圆半径（cm）。

双层体系直接计算理论弯沉值 α_l 是困难的，通常采用数值近似解方法，利用计算机可求出足够精度的近似值。在实际工程中，可以通过查图 12-10 求得。从而当各结构层厚度已知时，可以求得路表理论弯沉值；同理也可求出路面结构层的厚度。

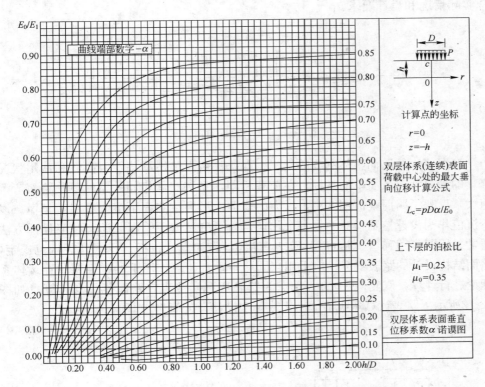

图 12-10　双层体系单圆荷载中心处表弯沉系数 α_1 诺谟图

【**例 12-2**】 已知 $p=0.7\text{MPa}$，$D=304\text{mm}$，$E_0=50\text{MPa}$，$E_1=200\text{MPa}$，$h=200\text{mm}$。求单圆荷载在双层体系表面荷载中心处的理论弯沉值 l。

【**解**】 由 $E_0/E_1=50/200=0.20$，$h/D=200/304=0.658$，查图 12-10，得 $\alpha_l=0.44$。

由式(12-10)计算得：$l=\dfrac{0.7\times 304}{50}\times 0.44=1.873\text{mm}$

说明：沥青表面处治类路面结构层设计时，按柔性路面双层体系进行设计，沥青表面处治类路面面层不能单独作为结构层考虑，计算完基层厚度后，将沥青表面处治厚度减去 1cm 作为磨耗层，其余厚度计入基层厚度中。

三、柔性路面的设计指标

目前现行沥青路面设计规范仍用双圆均布荷载作用下的弹性层状理论体系，以设计弯沉值和弯拉应力为设计指标的厚度计算法。

（一）柔性路面设计指标

1. 弯沉指标

路面表面在车辆荷载下的垂直变形称为路面表面总弯沉 l_z，它包括可恢复的垂直变形（回弹弯沉）l 和不可恢复的垂直变形（残余变形）l_c。如图 12-11 所示。老路或接近弹性状况的路面，表现的回弹弯沉与总弯沉较接近，即残余弯沉很小。所以我国现行规范采用路面回弹弯沉 l 来表示路面抗变形能力，以符合实际情况和设计要求。

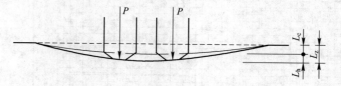

图 12-11　沥青路面弯沉图示

弯沉值表征路面整体刚度的指标。即反映路面整体承载能力高低和使用状况好坏的最直观、最简单的指标。在荷载相同，土基支承相同的条件下，路面弯沉值大，反映了路面整体刚度小，过大的塑性变形导致路面下沉或者出现车辙。以弯沉值作为设计控制指标的另一个优点是为了测试方便。因此沥青路面设计方法通常采用路表回弹弯沉值(简称路表弯沉值)作为设计指标。我国现行规范规定，路面结构设计的路表弯沉，应采用双圆均布垂直荷载作用下的弹性层状连续体系理论进行计算，双轮隙中心处 A 点为路表弯沉实测点，路面荷载及计算点如图 12-12 所示。路表计算弯沉值 l_s 小于或等于设计弯沉值 l_d，即：

$$l_s \leqslant l_d \tag{12-12}$$

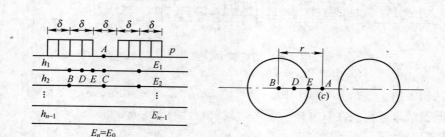

图 12-12　路面荷载及计算点图示

2. 抗拉指标

用设计弯沉值作为设计指标，不可能解决当竖向变形在允许范围以内路面在车辆荷载反复作用下路面结构产生了疲劳开裂问题。需要建立第二项设计指标。从现行理论出发，路面裂缝是由下而上发生、发展，它的外观特征是先发生纵向裂缝再逐步发展成纵向网裂、龟裂破坏；或裂缝是从上向下发展，而现行规范中的层底拉应力或拉应变都不能表征这些破损现象。从国外文献中，也有很多裂缝是在轮迹边缘的沥青层由上而下扩展。实际上裂缝产生、发展过程是复杂的问题，各种可能性都存在，最后表现在路表的都是以纵向裂缝为多。轮隙中心(C 点)或单圆荷载中心处(B 点)的层底拉应力 σ_m 应小于或等于容许拉应力 σ_R，计算点如图 12-12 所示。即：

$$\sigma_m \leqslant \sigma_R \tag{12-13}$$

高速、一级、二级公路的路面结构设计，应以路表面设计弯沉值和沥青混凝土层层底拉应力（拉应变）及半刚性材料层的层底容许拉应力为设计指标。三级、四级公路以路表面设计弯沉值为设计指标。有条件时，对重载交通路面宜检验沥青混合料的抗剪切强度。

（二）设计弯沉值

路面在使用初期的不利季节，在设计标准轴载的作用下容许出现的路表最大回弹弯沉，称为设计弯沉值 l_d。实践证明，回弹弯沉值小的路面，在一定轴型的荷载作用下，路面的变形越小，达到某一破坏状态时容许通过的轴次越多；反之路面变形越大，达到某一破坏状态时容许通过的轴次越少。也就是说，回弹弯沉值的大小同该项路面的设计使用寿命，即轮载的累计作用次数成反比。路面设计弯沉值是根据设计年限内一个车道上调查预测通过的累计当量轴次、道路等级、面层类型、基层类型而确定的路面弯沉值。我国在《公路沥青路面设计规范》(JTG D50—2006)规定路面设计弯沉值 l_d 由式(12-13)计算确定。

$$l_d = 600 N_e^{-0.2} A_c A_s A_b \tag{12-14}$$

式中　l_d——设计弯沉值(0.01mm)；

　　　N_e——设计年限内一个车道累计当量轴次；

　　　A_c——公路等级系数，高速公路、一级公路为 1.0，二级公路为 1.1，三、四级公路为 1.2；

　　　A_s——面层类型系数，沥青混凝土面层为 1.0；热拌合冷拌沥青碎石、上拌下贯或贯入式路面、沥青表面处治为 1.1；中、低级路面为 1.2；

　　　A_b——路面结构类型系数，对半刚性基层 A_b=1.0；柔性基层 A_b=1.6。

（三）容许拉应力 σ_R

路面结构层材料的容许拉应力是指路面结构在行车荷载的作用下达到临界破坏状态时容许出现的最大拉应力。这一应力值较之一次荷载作用下的抗拉强度小，与荷载重复作用次数及路面结构层材料的性质有关。对于整体式路面结构层材料如：沥青混凝土面层、半刚性材料基层、底基层以弯拉应力为设计指标时，材料的容许拉应力 σ_R 应按式(12-15)计算：

$$\sigma_R = \frac{\sigma_s}{K_s} \tag{12-15}$$

式中　σ_R——路面结构层材料的容许拉应力(MPa)；

　　　σ_s——沥青混凝土或半刚性材料的极限劈裂强度(MPa)；

　　　K_s——抗拉强度结构系数。

1. 对沥青混凝土的极限劈裂强度，系指 15℃时的极限劈裂强度；对水泥稳定类材料系指龄期为 90d 的极限劈裂强度(MPa)；对二灰稳定类、石灰稳定类的材料系指龄期为 180d 的极限劈裂强度。对水泥粉煤灰稳定类的材料系指龄期为 120d 的极限劈裂强度。

2. 抗拉强度结构系数 k_s 计算

沥青混凝土面层的抗拉强度结构系数，按式(12-16)计算：

$$K_s = 0.09 N_e^{0.22} / A_c \tag{12-16}$$

对无机结合料稳定集料类：

$$K_s = 0.35 N_e'^{0.11}/A_c \tag{12-17}$$

对无机结合料稳定细粒土类：

$$K_s = 0.45 N_e'^{0.11}/A_c \tag{12-18}$$

沥青路面结构设计按两项指标设计结构厚度时，取其中较厚的层厚作为最终设计结果，即可以同时满足弯沉与弯拉应力两项设计指标的要求。

但抗剪强度测定、容许剪应力等问题，尚需进行研究，目前只能通过沥青混合料设计、加强层间结合措施等，弥补不足。

四、路面结构厚度设计与设计参数

沥青路面结构组合设计已确定了各结构层的材料、层位、厚度；各材料的抗压回弹模量 E 在无试验数据情况下通常查表拟定；同时确定结构层的计算层位。而计算层的厚度是计算出设计弯沉指标 l_d 和容许拉应力 σ_r 确定之后，再考虑实际路面结构在设计使用期内经受当量标准轴载的多次重复作用下，是否满足两项设计控制指标，即满足：公式 $l_s \leqslant l_d$ 和公式 $\sigma_m \leqslant \sigma_R$ 来确定。

当以弯沉为厚度设计控制指标时，满足公式 $l_s \leqslant l_d$；当以拉应力为控制指标时，上两式必须同时满足，若有一式不满足，则重新调整结构层的材料、层位与厚度，直至满足设计指标的要求为止。

（一）路表弯沉值计算

轮隙中心路表回弹弯沉的计算，应用弹性层状体系理论计算路面结构表面双轮隙中心处，在荷载作用下的理论弯沉，规范中通过试验路段的铺筑测试，资料分析仍然引入原规范的弯沉综合修正系数 F，将理论弯沉值进行修正，使计算弯沉 l_s 与实测弯沉值趋于接近实际。l_s 应按式(12-19)计算。

$$l_s = 1000 \frac{2p\delta}{E_1} \alpha_c F \tag{12-19}$$

其中

$$\alpha_c = f\left(\frac{h_1}{\delta}, \frac{h_2}{\delta}, \cdots, \frac{h_{n-1}}{\delta}, \frac{E_2}{E_1}, \frac{E_3}{E_2}, \cdots, \frac{E_0}{E_{n-1}}\right)$$

$$F = 1.63 \left(\frac{l_S}{2000\delta}\right)^{0.38} \left(\frac{E_0}{p}\right)^{0.36} \tag{12-20}$$

式中 l_s——路面计算弯沉值(0.01mm)；
  F——弯沉综合修正系数；
  p, δ——标准车型的轮胎接地压强(MPa)和当量圆半径(cm)；
  α_c——理论弯沉系数；
  E_0 或 E_n——土基抗压回弹模量值(MPa)；
  $E_1, E_2, \cdots, E_{n-1}$——各层材料抗压回弹模量(MPa)；
  $h_1, h_2, \cdots, h_{n-1}$——各结构层厚度(cm)。

将 α_c 公式括号内的各项参数作为输入已知数据，应用专用设计程序计算设计层厚度(或 l_s)。

（二）层底拉应力计算

当整体式结构层材料产生过大拉应力而造成基层疲劳开裂时，导致沥青路面产生疲劳开裂。因此，半刚性材料基层以抗弯拉应力为设计指标。

1. 验算点及计算公式

如图12-8所示,层底拉应力以单圆中心(B点)及双圆轮隙中心(C点)为计算点,并取较大值作为层底拉应力。按式(12-21)计算层底最大拉应力:

$$\sigma_m = p \overline{\sigma_m} \tag{12-21}$$

$$\overline{\sigma_m} = f\left(\frac{h_1}{\delta}, \frac{h_2}{\delta}, \cdots, \frac{h_{n-1}}{\delta}, \frac{E_2}{E_1}, \frac{E_3}{E_2}, \cdots, \frac{E_0}{E_{n-1}}\right)$$

式中 $\overline{\sigma_m}$——理论最大拉应力系数。

其他符号意义同公式(12-19)。

2. 设计层的拟定

设计时,应先拟定某一层作为设计层,再根据施工要求拟定面层和其他各层的厚度。

(1) 当采用半刚性基层、底基层结构时,可选用任一层为设计层。

(2) 当采用半刚性基层、粒料类材料为底基层时,一般半刚性基层为设计层可得到合理的结构。

(3) 当采用柔性路面结构时,以基层作为计算层,宜拟定面层、底基层的厚度。

3. 路面各结构层厚度可按计算法或验算法确定

(1) 计算法:根据路用性能要求或工程经验确定路面结构组合类型,先拟定某一层作为设计层,然后根据混合料类型与施工工艺要求确定其他各层厚度,按规定流程计算设计层厚度。设计层厚不小于最小施工厚度。

(2) 验算法:根据本地区典型结构确定路面结构组合类型,然后根据混合料类型与施工工艺拟定各结构层的厚度,按规定流程进行结构验算,验算通过后即可作为备选结构。

最后采用沥青路面专用设计程序进行厚度计算。

(三) 路基土和路面材料回弹模量

1. 路基土 E_0 回弹模量

在应用弹性层状体系理论进行路面计算时,必须确定路基土和路面结构层的弹性模量值。路基土的回弹模量是路面结构设计中的重要参数,影响因素的内因是取决于土的类型、性质、含水量、密实度、路基所处的干湿类型,外因取决于测定方法对试验结果有较大影响,如成型方法、仪具、温度控制、加载方式等。路基土的回弹模量的测试方法有:

(1) 现场实测法

现场实测法应在最不利季节,采用刚性承压板直接在现场土基上通过实测确定。按照《公路路基路面现场测试规程》(JTJ 059—1995)附录A的规定进行。

(2) 查表法

对于新建道路,路基尚未建成,可按下述步骤由查表法预估路基回弹模量。

1) 确定临界高度

首先根据新建公路所处地区的自然区划、当地土质、气候条件、地下水位(或积水水位)查表5-5确定路基的临界高度(干燥、中湿、潮湿、过湿)。

2）拟定土基的平均稠度

根据路基的临界高度查表 5-4 判断各路段路基的干湿类型，确保路基处于干燥或中湿状态，查表 5-3 论证各路段路基土的平均稠度 w_c。

3）预估路基回弹模量

根据土组和自然区划以及相应路基土的平均稠度 w_c，查表 12-19 预估路基回弹模量值 E_0，该表回弹模量值是以轻型击实标准得到，如采用重型击实标准时，路基回弹模量设计值可较表列数值提高 20%～35%。

规范：对于重交通、特重交通公路土基回弹模量值 E_0 值一般应大于 40MPa，而对于其他交通公路设计宜使路基处于干燥或中湿状态，土基回弹模量值 E_0 应大于 30MPa。

二级自然区划各土组土基回弹模量参考值（MPa）　　　　表 12-19

区划	稠度 土组	0.80	0.90	1.00	1.05	1.10	1.15	1.20	1.30	1.40	1.70	2.00
II₁	黏质土	19.0	22.0	25.0	26.5	28.0	29.5	31.0				
	粉质土	18.5	22.5	27.0	29.0	31.5	33.5					
II₂	黏质土	19.5	22.5	26.0	28.0	29.5	31.5	33.5				
	粉质土	20.0	24.5	29.0	31.5	34.0	36.5					
II₂ₐ	粉质土	19.0	22.5	26.0	27.5	29.5	31.0					
II₃	土质砂	21.0	23.5	26.0	27.5	29.0	30.0	31.5	34.5	37.0	45.5	
	黏质土	23.5	27.0	32.0	34.5	36.5	39.0	41.5				
	粉质土	22.5	27.0	32.0	34.5	37.0	40.0					
II₅	土质砂	29.0	32.5	36.0	37.5	39.0	41.0	42.5	46.0	49.5	59.0	69.0
	黏质土	26.5	32.0	38.5	41.5	45.0	48.5	52.0				
	粉质土	27.0	34.5	42.5	46.5	51.0	56.0					
II₅ₐ	粉质土	33.5	37.5	42.5	44.5	46.5	49.5					
III₁	粉质土	27.0	36.5	48.0	54.0	61.0	68.5	76.5				
III₂	土质砂	35.0	38.0	41.5	43.0	44.5	46.0	47.5	50.5	53.5	62.0	70.0
	黏质土	27.0	31.5	36.5	39.2	41.5	44.0	46.5	52.0	57.5		
	粉质土	27.0	32.5	38.5	42.0	45.0	48.5	51.5	59.0			
III₂ₐ	土质砂	37.0	40.0	43.0	44.5	46.0	47.5	49.0	52.0	54.5	62.5	70.0
III₄	粉质土	25.0	34.0	42.5	51.5	58.5	65.0	74.0				
IV₁	黏质土	21.5	25.5	30.0	32.5	35.0	37.5	40.5				
IV₁ₐ	粉质土	22.0	26.5	32.0	35.0	37.5	40.5					
IV₂	黏质土	19.5	23.0	27.0	29.0	31.0	33.0	35.0				
	粉质土	31.0	36.0	42.5	45.5	48.5	51.5					
IV₄	土质砂	28.0	30.5	33.5	35.0	36.5	38.0	39.5	42.0	45.0	53.0	61.0
	黏质土	25.0	29.5	34.0	36.5	38.5	41.0	43.5				
	粉质土	23.0	28.0	33.5	36.0	39.0	42.0					
IV₅	土质砂	24.0	26.0	28.0	29.0	30.0	30.5	31.5	33.5	35.0	40.0	44.5
	黏质土	22.0	27.0	32.5	33.5	38.5	41.5	44.5				皖、 浙、 江西
	黏质土	28.5	34.0	39.5	42.5	45.5	48.5	51.5				
	粉质土	26.5	31.0	36.5	39.0	42.0	45.0					

续表

区划	稠度 土组	0.80	0.90	1.00	1.05	1.10	1.15	1.20	1.30	1.40	1.70	2.00
IV₆	土质砂	33.5	37.0	41.0	43.0	44.5	46.5	48.5	52.0	55.5	66.5	77.0
	黏质土	27.5	33.0	38.0	41.0	44.0	46.5	50.5				
	粉质土	26.5	31.5	36.5	39.0	42.0	45.0					
IV₆ₐ	土质砂	31.5	35.0	38.5	40.0	42.0	43.5	45.0	48.5	52.0	62.0	72.0
	黏质土	26.0	31.0	35.5	38.0	40.5	43.5	46.0				
	粉质土	28.0	34.5	41.0	44.5	48.5	52.0					
V₁ V₂ V₂ₐ	紫色黏质土	22.5	26.0	30.0	32.0	34.0	36.0	38.0				
	紫色粉质土	22.5	27.5	33.0	36.5	40.0	43.0					
	黄壤黏质土	25.0	29.0	33.0	35.5	37.5	40.0	42.0				
	黄壤粉质土	24.5	30.5	37.5	41.0	45.0	49.0					
V₄₄（四川）	红壤黏质土	27.0	32.0	38.0	41.0	44.0	47.0	50.5				
	红壤粉质土	22.0	27.0	32.5	35.5	38.5	41.5					
VI	土质砂	51.0	54.0	57.0	58.5	60.0	61.0	62.0	64.5	67.0	73.5	80.0
	黏质土	33.5	37.0	41.0	42.5	44.0	45.5	47.2	50.5			
	粉质土	34.0	38.0	42.0	44.0	46.0	48.0	50.0				
VI₁ₐ	土质砂	52.0	55.0	58.0	59.0	60.5	61.5	62.0	65.0	67.0	73.0	79.0
	黏质土	27.0	31.0	34.5	36.0	38.0	40.0	42.0	45.5			
	粉质土	31.5	36.5	41.5	44.0	46.5	49.0	51.5				
VI₄	土质砂	51.0	53.5	56.5	5735	59.0	60.0	61.0	63.5	65.5	72.0	77.5
	黏质土	28.5	32.0	36.0	37.5	39.0	41.0	43.0	47.5			
	粉质土	30.5	34.5	39.0	41.0	43.5	45.5	48.0				
VI₄ᵦ	土质砂	49.5	52.5	55.5	57.0	58.5	59.5	61.0	63.5	65.5	72.5	78.5
	黏质土	30.0	33.0	36.5	38.0	39.5	41.0	42.5	45.5			
	粉质土	31.0	35.5	40.5	43.0	45.5	48.5	51.0				
VII₁	土质砂	52.0	55.0	58.0	59.5	61.0	62.0	63.5	66.0	69.0	76.0	82.5
	黏质土	25.5	31.5	36.5	39.5	42.0	45.0	48.0	54.0			
	粉质土	28.0	37.0	44.0	47.5	51.5	55.0	59.0				
VII₂	土质砂	48.0	51.0	54.0	55.0	56.5	58.0	59.0	61.5	64.0	71.0	77.0
	黏质土	25.5	29.5	33.0	35.0	37.0	39.0	41.0	45.5			
	粉质土	28.0	33.5	39.0	42.0	45.0	48.5	51.5				
VII₃	土质砂	42.5	45.5	49.0	50.5	52.5	53.5	55.0	58.0	60.5	68.5	76.5
	黏质土	20.5	24.5	28.5	30.5	32.5	35.0	37.0	41.5			
	粉质土	23.5	28.0	33.0	36.0	38.5	41.0	44.0				

2. 路面结构层回弹模量 E

路面结构层回弹模量值是沥青路面结构设计的重要参数。由于结构层的材料差异采用的测设方法不同，各结构层的材料设计参数应根据公路等级和设计阶段的要求确定。

高速公路、一级公路施工图设计时应选取工程用路面材料实测设计参数；各级公路采用新材料时，也必须实测设计参数（如：通过试验的方法来确定回弹模量值）。

高速公路、一级公路初步设计或二级及二级以下公路设计时可借鉴本地区已有的试验资料或工程经验确定。

(1) 以弯沉为指标的结构层设计参数

1) 沥青混合料结构层的抗压回弹模量与弯拉模量按我国《公路工程沥青及沥青混合试验规程》的规定测定。

2) 以路表弯沉值为设计指标时,设计参数采用抗压回弹模量,对于沥青混凝土试验温度为 20℃(标准温度);计算路表弯沉值时,抗压回弹模量设计值 E 应按式(12-22)计算。

$$E = \bar{E} - Z_\alpha S \tag{12-22}$$

式中 $\bar{E}$——各试件模量的平均值;
S——各试件模量的标准差;
Z_α——保证率按 95%,系数取 2.0。

3) 以沥青层或半刚性材料结构层层底拉应力为设计或验算指标时,应采用 15℃条件下(标准温度)测试沥青混合料的抗压强度和劈裂强度。计算层底拉应力时,应考虑模量最不利组合。在计算层底拉应力时,计算层以下各层的模量应采用式(12-22)计算其模量设计值;计算层及以上各层模量采用式(12-23)计算其模量值 E:

$$E = \bar{E} + Z_\alpha S \tag{12-23}$$

4) 新建公路沥青混合材料设计数可直接查表 12-20 确定。

沥青混合材料设计参数　　　　　表 12-20

材料名称		抗压模量 E(MPa)		15℃劈裂强度(MPa)	备注
		20℃(弯沉)	15℃(拉应力)		
细粒式沥青混凝土	密级配	1200~1600	1800~2200	1.2~1.6	AC-10,AC-13
	开级配	700~1000	1000~1400	0.6~1.0	OGFC
沥青玛琋脂碎石		1200~1600	1600~2000	1.4~1.9	SMA
中粒式沥青混凝土		1000~1400	1600~2000	0.8~1.2	AC-16,AC-20
密级配粗粒式沥青混凝土		800~1200	1000~1400	0.6~1.0	AC-25
沥青碎石基层	密级配	1000~1400	1200~1600	0.6~1.0	ATB-25,ATB-35
	半开级配	600~800	—	—	AM-25,AM-40
沥青贯入式		400~600			

(2) 半刚性基层材料的设计参数

半刚性基层材料的设计参数(抗压回弹模量和劈裂强度)应按《公路工程无机结合料稳定材料试验规程》(JTJ 057—94)的进行试验测定。半刚性基层、底基层材料设计参数见表 12-21。碎砾石土设计参数见表 12-22。

基层、底基层材料设计参数　　　　表 12-21

材料名称	配合比或规格要求	抗压模量 E(MPa)（弯沉计算用）	抗压模量 E(MPa)（拉应力计算用）	劈裂强度 σ(MPa)
水泥砂砾	4%～6%	1100～1500	3000～4200	0.4～0.6
水泥碎石	4%～6%	1300～1700	3000～4200	0.4～0.6
二灰砂砾	7:13:80	1100～1500	3000～4200	0.6～0.8
二灰碎石	8:17:80	1300～1700	3000～4200	0.5～0.8
石灰水泥粉煤灰砂砾	6:3:16:75	1200～1600	2700～3700	0.4～0.55
水泥粉煤灰碎石	4:16:80	1300～1700	2400～3000	0.4～0.55
石灰土碎石	粒料>60%	700～1100	1600～2400	0.3～0.4
碎石灰土	粒料>40%～50%	600～900	1200～1800	0.25～0.35
水泥石灰砂砾土	4:3:25:68	800～1200	1500～2200	0.3～0.4
二灰土	10:30:60	600～900	2000～2800	0.2～0.3
石灰土	8%～12%	400～700	1200～1800	0.2～0.25
石灰土处理路基	4%～7%	200～350	—	—
级配碎石	基层连续级配型	300～350		
级配碎石	基层骨架密实型	300～500		
级配碎石	底基层、垫层	200～250		
填隙碎石	底基层	200～280		
未筛分碎石	做底基层用	180～220		
级配砂砾、天然砂砾	做底基层用	150～200		
中粗砂	垫层	80～100	—	—

碎砾石土设计参数　　　　表 12-22

碎石含量(%)	路基干湿类型	回弹模量值(MPa)	密度(t/m³)	含水量(%)
>70	干燥	90～100	2.05～2.25	7
>70	中湿	70～80	2.00～2.20	8
>70	潮湿	55～65	1.95～2.15	11
50～70	干燥	75～85	2.00～2.20	7
50～70	中湿	55～65	1.95～2.15	8
50～70	潮湿	45～55	1.90～2.10	11
30～50	干燥	47～57	1.90～2.10	<10
30～50	中湿	30～40	1.85～1.95	10～15
30～50	潮湿	20～30	1.75～1.85	>15
<30	干燥	30～40	1.80～1.90	<10
<30	中湿	15～25	1.70～1.80	10～15
<30	潮湿	15	1.60～1.70	>15

（四）沥青路面设计设计步骤

路面结构设计主要设计内容包括：

1. 确定沥青路面的交通等级

(1) 根据设计任务书的要求,计算竣工第一年日当量轴次(弯沉和拉应力)两个表,分别计算设计年限内一个车道的累计标准当量轴次。

(2) 根据沥青路面计算设计年限内一个车道的累计标准当量轴次(弯沉)确定路面交通等级、面层类型、基层类型。

2. 沥青路面结构层的拟定和组合设计

(1) 按路基土类与干湿类型及路基横断面形式,将路基划分为若干路段,确定各个路段土基回弹模量设计值。

(2) 参考本地区的经验拟定几种可行的路面结构组合与厚度方案,根据选用的材料进行配合比试验,测定或查表确定各结构层材料的抗压回弹模量、拉应力计算用的抗压模量与劈裂强度等,确定各结构层的设计参数。

3. 设计指标的确定

(1) 计算路表设计弯沉值。

(2) 计算整体式材料层底容许拉应力。

4. 结构厚度计算结果

(1) 根据设计弯沉和容许拉应力指标,采用沥青路面设计程序计算和验算路面厚度。

(2) 对于季节性冰冻地区应验算防冻厚度是否符合要求。

(3) 进行技术经济比较,确定路面结构方案,并图示沥青路面结构组合图。

【例 12-3】 在浙江 IV_4 地区,拟修建高速公路,采用沥青混凝土路面,有地下水影响,$E_0=41MPa$,试进行沥青混凝土路面结构组合设计。

【解】

(1) 沥青层总厚度 $h=18cm$(表 12-9 和表 12-10),符合高速公路沥青面层厚度大于 120mm 要求,并且满足各结构层最小厚度表 12-11。

(2) 高速公路的沥青面层结构常选用三层,沥青层结构层的这三层中,至少有一层为密级配型沥青混合料。故采用细型细粒式密级配沥青混凝土(AC-13F,$h=4cm$)作为表面层、中粒粗型密级配式沥青混凝土(AC-20C,$h=6cm$)作为路面面层的中层和避免出现反射裂缝采用粗粒式沥青混凝土(AC-25,$h=8cm$)作为路面面层的下层。而它的空隙率一般为 3‰~6‰,在这个范围内可以防止水害,也可以保证一定的空隙率以防止夏季沥青材料泛油,且满足碾压厚度要求,如图 12-13 所示。

$h_1=4cm$	$E_1=1400MPa$	(AC-13F)
$h_2=6cm$	$E_2=1200MPa$	(AC-20C)
$h_3=8cm$	$E_3=800MPa$	(AC-25)
$h_4=?$(15cm)	$E_4=1300MPa$	水泥碎石(5%)
$h_5=20cm$	$E_5=200MPa$	天然砂砾
	$E_0=41MPa$	土基

图 12-13 沥青路面结构计算层位拟定示意图

(3) 高速公路沥青路面下，通常采用半刚性稳定料基层，以提高整体抗弯拉强度，即采用水泥稳定碎石作为基层，初拟其最小厚度为厚度 $h=15cm(h=?)$ 为承重层，并作为计算层位参予计算。并满足表 12-12 的要求，以提高整体路面结构；

(4) 有地下水影响时，垫层采用天然砂砾材料（取 $h=20cm$）。

(5) 查表 12-20 和表 12-21 得各结构层的回弹量如图 12-13 所示。计算各层间模量比值，均满足层间模量比要求。所以初拟各结构层厚度符合沥青路面结构组合设计要求。

(五) 新建沥青路面设计示例

【例 12-4】 浙江杭州至金华拟修建一条一级公路，双向四车道分道行驶，其中某路段经 $Ⅳ_4$ 区，调查路基土为黏性土，路基填土高度为 1.5m，地下水位较高，干湿类型为中湿状态，稠度为 $\omega_c=1.0$（采用重型击实）。近期交通量见表 12-23，预期交通量平均年增长率 γ 为 6%，试完成下列内容：

(1) 沥青路面的交通等级及确定面层类型；
(2) 进行路面组合设计（沿途有大量碎石、石灰、水泥供应及沥青的供给）；
(3) 计算两个设计参数（设计弯沉值和整体式结构层材料的容许层底拉应力）；
(4) 用公路沥青路面专用程序计算与验算路面厚度。

交 通 量　　　　　　　　　表 12-23

序 号	车 型	辆/日	序 号	车 型	辆/日
1	解放 CA-10B	2900	5	日野 KF300D	500
2	黄河 JN150	900	6	切贝尔 D350	400
3	太脱拉 111	400	7	小汽车	1000
4	长征 XD160	700			

【解】

(一) 确定沥青路面的交通等级

1. 轴载换算

以设计弯沉值为指标及验算沥青层层底拉应力中的累计当量轴次计算时，以双轮组单轴载 100kN 为标准轴载。查常用汽车设计参数表 12-3，按式 (12-6) 进行轴载换算，计算结果列入表 12-24。

轴载换算结果表（弯沉）　　　　　　表 12-24

车 型		p_i (kN)	C_1	C_2	$\left(\dfrac{P_i}{P}\right)^{4.35}$	n_i (次/日)	$C_1C_2n_i\left(\dfrac{P_i}{P}\right)^{4.35}$ (次/日)
解放 CA-10B	前轴	19.40	1	6.4	7.9790×10^{-4}	2900	—
	后轴	60.85	1	1	1.1522×10^{-1}		334.138
黄河 JN150	前轴	49.00	1	6.4	4.4911×10^{-2}	900	258.68736
	后轴	101.60	1	1	1.0715		964.35

续表

车型		p_i (kN)	C_1	C_2	$\left(\dfrac{P_i}{P}\right)^{4.35}$	n_i (次/日)	$C_1 C_2 n_i \left(\dfrac{P_i}{P}\right)^{4.35}$ (次/日)
太脱拉 111	前轴	38.70	1	6.4	1.6090×10^{-2}	400	41.1904
	后轴	2×74.00	2.2	1	2.6987×10^{-1}		237.4856
长征 XD160	前轴	42.60	1	6.4	2.4431×10^{-2}	700	109.45088
	后轴	2×85.20	2.2	1	4.9821×10^{-1}		767.2434
日野 KF300D	前轴	40.75	1	6.4	2.0140×10^{-2}	500	64.448
	后轴	2×79.00	2.2	1	3.5866×10^{-1}		394.526
切贝尔 D350	前轴	24	1	6.4	2.0134×10^{-3}	400	—
	后轴	48	1	1	4.1058×10^{-2}		16.4232
合计					$N_1 = \sum_{i=1}^{k} C_1 C_2 n_i \left(\dfrac{P_i}{P}\right)^{4.35}$		3187.94

注：轴载小于 25kN 的轴载作用忽略不计。

竣工第一年日当量轴次为：$N_1=3187.94$ 次/日

2. 计算累计当量轴次及确定路面类型

根据一级公路查表 12-6 得：设计年限 $T=15$ 年，双向四车道的车道系，查表 12-5 得车道系数 η 为 0.4～0.5，选用 0.5。则累计当量轴次为：

$$N_e = \dfrac{[(1+\gamma)^t-1]\times 365}{\gamma} N_1 \eta = \dfrac{[(1+0.06)^{15}-1]\times 365\times 3187.94\times 0.5}{0.06}$$
$$= 1354.19 \text{ 万次}$$

计算结果 $N_e=1354.19$ 万次，与交通等级表 12-8 比较，N_e 在重交通 1200 万～2500 万次之间，交通等级属于重交通。查表 11-4，宜采用沥青混凝土路面作为路面的面层，符合设计要求。

3. 验算半刚性基层层底拉应力中的累计当量轴次

验算半刚性基层层底拉应力的轴载换算公式见式(12-8)，计算结果列入表 12-25 中。

轴载换算结果表（半刚性基层层底拉应力） 表 12-25

车型		p_i (kN)	C_1	C_2	$\left(\dfrac{P_i}{P}\right)^{8}$	n_i (次/日)	$C_1 C_2 n_i \left(\dfrac{P_i}{P}\right)^{8}$ (次/日)
解放 CA-10B	前轴	19.40	1	18.5	2.0060×10^{-6}	2900	—
	后轴	60.85	1	1	1.8797×10^{-2}		52.63113
黄河 JN150	前轴	49.00	1	18.5	3.3233×10^{-3}	900	—
	后轴	101.60	1	1	1.1354		1021.86
太脱拉 111	前轴	38.70	1	18.5	5.0314×10^{-4}	400	—
	后轴	74.00	3	1	8.9920×10^{-2}		107.904
长征 XD160	前轴	42.60	1	18.5	1.0846×10^{-3}	700	—
	后轴	85.20	3	1	2.7766×10^{-1}		583.086

续表

车型		p_i (kN)	C_1	C_2	$\left(\dfrac{P_i}{P}\right)^8$	n_i (次/日)	$C_1 C_2 n_i \left(\dfrac{P_i}{P}\right)^8$ (次/日)
日野 KF300D	前轴	40.75	1	18.5	7.6036×10^{-4}	500	—
	后轴	79.00	3	1	1.5171×10^{-1}		227.565
切贝尔 D350	前轴	24	1	18.5	1.1008×10^{-5}	400	—
	后轴	48	1	1	2.8179×10^{-3}		
合 计					$N_1 = \sum\limits_{i=1}^{k} C_1 C_2 n_i \left(\dfrac{P_i}{P}\right)^8$		1994.93

注：轴载小于 50kN 的轴载作用忽略不计。

在进行累计当量轴次计算时各参数意义同前，设计年限为 15 年，车道系数取 0.5，交通量平均年增长率 γ 为 8%，轴载小于 50kN 的轴载作用不计。累计当量轴次：

$$N'_e = \frac{[(1+\gamma)^t - 1]\times 365}{\gamma} N'_1 \eta = \frac{[(1+0.06)^{15} - 1]\times 365\times 1994.93\times 0.5}{0.06}$$

$$= 847.42(万次)$$

（二）沥青路面结构层的拟定和组合设计

1. 土基回弹模量的确定

该路段处于 IV_4 区，为黏性土，中湿状态，稠度为 $\omega_c = 1.0$。采用重型击实标准，路基回弹模量提高 25%，查表 12-19 二级自然区划各土组土基回弹模量参考值(MPa)得土基回弹模量为 $34\times(1+25\%) = 42.5\text{MPa} > 40\text{MPa}$，符合一级公路土基回弹模量的要求。

2. 初拟路面结构

根据本地区的路用材料，结合已有工程经验与典型结构，根据结构层的最小施工厚度、材料、水文、交通量以及施工机具的功能等因素，初步确定路面结构组合与各厚度如图 12-14 所示。沥青混凝土结构层总厚度不小于 10cm，符合一级公路沥青路面最小厚度要求。

$h_1 = 40\text{mm}$	(AC-13C)细粒式密级配沥青混凝土
$h_2 = 50\text{mm}$	(AC-16C)中粒式密级配沥青混凝土
$h_3 = 60\text{mm}$	(AC-25C)粗粒式密级配沥青混凝土
$h_4 = ?$ (150mm)	水泥稳定碎石(5%)
$h_5 = 200\text{mm}$	石灰土稳定碎石(50%)
$h_6 = 200\text{mm}$	级配碎石
	土基(42.5MPa)

图 12-14 初拟沥青路面结构组合图

3. 路面材料配合比设计与设计参数的确定

（1）试验材料的确定（略）

(2) 路面材料配合比确定(略)

(3) 路面材料抗压回弹模量确定

查表12-20得各层沥青混合料20℃和15℃抗压模量及劈裂强度的设计参数参考值,列入表12-26。半刚性基层和级配碎石的抗压模量和劈裂强度查表12-21和表12-22列入表12-27中。层间模量比符合设计要求。

沥青混合料抗压模量和劈裂强度　　　　　　　　表12-26

材 料 名 称	20℃抗压模量 E(MPa)(弯沉计算用)	15℃抗压模量 E(MPa)(拉应力计算用)	劈裂强度 σ(MPa)
细粒式密级配沥青混凝土	1500	2100	1.4
中粒式密级配沥青混凝土	1300	1800	1.0
密级配沥青混凝土混合料	900	1200	0.8

半刚性基层抗压模量和劈裂强度　　　　　　　　表12-27

材 料 名 称	抗压模量 E(MPa)(弯沉计算用)	抗压模量 E(MPa)(拉应力计算用)	劈裂强度 σ(MPa)
水泥稳定碎石(5%)	1500	3600	0.6
石灰土碎石(粒料>50%)	800	2000	0.3
级配碎石	250	250	—

(4) 确定计算层位

拟定半刚性基层石灰土碎石(粒料>50%)作为计算层位。

(5) 验算层间模量比

路面结构层相邻层之比,基层/面层、基层/底基层、垫层/土基,均符合要求。

(6) 论述各沥青混凝土路面结构组合的合理性

一级公路应采用沥青混凝土路面面层,由三层组成,并取用二层以上密级配沥青混凝土(AC-13C、AC-20C、AC-25),总面层厚度及各层厚度符合规范要求;因为沥青面层弯沉大,所以采用半刚性基层作为承重层(计算层);为了避免半刚性基层水泥稳定碎石出现反射裂缝,设置粗粒式沥青混凝土结构层。由于地下水位较高采用天然砂砾(考虑反滤层的设置,以隔断毛细水)。并在沥青层间撒布粘层油、在沥青层与半刚性之间洒透层油,增加了层间的结合。土基回弹模量 E_0 = 42.5MPa>40MPa,符合一级公路等级的要求。

(7) 层间结合

施工过程中,水泥稳定碎石先清扫干净再洒透层油,宜采用液体沥青或改性乳化沥青;而沥青层之间应洒布粘层油,宜采用液体沥青、改性沥青或改性乳化沥青(PCR)。其组成材料符合规定用量。

(三) 设计指标的确定

对于一级公路,规范要求以设计弯沉值作为设计指标,并进行结构层底拉应力验算。

1. 设计弯沉值确定

该公路为一级公路，公路等级系数取 $A_c=1.0$，面层式沥青混凝土，面层类型系数取 $A_s=1.0$，路面结构类型系数半刚性基层取 $A_b=1.0$，路面设计弯沉值根据式(12-14)计算为：

$l_d=600N_e^{-0.2}A_c \cdot A_s \cdot A_b=600\times 13541900^{-0.2}\times 1.0\times 1.0\times 1.0=22.48(0.01\text{mm})$

2. 容许层底拉应力

(1) 各层材料的容许层底拉应力

$$\sigma_R=\sigma_{sp}/K_s$$

(2) 抗拉强度结构系数 K_s 与容许层底拉应力计算

细粒式密级配沥青混凝土：

$$K_s=0.09N_e^{0.22}/A_c=0.09\times 13541900^{0.22}/1.0=3.34$$
$$\sigma_R=\sigma_{sp}/K_s=1.4/3.34=0.4192(\text{MPa})$$

中粒式密级配沥青混凝土：

$$K_s=0.09N_e^{0.22}/A_c=0.09\times 13541900^{0.22}/1.0=3.34$$
$$\sigma_R=\sigma_{sp}/K_s=1.0/3.34=0.2994(\text{MPa})$$

粗粒式密级配沥青混凝土：

$$K_s=0.09N_e^{0.22}/A_c=0.09\times 13541900^{0.22}/1.0=3.34$$
$$\sigma_R=\sigma_{sp}/K_s=0.8/3.34=0.2395(\text{MPa})$$

水泥稳定碎石：

$$K_s=0.35N_e'^{0.11}/A_c=0.35\times 8474200^{0.11}/1.0=2.03$$
$$\sigma_R=\sigma_{sp}/K_s=0.6/2.03=0.2956(\text{MPa})$$

石灰碎石土：

$$K_s=0.35N_e'^{0.11}/A_c=0.35\times 8474200^{0.11}/1.0=2.03$$
$$\sigma_R=\sigma_{sp}/K_s=0.30/2.03=0.148(\text{MPa})$$

(四) 结构厚度计算结果（半刚性基层沥青路面）

1. 参数汇总

设计弯沉值为 22.48(0.01mm)，各相关路面结构层设计参数汇总填入表 12-28 中。

结构层设计参数汇总表　　　　表 12-28

层 位	材 料 名 称	h(mm)	20℃模量(MPa)	15℃模量(MPa)	容许拉应力(MPa)
1	AC-13C 细粒式沥青混凝土	40	1500	2100	0.4192
2	AC-20C 中粒式沥青混凝土	50	1300	1800	0.2994
3	AC-25C 粗粒式沥青混凝土	60	900	1200	0.2395
4	水泥稳定碎石(5%)	?	1500	3600	0.2956
5	石灰土碎石(粒料>50%)	200	800	2000	0.1480
6	级配碎石	180	250	250	0
7	土基	—	42.5	42.5	—

2. 采用专用程序计算路面厚度

采用《公路路面设计程序系统》HMPD 程序计算，输入各项参数后可得到计算结果，方案中的设计层厚度未定，可先假设初始厚度，若计算结果不能满足不等式（$l_S \leqslant l_d$ 和 $\sigma_m \leqslant \sigma_R$），再调整厚度，直到满足不等式为止。

(1) 按设计弯沉值计算设计层厚度：

设计弯沉值：$L_d = 22.48(0.01\text{mm})$

设计层水泥稳定碎石厚度为：$H(4) = 200\text{mm}$（仅考虑弯沉）符合要求。

(2) 按容许拉应力验算设计层厚度：

$H(4) = 198\text{mm}$（第 1 层至第 5 层底面拉应力验算满足要求）

当水泥稳定碎石路面设计层厚度为：
$H(4) = 19.8\text{cm}$ 时，取整为 $H(4) = 20.0\text{cm}$。
同时满足设计弯沉和容许拉应力要求。

(3) 验算路面防冻层厚度

路面最小防冻层厚度 500mm，验算结果表明，路面总厚度满足防冻要求。

(4) 结果

对设计层厚度取整，最后得到路面结构设计结果如图 12-15 所示。

细粒式沥青混凝土	40mm
中粒式沥青混凝土	50mm
粗粒式沥青混凝土	60mm
水泥稳定碎石	200mm
石灰土稳定碎石	200mm
级配砂砾	180mm

新建路基

图 12-15　路面结构图

第六节　沥青路面交工验收指标和加铺层(改建路面设计)

一、沥青路面交工验收指标

(1) 路面交工时验收弯沉值 l_a：是工程验收重要指标，它是以不利季节，BZZ-100 标准轴载作用下，轮隙中心处实测路表弯沉的代表值 l_{oj} 评定，应满足式(12-24)要求。即：

$$l_{oj} \leqslant l_a \tag{12-24}$$

式中　l_{oj}——实测每千米路面的代表弯沉值(0.01mm)；

l_a——路面交工验收的路表面弯沉值(0.01mm)。

路面交工验收弯沉值 l_a 的取值按两种情况决定，①当以设计弯沉值为控制指标时，$l_a = l_d$；②当以拉应力为控制指标时，应以最后确定的路面结构厚度和材料模量所计算的弯沉值为路面交工时的验收弯沉值。

(2) 代表弯沉值检测：路面的代表弯沉检测通常是在路面交工前的不利季节，用标准轴载 BZZ-100 的汽车实测路表弯沉值，若为非标准轴载应进行换算。对半刚性基层结构宜用 5.4m 的弯沉仪；对柔性结构可用 3.6m 的弯沉仪测定。

(3) 修正系数：检测时，若在非不利季节测定，应根据当地经验考虑季节修正。当沥青厚度小于或等于 5cm 时，可不进行温度修正；其他情况下均应进行温度修正。通常以沥青层的温度为 20℃作为标准温度，其他情况下测定路表弯沉均应进行如下修正：

1) 测定时的沥青面层平均温度 T 按式(12-25)计算：

$$T = a + bT_0 \tag{12-25}$$

式中 T——测定时沥青面层平均温度(℃)；
a——系数，$a = -2.65 + 0.52h$；
b——系数，$b = (0.62 \sim 0.008)h$；
T_0——测定时路表温度与前五小时平均气温之和(℃)；
h——沥青面层厚度(cm)。

2) 计算沥青路面弯沉的温度修正系数 K_3。

当 $T \geqslant 20℃$ 时

$$k_3 = e^{(\frac{1}{T} - \frac{1}{20})h} \tag{12-26}$$

当 $T \leqslant 20℃$ 时

$$k_3 = e^{0.002(20-T)h} \tag{12-27}$$

3) 换算为 20℃ 时沥青路面的代表弯沉值。

$$l_{20} = l_T \cdot K_3 \tag{12-28}$$

式中 l_{20}——换算为 20℃ 时沥青路面的弯沉值(0.01mm)；
l_T——测定时沥青面层内平均温度为 T 时的弯沉值(0.01mm)。

(4) 交工验收弯沉值：测定代表弯沉时，应以 1～3km 为一评定路段。检测频率视公路等级每车道每 10～50m 测一点，高速公路、一级公路每千米检查不少于 80 个点，二级公路及以下公路每千米检查不少于 40 个点。经过季节修正和温度修正后得到路表弯沉值作为交工验收评定的实测弯沉指标，并考虑一定的保证率，按式(12-29)计算路面交工验收弯沉值 l_0，代入式(12-24)，作为验收评定。

$$l_0 = (\bar{l}_0 + Z_\alpha S)K_1 K_3 \tag{12-29}$$

式中 l_0——路段内实测路段路表弯沉代表值(0.01mm)；
$\bar{l}_0$——路段内实测路段路表弯沉平均值(0.01mm)；
S——路段内实测路表弯沉标准差(0.01mm)；
Z_α——与保证率有关的系数，高速公路、一级公路 $Z_\alpha = 1.645$，其他公路沥青路面 $Z_\alpha = 1.5$；
K_1——季节影响系数和湿度影响系数，根据当地经验确定；
K_3——温度修正系数，可按式(12-26)或式(12-27)进行计算确定，或当地实测资料进行修正。

二、沥青路面加铺层

当原沥青路面强度不能满足交通要求时，应予补强改建。一般在原路面上加铺结构层，以提高其承载能力，同时还应结合加铺层的修筑改善原路面的平整度、粗糙度，以改善其行车性能。

补强设计时，仍以设计弯沉值作为路面整体刚度的控制指标；对于二级和二级以上的公路，还应验算补强层层底的拉应力。

(一) 原有路面结构的调查评定

1. 对原有路面结构层的调查与评定

沥青路面的改建设计，应对原有路面结构层做好调查、评定，主要调查内容如下：

(1) 重点调查破损情况包括裂缝率、车辙深度、修补面积等。

(2) 采用贝克曼弯沉仪或 FWD 等无损检测方法评价原路面结构承载能力。

(3) 根据破损情况调查和承载能力测试与评价，结合路面外观选择好、中、差路面典型使用状况，进行分层钻孔取样和试验，采集沥青混合料和基层、底基层、土基的样品，分析破坏原因，判断其破坏层位和是否可以利用。

(4) 钻孔取样调查路床范围内路基土的压实度、分层含水量与土质类型等，分析路基的稳定性、强度以及路基路面范围内排水状况等。

2. 各路段的计算弯沉值

(1) 原有路面各路段划分

1) 将旧路面的破损形态、弯沉值、破损原因相近的划分为一个路段。

2) 在同一路段内中，若局部路段弯沉值很大，可先修补处理，再进行补强，此时，该段计算代表弯沉时可不考虑个别弯沉值大的点。

3) 一般按 1km 为单位对路况进行评价，当路况评价指标基本接近时可将路段延长。

(2) 各路段的计算弯沉值

在加铺层施工前还必须确定原有路面各路段的计算弯沉值 L_0，计算弯沉值应采用 BZZ-100 标准轴载汽车，用贝克曼梁测定原有路面的弯沉值(或 FWD 测定)，每 20~50m 测一点，弯沉值变化较大时可加密测点，每车道、每路段的测点数不少于 20 点。各路段的计算弯沉值 l_0 应按下式计算：

$$l_0 = (\overline{l_0} + Z_a S) K_1 K_2 K_3 \tag{12-30}$$

式中 K_2——湿度影响系数，根据当地经验确定。

其他符号意义同式(12-29)。

3. 旧沥青路面的处理

在加铺层施工前必须对原有路面的所有结构性病害、破损部分，切实修补完好：

(1) 沥青路面整体强度基本符合要求，车辙深度小于 10mm，轻度裂缝而平整度及抗滑性能差时，可直接加铺罩面，恢复表面使用功能。

(2) 对中度、重度裂缝段宜视具体情况铣刨路面。不铣刨旧路面时，可对裂缝进行灌缝处理，修补松散、坑槽等，必要时采取防裂措施。对沥青层网裂、龟裂或沥青老化的路段，应进行铣刨并清除干净，设置粘层沥青。

(3) 当整体强度不足时应加铺补强层，对严重裂缝的路段可根据路面开裂深度或结构破坏情况，确定挖除深度和范围。

4. 加铺薄层罩面

(1) 为改善提高沥青表面服务功能,可用沥青混凝土薄层罩面处理:加铺磨耗层或超薄磨耗层或稀浆封层、微表处等。一般单层沥青混凝土罩面厚度可为30~50mm。预防性养护可选用稀浆封层、微表处或养护剂等。

(2) 超薄磨耗层一般厚度宜为20~25mm,混合料可选用有间断级配 SMA-10、SAC-10 或粗级配 ACG-10 等。结合料宜用改性沥青或掺入其他添加剂,以提高超薄磨耗层的水稳性。

(二) 原路面当量回弹模量的计算

(1) 确定旧路面的当量回弹模量时,应根据路段的划分,分别按照贝克曼弯沉或落锤式仪(FWD)弯沉计算各路段的当量回弹模量值。

(2) 各路段的当量回弹模量应根据各路段的计算弯沉值,按下式(轮隙弯沉法)计算:

$$E_t = 1000 \frac{2p\delta}{l_0} m_1 m_2 \tag{12-31}$$

式中 E_t——原路面的当量回弹模量(MPa);

p、δ——标准车型的轮胎接地压强(MPa)和当量圆半径(cm);

l_0——原路面的计算弯沉(0.01mm);

m_1——用标准轴载的汽车在原路面上测得的弯沉值与用承载板在相同压强条件下所测得的回弹变形值之比,即轮板对比值;

m_2——旧路面当量回弹模量扩大系数。

比值 m_1 应根据各地的对比试验结果论证地确定,在没有对比试验资料的情况下,可取 $m_1 = 1.1$ (轮隙弯沉法)进行计算。

(3) 当量回弹查模量的综合修正系数 F

旧路面当量回弹模量相当于在弯沉等效的基础上将层数不同材料组成的旧路面等效视作一均质弹性半空间体时所对应的等效模量。显然该模量值不同于和计算相仿的原路面面层的回弹模量,因此,在进行与旧路面接触的补强层层底拉应力验算时,应对旧路面当量回弹模量进行修正。而新、旧路采用了同一弯沉修正系数,造成补强厚度偏厚的情况。

1) 因此,根据加铺层的类型确定设计指标,当以路表回弹弯沉为设计指标时弯沉综合修正系数按式(12-32)计算。

$$F = 1.45 \left(\frac{l_s}{2000\delta}\right)^{0.61} \left(\frac{E_t}{p}\right)^{0.61} \tag{12-32}$$

2) 当以拉应力为设计指标时,确定了设计厚度后,宜按本章式(12-19)计算。

(4) 当计算与旧路面接触的补强层层底拉应力时,旧路面当量回弹模量扩大系数 m_2 按式(12-33)计算;计算其他补强层层底拉应力及弯沉值时,$m_2 = 1.0$。

$$m_2 = e^{0.037 \frac{h'}{\delta} \left(\frac{E_{n-1}}{p}\right)^{0.25}} \tag{12-33}$$

式中 E_{n-1}——与原路面接触层材料的抗压模量(MPa);

h'——各补强层等效为与原路面接触层 E_{n-1} 相当的等效总厚度(cm)。

(5) 等效总厚度 h' 按式(12-34)计算:

$$h' = \sum_{i=1}^{n-1} h_i (E_i/E_{n-1})^{0.25} \tag{12-34}$$

式中 E_i——第 i 层补强层材料的抗压回弹模量(MPa);

h_i——第 i 层补强的厚度(cm);

$n-1$——补强层层数。

(三) 加铺补强层设计

(1) 当强度不足时应进行补强设计,设计方法与新建路面相同。

(2) 加铺补强层的结构设计,应根据旧路面综合评价、公路等级、交通量,结合纵、横断面调坡设计,并与周围环境相协调,选用直接加铺或开挖旧路至某一结构层位,采取加铺一层或多层沥青补强层,或半刚性基层、贫混凝土基层等结构层。

(3) 原路面与补强层之间视加铺层的结构与厚度,采取相应的减裂措施或铺设调平层,或将调平层与应力吸收层合并为一层铺设。

(四) 加铺补强层设计步骤

(1) 计算原有路面的当量回弹模量。

(2) 拟定几种可行的结构组合及设计层,并确定各补强层的材料参数。

(3) 根据加铺层的类型确定设计指标。

(4) 设计层的厚度采用《公路沥青路面设计程序系统》中"改建路段原路面当量回弹模量计算(HOC)"设计程序计算。对季节性冰冻地区的中、潮湿路段还应验算防冻厚度。

(5) 根据各方案的计算结果,进行技术经济比较,确定采用的补强方案。

第七节 排水沥青路面简介

排水沥青路面主要特点是其孔隙率比较高(一般在20%左右)故又称多孔性路面,这种高孔隙率具有良好的吸声特性,故也称为低噪声路面。英国将此路面称为大孔隙沥青碎石,在美国称为开级配磨耗层,欧洲称为多孔隙沥青。虽然称呼不同,但指的都是采用大量单一尺寸集料构成的高孔隙含沥青混凝土。

由于雨水能通过路面空隙从路面内部排走,使路面表面不致产生很厚的水膜,减轻或避免了高速行车所产生的溅水和喷雾,增强路面的抗滑能力,提高道路的交通安全性。这种路面结构被广泛应用于降雨量大且集中的地区修建高速公路和城市快速路。

一、排水沥青路面的优点

1. 抗滑性好

足够的抗滑性是道路交通安全的重要保证。光滑路面表面在雨后形成很厚的水膜,使轮胎与路面的磨阻力降低,极易造成行车滑、溜引发交通事故。随着车速的提高,沥青路面的摩阻系数降低。这是由于低速行驶时,纹理表面的构造深度来得及排除表面水,故仍保持与轮胎有较好的接触;而高速行车时,路表面水来不及从高速滚动的车轮下排除，因而在轮胎与路面表面形成一层水膜，以致车轮产生飘滑现象。排水沥青路面的粗纹理构造提供了较大的通道，使轮胎下的水能迅速排除，从而使轮胎与路面表面保持良好的接触，因而有良好的抗滑性能。

2. 具有良好的降噪吸声效果

开级配沥青混合料的高空隙率，不仅具有良好的渗水功能，而且具有良好的吸声特性。开级配的多孔性路面存取许多连通的小孔。当轮胎滚动时被压缩的空气能够通畅的钻入路面内，而不是向周围排射。同时，在声学上可以将这种路面看成是具有刚性骨架的多孔的吸声材料，具有相当好的吸声性能。多孔性低噪声沥青路面在世界许多国家得到广泛应用，并且成为保护环境的措施之一。奥地利到 1989 年已铺成多孔性低噪声沥青路面达 322.6 万平方米，1990 年又铺筑了 210 万平方米，多数都铺筑在城镇的过境干道上。他们认为铺筑这种路面以降低噪声，其成本比设置隔声墙或声屏障的建筑费用低。

3. 安全性好

具有良好的宏观构造的排水沥青路面，由于集料不规则的棱角凸出，使光线产生散光反射，而不会形成镜面反射。即使是雨天也因排水迅速，路面上无水膜，同样不会出现镜面反射。因而雨天夜间在这种路面上行驶，不会产生眩光，道路标线也清晰可见，有效地保证了行车的安全性。

4. 透水性好

由于排水沥青路面具有互通的大孔隙结构，所以具有良好的透水性，雨天路面不积水。但是沥青路面这一特性随时间的增加而减弱，这主要是由于孔隙被阻塞造成的。

5. 强度和耐久性好

由于排水沥青仅用于路面结构面层，结构强度不成问题。每年的车辙增加深度一般不超过 0.5mm，排水沥青路面的典型破坏是脱层。

对于重载、大交通量的道路，排水沥青的耐久性优于传统的密实沥青路面。

二、排水路面的技术要求

排水路面采用的高黏度改性沥青对提高热稳性具有明显效果。有的掺入一定的化学纤维，对提高热稳性有一定效果。高黏度沥青性能指标可参考表12-29；排水表面层混合料技术要求可参考表 12-30。排水表面层的级配范围可参考表 12-31。

高黏度沥青性能指标技术要求 表 12-29

试 验 项 目	技术指标	试 验 项 目	技术指标
针入度(25℃，50g，5s)(0.1mm)	≥40	薄膜加热针入度比(%)	≥65
软化点 TR&B(℃)	≥80.0	韧性(N·m 或 kgf·cm)	≥20(200)
延度(5cm/min，15℃)(cm)	≥50	粘附性(N·m 或 kgf·cm)	≥15(150)
闪点(℃)	≥260	60℃黏度(Pa·s 或 Poise)	≥20000(200000)
薄膜加热质量变化率(%)	≤0.6		

排水表面层混合料技术要求 表 12-30

试 验 项 目	单 位	技 术 要 求
设计空隙率	%	17～23
马歇尔试验的稳定度	kN	≥3.5
析漏损失	%	≤0.3
飞散损失	%	≤20
车辙试验动稳定度	次/mm	≥3000
水稳定性：残留马歇尔稳定度	%	≥80
冻融劈裂试验	%	≥70
浸水飞散损失	%	≤30
排水性能：渗透系数	cm/s	>0.01
渗水量	ml/15s	>900

排水表面层的级配范围 表 12-31

类 型	通过以下筛孔尺寸(mm)的百分率(%)										
	19	16	13.2	9.5	4.75	2.36	1.18	0.6	0.3	0.15	0.075
OGFC-10			100	90～100	27～47	8～16	7～14	6～12	5～10	4～8	4～7
OGFC-13		100	90～100	70～81	15～26	7～20	6～17	6～14	5～12	4～9	3～7
OGFC-16	100	90～100	75～85	50～60	4～20	3～20	3～17	3～15	3～12	3～9	3～7

三、排水沥青路面混合料的结构组成与特点

沥青混合料直接承受车轮荷载和各种自然因素——日照、温度、空气、雨水等的作用，其性能和状态都会发生变化，以至影响路面的使用性能和使用寿命。沥青混合料的性能与多种因素有关，诸如集料级配；集料的颗粒形状、岩性；沥青的品种、标号、含蜡量；混合料的沥青含量；混合料剩余空隙率等。

1. 集料级配

有研究认为，沥青混合料的性能，集料的因素占70%，而沥青仅占30%。在集料因素方面，集料的级配又有重大影响。排水沥青混合料的集料级配采用间断级配，因其空隙率高达15%～20%，故这种混合料为骨架空隙结构。骨架空隙结构混合料是以嵌挤为主，沥青内聚力为辅而形成结构强度。

2. 集料的颗粒形状、岩性

破碎的碎石，具有丰富的棱角和发达的纹理构造，经压实后颗粒之间能形成紧密的嵌锁作用，有利于增强混合料的稳定性。相反，用表面光滑的砾石拌制的沥青混合料，在高温状态下，砾石颗粒之间缺乏嵌锁力，在荷载作用下极其容易滑移，使路面变形。集料颗粒的形状宜接近立方体，呈多棱角，以承受荷载而不折断破碎，嵌挤后能形成较高的内磨阻力。集料岩石的岩性影响与沥青的粘附性。沥青能否充分浸润石料的表面，形成良好的粘附，是混合料获得良好粘结力的重要条件。沥青与碱性石料，如辉绿岩、玄武岩、石灰岩之间有良好的粘附性。

3. 沥青的品种、标号、含蜡量

沥青混合料的粘结力与沥青本身的黏度有密切关系。沥青的黏度越高，混合料抗变形的能力越大，强度也越高。多孔性沥青混合料主要依靠沥青的粘结性而

形成强度，故常用高标号的沥青或改性沥青作为粘结料。

稠度较高的沥青，软化点高，温度稳定性好，在高温下仍能保持足够的黏滞性，使混合料具有一定的强度和劲度，而不致出现过大的变形。而稠度低的沥青，软化点低，在高温下黏度迅速降低，混合料在荷载作用下即出现大的变形。另外在混合料中掺加纤维材料，由于能吸收较多的沥青，而有利于耐久性的改善。使用外掺剂，尤其在沥青中添加适当的外掺剂，可以提高沥青的耐久性。如在沥青中掺加橡胶，其耐老化性将明显提高。

由于各种沥青对温度有不同的敏感性，感温性强的沥青高温稳定性必定不良。含蜡量高的沥青，当温度接近软化点温度时，蜡的熔融会引起沥青黏度的明显降低而失稳。另外，沥青中沥青质的含量对其热稳定性也有一定影响，一般沥青质含量高的沥青其热稳性也好。在沥青中添加聚合物，能有效地提高高温稳定性。

4. 混合料的沥青含量

混合料中的沥青含量对其稳定性有明显的影响。在保证沥青混合料具有足够热稳定性的条件下，适当增加沥青用量，增厚集料颗粒表面沥青膜的厚度，能提高混合料的耐久性。

5. 空隙率

空隙率小(如小于3％)的沥青混合料，表面往往比较紧密，纹理深度较浅；空隙率大的沥青混合料，则纹理深度较大。多孔性沥青混合料空隙率一般超过15％，且内部有发达的贯通空隙，不仅在混合料表面具有良好的宏观构造，而且在混合料内部也形成有很好的宏观构造。

四、排水沥青路面的结构设计

1. 结构组合设计

排水沥青路面一般包括以下几个结构层：排水沥青混合料上面层、乳化沥青粘层、密级配沥青混凝土中间层、密级配沥青混凝土下面层、半刚性基层及底基层。

2. **排水沥青路面结构组合设计原则**

(1) 适应行车荷载作用的要求。

(2) 适应各种自然因素作用的要求。

(3) 适应排水沥青路面结构层的特点。

排水沥青路面的典型路面结构如图12-16所示。

3. **排水沥青路面结构层厚度计算**

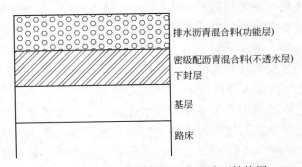

图 12-16 排水沥青路面的典型路面结构图

排水沥青路面厚度计算方法,按照《公路沥青路面设计规范》(JTG D50—2006)中规定的厚度计算方法进行设计。

4. 排水设计

水是影响公路质量与使用的第一要素,对于排水沥青路面来说,为了发挥排水沥青路面的排水和降噪功能,在排水设计中必须保证水能迅速地流出路面范围。排水沥青路面的排水设计可以采用以图12-17设计示例。

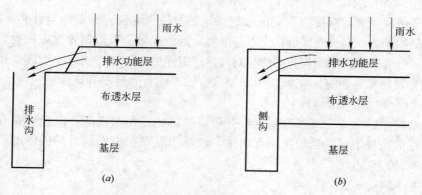

图12-17 排水沥青路面的排水设计
(a)路肩排水式;(b)侧沟排水式

低噪声沥青排水路面排水设计的重点是凹型竖曲线底部、低洼河谷地、曲线超高断面内侧和立体交叉下穿路段,这些内部滞水回浸湿路基路面各结构层,从而使低噪声排水沥青路面出现龟裂、唧浆、破碎、凹陷和孔洞等破坏。因此,对低噪声沥青排水路面设置路面结构内部排水系统,建立路基路面纵、横、上、下的综合排水网络系统,将积聚在路面结构内的水分迅速排到路面和路基结构外,是改善路面的使用性能,提高其使用寿命的必要手段。

一般排水设施包括横向排水设施、路肩纵向排水设施、中央分隔带排水设施。

(1) 横向排水设施

在纵横向坡度大的坡道或长坡道铺设时,必须对纵断方向的排水能力作充分的计算。必要时在坡道中设置横断方向的排水设施作为路面的溢水对策。在凹型纵坡最低点也有可能出现超越路面排水能力而使雨水聚集溢出的现象,此时也应设置横断方向的排水设施,将路面的水及时引入路肩部位的排水构造物中,以避免路面积水。

常见的横向排水设施有:横向盲沟、排水沟、排水管等,如图12-18所示。

(2) 路肩边缘纵向排水设施

从低噪声沥青混合料上面层中排水的水应流入路肩边缘排水设施中进行集中排出。路肩边缘排水系统的结构形式分为浅集水沟式和深集水沟式两种,具体如图12-19所示;边缘排水系统的设置如图所示;边缘排水系统的组成材料包括集水沟中的排水性填料、集水管、出水管和反滤织物。

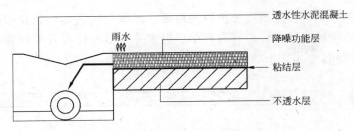

图 12-18　横向排水设施

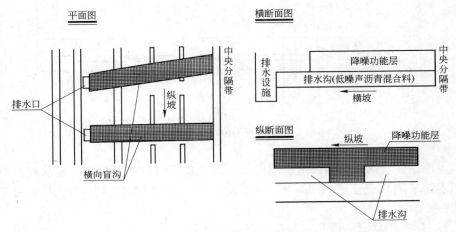

图 12-19　路肩边缘纵向排水设施

（3）中央分隔带排水设施

对于中央分隔带设置波形梁钢护栏的路段，全线设置带软式透水管或 PVC 管的碎石盲沟，根据构造物、超高集水井的分布情况及纵坡大小、地形等情况，每隔 50～100m 设置小型集水井与 PVC 横向排水管，将渗水排走或排至超高集水井中，利用超高横向排水管排流。同时，为加强中央分隔带两侧界面的防渗，在界面上设置水泥砂浆抹面，并在中央分隔带内满洒一层沥青防渗层。另外，为减少雨水下渗，中央分隔带表面设计成 6% 的双向横坡，尽可能使雨水从表面排出，如图 12-20 所示。

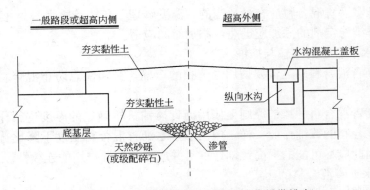

图 12-20　设置波形梁钢护栏的中央分割带排水

对于中央分隔带设置混凝土护栏的路段,采取封闭措施,只在超高纵向排水沟的边部设置带软式透水管的盲沟,小型集水井与横向排水管的设置与波形梁钢护栏的路段相同,如图 12-21 所示。

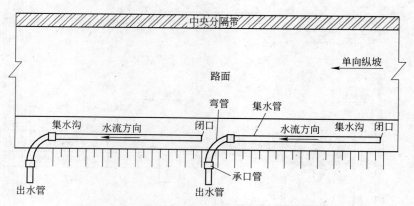

图 12-21　设置混凝土护栏的中央分割带排水

考虑预制水沟接头多,漏水严重,为减少超高纵向水沟漏水,要求超高纵向矩形水沟采用现浇工艺施工,每 10m 设 1 道 1cm 宽的伸缩缝,缝内填满沥青麻絮。

五、排水沥青路面的施工

排水沥青路面的施工可按一般沥青混凝土路面施工进行,但由于排水沥青混合料容易产生沥青流淌与温度下降的问题,因此在施工中还有些特殊要求和关键技术需要控制。

1. 施工机械的选择与要求

排水沥青路面的施工机械包括拌合设备、摊铺设备、压实设备和乳化沥青洒布设备。施工机械的选择应该相互适应,比如选择的拌合设备的拌合速度和拌合量应与摊铺、压实机械相适应。

2. 沥青混合料的拌制

拌制排水沥青混合料和普通沥青混合料大致相同,但生产中必须注意以下两点:

(1) 排水沥青混合料应在最适当的"温度管理"和"品质管理"之下进行;

(2) 纤维稳定剂的添加应迅速,添加时间应适。

3. 排水混合料的运输与摊铺

排水沥青混合料的运输要使用经清扫的车辆,必须注意防止混合料发生物性变化。

排水沥青混合料的摊铺原则上使用沥青摊铺机按确定的厚度进行作业,其摊铺与沥青混合料的摊铺作业一样,但由于排水沥青混合料温度下降比普通沥青混合料快,因此应尽可能的提高摊铺速度,并应保持摊铺作用的连续性。

4. 排水沥青混合料的压实

排水沥青混合料在摊铺后应立即按所定的压实度实施压实作业。

排水沥青混合料的压实一般要经过初压、复压和终压三个阶段完成。初压一般选择10～12t的钢轮压路机，压实温度控制在140～160℃之间；复压选择6～10t的钢轮压路机，压实温度控制在135～150℃之间；终压选择6～10t的钢轮压路机，压实温度控制在70～90℃之间。

5. 接缝与渐变过渡段的施工

在接缝处施工时，须对接缝处清扫处理后进行加温处理，并将摊铺的排水沥青混合料压实，使之相互密接。

渐变过渡段的施工重要的是注意防止排水沥青混合料的飞散。

第八节 路面结构的排水

高等级道路的损坏主要是路基、路面的损坏，而雨是促使路面早期损坏的主要因素之一。由于某种原因路面排水不良，造成路基、路面稳定性不足，导致路面使用状况变差，寿命降低。

一、一般规定

（1）路面排水设计应根据公路等级、降水量、地形、地貌、地质及水文地质条件等因素，结合路基排水、桥涵结构物排水、地下排水系统的设计，合理地布置面排水设施，使排水系统有机地构成一个完整、畅通的排水体系，确保路基、路面稳定。

（2）路面排水包括路表排水、中央分隔带排水、路面内部排水及桥面铺装体系排水。

（3）路面排水设计重现期，对高速公路、一级公路应为5年，对二级、二级以下公路宜为3年，对于多雨地区的高速公路或特殊路段，根据需要可适当提高。

（4）穿越乡、镇的公路其排水宜按乡、镇排水规划进行，公路路面排水一般宜采用排水沟、雨水井、连接管引入排水干管。

（5）路面边缘排水应结合当地经验设计，可采用碎石、砾石、砂等透水性填料填筑路肩，并与横向出水管、过滤织物（土工布）组成排水系统。

（6）路面内部排水系统是为了排除通过路面接缝、裂缝或空隙，或者由路基或路肩渗入并滞留在路面结构内的自由水而设置的排水系统。它包含沿路面边缘排水系统和排水基层、排水垫层等三个部分。

二、路面排水形式

路面排水沟形式有：分散排水和集中排水两种。

（1）分散排水——由路面横坡、路肩加固和适当的边坡防护组成，适用于路线纵坡平缓、汇水量较小，路堤较低的路段。

（2）集中排水——由路面横坡、拦水缘石或矩形边沟、泄水口和急流槽组成，适用于路堤高度较高，或路堤易受冲刷的粉性土、砂性土路段，凹形曲线底部、大桥端部等。

（一）分散排水路段的土路肩边部的构造

(1) 一般情况下，土路肩采用生态防护，种植适合当地气候、土质条件的草皮，并在底基层顶面外侧设置横向排水管，将滞流在填土绿化层底面的渗水通过横向排水管排到路基外，如图 12-22(a)所示。对于低填方路堤可采用图 12-22(b)所示构造，垫层铺至路基边缘。

(2) 冲刷相对较大等级路段，土路肩宜用不小于 50mm 厚的预制水泥混凝土块铺砌加固，或现场浇筑，下设砂砾、砂、碎石等透水材料，以利于路面结构排水。如图 12-22(c)所示。也可以采用砂砾、碎石加固，如图 12-22(d)所示。

(3) 分散排水设计应与路基边坡、边沟或排水沟相结合。

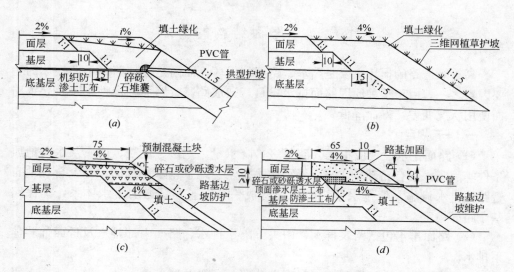

图 12-22　分散排水路肩构造图(单位：cm)
(a)土路肩边部构造Ⅰ；(b)土路肩边部构造Ⅱ；(c)土路肩边部构造Ⅲ；(d)土路肩边部构造Ⅳ

(二) 集中排水路段的构造

1. 直线段的集中排水

道路直线段采用集中排水时，要求泄水孔的间距应按有关规范计算确定，一般 30～50m 设一处，其中开口宽度一般为 0.5m。在凹形竖曲线的底部或其他位置，宜适当加密。

拦水带可用沥青混凝土或预制水泥混凝土制作，预制沥青混凝土的级配也应符合规定。预制水泥混凝土拦水缘石，应预留相应的出水孔，以免阻止路面结构内部水。

2. 超高路段的集中排水

对新建高速公路超高路段的集中排水，除具有一般路段分隔带应有的功能和构造外，宜采用在左侧路缘带左侧设置有钢筋混凝土板的预制整体式 U 形混凝土沟或缝隙式排水沟，通常应设明沟以拦截上半幅路面漫流过来的表面水，每隔 25～50m 设一道集水井，使水排向集水井，并通过横向排水管引至边坡的急流槽或暗沟，如图 12-23 所示。

3. 中央分隔带的排水

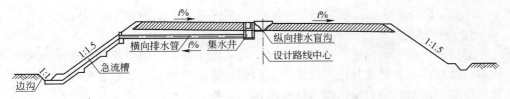

图 12-23 超高段段排水

对一般路段的中央分隔带，其排水系统的主要作用是排除中央分隔带范围内的表面渗入的水。中央分隔带的排水设施由排水沟(明沟、暗沟)、渗沟、雨水井、集水井、横向排水管等组成，中央分隔带按排水划分为封闭式和不封闭式两种类型。

(1) 不封闭式排水

多雨地区表面不封闭式(无铺面)的中央分隔带排水，一般多为凹形表面无铺装的中央分隔带，多数雨水从分隔带下渗，中央分隔带内可设置地下纵向排水渗沟，并间隔 40~80m 设一横向排水管将渗沟内的水排引出路界，渗沟周围包裹反滤织物(土工布)，以免渗入水携带的细粒将渗沟堵塞。渗沟上的回填料与路面结构的交界处铺设涂双层沥青防水土工布，如图 12-24(a)所示。填渗沟公适用于纵坡大于 1% 的场所，以防止孔隙阻塞。

(2) 封闭式排水

封闭式排水一般采用凸形或凹形表面无铺装封闭的中央分隔带，中央分隔带封闭后可不设内部排水系统。表面封闭可用 40~80mm 预制混凝土，其下设置砂砾垫层，如图 12-24(b)所示。或现浇混凝土中央分隔带的表面与路面平齐、表面封闭的形式，在封闭的中央分隔带上再浇筑一个独立绿化平台的做法，值得借鉴。

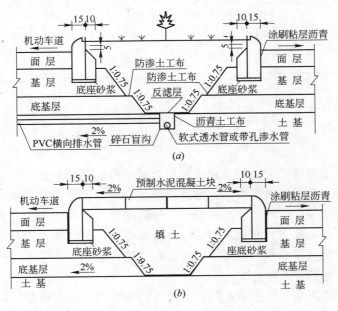

图 12-24 中央分隔带排水
(a)中央分隔带式排水大样(凸式)；(b)封闭式中央分隔带式排水大样(凸式)

凹形中央分隔带当采用铺面封闭时，可采用浅碟式排水设施排除分隔带内积水。

4. 路面结构内部的排水

当路面内部可能出现自由水滞留时，可采用沥青碎石或骨架空隙型水泥稳定碎石或级配碎石作排水基层。通常可采用两类排水设施：一类是在路肩结构内设置可使路面结构内的自由水横向排流出路面设施，称为路面边缘排水系统；另一类是在路面结构图内部设置由透水性材料组成的排水层，根据排水层设置位置的不同又分为排水基层和排水垫层两种排水系统。

（1）路面边缘排水系统

路面边缘排水系统就是沿着路面外侧边缘设置纵向集水沟和集水管、出水管。它属于浅集水沟式排水，参见图 12-25(a)。可以将面层、基层、路肩界间滞留的自由水排离路面结构，常用于基层透水性小的水泥混凝土路面，特别适用于改善排水不良的旧水泥混凝土路面，因为这样可以不扰动原有路面结构的情况下，改善原有路面使用性能和增加其使用寿命。

（2）排水基层的排水系统

排水基层的排水系统是直接在路面下设置透水性排水基层，渗入路面结构中的水分先通过竖向渗流进入透水层，然后横向渗流到路基边坡以外，或进入纵向集水沟（集水管），再由横向出水管排引出路基。它属于深集水沟式排水，参见图 12-25(b)。这种排水基层由于渗流路径短，在高透水性材料中渗流速度快，排水效果好，因此在新建高速公路、一级公路路面、城市道路时可采用此方案。

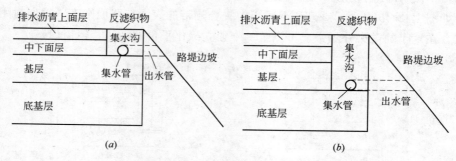

图 12-25 路面边缘排水系统结构示意图
(a)浅集水沟式（改建道路）；(b)深集水沟式（新建道路）

排水基层实施时通常采用全宽式和组合式两种。采用全宽式排水沟基层，是将渗入基层的水分横向直接排流到路基边坡坡面外。这种形式便于施工，但存在的问题是：排水层出水口处易被生长杂草等到阻塞。而采用组合式的排水基层可以克服上述缺点，此方式的排水沟系统由排水基层、纵向集水沟和管及横向出水管等组成，是全宽排水基层与路面边缘排水系统的组合，通常运用于新建公路。

（3）排水垫层的排水系统

为了防止地下水、临时滞水或泉水进入路面结构，或者迅速排除因负温差作用而积聚在路基上的自由水，可直接在路基顶面设置由开级配粒料组成的全宽式透水垫层，并根据具体情况配置相应的反滤层、纵向集沟和管、斜向出水管等组成排水系统。设计时：当路基为路堤时，水向路基坡面外排流，如图 12-26 所示；当路基为路堑时或半填半挖路堑时，挖方坡脚处应设置纵向集水沟、排水管、横向排水管，如图 12-27 所示。

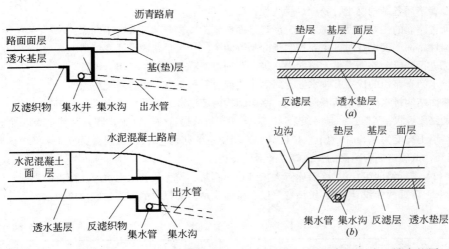

图 12-26 设纵向集水沟和管的透水基层排水系统

图 12-27 路堤和路堑排水垫层

（三）桥面铺装排水

（1）桥面水通过横向和纵向坡排入汇水口，并汇集到纵向排水管。对于跨越一般河流的桥梁，桥面水可通过泄水管直接向下排放。

（2）为上排除铺装层结构内部积水，应在桥面铺装边缘设置 40mm 宽 50mm 深的小碎石渗沟，渗沟与泄水口间距为 5~10m。

（3）对特大桥和重要桥梁应加强排水设计，边缘部排水可参照图 12-28 设计。渗透至铺装结构内部的水可通过桥面边缘设置的排水槽排入泄水口，排水槽宜采用碎石盲沟或专用土工材料，其横截面为矩形或 U 形。

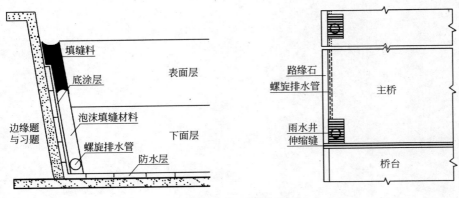

图 12-28 桥面边缘部排水

思考题与习题

1. 沥青混凝土路面下的基层有哪些类型?而高等级公路不宜采用什么类型?
2. 沥青路面交通等级划分为哪四种?根据什么来划分?
3. 沥青路面各结构层组合要满足哪些设计要求?
4. 沥青路面的主要类型有哪几种?沥青路面按施工工艺分为三类的不同点?
5. 柔性路面厚度设计时,主要控制指标是哪两个?什么是路面设计弯沉值?
6. 试进行二级公路沥青贯入路面、一级公路沥青混凝土路面结构组合设计。
7. 排水沥青路面的优点?排水沥青路面矿质混合料的特点?集料级配特点?
8. 路面结构排水形式包括哪两大类?路面结构内部排水分为哪些排水系统?
9. 某路段经IV_4区修建一条一级公路,双向四车道分道行驶,其中,调查路基土为砂性土,路基填土高度为1.5m,地下水位较高。近期交通量见表12-32,预期交通量平均年增长率γ为5%,试确定沥青路面的交通等级及面层类型。

    (1) 进行路面组合设计(沿途有大量碎石、石灰、粉煤灰、水泥供应及沥青的供给)。
    (2) 计算两个设计参数(设计弯沉值和整体式结构层材料的容许层底拉应力)。

交通量　　　　　　　　　　　　　　表12-32

序号	车型	辆/日	序号	车型	辆/日
1	解放 CA-10B	1800	4	日野 KF300D	420
2	黄河 JN150	900	5	小汽车	1000
3	扶桑 CW(L)40HD	500			

第十三章 水泥混凝土路面设计

【本章学习要点】 水泥混凝土路面的特点、刚性路面与沥青类路面受力特点、刚性路面的破坏现象、水泥混凝土路面结构组成、水泥混凝土路面接缝的意义、水泥混凝土路面接缝的构造与布置、普通水泥混凝土路面板厚计算、其他类型混凝土路面简介。

第一节 概 述

水泥混凝土路面属于刚性路面结构,它是由水泥混凝土面层板、基层、垫层、路肩和排水设施等组成,俗称白色路面。其结构组成如图13-1所示。水泥混凝土路面包括:普通混凝土、钢筋混凝土、连续配筋混凝土、预应力混凝土、装配式混凝土、钢纤维混凝土等面层板和基层或垫层所组成的路面。目前国内外采用最广泛的是就地现浇的普通混凝土路面,简称为素混凝土路面。

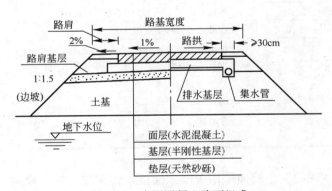

图13-1 水泥混凝土路面组成

所谓普通混凝土路面,是指除混凝土板接缝区及局部范围(边缘和角隅)处设置少量钢筋外,其余部位均不设置钢筋的路面。

水泥混凝土路面属于高级路面,能适应于现代化交通重载及满足繁忙的交通要求,而且经久耐用,因此在高等级公路、城市道路、厂矿道路、飞机跑道、停车场及小区道路上常被采用。在我国沥青路面与水泥路面具有互补性和相互依存关系。

一、水泥混凝土路面的特性和破坏现象

(一)水泥混凝土路面的特点

水泥混凝土路面是高级路面。其特点有优点和缺点两方面,分别见表13-1和表13-2。

水泥混凝土路面的优点　　　　　　　　表 13-1

序号	优点	说明
1	强度高	抗压强度高、刚度大、耐磨性好，常用强度等级为 C30 或 C40
2	热稳定性好	温度稳定性高，无车辙现象和沥青路面的"老化"现象
3	水稳定性好	在暴雨及短期浸水条件下，路面可照常通行
4	耐久性好	比较长的时间保持平整，设计年限长，一般为 20～40 年
5	平整度	虽有接缝，但汽车行驶时起伏变形小
6	粗糙度好	保证行驶安全的粗糙度，雨天不打滑，提高安全行驶的速度
7	经常养护费用少	一般无大修，养护费约为沥青路面的 1/4～1/3
8	有利于夜间行车	色泽鲜明，反光能力强

水泥混凝土路面的缺点　　　　　　　　表 13-2

序号	缺点	表述
1	水泥、水的用量大	当混凝土强度等级 C40、抗折强度 4.5MPa 时，修筑厚 24cm、宽 7m 的混凝土路面，路段长 1km，当每立方水泥用量为 417kg，$W/C=0.40$，每立方用水 $165kg/m^3$，需要水泥约 700.56t、总拌合用水 277t（未计入养护用水）
2	接缝处薄弱	板缝处容易引起损坏和引起行车颠簸
3	施工准备工作多	准备模板、布置各接缝、传力杆和拉杆，以及构造钢筋支架多
4	开放交通迟	一般湿养护期 14～21d，不能立即使用
5	破损修补较困难	破损处挖掘修补难度相当大
6	对超载敏感	水泥混凝土是脆性材料，在超过混凝土极限强度汽车荷载作用下，混凝土板块将出现断裂现象。对路基稳定性要求高，对不均匀沉降的适应性差
7	有"耀眼"现象	在阳光照射下，有"耀眼"现象
8	噪声特征	众多的接缝，较高的刚度，为提高抗滑能力而筑造的粗构造行驶的轮胎与其作用产生较大的噪声

高速公路水泥混凝土路面采用滑模摊铺技术铺筑施工时，将可以保证路面的平整度降低噪声，水泥路面行车舒适性的提高和改善，将大大提高水泥混凝土路面的使用品质。

（二）刚性路面与沥青类路面受力特点

在道路工程路面设计和施工中，应了解刚性路面与沥青类路面受力特点及对基层的要求，以避免产生一些病害，详见表 13-3。

刚性路面与沥青类路面受力特点及对基层的要求　　　　　　　　表 13-3

序号	面层种类	路面受力特点	对基层的要求
1	水泥混凝土路面	混凝土板的刚度大、强度高，扩散性能力好，水稳性和热稳性好，不存在沥青路面易"老化"和热稳性差的现象。需设置板缝	均匀性和水稳定性好。接缝处应考虑传力杆和拉杆的传荷连续性和防止渗水现象。在相同平整度条件下，行车舒适性不及沥青路面，噪声较大

续表

序号	面层种类	路面受力特点	对基层的要求
2	沥青类路面	在汽车荷载作用下,会产生较大的弯沉变形。沥青路面的塑性好,能吸收噪声,可以不设置接缝,汽车行驶振动冲击小,乘客感觉比较平稳舒适。其对路基、地基变形或不均匀沉降的适应性强	基层因强度高扩散性能好,采用较厚的半刚性路面基层(无机稳定粒料和无机稳定土)。在基层和面层之间应考虑大空隙的沥青混合料过渡层和骨架密实型混合料。平整度保持性差

沥青路面与水泥路面的互补性和相互依存,不仅体现在建设期间,还反映在路面加铺、改建形式的可持续发展上。现在国内高等级公路,广泛采用改性沥青路面、SMA沥青路面可以改善和提高沥青路面的使用性能。为了避免沥青路面"薄面厚基",即半刚性基层出现反射裂缝,国内外已开始采用柔性基础和透水性基层,可以改善各种路面的使用品质。为了减小城市道路的噪声、减少路表积水,采用透水性沥青路面和透水性水泥路面,以保证汽车安全行驶。从我国的资源状况考虑,我国高速公路建设将走沥青路面和水泥混凝土路面并举的发展方向。

(三) 刚性路面的破坏现象

混凝土路面的破坏主要分为板本身破坏和接缝破坏。破坏现象见表13-4。

刚性路面常见的破坏现象 表13-4

序号	破坏分类	破坏现象	原因
1	板本身破坏	断裂	路面板内应力超过水泥混凝土强度时,如:板太薄或实际车辆荷载太重、板的平面尺寸太大、地基过量变形使板块底部失去支承、养护期间收缩应力过大、由于材料选用或施工不当,抗折强度未达到设计要求等。将出现横向或纵向以及板角的断裂和裂缝
2	板接缝破坏	唧泥	车辆荷载作用下,基础中部细粒材料从接缝和裂缝处与水一同喷出,板边缘底部会出现脱空的现象。板边缘部分和角隅失去支承,导致在离接缝1.5~1.8m处产生横向裂缝或角隅处断裂
3		错台	由于基础过软造成横向接缝或裂缝两侧的路面形成台阶的现象称为错台。降低了行车的平稳和舒适性,如图13-2所示
4		传力杆失效	混凝土施工时传力杆安放不当,不能正常传递荷载,在接缝两侧板上产生裂缝或碎裂
5		胀裂	在炎热夏季,路面板膨胀或板的缝隙内落入杂屑,阻碍板的伸长,使横向裂缝处或板缝两侧向上拱起破裂

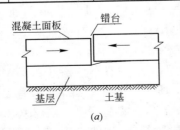
(a)

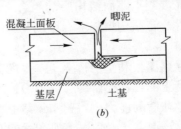
(b)

图13-2 水泥混凝土路面的破坏现象
(a)错台;(b)唧泥

断裂病害的出现，破坏了混凝土板的整体性，因此断裂作为混凝土结构破坏的临界状态。

二、水泥混凝土路面设计内容

水泥混凝土路面设计，应根据道路的使用任务、性质和要求，结合当地气候、水文、地质、土质、材料、施工技术、实践经验以及环保要求等，通过经济比选，以最低的寿命周期费用提供一种合适的路面结构。以保证该结构在设计使用年限内，没有大修，满足规定的使用性能要求，并和自然环境相适应。

水泥混凝土路面设计内容包括：

1. 路面结构组合设计

包括路基、路面和面层的组合设计，确保设计期内使用要求所需要的厚度，并满足路基最小填土高度要求和基层顶面回弹模量符合规定强度要求。混凝土路面板厚计算和确定，使轴载产生的弯拉应力保持在混凝土强度容许范围。此外，面层应具有抗滑、耐磨、平整功能，及减轻车轮噪声的表面特性。

2. 材料组成配合比设计

在选材中，尽量依据当地材料，选择满足结构层功能要求的混合物料，进行配合比设计，并按试验规程规定的试验方法经试验确定，使混凝土面层具有足够的弯拉强度及抗疲劳性能，基层具有良好的抗冲刷性能和一定的刚度，垫层材料满足使用功能的要求。

3. 面板的接缝构造设计

确定合理的接缝类型及构造，满足传荷和防渗要求。同时选择接缝的类型，确定接缝的间距，布设接缝的位置，设计接缝的构造，以及确定拉杆、传力杆的布设、填缝料的确定。

4. 路面和路肩排水设计

根据路面结构的特点和要求，确定路表面排水或内部排水系统的布设方案，并结合路肩进行路面处的排水设计。

5. 路肩设计

路肩面层和基层的材料应与行车道的材料、厚度、层次相适应。

第二节　水泥混凝土路面结构

一、路基、基层、垫层

水泥混凝土路面结构层的组合设计应满足：在各类交通等级下的强度要求、水稳定性、各结构层强度、厚度及施工碾压要求。

（一）路基

刚性路面板和基层传至土基上的荷载应力很小，一般不会超过 0.07MPa，而水泥混凝土的弹性模量为 $(25\sim40)\times10^3$ MPa。所以，混凝土面层板具有很高的刚度和扩散荷载的能力，对路基承载能力要求并不高。实践证明，当路基出现不均匀变形时，混凝土面层与下卧层之间会出现局部脱空，将使板底产生较大的弯拉应力，导致面层板的断裂。修筑在混凝土路面下的路基必须在自重和车辆荷载作用下,均匀(包括组成、压实度和湿度)、密实、稳定、排水良好,不产生过量沉陷和不均匀变形。

为保证路基的强度和稳定性,并提供稳定的支承时应考虑:
(1) 路基应保证最小填土高度,使路基始终处于干燥或中湿状态;
(2) 路基设计标高受限制时,必须采用相应的措施,提高水稳性或降低地下水位;
(3) 对路基应进行充分压实,压实度达到压实标准;
(4) 换填土(适于局部或浅层范围);
(5) 提高路床的设计标高;
(6) 设置隔离层,以阻断毛细水作用。

路堑岩石地段或填石路床顶面应铺设整平层。一般采用100~150mm厚度的未筛分碎石和石屑或低剂量水泥稳定粒料做整平层。而《公路水泥混凝土路面设计规范》(JTG D40—2002)对中湿路基路床顶面回弹模量提出经验参考值范围,见表13-5。

中湿路基路床顶面回弹模量经验参考值范围(MPa)　　　表13-5

土　　组	公路自然区划				
	Ⅱ	Ⅲ	Ⅳ	Ⅴ	Ⅵ
土质砂	26~42	40~50	39~50	35~60	50~60
黏质土	25~45	30~40	25~45	30~45	30~45
粉质土	22~46	32~54	30~50	27~43	30~45

(二) 基层

水泥混凝土路面还应有足够厚度的基层。混凝土面板下的基层,主要承受由面层扩散下来的行车荷载和渗入水的作用。水泥混凝土面层下设置基层的目的是:

(1) 防冲刷:基层首先应具有刚度和抗冲刷能力,防止渗水对路基冲刷。
(2) 防唧泥:水泥混凝土面板直接放在路基上,由于路基土的塑性变形量大,细料含量多时,受水冲刷后,在荷载作用下,易出现唧泥、错台、板底脱空病害。
(3) 防水:在湿软土基上,铺筑开级配粒状材料,以隔断地下毛细水上升。
(4) 防冻:在季节性冰冻地区,用对冰冻不敏感的粒状多孔材料铺筑基层,可以减少路基的冰冻深度,以减轻冻胀的危害。并更有效的防水、防冻,提高耐久性;基层在垫层之上,如图13-3所示。
(5) 减小路基顶面的压应力,缓解路基不均匀沉降对路面板的影响。
(6) 提高路面结构的承载能力,延长使用寿命。

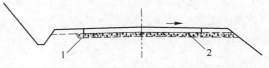

图13-3　兼起排水作用的粒料基层
1—盲沟;2—通过路肩的基层

(7) 对混凝土面层施工机械的安装和施工操作提供工作面(侧立模板)。

基层类型宜依照交通等级按表 13-6 选用。

适宜各交通等级的基层类型 表 13-6

交 通 等 级	基 层 类 型
特 重 交 通	贫混凝土、碾压混凝土或沥青混凝土基层
重 交 通	水泥稳定粒料或沥青稳定碎石基层
中等或轻交通	水泥稳定粒料、石灰粉煤灰稳定粒料或级配粒料基层

研究资料证明，用厚基层来提高土基的支承力，从而减薄面层的厚度一般是不经济的。但随着基层减薄，基层底面的弯拉应力随之增大，因此基层厚度不宜太薄，基层厚度以 20cm 左右为宜。

基层的宽度应比混凝土面层每侧至少宽出 300mm（采用小型机具施工时）或 500mm（轨模式摊铺机施工时）或 650mm（滑模式摊铺机施工时）。路肩采用混凝土面层，其厚度与行车道面层相同时，基层宽度宜与路基同宽。级配粒料基层的宽度也宜与路基同宽。各基层的厚度见表 13-7。

各类基层厚度的适宜范围 表 13-7

基 层 类 型	厚度适宜的范围(mm)	基 层 类 型	厚度适宜的范围(mm)
贫混凝土或碾压混凝土基层	120～200	级配粒料基层	150～200
水泥或石灰粉煤灰稳定粒料基层	150～250	多孔隙水泥稳定碎石排水基层	100～140
沥青混凝土基层	40～60	沥青稳定碎石排水基层	80～100
沥青稳定碎石基层	80～100		

排水基层下应设置由水泥稳定粒料或者密级配粒料组成的不透水底基层，厚度一般为 200mm。

基层按材料类型分为：刚性基层、半刚性基层、柔性基层、粒料基层、排水基层。目前沥青稳定开级配碎石作为水泥混凝土路面排水基层，且使用性能良好。

多雨地区，路基宜采用排水基层。排水基层构成方法之一是选用多孔隙开级配水泥稳定碎石或沥青稳定碎石，也就是从密级配粒料中去掉一些细料，达到要求的渗透性。

为了防止水分透过排水基层渗入路基(土基)中，排水层应设置不透水底基层（水泥稳定粒料），其厚度一般取 200mm，底基层顶面宜铺设沥青封层或防水土工布材料。

(三) 垫层

在路基土质较差，水温状况不良的地段，应在路基(土基)和基层之间设置垫层，以改善路基的温度和湿度状况，使路基保持干燥和中湿状态，同时阻止路基土挤入基层,并将基层的荷载应力传递到土基。保证面层和基层的强度、刚度及稳定性。对于水稳定性不良地带,在基层下应设置垫层。

常用垫层材料分为两类,一类是粒状材料,第二类是整体性材料。

石灰和水泥等结合料稳定土的结构层也具有一定的抗冻作用,但效果不如粒状材料层。当冰冻深度大于 0.5m 的季节性冰冻地区,路面结构应有足够的总厚度,以便将路基的冰冻深度约束在有限的范围内。路面结构的最小总厚度,随冰冻线深度、路基的潮湿状况和土质而异,其路面总厚度小于最小防冻层厚度要求,可参考见表 13-8 而定,其差值应以垫层(防冻层)来补足。不论哪种垫层,其宽度应与路基的宽度同宽,其最小厚度为 150mm。

水泥混凝土路面最小防冻厚度(m) 表 13-8

路基干湿类型	路基土质	当地最大冰冻深度(m)			
		0.50~1.00	1.01~1.50	1.50~2.00	>2.00
中湿路基	低、中、高液限黏土	0.30~0.50	0.40~0.60	0.50~0.70	0.60~0.95
	粉土,粉质低、中液限黏土	0.40~0.60	0.50~0.70	0.60~0.85	0.70~1.10
潮湿路基	低、中、高液限黏土	0.40~0.60	0.50~0.70	0.60~0.90	0.75~1.15
	粉土,粉质低、中液限黏土	0.45~0.70	0.55~0.80	0.70~1.00	0.80~1.30

二、混凝土面层

(一)要求

水泥混凝土面层应具有足够的强度、耐久性、表面抗滑性、耐磨、平整。面层一般采用设接缝的普通混凝土;当面层板的平面尺寸较大或形状不规则时、路面结构下埋有地下设施、高填方、软土地基、填挖交界段的路等有可能产生不均匀沉降时,应采用设置接缝的钢筋水泥混凝土面层。

(二)类型选择

其他面层类型可根据适用条件按表 13-9 选用。

其他面层类型选择 表 13-9

面 层 类 型	适 用 条 件
连续配筋混凝土面层	高速公路
沥青上面层与连续配筋混凝土或横缝设传力杆的普通混凝土下面层组成的复合式路面	特重交通的高速公路
碾压混凝土面层	二级及二级以下公路、服务区停车场
钢纤维混凝土面层	标高受限制路段、收费站、混凝土加铺层和桥面铺装
矩形或异形混凝土预制块面层	服务区停车场、二级及二级以下公路桥头引道沉降未稳定段

(三)抗滑指标

混凝土面板的平整度以 3m 直尺量测为主。3m 直尺与路面表面的最大限度间隙，高速公路和一级公路不大于3mm；其他公路不大于5mm。混凝土面板的粗构造用平均构造深度作为抗滑能力的评价指标。按表13-10选用。混凝土路表面的粗构造可以通过拉毛、拉槽、刻槽或压槽等措施形成。

各级公路水泥混凝土面层的表面构造深度(mm)要求　　　表13-10

公路等级	高速公路、一级公路	二、三、四级公路
一般路段	0.70～1.10	0.50～0.90
特殊路段	0.80～1.20	0.60～1.00

注：特殊路段——对于高速公路和一级公路系指立交、平交或变速车道等处，对于其他等级公路系指急弯、陡坡、交叉口或集镇附近。

三、路肩、路面排水、路缘石

（一）路肩

车辆在主车道上行驶中，部分车辆的摆动，致使右侧车轮越过车道线行驶到路肩上，因此路肩铺面结构应具有一定的承载能力，路肩结构层组合和材料的选用，应与车行道路面面层相协调。路肩可选用水泥混凝土面层或沥青面层作为面层。

路肩处的水泥混凝土通常采用与行车道面层等厚，且基层与行车道基层相同，具有一定的承载能力，并与行车道部分的混凝土浇筑成整体。当选用较薄面层时，其厚度不宜小于150mm。

一般公路的混凝土路面若设置路缘石或加固路肩，路肩沥青面层宜选用密级配型沥青混合料。其基层可选用无机结合料稳定粒料或级配粒料。行车道路面结构不设内部排水设施时，沥青面层和不透水基层总厚度不宜超过行车道面层厚度，基层下应选用透水材料填筑。

（二）路面排水

路面排水设施分为横向排水设施和路肩边缘纵向排水设施两种。由于雨水从水泥混凝土路面许多纵、横缝及外侧边缘下渗量很大，路面修建往往采用槽式结构，因而是渗到基层或底基层内的水常滞留在路槽内，从而侵蚀基层、底层和路基，产生唧泥和错台等病害。

（1）横向排水设施属于路面表面排水，其作用是通过路拱迅速将路面的水排到路基范围以外。措施有：行车道路面设置双向或单向横坡，坡度为1%～2%。路肩铺面横坡度宜比行车道路面的横坡度值大1%～2%。

（2）路肩边缘纵向排水设施属于路面内部排水，是将排水性路面的水或部分沿板缝、裂缝、面层空隙、及地下水由于毛细作用渗入到路面结构内部的水，通过路面的路肩边缘纵向排水设施，逐渐将水集中排出。行车道路面结构设置排水层或垫层(图13-4)，并在排水基层或垫层外侧边缘设置纵向集水盲沟（盲沟应设置土工织物或粒状反滤层）和带孔集水管，并间隔50～10m设置横向排水管。

排水基层可以采用透水基层，如：稳定类开级配材料、沥青稳定类、水泥稳

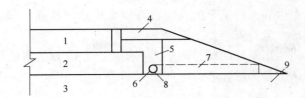

图 13-4　纵向边缘排水系统结构示意图

1—面层；2—基层；3—垫层；4—路肩面层；5—集水沟；6—集水管；
7—横向排水管；8—反滤层；9—坡面防护

定类开级配材料或多孔混凝土。排水基层的下卧层，应设置不透水或低透水的密级配混合料隔离层，以防止表面水下渗影响到路基的强度，并防止细屑从路基中由于唧泥进入排水基层。也可在路面结构边缘设置边缘排水系统。

（三）路缘石

1. 分类

路缘石安放在道路边缘，起保护路边的作用。根据它的顶面和路边高度的关系可以划分为两种：一种高出路边称为侧石（立缘石）；一种和路边平齐，称为缘石（平面石）。

2. 作用

高出路边的缘石有分离人行道、绿化带或隔离带与行车道的作用，能够保障行车和行人的安全。同时可以约束路边的纵向流水，使之能顺利地进入雨水口。快速路、主干路应设置平面石，平面石的宽度宜与雨水口宽度相协调。道路设置锯齿形边沟时，应设置平面石，平面石坡度应满足路面纵向排水要求，且能保护路面边缘。平面石高度与路面平齐，构成路面的一部分。另外平直圆顺和大小适宜的缘石，还可以给人以美观的作用。高等级公路采用发光缘石，为夜间行车，汽车的导向起到良好的作用。

3. 路缘石结构组合及选用

路缘石结构组合是指立缘石、平面石和基础的组合。

路缘石不灌缝时应采用混凝土基础并均应设靠背，如图 13-5 所示。

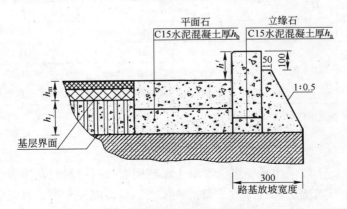

图 13-5　路缘石与路面共用基层安装图（单位：mm）

专用非机动车道和人行道上的路缘石可以采用独立基础,即立缘石基础为单独设置。独立基础立缘石安装如图13-6所示。

路缘石与路面共用基础结构。即平面石垫层、立缘石垫层应设在半刚性基层的同一界面上,该组合为推荐形式,如图13-6所示。

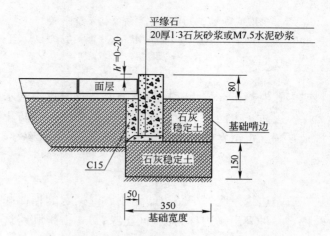

图 13-6 独立基础立缘石安装图(单位:mm)

4. 路缘石构造尺寸

按路缘石的线形分类为直线形路缘石和曲线形路缘石。曲线形路缘石可以配合直线形路缘石选用。路缘石的代号有:H、T、R、F、P、TF、TP、RA 型。常用 T 形其基本特征为:直立,圆角 $r<30$。直线形路缘石的长度一般为 1000mm、750mm、500mm 三种。部分直线形路缘石规格表见表 13-11。

直线形路缘石规格表(部分)　　　　表 13-11

路缘石截面定型代号	基本特征	直线形构造尺寸(宽×高×长)	(命　名)(以较长的规格为例)
T 形	直立,圆角 $r<30$	150mm×350mm×1000mm	BCC-T1×1000
		120mm×300mm×750mm	BCC-T3×750
		150mm×420mm×500mm	BCC-T7×500
P 形	平面石	150mm×120mm×1000mm	BCC-P1×1000
		300mm×120mm×750mm	BCC-P2×750
		500mm×100mm×500mm	BCC-P4×500

注:BCC——命名缩略语(直线形混凝土路缘石)。

5. 材料

(1) 路缘石一般采用预制水泥混凝土和花岗岩缘石材料。花岗岩缘石强度高。

(2) 路缘石的垫层材料分为三类:砂浆类、豆石混凝土类、水泥混凝土类。设计垫层厚度不大于 30mm 时采用砂浆类,一般采用 M7.5 水泥砂浆;设计垫层厚度 30~60mm 时采用 C10 细石混凝土类；设计垫层厚度大于 60mm 时采用 C15 水泥混凝土类。

6. 施工要求

对于水泥混凝土缘石不但要求它的尺寸和外观符合规定，更重要的是它的强度还要符合设计要求。在弯道处还应使用每块长度较短且有一定弧度的特制缘石，才能保证安放砌筑圆顺。安放时要保证平稳牢固，缘石背的灰土和素土都要夯实，勾缝可在路面完工后检查缘石位置无误时进行，缝要勾严、美观。一般施工要求立缘石埋深厚度大于路面结构层中面层厚度的 20~50mm 为宜。

沥青路面，一般应先安装路缘石。路缘石安装应先安装立缘石，只有在立缘底面不低于平面石底面时，才可先安装平面石。

路缘石侧面与路面结构间应密实无缝。独立基础施工应做到立缘石基础坚实，安装稳固，安装后应将立缘石侧面的沟槽部分用 C15 水泥混凝土填实至面层底面标高。

第三节　水泥混凝土路面接缝的构造与布置

一、板块划分的意义

水泥混凝土路面的面层属于大体积工程，它是由一定厚度的水泥混凝土板组成，当温度变化时，水泥混凝土板难免会发生热胀或冷缩。白天当混凝土板的顶面温度高于板底面温度时，这种温度坡差使混凝土板的中部形成隆起的趋势；夜间当混凝土板的顶面温度低于板底面温度时，会使板的周边及角隅形成翘曲的趋势，板角隅上翘时，会发生板块同地基相脱空的现象；当混凝土面板整体温度均匀升降时，由于胀缩受到限制而产生胀缩应力。图 13-7 所示变形会受到混凝土面层与垫层之间的摩擦力和粘结力，以及板的自重和车轮荷载等约束，就会阻止混凝土板的胀缩移动，这些荷载应力和温度应力的综合作用，致使板内产生较大的应力，造成混凝土板产生的裂缝或拱胀等破坏。

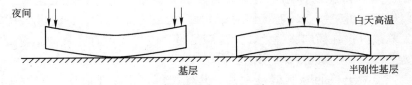

图 13-7　水泥混凝土路面板由于温度变化引起的变形

为了解决这个问题，通常把水泥混凝土面层用在纵横两个方向设置许多接缝，把路面分割成许多块，使板内产生的应力在允许范围，以避免板体产生不规则的裂缝。

二、水泥混凝土路面板缝宽度变化

（一）板的纵缝宽度变化趋势

水泥混凝土路面的纵缝与道路中线平行。横缝是垂直于道路中线且不得交错布置的缝。为了及时排除路面雨水，水泥混凝土路面应设置路拱，一般路拱横坡度为 1%～2%，道路纵向最外侧两边为自由边缘，在车轮荷载和混凝土板自重的长期作用下，大体积的水泥混凝土板块会有沿路拱下滑，纵缝有变宽的趋势。因此混凝土板面纵向缝（缩缝、施工缝）的宽度不宜太宽，而在 3～8mm 范围变化，如图 13-8 所示。

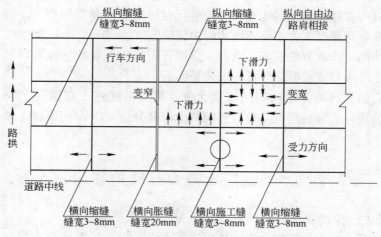

图 13-8 水泥混凝土路面板接缝处受力变化图

（二）板横缝宽度的变化趋势

从道路纵向（长度方向）考虑，混凝土板收缩比板的膨胀大，因此板长多数是以横向缩缝分隔，横向胀缝数量相对少得多（尽量少设）。一块独立板块的收缩，如图 13-8 箭头方向所示，使横向缩缝的宽度有变宽的趋势，因此横、纵向缩缝宜窄，通常做成假缝型。假缝：是指板块切缝不贯穿整个板厚，此种缝可以传递部分荷载。横向缩缝的缝宽度在 3～8mm 范围变化。

在高温季节路面宽度不太大时，混凝土板会沿道路长度方向膨胀，板块膨胀对横向胀缝起到挤压的作用，若不设置胀缝，会使路面板在此处隆起，产生胀裂。所以横向胀缝宽度是所有板缝中最宽的，一般取值为 2cm。在施工中应注意，横向施工缝最好设在横向胀缝处，无法满足时，应尽量设置在横向缩缝处，施工缝宽度为 3～8mm，如图 13-8 所示。

总之，混凝土板的除胀缝较宽外，其他接缝，以易于施工操作取较小值为宜。近年来国外有减小假缝宽度和深度的趋势。

板缝的设置减小了板体内的应力，使收缩、翘曲程度减小。但无论采用哪种形式的接缝，在板体接缝处，板块传递荷载都不可能完全连续。所以在设计板缝时，必须考虑水泥混凝土板荷载传递的连续性和防止水的渗入，从而延长路面的设计使用寿命。

三、等厚板

混凝土面板应具有较高的强度和刚度，表面平整、耐磨、具有一定的粗糙度。汽车荷载作用于板边产生的弯拉应力大于板中，为了适应荷载应力的变化，早期混凝土路面板的横断面采用不等厚变截面板，板边部比中部厚，如图13-9所示。这种断面在厚度变化处，容易引起折裂，且给基层和垫层施工带来诸多不便。目前国内外多采用等边厚度的断面形式作为混凝土板厚度。

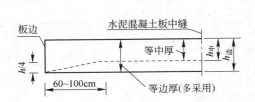
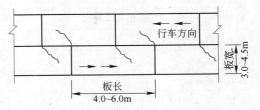

图13-9　混凝土路面板横断面示意图　　图13-10　横缝错开时引起的感应裂缝

四、水泥混凝土路面板缝的平面尺寸及厚度

（一）板缝布置要求

普通混凝土、碾压混凝土路面的面层一般采用矩形，尽量避免板角出现锐角。板的横缝与纵缝应互相垂直相交，但纵缝两侧的横缝不得互相错位布置，避免出现感应裂缝，如图13-10所示。国内外也有将横缝隙设置成与纵缝斜交，使同一轴上的车轮不同时作用于一条横缝上，从而板缝边缘薄弱布置受力分散，从而减少轴载对横缝的影响，横缝的倾斜度不应使产生的锐角小于75°。碾压混凝土和钢纤维混凝土面层全幅摊铺，可不设纵向缩缝。

（二）水泥混凝土板的平面尺寸

混凝土面板的宽度为相邻纵向接缝的间距，混凝土面板设计板宽时，考虑行车道因素，在3.0~4.5m宽度范围确定。板的长度是相邻横向接缝的间距，需按面层板的类型和厚度选定，普通水泥混凝土面板一般长为4~6m，且面层板的宽长比一般不超1：1.3，平面尺寸不宜大于25m^2。而碾压混凝土和钢纤维混凝土面层板长一般为6~10m，钢筋混凝土面层板长一般为6~15m。实践证明当板块尺寸大于规范规定尺寸时，会出现不规则裂缝和断裂现象。

（三）水泥混凝土板的厚度

普通混凝土、钢筋混凝土、碾压混凝土或连续配筋混凝土面层所需要板的厚度，可参照表13-12所示参考范围初估，并按《公路水泥混凝土路面设计规范》（JTG D40—2002）的规定程序并通过荷载应力和温度应力分析，进行混凝土板厚度计算和验算后确定。当为特重或重交通时，其板的最小厚度为260mm；中等或轻交通时，其最小厚度为220mm。但为钢纤维混凝土面层特重或重交通时，其板的最小厚度为160mm；中等或轻交通时，其最小厚度为140mm。

在表13-12中所建议厚度的参考范围内，标准轴载作用次数多、变异系数大、最大温度梯度大、基层厚度小及模量低时，取高值。

钢纤维混凝土面层厚度应根据纤维的掺配量而定，钢纤维体积率为0.6%~1.0%，其厚度为普通混凝土面层厚度的0.75~0.65。复合式路面沥青混凝土上面层的厚度一般为25~80mm。

水泥混凝土面层厚度的参考范围　　　　　表 13-12

交通等级	特重				重			
公路等级	高速	一级		二级	高速	一级		二级
变异水平系数	低	中	低	中	低	中	低	中
面层厚度(mm)	≥260	≥250	≥240		270~240	260~230	250~220	

交通等级	中				轻			
公路等级	二级		三、四级		三、四级		三、四级	
变异水平系数	高	中	高	中	高	中	低	
面层厚度(mm)	240~210		230~200		220~200	≤230	≤220	

五、接缝构造与布设

水泥混凝土路面接缝分为两大类：纵向接缝（纵向缩缝、纵向施工缝）；横向接缝（横向缩缝、横向施工缝、横向胀缝）。对多车道路面，应每隔 3~4 个车道设置一条纵向胀缝，其构造与横向胀缝相同。在板缝处应考虑防渗水和传递荷载的功能。

（一）纵向接缝

1. 纵向施工缝

当一次铺筑宽度小于路面宽度施工时，应设纵向施工缝。纵向施工缝的构造有，设拉杆的平缝形式等。纵向施工缝采用设拉杆的平缝形式时，上部应锯切槽口深 30~40mm，宽度 3~8mm，槽内灌塞填缝料。拉杆采用螺纹钢筋，垂直于纵缝，并设于板的中部，其构造如图 13-11(a)所示。当摊铺的面板厚度大于 25cm 时，纵向施工缝可采用加拉杆的企口缝形式。

2. 纵向缩缝

当一次摊铺两个或者两个以上车道时，路面应增设纵向缩缝，其位置按车道宽度而定。纵缝尽量不要设置在车轮轮迹位置。纵向缩缝的构造采用设拉杆的假缝形式。其缝锯槽口深度应大于施工缝的槽口深度。采用粒料基层时，槽口深度应为板厚的 1/3；采用半刚性基层时，槽口深度应为板厚的 2/5，其构造如图 13-11(b)所示。

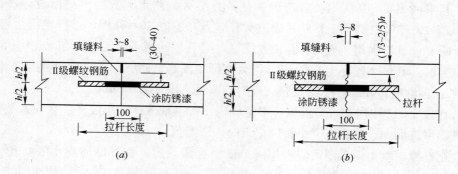

图 13-11　纵缝构造(单位：mm)
(a)纵向施工缝(设拉杆的平缝形式)；(b)纵向缩缝(设拉杆的假缝形式)

3. 拉杆

纵缝设置拉杆的目的是为了提高板块的粘结力和拉力,防止板块横向位移,而增大了纵向板缝。而在纵缝上设置的螺纹钢筋,可以提高混凝土板的整体强度。拉杆施工布设时,设在板块中央,其间距按实际情况调整,最外侧的拉杆距横向接缝的距离不得小于100mm,并应对拉杆中部100mm范围内进行防锈处理。因为锈蚀会减小钢筋断面尺寸,降低抗拉应力、强度和疲劳性能,锈皮膨胀破坏混凝土保护层,促使构件产生裂缝、渗水现象。在选用拉杆的直径、长度和间距时,可参照表13-13。

拉杆直径、长度和间距　　　　表13-13

面层厚度 (mm)	到自由边或未设拉杆纵缝的距离(mm)					
	3.00	3.50	3.75	4.50	6.00	7.50
200~250	14×700×900	14×700×800	14×700×700	14×700×600	14×700×500	14×700×400
260~300	16×800×900	16×800×800	16×800×700	16×800×600	16×800×500	16×800×400

注:拉杆直径、长度和间距的数字为直径×长度×间距。

纵向接缝,无论是施工缝或缩缝,均应在缝内设置拉杆,以保证接缝缝隙不张开。纵向缩缝的槽口切割深度应大于纵向施工缝,以保证混凝土在干缩或温缩时能在槽口下位置处开裂。

在道路直线段,路面是等宽的。而在道路交叉口处的路段,路面宽度发生变化。因为板块横断面尺寸不同,板块内应力大小不均匀,从而在板强度薄弱处产生不规则裂缝。此外,加宽板块路段起终点处的加宽板的宽度应由零增加到1m以上,以避免出现锐角板。连续配筋混凝土面层的纵缝处的纵缝拉杆可由板内横向钢筋延伸穿过代替。

(二)横向接缝

1. 横向缩缝

为了避免混凝土板块由于温度和湿度降低,而产生不规则的裂缝设置横向缩缝。横向缩缝有两种形式,不设传力杆的假缝形式和设传力杆的假缝形式。其构造如图13-12(a)、(b)所示。

假缝只在混凝土板上部切割规定的缝隙,板的上部切割留有一定宽度的缝,以便于填料,其切割缝隙下部可以连续浇筑,不必留缝。当混凝土收缩时,由于

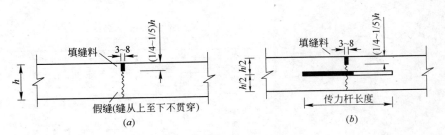

图13-12　横向缩缝构造(单位:mm)
(a)不设传力杆的假缝型;(b)设传力杆的假缝型

这里切割形成板的强度最薄弱处，收缩就必然会从这里拉开，产生缩缝。板块沿薄弱断面拉开后，由于断面处集料形成不贯穿、凹凸不平相互啮合的表面，它起到传递荷载作用。采用设传力杆的假缝，增大了混凝土面板的传荷能力。近年来国外有减小假缝隙宽度和深度的趋势。规范中规定在承受特重和重交通的普通混凝土面层的横向缩缝内必须设置传力杆。

横向缩缝可等间距或变间距布置，防止共振。一般采用假缝形式。而在特重和重交通公路、收费广场及邻近胀缝或自由端部的3条缩缝，应采用设传力杆假缝形式，其构造如图13-12(b)所示。

横向缩缝施工用切割机在缩缝顶部切槽口，深度为面板厚度的1/4～1/5，宽度3～8mm，槽内填塞填缝料。对于高速公路的横向缩缝槽口宜采用两次锯切槽口法，以防止板块膨胀时填料被挤出，先用薄锯片切割到要求的深度，再用厚锯片在同一位置锯成浅槽口，形成缝深20mm，缝宽6～10mm的构造缝，在浅槽口底部条带或绳填塞后，上部灌以填缝料，如图13-13(b)和图13-14所示。

2. 横向施工缝

每日施工结束，或因故停工半小时以上，需设置横向施工缝。横向施工缝的构造，采用设传力杆的平缝形式，如图13-13(a)所示。设在横向缩缝处的施工缝，其构造与施工缝相同，应采用平缝加设传力杆的形式。其构造如图13-13(b)所示。设在胀缝处的施工缝，其构造与胀缝相同，其构造如图13-15所示。也可以采用浅槽型，如图13-14所示。

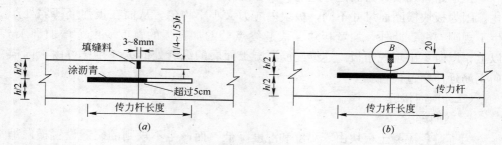

图 13-13 横向施工缝构造（单位：mm）
(a) 普通型构造；(b) 浅槽型构造

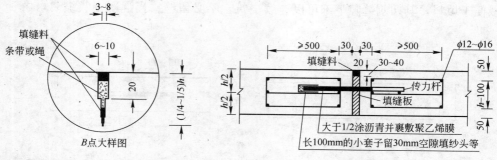

图 13-14 浅槽口构造（单位：mm）　　图 13-15 横向胀缝构造（单位：mm）

3. 横向胀缝

低温施工时或选用膨胀性高的集料时，应保证面板在温度升高时有伸缩余地，需设置横向胀缝。胀缝必须沿路面横断面完全断开，并保留胀缝宽 20mm，缝内设置挡缝板后，板缝无法依靠集料传递荷载，因此必须在板中央设置滑动传力杆。传力杆的长度、直径、间距可以通过计算确定，或按表 13-14 选用。

滑动传力杆一半以上表面涂沥青膜，在外面再套 0.4mm 厚的聚乙烯膜，并套上长约 8～10cm 金属或塑料套，内留 30mm 的空隙，填以塑料泡沫或纱头等弹性材料，以利于板的自由伸缩，带套的杆端在相邻板交错布置。其构造如图 13-15 所示。滑动传力杆应安放在钢筋支架上，并在基层对应的位置上给予固定。

混凝土路面板的所有板缝在施工和使用中比较，胀缝是最薄弱的，若施工不当，胀缝处的板块常出现碎裂等病害。当雨水通过已破坏的胀缝渗入基础，使地基软化，相应混凝土路面胀缝处出现唧泥、错台等破坏现象。胀缝处的填缝料要经常养护（增加或减少），否则会引起跳车。因此国内外在修筑混凝土路面时有减少胀缝的趋势。

我国公路水泥混凝土路面设计规范规定，在临近桥涵、隧道口、道路与其他路面或与其他固定构造物相接处、小半径平（竖）曲线、纵坡变化处以及城市道路在交叉口宽度变化处应设置胀缝。一般设置 2～3 条。当板厚大于或等于 20cm 时并在夏季施工时，也可以不设胀缝。在水泥混凝土路面的端头或与其他构筑物相接处可以采用边缘钢筋型或厚边型构造形式。

4. 传力杆

横向接缝处设置传力杆的目的，是为了把荷载应力通过传力杆传到相邻板块，保证接缝处的传荷能力和路面的平整，防止错台等病害的产生。因为同样的荷载，在混凝土板块边缘部位所引起的破坏应力比板块中央大。传力杆主要用于横向接缝，采用光圆钢筋。对胀缝和缩缝处的传力杆采用相同有间距和尺寸，按表 13-14 选用。

传力杆尺寸和间距 表 13-14

面层厚度(mm)	传力杆直径(mm)	传力杆最小长度(mm)	传力杆最大间距(mm)
220	28	400	300
240	30	400	300
260	32	450	300
280	35	450	300
300	38	500	300

最外侧传力杆距纵向接缝或自由边的距离为 150～250mm。对设置在横缝处的传力杆，应在大于传力杆长度的 1/2 范围内涂沥青，以保证板块自由滑动。横缝设置传力杆增大传荷能力比采用假缝断裂面嵌锁大得多。混凝土板块接缝处拉杆和传力杆布置，如图 13-16 所示。

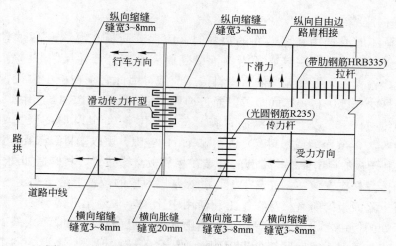

图 13-16　水泥混凝土板块接缝处传力杆和拉杆布置示意图

(三) 交叉口处接缝

布设交叉口处的接缝时，不能把口孤立出来进行，应分清道路的主次，保持主要道路的位置和形式全线一致，次要道路的接缝要与主要道路相协调，并适当调整交叉口处的横缝位置，将胀缝设在次要道路上。相交道路加宽部分的接缝布置，避免出现或少形成锐角和错缝。在加宽和宽度变化路段的终点，此处板宽不宜小于1m，如图 13-17 所示。

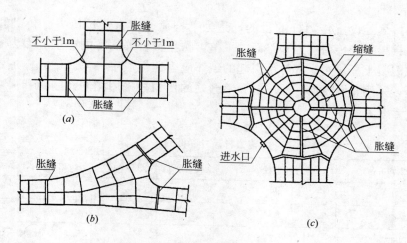

图 13-17　交叉口接缝布置示意图
(a) T形交叉；(b) Y形交叉；(c) 十字形交叉

在次要道路弯道加宽横断面处的横向接缝，采用胀缝形式。在估计膨胀量大时，应连续设置 2~3 条设滑动传力杆的胀缝。与胀缝相邻的三条缩缝应设置成设传力杆的假缝形式。

【例 13-1】　某一级公路，IV_4 区平原微丘，采用水泥混凝土路面，路面板厚 240mm，路基宽度为 24.5m，如图 13-18 所示，要求完成：(1) 标出公路用地范围;(2)确定水泥混凝土路面板块尺寸;(3)板块接缝应考虑什么?(4)确定一块板的一侧的一条纵缝处设置拉杆的直径长度间距,一条横缝设传力杆的直径、长度、间距,并确定钢筋的类别及钢筋表面处理要求。

【解】

(1)一级公路的用地范围,一般是以路基两侧的最外排水设施边缘以外 2m 范围为地界。

(2)根据规范和车道宽度先拟定路基横断面各组成部分的宽度尺寸,如图 13-18 所示。路基宽度减去中央分隔带和土路肩的宽度,为混凝土路面板划分的有效总宽度。

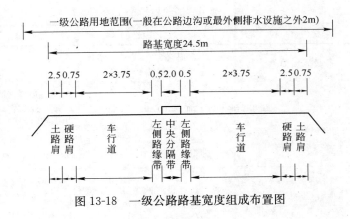

图 13-18 一级公路路基宽度组成布置图

一侧混凝土板面划分的有效宽度为:

$$(24.5-2.0-2\times0.75)/2=10.5\text{m}$$

板宽为:10.5/3=3.5m 取 3.5m,符合混凝土板宽的要求。

板长度 x 为:宽:长=1:1.3

由 1:1.3=3.5:x 可得:x=4.55m 取 4.5m,符合混凝土板长的要求。

(3)板块接缝应考虑:板缝防渗水和板缝传荷功能。

(4)一块板(厚度为 240mm)纵缝和横缝设置的拉杆和传力杆的直径、长度、间距及规格见表 13-15。

拉杆和传力杆尺寸和间距(mm) 表 13-15

板厚 (mm)	板缝 分类	构造筋 名称	钢筋 类别	直径 (mm)	最小长度 (mm)	最大间距 (mm)	一条缝内 钢筋根数	至接缝的 距离(mm)
240	纵缝	拉 杆	螺纹Φ	14	700	800	6	250
	横缝	传力杆	光圆φ	30	400	300	11	250

同时,最外侧的拉杆距横向接缝的距离不得小于 100mm;最外侧传力杆距纵向接缝或自由边的距离为 150~250mm;满足要求。拉杆中部 100cm 范围内进行防锈处理。传力杆长度的 1/2 范围内涂沥青。

六、接缝材料

接缝材料按使用性能分为接缝板和填缝料两大类。各类板的接缝槽口超过 3mm 时，均应填封，防止石子、杂物和水的进入，影响板的使用功能。

(一) 接缝板

胀缝接缝板，应选用能适应混凝土板膨胀收缩、施工时不变形、复原率高和耐久性好的材料。高速公路和一级公路宜选用泡沫橡胶板、沥青纤维板；其他等级公路也可选用木材类或纤维类板。

(二) 接缝填料

常用的填缝材料有：常温施工式和加热施工式填缝料、背衬垫条，见表 13-16。

常用的填缝材料　　　　表 13-16

施工温度分类	材料种类	选用及性能	施工要求
常温施工式填缝料	聚氨酯焦油类、氯丁橡胶类、乳化（改性）沥青橡胶	高速公路、一级公路优先选用；弹性复原率较高、粘结延伸率较高、与混凝土粘结性较强	保持温度不变进行灌缝，填缝料必须饱满均匀、厚度一致并连续贯通，不得出现填缝隙料缺失、开裂和渗水现象
加热施工式填缝料	沥青玛琋脂、聚氯乙烯胶泥、沥青橡胶	具有规定的针入度、弹性和复原率、流动性、拉伸量	
背衬垫条	橡胶嵌缝条类、微孔孔泡沫塑料（形状应为圆柱形，直径应比接缝宽度大 3～5mm，大小为 8～10mm）	具有良好的弹性、柔韧性、不吸水、耐酸碱腐蚀和在高温不软化性能	使用时应先将粘结剂连续地涂在板缝壁上部，形成一层约 1mm 厚的粘结剂膜，再使用专用工具嵌入嵌缝条

接缝填料应选用与混凝土接缝槽壁粘结力强、回弹性好、适应混凝土板收缩、不溶于水、不渗水、高温时不流淌、低温时不脆裂、耐老化的材料。高速公路、一级公路优先用树脂类、橡胶类或改性沥青的填缝料及其制品。二级及以下公路可选用各种性能符合要求的填缝隙料。

七、板端部处理

(一) 桥头搭板

混凝土路面板与桥梁连接时，处理不好，往往形成错台，以致汽车在桥头行驶时而产生跳车。道路与桥梁连接处应设置钢筋混凝土搭板，并在搭板与混凝土面层板块之间应设置 6～10m 的钢筋混凝土面层过渡板。搭板一侧放在桥台上，并加设防滑锚固钢筋和搭板上预留灌浆孔。端部锚固结构是为了约束连续配筋混凝土面层的膨胀位移，如图 13-19 所示。过渡板与搭板间的横缝采用设置拉杆平缝形式、过渡板与混凝土路面之间采用设传力杆的胀缝形式。搭板施工时需将横缝拉杆按设计位置预埋。水泥混凝土路面与桥梁斜交时，与桥梁之间宜采用设置搭板及钢筋混凝土渐变板形式。

当桥头与混凝土板之间不设置搭板形式时，宜在混凝土面层与桥台之间设置长 10～15m 的钢筋混凝土面层板或设置混凝土预制块或沥青层过渡段，其长度不小于 8m。

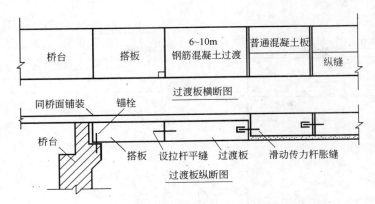

图 13-19 正交桥梁桥头混凝土路面的构造示意图

（二）与其他路面相接

在水泥混凝土路面与沥青路面相接时，由于沥青路面难以抵御混凝土面层的膨胀推力，易出现沥青路面的推移拥起，形成接头处的不平整，引起跳车，宜采用如图 13-20 所示的处理方式。

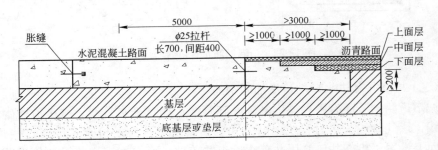

图 13-20 混凝土路面与沥青路面相接段的构造（单位：mm）

其间应设置至少 3m 长的过渡段。过渡段的路面采用两种路面呈阶梯状叠合布置，其下面铺的变厚混凝土过渡板厚不得小于 200mm。过渡段与混凝土面层相接处的接缝内设置直径 25mm、长 700mm、间距 400mm 的拉杆。混凝土面层与沥青路面相邻的 1～2 条横向接缝应设置胀缝。

八、特殊部位布筋

（一）边缘补强钢筋

混凝土面层边缘下基础薄弱或接缝为未设传力杆的平缝时，可在面层边缘下部配置钢筋。通常选用 2 根 12～16mm 的螺纹钢筋，置于面层底面之上 1/4 板厚度处，保护层不小于 50mm，间距为 100mm，钢筋两端向上弯起，如图 13-21 所示。

（二）角隅钢筋

承受特重交通的胀缝、施工缝和自由边的面层角隅及锐角面层角隅，宜配置角隅钢筋。通常选用 2 根直径为 12～16mm 螺纹钢筋，置于面层上部，距顶面不小于 50mm，距边缘为 100mm，如图 13-22 所示。

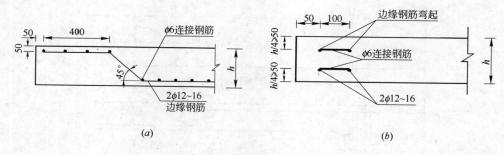

图 13-21　边缘钢筋布置(单位：mm)

(a)纵向布置图；(b)横向布置图

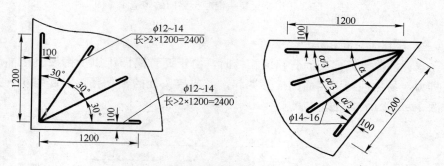

图 13-22　角隅钢筋布置(单位：mm)

(三) 检查井和进水口的口沿加固钢筋

城市道路的下面有各种城市基础设施管线，如自来水管线、城市道路生活污水管线，燃气管线、热力管线、电力和电信管线等。为了检查和维修这些管线，在路面上设置了检查井口，用井盖将检查井盖住。而在城市道路设置检查井、进水口井周围的混凝土路板，由于此处混凝土横断面尺寸减小，板块的整体强度减弱，且井周围填土不易压实，很容易发生断裂破损。因此混凝土路面内构造物周围的混凝土板应加固。

1. 检查井和进水口布置位置选择

雨水口在混凝土板上的位置，一般应按图 13-23 布置。各类检查井、闸门井、入孔井在混凝土上的位置一般应按图 13-24 所示位置布置。检查井的井口的形状最好采用圆形的。

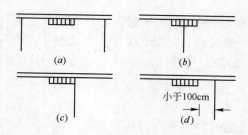

图 13-23　雨水口的布置形式

(a)板中式；(b)骑缝式；(c)傍缝式；(d)不宜采用

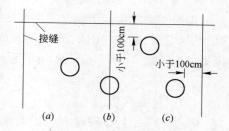

图 13-24　各类管线的布置形式

(a)板中式；(b)骑缝式；(c)不宜采用

2. 加固方法

检查井和进水口井周围的混凝土板内设置钢筋加固,并在井圈与混凝土板之间设置胀缝,填入填缝料。

(四)路面下的构造物

1. 箱形构造物

混凝土面层下有箱形构造物横向穿越,其箱形构造物顶面至混凝土面层板底面的距离小于400mm或嵌入基层时,在构造物顶宽及两侧各$H+1m$且不小于4m的范围内,混凝土面层内应布设双层钢筋网,上下层钢筋网各距面层顶面和底面$1/4\sim1/3$厚度处,如图13-25所示。构造物顶面至面层底面的距离在400~1200mm时,则在上述长度范围内的混凝土面层中应布设单层钢筋网,钢筋网设距顶面$1/4\sim1/3$厚度处,如图13-26所示。

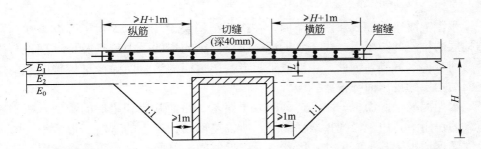

图13-25 箱形构造物横穿公路处的成层配筋(L小于400mm或嵌入基层)

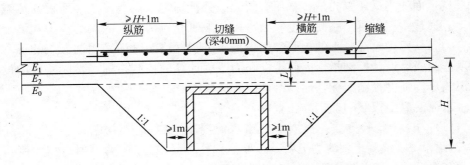

图13-26 箱形构造物横穿公路处的成层配筋(L为400~1200mm)

2. 圆形构造物

混凝土面层下有圆形构造物横向穿越,其圆形构造物顶面至混凝土面层板底面的距离小于1200mm时,在构造物两侧各$H+1m$且不小于4m的范围内,混凝土面层内应布设单层钢筋网,钢筋网各距面层顶面和底面$1/4\sim1/3$厚度处,如图13-27所示。钢筋尺寸和间距及传力杆接缝设置与箱形构造物相同。

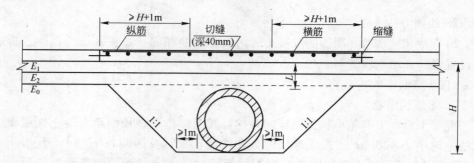

图 13-27 圆形构造物横穿公路处的成层配筋（L 小于 1200mm）

第四节 普通水泥混凝土路面板厚计算

水泥混凝土路面属于刚性路面，在进行结构层设计时，采用了已有柔性路面结构层的抗压回弹模量，由于水泥混凝土路面结构层的受力特点及计算理论与柔性路面有许多区别，因此，用混凝土板下基层顶面的当量回弹模量代替原有柔性路面结构层的抗压回弹模量。

水泥混凝土路面板的刚度远远的大于路基、路面基层和垫层的刚度。在车轮荷载的作用下，由于板的扩散性能好，所以路面结构产生的弯曲变形微小，而其厚度又远远小于其平面尺寸，因此，可以近似的把路面板在车轮荷载作用下的应力—应变看成是线弹性的，所以，在力学分析时常将混凝土板看作弹性薄板，将其结构层视为弹性层状结构。可以应用弹性层状体系理论来求解水泥混凝土路面下基层顶面的当量回弹模量；采用有限元法分析确定水泥混凝土路面板的荷载应力，并通过水泥混凝土路面温度应力分析，来研究板内产生的胀缩应力和温度翘曲应力，从而确定混凝土的板厚和板块尺寸。刚性路面设计采用混凝土的抗弯拉强度作为板厚设计控制指标。而柔性路面厚度计算的控制指标，是以路表的设计弯沉值作为强度控制指标，而以结构层的抗弯拉应力作为验算指标。

水泥混凝土板厚的确定方法有以下三种：

(1) 力学—经验方法：根据《公路水泥混凝土路面设计规范》(JTG D40—2002) 附录 B，混凝土板应力分析及板厚度计算流程，进行板厚计算。以控制荷载应力和温度应力综合作用下的结构设计方法，以及考虑材料和结构设计参数变异的可靠度设计方法。

(2) 经验性—力学方法：经验性—力学方法通过修筑试验路，进行行车荷载试验和观测，采集路面结构、轴载和作用次数以及路面使用性能指标的数据，经统计分析整理，建立使用性能指标同路面结构和荷载参数间的经验关系式。同时进行试验路段结构的力学分析，建立力学指标同路面结构和荷载参数间的经验关系式，从而可按预定的使用性能要求推求路面的使用寿命，或者确定所需路面结构尺寸。

(3) 路面设计专用系统软件：采用了水泥混凝土路面专用程序软件《公路路面设计程序系统软件》(HPDS2003) 进行厚度计算。此软件可进行新建单层水泥混凝土路面设计(HCPD1)、旧混凝土路面上加铺设计(HCPD3)、改建路段原路面当量回弹模量计算(HOC1)等,且软件界面与设计参数的关系清晰,操作方法简单,易于掌握,并符合路面设计厚度规定的精度要求。

本章主要介绍力学—经验方法的设计参数及流程,及运用《公路路面设计程序系统软件》进行厚度计算,并能掌握水泥混凝土路面结构布置图。

一、设计依据

在现行的交通部《公路水泥混凝土路面设计规范》(JTG D40—2002)中,在进行混凝土路面结构设计时,提出混凝土路面结构可靠度要求,引入了目标可靠度、结构设计参数异性与变异水平等级等指标。

路面结构可靠度是指,在规定的设计基准期内,在规定的环境和行车荷载条件下,路面的使用性能满足预定要求的概率。规范选定的水泥混凝土路面设计方法,仅满足路面结构性能要求,并以行车荷载和温度梯度综合作用产生的疲劳断裂作为设计标准。

水泥混凝土设计依据有路面结构的目标可靠度、设计基准期、变异系数、可靠度系数。

1. 可靠度

路面结构的可靠度是指由土基、基层和面层组成的路面结构,在规定的设计基准期内,在规定的环境和汽车荷载作用下,路面使用性能满足预定水平要求的概率。路面结构的可靠度标准见表 13-17。

可靠度设计标准　　　　　　　　　　　　表 13-17

公路技术等级	高速公路	一级公路	二级公路	三、四级公路
安全等级	一级	二级	三级	四级
设计基准期(a)	30	30	20	20
目标可靠度(%)	95	90	85	80
目标可靠指标	1.64	1.28	1.04	0.84
变异水平等级	低	低～中	中	中～高

2. 安全等级

工程结构的设计安全等级,根据结构破坏的严重程度划分为一级、二级、三级,相应的破坏程度分为很严重、严重、不严重,分别用于高速公路、一级公路、二级公路。

3. 目标可靠度

目标可靠度是所设计路面结构应具有的可靠度水平。它的选取是一个工程经济问题:目标可靠度定的高,则所选用的路面结构厚,初期修建费用高,但使用期间的养护费用和车辆运营费用较低。见表 13-17 中的目标可靠度参数。

4. 变异水平等级和变异系数

材料性能和结构参数的变异水平等级,按施工技术、施工质量控制和管理水平分为低、中、高三级,见表 13-17。变异系数的选用,与施工相应的技术管理和路面结构的质量控制密切相关,以保证主要设计参数的变异系数控制在相应等级的范围内,应符合表 13-18 中的规定。

变异系数 c_v 的变化范围　　　　　　　表 13-18

变异水平等级	低	中	高
水泥混凝土弯拉强度、弯拉弹性模量	$c_v \leq 0.10$	$0.10 < c_v \leq 0.15$	$0.15 < c_v \leq 0.20$
基层顶面当量回弹模量	$c_v \leq 0.25$	$0.25 < c_v \leq 0.35$	$0.35 < c_v \leq 0.55$

采用滑模或轨道式施工机械施工，当施工质量控制和管理水平较高，可选用低变异水平等级。采用小型机具施工，施工质量控制和管理水平较弱的工程，可选用高变异水平等级。

5. 可靠度系数

可靠度系数是目标可靠度及设计参数变异水平等级和相应的变异系数的函数。设计时，可依据各设计参数变异系数值在各变异水平等级变化范围内的情况选择可靠度系数。表 13-19。

可靠度系数 γ_r　　　　　　　表 13-19

变异水平等级	目标可靠度(%)			
	95	90	85	80
低	1.20～1.33	1.09～1.16	1.04～1.08	—
中	1.33～1.50	1.16～1.23	1.08～1.13	1.04～1.07
高	—	1.23～1.33	1.13～1.18	1.07～1.11

注：变异系数在表 13-18 所示的变化范围的下限时，可靠度系数取低值；上限时，取高值。

二、水泥混凝土路面的交通等级及板厚计算步骤

1. 标准轴载及临界荷位

水泥混凝土路面结构设计以 100kN 的单轴—双轮组作为标准轴载，以标准轴载作用于混凝土板的纵向缝边缘中部产生最大荷载应力和温度梯度综合疲劳损坏的位置作为临界荷位，如图 13-28 所示。设计方法采用了可靠度设计方法，以行车荷载和温度应力梯度综合作用产生的疲劳断裂作为设计的极限状态。路面板的疲劳极限应力，应满足水泥混凝土弯拉强度的标准值。

图 13-28　临界荷位

2. 标准轴载及轴载当量换算

交通调查中，一般获取所设计公路的汽车车型（分为八大类，即大货车、中型货车、小型货车、大型客车、小型客车、拖挂机、集装箱车及大中型拖拉机）、轴型和轴载组成数据，分析计算设计车道使用初期的标准轴载日作用次数。它们具有不同的车型和轴载组成，为了设计方便，以等效疲劳断裂损坏为原则，将复杂多变的各级轴载以换算成标准轴载作用次数。

路面结构设计时的交通等级是标准轴载累计作用次数，对于水泥混凝土路面，只将大于 40kN 的单轴和 80kN 的双轴汽车计入。由于 2 轴 4 轮以下的客、货车对标准轴载影响很小，一般将其剔除。其余各级轴载均换算成标准轴载。

水泥混凝土路面结构设计首先将不同的轴—轮型和轴载的作用次数,按式(13-1)换算为标准轴载的作用次数。

$$N_s = \sum_{i=1}^{n} \delta_i N_i \left(\frac{P_i}{100}\right)^{16} \qquad (13-1)$$

式中 N_s——100kN 的单轴—双轮组标准轴载的作用次数;

P_i——单轴—单轮、单轴—双轮组或三轴—双轮组轴型 i 级轴载的总重(kN);

n——轴型和轴载级位数;

N_i——各类轴型 i 级轴载的作用次数;

δ_i——轴—轮型系数,单轴—双轮组时,$\delta_i = 1$;单轴—单轮时,按式(13-3)计算;双轴—双轮组时,按式(13-4)计算;三轴—双轮组时,按式(13-5)计算。

单轴—双轮组: $\delta_i = 1.0$ (13-2)

单轴—单轮组: $\delta_i = 2.22 \times 10^3 P_i^{-0.43}$ (13-3)

双轴—双轮组: $\delta_i = 1.07 \times 10^{-5} P_i^{-0.22}$ (13-4)

三轴—双轮组: $\delta_i = 2.24 \times 10^{-8} P_i^{-0.22}$ (13-5)

三、交通分析

1. 交通增长率

设计基准期内的年平均交通增长率,在不同的地区、不同的时间段有所不同。可通过交通观测点统计交通资料进行分析,获取设计公路的初期年平均日交通量(双向)和车辆组成数据,剔除 2 轴 4 轮以下的客货车辆交通量,得到初期年平均日货车交通量(双向),并根据公路等级及其功能,论证后确定。交通年增长率一般变动于 2%～6% 范围内选用。

2. 交通方向分配系数

当计算设计车道使用初期标准轴载日作用次数时,应调查分析双向交通的分布情况,选取交通量方向分配系数,一般情况为 1～0.5。当为双向交通时取 0.5,为单向交通时可采用 1.0。

3. 交通量车道分配系数

当计算设计车道使用初期标准轴载日作用次数时,还应依据公路等级、路基宽度及设计公路的车道数,参照表 13-20 确定交通量车道分配系数。使用初期年平均交通量(双向)乘以方向分配系数和车道分配系数,即为设计车道的平均日货车交通量。

交通量车道分配系数 表 13-20

单向车道数	1	2	3	≥4
车道分配系数	1.0	0.8～1.0	0.6～0.8	0.5～0.75

4. 轮迹横向分布系数

汽车在路面上行驶时,轮迹的横向分布不均匀。一般公路等级低、单车道和匝道处轮迹重叠，此处集中的轮迹使横向分布系数值偏大；行车道宽或交通量较大时取高限。而公路等级高，车轮轮迹的横向分布较分散，则取低值。影响轮迹横向分布的因素很多，如横断面的形式、车道宽度、车道数、交通类型、交通密度和组成及是否分道行驶等。水泥混凝土路面临界疲劳荷位位置为纵缝隙边缘中部，该处的轮迹横向分布系数，按表13-21选用。

车辆轮迹横向分布系数(η)　　　　　表13-21

公 路 等 级		纵缝边缘处
高速公路、一级公路、收费站		0.17～0.22
二级及二级以下公路	行车道宽>7m	0.34～0.39
	行车道宽≤7m	0.54～0.62

注：车道或行车道或交通量较大时取高限，反之，取低值。

5. 累计当量轴次计算及交通分级

累计当量轴次(N_e)，是以设计车道使用初期的标准轴载日作用次数(N_s)为基数(考虑了方向分配系数和车道分配系数)，再根据设计基准期内水泥混凝土面层临界荷位处所承受的标准轴载累计作用次数来确定的。按等比级数求和的公式来计算，并以此来确定水泥混凝土路面的交通等级，而分布概率集中的车道作为设计车道。交通等级按设计车道标准轴载累计作用次数分为四级，见表13-22。标准轴载累计作用次数按下式(13-6)计算：

$$N_e = \frac{N_s \times [(1+g_r)^T - 1] \times 365}{g_r} \cdot \eta \tag{13-6}$$

式中　N_e——设计基准期内混凝土面层临界荷位处的标准轴载累计作用次数(次)；
　　　t——设计基准期(年)；
　　　g_r——交通量年平均增长率(％)；
　　　η——临界荷位处的车辆轮迹横向分布系数，按表13-21选用。

交　通　分　级　　　　　表13-22

交 通 等 级	特 重	重	中 等	轻
设计车道标准轴载累计作用次数 $N_e(10^4)$	>2000	100～2000	3～100	<3

四、路面结构极限状态的设计指标

(一)弯拉强度标准值

我国水泥混凝土路面结构设计是以疲劳弯曲开裂为设计指标，即行车荷载作用产生的荷载疲劳应力 σ_{pr} 和温度梯度作用产生的疲劳应力 σ_{tr} 之和($\sigma_{pr}+\sigma_{tr}$)不超过混凝土弯拉强度的设计值 f_r 作为设计标准。并考虑水泥混凝土路面结构的可靠度，即在设计基准期内，面层板在综合应力作用下，不产生结构的疲劳断裂为设计极限状态，其表达式为：

$$r_r(\sigma_{pr}+\sigma_{tr}) \leqslant f_r \tag{13-7}$$

式中 r_r——可靠度系数,依据所选目标可靠度及变异水平等级按表13-19确定;
σ_{pr}——行车荷载疲劳应力(MPa),按式(13-8)计算;
σ_{tr}——温度梯度疲劳应力(MPa),按式(13-14a)计算;
f_r——水泥混凝土弯拉强度标准值(MPa),见表13-23。

混凝土弯拉强度标准值　　　　表13-23

交通等级	特重	重	中等	轻
水泥混凝土的弯拉强度标准值(MPa)	5.0	5.0	4.5	4.0
钢纤维混凝土的弯拉强度标准值(MPa)	6.0	6.0	5.5	5.0

(二)荷载应力计算

选取混凝土板的纵向边缘中部作为最大荷载和温度梯度综合损坏的临界荷位。标准轴载 P_s 在临界荷位处产生的荷载疲劳应力按式(13-8)确定。

$$\sigma_{pr}=k_r k_f k_c \sigma_{ps} \tag{13-8}$$

式中 σ_{pr}——标准轴载 P_s 在临界荷位处产生的荷载疲劳应力(MPa);
σ_{ps}——标准轴载 P_s 在四周自由板的临界荷位处产生的荷载应力(MPa);按式(13-9)计算;
k_r——考虑接缝传荷能力的应力折减系数,纵缝为设拉杆的平缝时,k_r=0.87~0.92(刚性和半刚性基层取低值。柔性基层取高值);k_r=1.0(纵缝为不设拉杆的平缝或自由边时);
k_f——考虑设计基准期内荷载应力累计疲劳作用的疲劳应力系数按式(13-13a)确定;
k_c——考虑偏载和动载等因素对路面疲劳损坏的综合系数,按公路等级查表13-24确定。

综合系数 k_c　　　　表13-24

公路等级	高速公路	一级公路	二级公路	三、四级公路
k_c	1.30	1.25	1.20	1.10

标准轴载 P_s 在四边自由板临界荷位处产生的荷载应力按式(13-9)计算。

$$\sigma_{ps}=0.077 r^{0.60} h^{-2} \tag{13-9}$$

$$r=0.537 h \left(\frac{E_c}{E_t}\right)^{1/3} \tag{13-10}$$

式中 σ_{ps}——标准轴载 P_s 在四边自由板临界荷位处产生的荷载应力(MPa);
r——混凝土的相对刚度半径(m),按式(13-10)计算;
h——混凝土板厚(m);
E_c——水泥混凝土的弯拉弹性模量(MPa),可按表13-25选用;
E_t——基层顶面当量回弹模量(MPa)。新建道路按式(13-11)计算;改建道路实测按式(13-12)计算确定。

水泥混凝土的弯拉弹性模量 E_c 经验参考值范围　　　表 13-25

弯拉强度(MPa)	1.0	1.5	2.0	2.5	3.0
抗压强度(MPa)	5.0	7.7	11.0	14.9	19.3
弯拉弹性模量(GPa)	10	15	18	21	23
弯拉强度(MPa)	3.5	4.0	4.5	5.0	5.5
抗压强度(MPa)	24.2	29.7	35.8	41.8	48.4
弯拉弹性模量(GPa)	25	27	29	31	33

(1) 新建道路基层顶面当量回弹模量 E_t 可按式(13-11)计算。

$$E_t = a h_x^b E_0 \left(\frac{E_x}{E_0}\right)^{1/3} \tag{13-11a}$$

$$E_x = \frac{h_1^2 E_1 + h_2^2 E_2}{h_1^2 + h_2^2} \tag{13-11b}$$

$$h_x = \left(\frac{12 D_x}{E_x}\right)^{1/3} \tag{13-11c}$$

$$D_x = \frac{E_1 h_1^3 + E_2 h_2^3}{12} + \frac{(h_1+h_2)^2}{4}\left(\frac{1}{E_1 h_1}+\frac{1}{E_2 h_2}\right)^{-1} \tag{13-11d}$$

$$a = 6.22\left[1 - 1.51\left(\frac{E_x}{E_0}\right)^{-0.45}\right] \tag{13-11e}$$

$$b = 1 - 1.44\left(\frac{E_x}{E_0}\right)^{-0.55} \tag{13-11f}$$

式中　E_0——路床顶面的回弹模量(MPa)，查用表 13-26 的参考值；
　　　E_x——基层和底基层或垫层的当量回弹模量(MPa)，查用表 13-27 的参考值；
　　　E_1、E_2——基层和底基层或垫层的回弹模量(MPa)；
　　　h_x——基层和底基层或垫层的当量厚度(m)；
　　　D_x——基层和底基层或垫层的当量弯曲刚度(MN·m)；
　　　h_1、h_2——基层和底基层或垫层的厚度(m)；
　　　a、b——与 E_x/E_0 有关的回归系数。

中湿路基路床顶面回弹模量经验参考值范围(MPa)　　　表 13-26

土　　组	公　路　自　然　区　划				
	II	III	IV	V	VI
土 质 砂	26~42	40~50	39~50	35~60	50~60
黏 质 土	25~45	30~40	25~45	30~45	30~45
粉 质 土	25~46	32~54	30~50	27~43	30~45

垫层和基层回弹模量经验参考值范围(MPa)　　　表 13-27

材料类型	回弹模量(MPa)	材料类型	回弹模量(MPa)
中、粗砂	80～100	石灰粉煤灰稳定粒料	1300～1700
天然砂砾	150～200	水泥稳定粒料	1300～1700
未筛分碎石	180～220	沥青碎石(粗粒式,20℃)	600～800
级配碎砾石(垫层)	200～250	沥青混凝土(粗粒式,20℃)	800～1200
级配碎砾石(基层)	250～350	沥青混凝土(中粒式,20℃)	1000～1400
石灰土	200～700	多孔隙水泥碎石(水泥剂量9.5%～11%)	1300～1700
石灰粉煤灰	600～900	多孔隙沥青碎石(20℃,沥青含量2.5%～3.5%)	600～800

计算要点：当底基层和垫层同时存在时，如图 13-29(a)所示，可先按式(13-11b)～式(13-11d)换算成具有当量回弹模量和当量厚度的单层，如图 13-29(b)所示，得模量为 E_{x2}、厚度为 h_{x2} 的单层。同理此层再与基层一起按上述各式计算基顶当量回弹模量，结果如图 13-29(c)所示。然后再用式(13-11a)计算基层顶面回弹模量 E_t。当无基层和底基层时，相应层的厚度和回弹模量分别以零值代入上述各式进行计算。

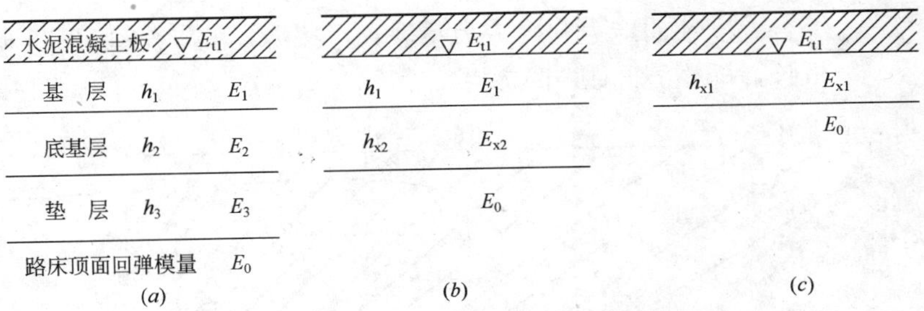

图 13-29　新建公路的基顶当量回弹模量计算图示

(2) 在旧柔性路面上铺筑水泥混凝土面层时，原柔性路面顶面的当量回弹模量可按式(13-12)计算确定。

$$E_t = 13739\omega_0^{-1.04} \tag{13-12}$$

式中　ω_0——以后轴重 100kN 的车辆进行弯沉测定，经统计整理后原路面计算回弹弯沉值(0.01mm)。

(3) 荷载疲劳应力系数

计算基准期内的荷载疲劳应力系数 k_f 按式(13-13a)计算确定。

$$k_f = N_e^\nu \tag{13-13a}$$

式中　k_f——设计基准期内的荷载疲劳应力系数；

N_e——设计基准期内基准轴载累计作用次数，按式(13-6)计算；

ν——与混合料有关的指数，普通混凝土、钢筋混凝土、连续配筋混凝土，$\nu=0.057$；碾压混凝土和贫混凝土，$\nu=0.065$；钢纤维混凝土，ν 按式(13-13b)计算。

$$\nu = 0.053 - 0.017\rho_f \frac{l_f}{d_f} \tag{13-13b}$$

式中 ρ_f——钢纤维的体积率(%);
l_f——钢纤维的长度(m);
d_f——钢纤维的直径(mm)。

(三)温度应力计算

(1)在临界荷位处的温度疲劳应力按下式确定:

$$\sigma_{tr} = k_t \sigma_{tm} \tag{13-14a}$$

式中 σ_{tr}——临界荷位处温度疲劳应力(MPa);
σ_{tm}——最大温度梯度时混凝土板的温度翘曲应力(MPa),按式(13-14b)计算确定;
k_t——考虑温度应力累计疲劳作用的疲劳应力系数。按式(13-14c)计算确定;其中最大温度梯度时混凝土板的温度翘曲应力按下式计算:

$$\sigma_{tm} = \frac{\alpha_c E_c h T_g}{2} B_x \tag{13-14b}$$

α_c——混凝土线膨胀系数(1/℃),通常可取为1×10^{-5}/℃;
T_g——最大温度梯度标准值,可按照公路所在地的公路自然区划,按表13-29选用;
B_x——综合温度翘曲应力和内应力系数,可按l/r和h查图13-30确定;
l——板长,即横缝间距(m)。

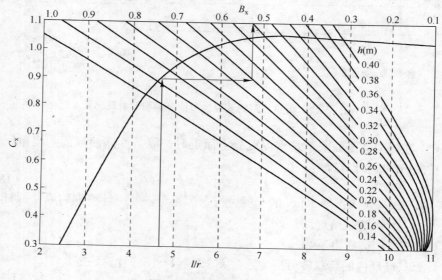

图13-30 温度应力系数B_x

(2)最大温度梯度时混凝土温度疲劳应力系数可按下式计算确定:

$$k_t = \frac{f_r}{\sigma_{tm}} \left[a \left(\frac{\sigma_{tm}}{f_r} \right)^c - b \right] \tag{13-14c}$$

式中 a、b、c——回归系数,按所在地区的公路自然区划查表13-28。

回归系数 a、b、和 c 表 13-28

系 数	公 路 自 然 区 划					
	Ⅱ	Ⅲ	Ⅳ	Ⅴ	Ⅵ	Ⅶ
a	0.828	0.855	0.841	0.871	0.837	0.834
b	0.041	0.041	0.058	0.071	0.038	0.052
c	1.323	1.355	1.323	1.287	1.382	1.270

温度梯度决定路面结构内的温度状况可分为外部和内部两类。外部因素主要为大气条件影响，内部因素则为路面各结构层自身的热传导、热容量、辐射热的吸收能力。水泥混凝土面层的最大温度梯度标准值 T_g，可按照公路所在地的公路自然区划按表 13-29 选用。

最大温度梯度标准值 T_g 表 13-29

公路自然区划	Ⅱ、Ⅴ	Ⅲ	Ⅳ、Ⅵ	Ⅶ
最大温度梯度(℃/m)	88～83	90～95	86～92	93～98

注：海拔高时，取高值；湿度大时，取低值。

五、水泥混凝土板厚度计算流程

根据相关的设计依据，在满足路面结构组合设计的原则下进行组合设计（初拟路面结构，包括路床、垫层、基层、和面层的材料类型和厚度），并按表 13-12 的水泥混凝土面层厚度建议范围，依据交通等级、公路等级和所选变异水平等级初估混凝土板厚度。然后，参照图 13-31 所示的混凝土板厚度计算流程，分别计

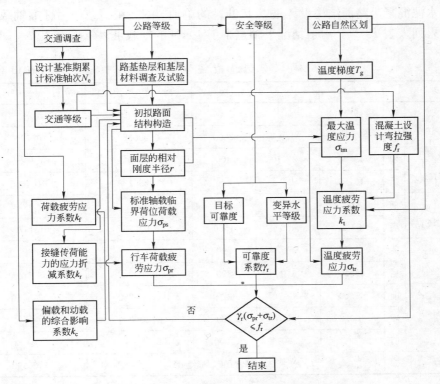

图 13-31 混凝土板厚度计算流程图

算荷载疲劳应力和温度疲劳应力。当荷载疲劳应力和温度疲劳应力之和与可靠度系数的乘积小于且接近混凝土的抗弯拉强度标准值，即满足式 $r_r(\sigma_{pr}+\sigma_{tr}) \leqslant f_r$ 的要求，则初选厚度可作为混凝土板的计算厚度。

否则，重新改选混凝土板厚度，进行计算，直到满足要求为止。设计厚度依计算厚度按 10mm 向上取整。

六、水泥混凝土路面设计示例

【例 13-2】 已知某城郊一级公路，设计车速 100km/h，四车道分道（双向）行驶，其中某路段经 IV_4 区，调查路基土为黏性土，沿线有水泥、石灰、碎石供应，地下水埋深为 2.5m，路基填土高度为 1.5m，近期交通量见表 13-30，交通增长率为 6%，试进行水泥混凝土路面设计。采用两种方法计算，并绘制 100m 长混凝土板接缝布置图，并将工程数量计算结果列于图中。

交 通 量 表　　　　　　　　　　表 13-30

序号	车型	辆/日	序号	车型	辆/日
1	解放 CA-10B	2000	4	交通 SH-141	800
2	黄河 JN150	400	7	日野 ZM440	220
3	东风 EQ140	1500	8	小汽车	1000

【解】 方法一：1. 交通分析

水泥混凝土路面结构设计是以 100kN 的单轴—双轮组荷载作为标准轴载。换算结果列入表 13-31。一般情况下轴重小于 40kN 的轴载可以忽略不计。

交 通 量 统 计　　　　　　　　　　表 13-31

车型		P_i(kN)	δ_i	n_i(次/d)	$(P_i/100)^{16}$(次/d)	$\delta_i n_i (P_i/100)^{16}$(次/d)
解放 CA-10B	前	19.40	—	2000	—	—
	后	60.85	1.0	2000	0.000353	0.706
黄河 JN150	前	49.00	4.2×10^2	400	0.000011	1.8554
	后	101.6	1.0	400	1.289138	515.655
东风 EQ140	前	23.7	—	1500	—	—
	后	69.2	1.0	1500	0.002765	4.1475
交通 SH-141	前	25.55	—	800	—	—
	后	55.10	1.0	800	0.000072	0.0576
日野 ZM440	前	60.00	3.8×10^2	220	0.000282	23.5752
	后	100.0	3.9×10^{-6}	220	1.000000	0.000858
小汽车	前			1000		
合计		$N=\Sigma\delta_i n_i (P_i/100)^{16}$(次/d)				545.998

根据规范双向交通时,方向分配系数取 0.5;由表 13-20 查得,单向双车道交通分配系数取 1.0。使用初期单车道(设计车道)标准轴载日当量轴次为:

$$N_s=545.998\times0.5\times1.0=272.999(次/d)$$

由表 13-17 查得一级公路的设计基准期为 30 年,安全等级为二级。查表 13-21 得,临界荷位荷载处的车辆轮迹横向分布系数为 0.22。交通量年平均增长率由设计资料可知为 6%。按式(13-6)计算得到设计基准期内设计车道标准荷载作用次数为:

$$N_e=\frac{N_s[(1+g)^t-1]\times365}{g_r}\eta=\frac{272.999\times[(1+6\%)^{30}-1]\times365}{6\%}\times0.22$$

$$=173.304\times10^4(次)$$

查表 13-22 得设计车道标准轴载累计作用次数在 $(100\sim2000)\times10^4$ 次范围,所以本设计路段属于重交通等级。

2. 确定土基回弹模量

路基处于干燥、中湿、潮湿状态时的临界高度分别为 $H_1=1.8m$;$H_2=1.1m$;$H_3=0.9m$。

此路段经 IV_4 区,地下水埋深为 2.5m,路基填土高度为 1.5m,考虑路床顶距地下水位 $H=2.5+1.5=4.0m$,查表 5-5 得:因为路床顶距地下水位 $H=4.0m>H_1=1.8m$,此时该路基处于干燥状态,故不需要设垫层,符合计算要求。

由该路基处于干燥状态,按表 5-3 查得路基的平均稠度 $W_C\geq1.10$,取 $W_C=1.10$。根据公路所在自然区划属于 IV_4 区,该路基土为黏性土,$W_C=1.10$,查表 12-19 得:$E_0=38.5MPa$。

3. 初拟路面结构

查表 13-17 得,相应于安全等级为二级的变异水平等级为低~中级,取中级。目标可靠度 90%,查表 13-19 得,可靠度系数为 1.16。①根据一级公路、重交通等级和中级变异水平等级,查表 13-12,初拟普通混凝土面层厚度为 240mm。②基层选用水泥稳定粒料(水泥用量为 5%),厚度为 180mm。③底基层为厚度 160mm 低剂量石灰稳定土。

由一级公路,IV_4 区(浙闽沿海山地中湿区)查表 6-2 得该路基宽度取值为 24.5m,进行板块划分,土路肩 $2\times0.75m$,硬路肩 $2\times2.5m$,车行道 $2\times2\times3.5m$,中央分隔带 2m,左侧路缘带 0.5m,故得普通混凝土板的平面尺寸为宽 3.5m,长 4.0m。纵缝为设拉杆平缝,横缝为设传力杆的假缝。

4. 确定路面结构参数

查表 13-23,取普通混凝土面层的弯拉强度标准值为 5.0MPa,得相应的水泥混凝土弯拉弹性模量标准值为 31GPa。

查表 13-27 得水泥稳定粒料基层(5%)的回弹模量为 1300MPa。得石灰稳定土底基层(6%)回弹模量取 350MPa。

按式(13-11)计算基层顶面当量回弹模量如下:

$$E_x = \frac{h_1^2 E_1 + h_2^2 E_2}{h_1^2 + h_2^2} = \frac{0.18^2 \times 1300 + 0.16^2 \times 350}{0.18^2 + 0.16^2} = 880.69 (\text{MPa})$$

$$D_x = \frac{E_1 h_1^3}{12} + \frac{E_2 h_2^3}{12} + \frac{(h_1+h_2)^2}{4}\left(\frac{1}{E_1 h_1} + \frac{1}{E_2 h_2}\right)^{-1}$$

$$= \frac{1300 \times 0.18^3}{12} + \frac{350 \times 0.16^3}{12} + \frac{(0.18+0.16)^2}{4}\left(\frac{1}{1300 \times 0.18} + \frac{1}{350 \times 0.16}\right)^{-1}$$

$$= 2.06 (\text{MN} \cdot \text{m})$$

$$h_x = \sqrt[3]{\frac{12 D_x}{E_x}} = \sqrt[3]{\frac{12 \times 2.06}{880.69}} = 0.304 \text{m}$$

$$a = 6.22\left[1 - 1.51\left(\frac{E_x}{E_0}\right)^{-0.45}\right] = 6.22 \times \left[1 - 1.51 \times \left(\frac{880.69}{38.5}\right)^{-0.45}\right] = 3.924$$

$$b = 1 - 1.44\left(\frac{E_x}{E_0}\right)^{-0.55} = 1 - 1.44 \times \left(\frac{880.69}{38.5}\right)^{-0.55} = 0.743$$

$$E_t = a h_x^b E_0 \left(\frac{E_x}{E_0}\right)^{1/3} = 3.924 \times 0.304^{0.743} \times 38.5 \times \left(\frac{880.69}{38.5}\right)^{\frac{1}{3}} = 173.70 \text{MPa}$$

普通混凝土面层的相对刚度半径按式(13-10)计算为：

$$r = 0.537 h \sqrt[3]{\frac{E_c}{E_t}} = 0.537 \times 0.24 \times \sqrt[3]{\frac{31000}{173.70}} = 0.726 \text{m}$$

5. 荷载疲劳应力

标准轴载在临界荷位处产生的荷载应力按式(13-9)计算为：

$$\sigma_{ps} = 0.077 r^{0.6} h^{-2} = 0.077 \times 0.726^{0.6} \times 0.24^{-2} = 1.103 \text{MPa}$$

因纵缝为设拉杆平缝，接缝传荷能力的应力折减系数 $k_r = 0.87$。考虑设计设基准期内荷载应力累计疲劳作用的疲劳应力系数 $k_f = N_e^v = (173.3 \times 10^4)^{0.057} = 2.268$。根据公路等级，由表(13-24)查得，综合系数 $k_c = 1.25$。

按式(13-8)计算，得荷载疲劳应力：

$$\sigma_{pr} = k_r k_f k_c \sigma_{ps} = 0.87 \times 2.268 \times 1.25 \times 1.103 = 2.720 \text{MPa}$$

6. 温度疲劳应力

根据板长 4m，$\frac{l}{r} = \frac{4}{0.726} = 5.51$。由图 13-30 查得，普通混凝土板厚 $h = 0.24$m，$B_x = 0.60$。由表 13-29 查得，IV_4 区最大温度梯度取 86(℃/m)。

按式(13-14b)，最大温度梯度时混凝土板的温度翘曲应力计算为：

$$\sigma_{tm} = \frac{\alpha_c E_c h T_g}{2} B_x = \frac{1 \times 10^{-5} \times 31000 \times 0.24 \times 86}{2} \times 0.60 = 1.92 \text{MPa}$$

温度疲劳应力系数 k_t，按最大温度梯度时混凝土温度疲劳应力系数公式(13-14c)计算为：

$$k_t = \frac{f_r}{\sigma_{tm}}\left[a\left(\frac{\sigma_{tm}}{f_r}\right)^c - b\right] = \frac{5.0}{1.92}\left[0.841 \times \left(\frac{1.92}{5.0}\right)^{1.323} - 0.038\right] = 0.518$$

再由式(13-14a)计算温度疲劳应力为：
$$\sigma_{tr}=k_t\sigma_{tm}=0.518\times1.92=0.995\text{MPa}$$

查可靠度设计标准（表13-17），一级公路的安全等级为二级，相应于二级安全等级的变异水平等级为中级，目标可靠度为90%。再据查得的目标可靠度和变异水平等级，查表13-19，确定可靠度系数 $r_r=1.16$。

按式(13-7)计算得：
$$\gamma_r(\sigma_{pr}+\sigma_{tr})=1.16\times(2.720+0.995)=4.31\text{MPa}\leqslant f_r=5.0\text{MPa}$$

因而，所选普通混凝土面层厚度(240mm)可以承受设计基准期内荷载疲劳应力和温度疲劳应力的综合作用。

7. 结果

最后得到路面结构设计结果如图13-32所示。

8. 绘制水泥混凝土板接缝布置图

水泥混凝土板接缝布置图如图13-33所示。

方法二：采用《公路路面设计程序系统》计算

采用新建单层水泥混凝土设计程序(HOC1)计算步骤如下：

普通混凝土面层	240mm
水泥稳定粒料(5%)	180mm
石灰稳定土(6%)	160mm
土基	

图13-32 水泥混凝土路面结构图

1. 确定土基回弹模量

土基回弹模量确定同方法1，此路段经 IV_4 区，地下水埋深为2.5m，路基填土高度为1.5m，考虑路床顶距地下水位 $H=2.5+1.5=4.0\text{m}$，查表5-5得：因为路床顶距地下水位 $H=4.0\text{m}>H_1=1.8\text{m}$，此时该路基处于干燥状态，故不需要设垫层，符合计算要求。

由于该路基处于干燥状态，按表5-3查得路基的平均稠度 $W_C\geqslant1.10$，取 $W_C=1.10$。根据公路所在自然区划属于 IV_4 区，该路基土为黏性土，$W_C=1.10$，查表12-23得：$E_0=38.5\text{MPa}$。

2. 刚性路面结构层组合设计

(1) 结构层拟定

查表13-17得，相应于安全等级为二级的变异水平等级取中级，设计基准期限为30年，目标可靠度90%。根据目标可靠度查表13-19，得可靠度系数为1.16。①根据一级公路、重交通等级和中级变异水平等级，查表13-12，初拟普通混凝土面层厚度为240mm。②基层选用水泥稳定粒料(水泥用量为5%)，厚度为180mm。③底基层为厚度160mm低剂量石灰(7%)稳定土。初拟结构层如图13-34所示。

240mm	水泥混凝土面层
180mm	水泥稳定粒料(5%)
160mm	石灰稳定土(7%)
土基($E_0=38.5\text{MPa}$)	

图13-34 刚性路面结构组合图

(2) 确定路面结构层回弹模量参数

查表13-25，取普通混凝土面层的弯拉强度标准值为5.0MPa，查表13-25得相应的水泥混凝土弯拉弹性模量标准值为31GPa。

查表13-27得水泥稳定粒料基层(5%)的回弹模量为1300MPa。

查表13-27得石灰稳定土底基层(7%)回弹模量取350MPa。

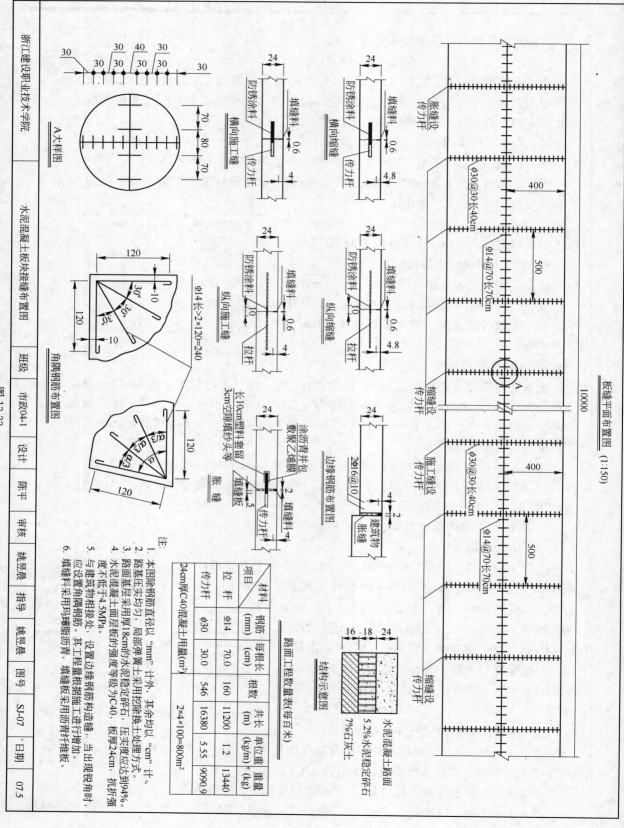

3. 水泥混凝土板块划分

由一级公路，Ⅳ₄区（浙闽沿海山地中湿区）查表 6-2 得该路基宽度取值为 24.5m，进行板块划分，土路肩 2m×0.75m，硬路肩 2m×2.5m，车行道 2m× 2m×3.5m，中央分隔带 2m，左侧路缘带 0.5m，故得普通混凝土板的平面尺寸为宽 3.5m，长 4.0m。纵缝为设拉杆平缝，横缝为设传力杆的假缝。

4. 路面厚度计算结构参数

(1) 交通分析参数

双向交通的交通量方向分配系数采用 0.5；根据单向车道数（单向车道数为 2 车道），查表 13-20 交通量车道分配系数可得车道分配系数为 1.0；根据公路等级（一级公路）查表 13-21 可得车辆轮迹横向分布系数取 0.22。已知交通增长率为 6%。

(2) 车辆参数

根据一级公路已知车辆名称及交通查表 12-4，将车辆参数列入表 13-32。

车 辆 参 数 表　　　　　　　　　表 13-32

序号	车型名称	单轴单轮组的个数	轴重(kN)	单轴双轮组的个数	轴重(kN)	双轴双轮组的个数	轴重(kN)	交通量
1	解放 CA10	1	19.40	1	60.85			2000
2	黄河 JN150	1	48.00	1	101.60			400
3	东风 EQ140	1	23.70	1	69.20			1500
4	交通 SH141	1	25.55	1	55.10			800
5	日野 ZM440	1	60.00			1	100.00	220
6	小汽车	—	—					1000

(3) 最大温度梯度和应力折减系数

由表 13-29，Ⅵ₄ 区最大温度梯度取 $T_g=86$(℃/m)。

因纵缝设拉杆平缝，接缝传荷能力的应力折减系数 $K_r=0.87$。

5. 用水泥混凝土路面的专业设计程序计算

(1) 在主窗口（图 13-35）输入公路等级、变异水平等级、可靠度系数各技术参数。

(2) 本设计根据要求得 30 年分为一段，年增长率为 6%（可分段输入交通年增长率），如图 13-36 所示。

(3) 交通组成与查得的汽车参数输入窗口，如图 13-37 所示。

(4) 计算累计当量轴次 N_e，输入车辆横向分布系数，点击标准轴载累计当量轴次计算，如图 13-35 所示，输出结果显示为 $N_e=173.31×10^4$(次/d)。

(5) 输入主窗口显示的各设计参数，点击计算，则得计算成果。

(6) 专业程序计算成果输出（水泥混凝土路面设计）

设　计　内　容：新建单层水泥混凝土路面设计

公　路　等　级：一级公路

变异水平的等级：中级

可　靠　度　系　数：1.16

面　层　类　型：普通混凝土面层

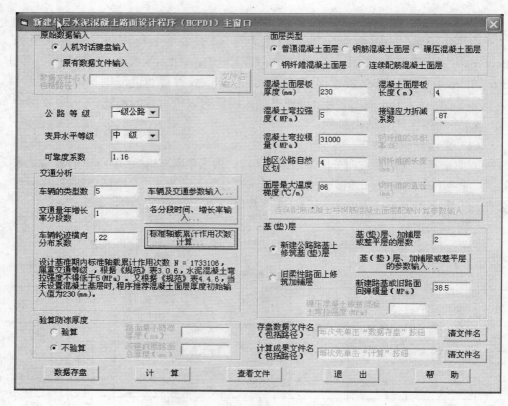

图 13-35 路面设计程序主窗口

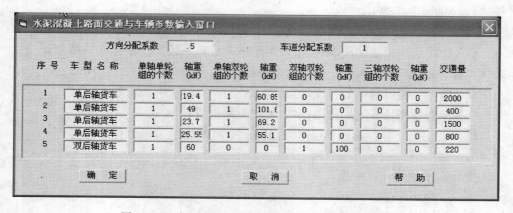

图 13-36 交通年增长率分段数据窗口

图 13-37 水泥混凝土路面交通与汽车参数输入窗口

序号	路面行驶车辆名称	单轴单轮组的个数	轴载总重(kN)	单轴双轮组的个数	轴载总重(kN)	双轴双轮组的个数	轴载总重(kN)	三轴双轮组的个数	轴载总重(kN)	交通量(辆/日)
1	单后轴货车	1	19.4	1	60.85	0	0	0	0	2000
2	单后轴货车	1	49	1	101.6	0	0	0	0	400
3	单后轴货车	1	23.7	1	69.2	0	0	0	0	1500
4	单后轴货车	1	25.55	1	55.1	0	0	0	0	800
5	双后轴货车	1	60	0	0	1	100	0	0	220

行驶方向分配系数：0.5　　　　　　　　车道分配系数：1.0
轮迹横向分布系数：0.22　　　　　　　交通量年平均增长率：6%

混凝土弯拉强度：5MPa　　　　　　　混凝土弯拉模量：31000MPa
混凝土面层板长度：4m　　　　　　　地区公路自然区划：IV$_4$
面层最大温度梯度：86℃/m　　　　　接缝应力折减系数：0.87

基（垫）层类型——新建公路路基上修筑的基（垫）层

层位	基（垫）层材料名称	厚度(mm)	回弹模量(MPa)
1	水泥稳定粒料	180	1300
2	石灰土	160	350
3	新建路基		38.5

基层顶面当量回弹模量 $E_T = 177$MPa

设计车道使用初期标准轴载日作用次数：273

路面的设计基准期：30年

设计基准期内标准轴载累计作用次数：1733106

路面承受的交通等级：重交通等级

基层顶面当量回弹模量：177MPa

混凝土面层设计厚度：240mm

通过对设计层厚度取整以及设计人员对路面厚度进一步的修改，最后得到路面结构设计结果如图13-38所示。

普通混凝土面层	240mm
水泥稳定粒料	180mm
石灰土	160mm
新建路基	

图13-38　路面结构设计结果

第五节　其他类型混凝土路面简介

一、钢筋混凝土路面

1. 特性和作用

钢筋混凝土路面是指混凝土板内配置有纵向、横向钢筋（或钢丝）网的混凝土路面，其板内钢筋网的主要作用并非为增加板的抗弯强度，而是阻止板的裂缝张开、使板依靠断裂面上的集料嵌锁作用而保证板结构整体强度。因而，钢筋混凝土面层所需的厚度与素（无筋）混凝土面层的厚度相同。配筋是按混凝土收缩时将板块拉在一起所需的拉力确定。最大的拉力出现在板中央开裂时，它等于由该处到最近的板边缘范围内面层和基层之间的摩阻力。

2. 构造要求

为使板内应力尽可能分散，宜采用小直径的钢筋。纵横向钢筋宜采用相同直径，钢筋的最小间距应大于混凝土最大粒径的 2 倍，外侧钢筋中心到接缝或自由边的距离为 100～150mm。钢筋的搭接长度，一般为直径的 35 倍以上，保护层最小厚度不小于 50mm。见表 13-33，板内钢筋的主要作用是使裂缝密闭，要有足够的保护层以防锈蚀即可。通常设在顶面下 1/3～1/2 板厚范围内。

钢筋最小直径和最大间距(mm) 表 13-33

钢筋类型	光圆钢筋	螺纹钢筋
最小直径	8	12
纵向最大间距	150	350
横向最大间距	300	750

钢筋混凝土板的缩缝（横缝）间距较长，一般为 10～20m，但最大不超过 30m。由于缩缝（横缝）间距较长，其混凝土收缩缝隙的缝宽比普通混凝土面板大。所以，为保证接缝具有传荷能力，横向接缝按缩缝形式设置，并设置传力杆，其他接缝构造与素混凝土路面相同。

二、连续配筋混凝土路面

1. 特性和用途

连续配筋混凝土路面是在路面板纵向配有足够数量的不间断连续钢筋，其作用是提高板的抗开裂能力，且配筋量很大的混凝土路面。除施工或构造要求以外，连续配筋混凝土路面一般不设横向缩缝和胀缝，形成一个完整和平坦的行车路表面，增加了路面板的整体强度，改善了行车状况，适用于特大交通量的高速公路和一级公路。

2. 构造要求

连续配筋混凝土路面的纵向、横向钢筋均应采用螺纹钢筋。由于很少设置横缝，混凝土面层会在温度和湿度变化引起的内应力作用下产生许多横向裂缝。连续配筋混凝土面层的纵向配筋率按允许的裂缝间距（1.0～2.5m）、缝隙宽度（<1.0mm）和钢筋屈服强度确定，通常为 0.6%～0.8%，最小纵向配筋率，冰冻地区为 0.7%，一般地区为 0.6%。但是，由于配置了许多纵向连续钢筋，这些横向裂缝不致于张开而使杂物侵入，或使混凝土剥落，因而不会影响路面的使用品质。

连续配筋混凝土板内的钢筋并非按承受荷载应力进行设计的。因此，它的厚度仍可采用无筋混凝土路面板的计算方法确定。由于不考虑温度应力的组合，可以明显减小路面厚度。

纵向钢筋的埋置深度应在面层表面下 1/2～1/3 板厚范围内，横向钢筋位于纵向钢筋之下；纵向钢筋焊接长度一般不小于 10 倍（单面焊）或 5 倍（双面焊）钢筋直径，焊接位置应错开，各焊接端连线与纵向钢筋的夹角应小于 60°，边缘钢筋至纵缝或自由边的距离一般为 100～150mm。

3. 施工要点

连续配筋混凝土面层在浇筑中断时需设置施工缝。施工缝采用平缝形式，并设置长度为 1m 的拉杆增强。拉杆的直径与间距同纵向钢筋，以使施工缝两侧的混凝土板块加固成连续的整体。

连续配筋混凝土路面与其他路面或桥梁、涵洞等构造物连接处，都要设置横向胀缝，以便为混凝土的膨胀留有余地。

三、钢纤维混凝土路面

1. 特性和用途

钢纤维混凝土路面是在混凝土混合料中掺加一定数量钢纤维而碾压形成的路面。它是一种性能优良的路面，由于在混凝土中掺入一定数量的钢纤维，大大提高了混凝土的抗拉强度、抗弯拉强度、抗冻性、抗冲性、抗磨性、抗疲劳性，明显减薄混凝土板的厚度，改善路用性能。但由于其造价比普通混凝土路面高，目前一般多用于地面标高受限制地段的路面、桥面铺装、停车场和旧混凝土路面的加铺层。它作为桥梁铺装层，可以减少铺装厚度，减轻自重。

钢纤维混凝土路面的特性除了与所采用的混凝土有关外，还与钢纤维的品种、方向性、长径比及掺加率等有关。

2. 材料的基本要求

钢纤维混凝土路面的混凝土要求基本同普通混凝土。

钢纤维材料性能指标与原材料及加工工艺有关，路面用钢纤维宜用剪切型纤维或熔抽型钢纤维，纤维直径在 0.4～0.7mm 范围内，长度取直径的 50～70 倍。

粗集料最大粒径对钢纤维混凝土中纤维的握裹力有较大影响，粒径过大对抗弯拉强度有明显影响，要求最大粒径不超过纤维长度 1/2 为宜，但不得大于 20mm。钢纤维混凝土路面的板长宜为 6～10m，纤维掺入量较大，可用大值；掺入量小，取小值。板长宽比应符合设计要求。

3. 厚度设计

根据试验研究，钢纤维混凝土的弯拉强度约为普通混凝土的 1.5～2.0 倍，且影响因素甚多，弯拉弹性模量则仅提高 5%。钢纤维混凝土路面厚度的设计一般参照普通混凝土路面，通过试算确定。试算时，一般计算板长取 5m。钢纤维混凝土面板厚度选用与普通混凝土路面相同。

四、贫混凝土基层板

1. 特点与用途

贫混凝土基层板是指水泥用量低、混凝土等级较低的混凝土铺筑的路面基层板。贫混凝土板不能作为面层板使用，主要用做高速公路、一级公路、特重交通的沥青路面和水泥混凝土路面的基层板。

2. 材料与构造要求

贫混凝土的设计强度和最大水灰比由交通等级确定，基层贫混凝土设计时满足表 13-34 的规定。

贫混凝土的设计强度标准值和最大水灰比建议值　　　　表 13-34

交 通 等 级	特 重	重	中 等
7d 抗压强度（MPa）	10.0	7.0	5.0
28d 抗压强度（MPa）	15.0	10.0	7.0
28d 弯拉强度（MPa）	3.0	2.0	1.5
最大水灰比（%）	0.65	0.68	0.70
有抗冻要求的最大水灰比（%）	0.60	0.63	0.65

不掺粉煤灰贫混凝土水泥的单位用量宜控制在 160～230kg/m³ 之间；掺粉煤灰时宜控制在 130～175kg/m³ 之间；单位胶材总量宜在 220～270kg/m³ 之间。贫混凝土基层施工，采用与普通混凝土板相同的施工方法，属于大体积工程，基层应锯切成与面板缝对应的纵、横向接缝。切缝深度不宜小于 1/4 板厚，最浅不宜小于 50mm，并用沥青材料灌缝。贫混凝土基层板的纵、横向缩缝可以不设置拉杆和传力杆，但与胀缝对应处的基层板，也应设置传力杆与填缝板。

五、碾压混凝土路面

1. 特性和用途

碾压式混凝土路面采用低水灰比混合料，用沥青摊铺机摊铺成型，用压路机碾压成型的水泥混凝土路面。碾压式混凝土路面由于含水率低，并通过强烈振动碾压成型，因此强度高、节省水泥、节约用水，施工速度快、养护时间短，有较好的应用前景。但直接作为面层板，表面很难达到理想的程度，因此，碾压式混凝土路面不宜在高速公路、一级公路修筑面层板，一般用于二级以下公路、或用为高速公路、一级公路的刚性基层。

2. 材料与构造要求

面层碾压混凝土粗、细集料合成级配，宜符合表 13-35 合成级配范围要求。

面层碾压混凝土应满足耐久性的要求的最大水灰比和最小单位水泥用量，符合《公路水泥混凝土路面施工技术规范》（JTG F30—2003）的规定。

面层碾压混凝土路面粗细集料合成级配范围　　　　表 13-35

筛孔尺寸（mm）	19.0	9.50	4.75	2.36	1.18	0.60	0.30	0.15
通过百分率（%）	90～100	50～70	35～47	25～38	18～30	10～23	5～15	3～10

碾压混凝土中掺粉煤灰应符合粉煤灰分级和质量指标的规定。为了改善施工和易性，节约水泥，可以掺入部分粉煤灰，代替水泥的粉煤灰掺量应按超量取代法进行。粉煤灰的掺量应根据水泥中原有的掺合数量和混凝土弯拉强度、耐磨性等要求由试验确定。代替水泥的粉煤灰掺量：Ⅰ型硅酸盐水泥宜≤30%；Ⅱ型硅酸盐水泥宜≤25%；道路水泥宜≤20%；普通水泥宜≤15%；矿渣水泥不得掺粉煤灰。当掺粉煤灰时规定，二级公路使用强度等级为 42.5 水泥时的最小单位水泥用量为 265kg。

碾压混凝土面板的厚度设计方法与普通混凝土路面相同，构造缝设置也基本相同，但板块长度一般为6~10m，宽度一般为8~13m，略大于普通混凝土面板块尺寸。

六、混凝土小块铺砌路面

同装配式混凝土路面类似，但平面尺寸较小，混凝土块料采用高强混凝土材料预制而成，抗压强度约为60MPa。混凝土预制块可采用异形块或矩形块，预制块长为200~25mm，宽度为100~250mm，长宽比通常为2：1，预制块的厚度为100~120mm，预制块下稳平层的厚度为30~50mm。预制块承受磨耗的面积一般小于$0.03m^2$，厚度至少0.06m，形状有矩形和嵌锁型（不规则形状）两类。这种路面结构由面层、砂整平层（厚0.03m）和基层组成，基层要求同装配式混凝土路面。

这种混凝土小块铺砌路面具有结构简单，价格低廉，能承受较大的单位压力，可以铺筑成各种图案以美化道路，同时便于修复等优点。因此，较广泛地用于铺筑停车场、堆场、集装箱码头、城市人行道和街区道路等。

思 考 题 与 习 题

1. 试述水泥混凝土路面特点，并与沥青路面进行比较。
2. 试述水泥混凝土路面破坏类型及产生原因。
3. 水泥混凝土路面的结构层组合如何？各层次的作用及考虑的主要因素是什么？
4. 水泥混凝土路面板的平面尺寸是如何确定的？
5. 水泥混凝土路面板的接缝有哪些类型，构造上有什么区别？
6. 水泥混凝土路面设计包括哪些内容？
7. 什么是传力杆和拉杆？说出它们的不同点，并说明其作用。
8. 试述水泥混凝土路面的施工流程，哪些是施工中的关键工序？
9. 列举4种其他类型的混凝土路面，并说明各有什么特点和用途？
10. 某一级公路，IV_4区平原微丘，采用水泥混凝土路面，路面板厚240mm，路基宽度为26m。进行水泥混凝土地方板块划分。试求：①确定水泥混凝土路面板块尺寸。②确定一块板的一条纵缝设置拉杆的直径长度间距，一条横缝设传力杆的直径长度间距，并确定钢筋的类别。③钢筋表面处理要求。
11. 在II_2区拟新建一条二级公路，双向双车道。路基宽度为9m，路基为粉质土，经交通调查统计得知，使用初期标准轴载日作用次数为1780次/日。试设计该水泥混凝土路面厚度（提示：先计算设计车道使用初期的标准轴载日作用次数）。

第十四章　路面基层(底基层)施工与质量控制

【本章学习要点】　粒料基层材料(级配碎石)质量要求与施工；常用稳定类材料要求及施工(石灰稳定土、水泥稳定土、二灰碎石稳定土)；路面基层质量要求及允许偏差。

第一节　粒料基层材料质量要求与施工

一、级配碎石基层(底基层)

级配碎石是一种古典的路面结构层，常用几种粒径不同的粗、中、细碎石和石屑掺配拌制而成路面结构形式，分为骨架密实型与连续型。它适应于各级公路的基层和底基层，以减轻或消除半刚性基层开裂对沥青面层的影响，避免反射裂缝。采用级配碎石是柔性与半刚性两类基层结构的优化组合以满足新形势下的交通需求。

1. 级配碎石的材料质量要求

(1) 轧制碎石的材料可以是各种类型的岩石(软质岩石除外)、圆石或矿渣。圆石的粒径应是碎石最大粒径的 3 倍以上；矿渣应是已崩解稳定的，其干密度和质量应比较均匀，干密度不小于 $960 kg/m^3$。碎石中针片状颗粒的总含量应不超过 20%。碎石中不应有黏土块、植物等有害物质。

(2) 级配碎石用作各级公路的基层和底基层时，其颗粒组成相同时，级配曲线宜为圆滑曲线。应满足表 14-1 的规定。

级配碎石的级配表　　表 14-1

层位	通过下列筛孔(mm)质量百分比(%)														液限(%)	塑指(%)	备注
	37.5	31.5	26.5	19	16	13.2	9.5	4.75	2.36	1.18	0.6	0.3	0.15	0.074			
上基层			100	85~100			60~80	30~50		15~30	10~20			2~8	<28	<9	过渡层、防治反射裂缝
基层		100		90~100	75~90		50~70	30~55		15~35	10~20			4~10	<28	<9	连续型
基层		100		85~95	66~78	54~71	50~64	41~51	25~33	15~23	8~16	5~11	2~6	0~4	<28	<9	骨架密实型
基层		100		85~95	66~80	44~56	37~48	31~41	18~28	12~20	8~14	5~11	4~8	2~6	<28	<9	骨架密实型
	100	80~100		55~100			28~60	18~47		5~23				1~7	<28	<9	骨架密实型

续表

层位	通过下列筛孔(mm)质量百分比(%)														液限(%)	塑指(%)	备注
	37.5	31.5	26.5	19	16	13.2	9.5	4.75	2.36	1.18	0.6	0.3	0.15	0.074			
底基层及垫层	100	85~100	65~100	42~67			20~40	10~27	8~20	5~18				0~15	<28	<9	
		100	80~100	55~100			30~70	5~30						2~10	<28	<9	
			100	80~100	56~87		30~60	18~46		10~33	5~20			0~15	<28	<9	

注：1. 上基层是指沥青面层下与半刚性基层之间设置级配碎石，该层的级配宜符合此规定。
    2. 潮湿多雨地区的基层塑性指数不大于6。
    3. 为排水与防冻垫层时，其0.074mm不超过5%。

(3) 级配碎石所用石料的压碎值应符合以下要求：高速公路和一级公路基层不大于26%；高速公路和一级公路底基层、二级公路基层不大于30%；二级公路底基层及二级以下公路基层不大于35%；二级公路以下公路底基层不大于40%。

(4) 在最佳含水量时进行碾压，并达到规范要求的压实度(基层为98%，底基层为96%)。

2. 级配碎石基层的施工流程

级配碎石的施工有路拌法和中心站集中场拌法两种。其中级配碎石路拌法和中心站集中场拌法施工的工艺流程如图14-1所示。下承层不宜做成槽式断面。级

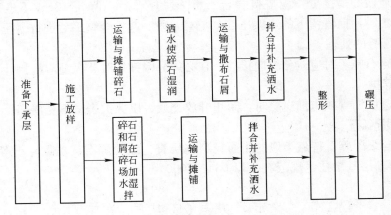

路拌法施工

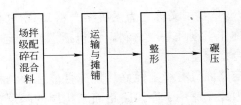

图14-1 中心站集中场拌法

配碎石用做半刚性路面的中间层以及用做二级以上公路的基层时,应采用集中场拌法拌制混合料,并用摊铺机摊铺混合料。

(1) 备料

根据级配碎石的颗粒组成计算碎石和石屑的配合比;根据各段基层或底基层的宽度、厚度及规定的压实干密度并按确定的配合比计算碎石、石屑的数量;碎石和石屑按预定比例混合并洒水加湿,使混合料的含水量超过最佳含水量约1%。

(2) 运输与摊铺集料

通常通过试验确定集料的松铺系数并确定松铺厚度;用平地机或其他合适的机具将集料均匀地摊铺在预定的宽度上,表面应力求平整,并具有规定的路拱,并应同时摊铺路肩用料;采用不同粒级的碎石和石屑时,应将大碎石铺在下层,中碎石铺在中层,小碎石铺在上层,洒水使碎石湿润后,再摊铺石屑。

(3) 拌合及整形

对于二级及二级以上公路,应采用专用稳定土拌合机拌合级配碎石,拌合结束时,混合料的含水量应均匀,并较最佳含水量大1%左右,同时没有粗细颗粒离析现象发生;用平地机将拌合均匀的混合料按规定的路拱进行整平和整形,在整形过程中,应注意消除粗细集料的离析现象。

(4) 碾压

整形后,当混合料的含水量等于或略大于最佳含水量的1%时,立即用12t以上的压路机进行碾压。直线和不设超高的平曲线段,由两侧路肩开始向中心碾压;在设超高的平曲线段,由内侧路肩到外侧路肩进行碾压。

(5) 横缝的处理

两作业段的衔接处,应搭接拌合。第一段拌合后,留5~8cm不进行碾压,第二段施工时,前段留下的未碾压部分与第二段一起拌合整平后进行碾压。

(6) 纵缝的处理

级配碎石施工时应避免纵向接缝。在必须分幅铺筑时,纵缝应搭接拌合。

(7) 养护

未洒透层沥青或未铺封层时,禁止开放交通,以保护表层不受损坏。

二、级配砾石

其他与级配碎石特点类似的路面粒料基层有:级配砾石、填隙碎石等,详见《公路路面基层基层技术规范》(JTJ 034—2000)。

第二节 稳定类基层(底基层)施工要求

凡是用水硬性结合料(我国又称之为无机结合料)稳定的各种土,当其强度符合规定的要求时,都称作半刚性基层材料,它包括水泥稳定土、石灰稳定土、石灰稳定工业废渣和综合稳定土。

半刚性类基层稳定路面具有稳定性好、抗冻性能强、结构本身自成板体等特点,但其耐磨性差,因此广泛用于修筑路路面结构层的基层或底基层。较厚的半刚性材料层可以抵消土基强度的巨大差别。

一、概述

(一) 常用半刚性材料定义

(1) 水泥稳定土。在粉碎的或原来松散的土(包括各种粗粒土、中粒土、细粒土)中,掺入足够量的水泥和水,经拌合、压实和养生得到的一种强度或耐久符合规范要求的结构材料称为水泥稳定土。它包括水泥土、水泥碎石、水泥砂砾等。

(2) 石灰稳定土。在粉碎的土和原状松散的土(包括各种粗、中、细粒土)中,掺入适量的石灰和水,按照一定技术要求,经拌合,在最佳含水量下摊铺、压实及养生,其抗压强度符合规定要求的路面基层称为石灰稳定类基层。用石灰稳定细粒土得到的混合料简称石灰土,所做成的基层称石灰土基层(底基层)。它包括石灰土、石灰砂砾土、石灰碎石土等。石灰稳定类土禁止用作高等级路面的基层。

(3) 石灰稳定工业废渣。当掺入无机材料为石灰稳定工业废渣(常用工业废渣有粉煤灰、炉渣、高炉铁渣、钢渣、煤矸石和其他粒状废渣)。用一定的比例的石灰与这些废渣中的一种或两种经加水拌合、压实和养生后得到的一种强度和耐久性都有很大提高的结构材料称之为石灰稳定业废渣。

(4) 综合稳定土

同时用水泥和石灰稳定某种土得到的强度符合要求的混合料,简称为综合土。

(二) 按结构类型状态分类

《公路沥青路面设计规范》(JTG D50—2006)将半刚性基层按其混合料结构状态分为骨架密实型、骨架空隙型、悬浮密实型和均匀密实型四种结构类型。均匀密实型主要指无机结合料稳定细粒土,如石灰土、水泥土、二灰土等。

划分悬浮密实、骨架密实和骨架空隙这三种结构类型时,是以筛孔尺寸4.75mm作为粗、细集料的分界尺寸,以满足其作为路面结构层的强度、变形以及稳定性的要求。

(三) 半刚性基层要求及适用条件

1. 要求

半刚性基层、底基层应具有足够的强度和稳定性、较小的收缩(温缩及干缩)变形和较强的抗冲刷能力。而在中冰冻、重冰冻区应检验半刚性基层、底基层的抗冻性能。

2. 适用条件

(1) 考虑材料。水泥稳定集料类、石灰粉煤灰集料类材料适用于各级公路的基层、底基层。冰冻地区、多雨潮湿地区,石灰粉煤灰集料类材料宜用于高速公路、一级公路的下基层或底基层。石灰稳定类材料宜用于各级公路的底基层以及三、四级公路的基层。石灰稳定类土禁止用作高等级路面的基层。

(2) 考虑组成结构状态。高速公路、一级公路的基层或上基层宜选用骨架密实型混合料。二级及二级以下公路的基层和各级公路的底基层可采用悬浮密实型混合料。均匀密实型混合料适用于高速公路、一级公路的底基层,二级及二级以下公路的基层。骨架空隙型混合料具有较高的空隙率，适用于有路面内部排水要求基层。

(四) 材料要求

半刚性基层用水泥应符合国家技术标准的要求，初凝时间应大于 4h，终凝时间应在 6h 以上。

基层、底基层的集料压碎值应符合表 14-2 的要求。

基层、底基层的集料压碎值　　　　　　　　　　表 14-2

材料类型	公路等级	高速公路、一级公路	二级公路	三、四级公路
水泥、石灰粉煤灰稳定类		≤30%	≤35%	≤35%
石灰稳定类	基层	—	≤30%	≤35%
	底基层	≤35%	≤40%	≤40%
级配碎石	基层	≤26%	≤30%	≤35%
	底基层	≤30%	≤35%	≤40%
填隙碎石泥结碎石	基层	—	—	≤26%
	底基层	≤30%	≤30%	≤30%
级配或天然砂砾	基层	—	—	≤35%
	底基层	≤30%	≤35%	≤40%

石灰、粉煤灰稳定土类和石灰稳定土类的半刚性基层、底基层，粉煤灰中 SiO_2，Al_2O_3 和 Fe_2O_3 的总含量应大于 70%，烧失量不宜大于 20%，比表面积宜大于 $2500cm^2/g$ 或 0.075mm 筛孔通过率应大于 60%。石灰等级应采用Ⅲ级以上，其技术指标应符合表 14-3 有关要求。

生石灰技术指标　　　　　　　　　　表 14-3

技术指标	材料种类	钙质生石灰	镁质生石灰	钙质消石灰	镁质消石灰
有效钙加氧化镁含量(%)不小于		70	65	55	50
未消化残渣含量(5mm 圆孔筛余,%)不大于		17	20		
含水量(%)不大于		—	—	4	4
细度	0.71mm 方孔筛的筛余(%)不大于	—	—	1	1
	0.125mm 方孔筛的累计筛余(%)不大于	—	—	20	20
钙镁石灰的分类界限，氧化镁含量(%)		≤5	>5	≤4	>4

二、石灰稳定土基层施工

(一) 使用性能

强度形成得好的石灰土层是块很好的板。石灰土层较一般的级配集料和泥结碎石水稳性好。在冰冻地区，由于石灰土结构层的整体性和板体作用，使得石灰土层下面的软土基不能像挤入多孔隙的集料层那样压挤入石灰土层。

由于石灰土层具有分布荷载能力大的特点，石灰土层在减轻和防止路面冻胀破坏方面，也发挥过明显的作用。但冰冻地区和非冰冻地区，当石灰土用于潮湿路段时，为防止聚冰现象产生或者难以形成较高强度板体，均应采取隔水措施，防止水分进入石灰土层。

一些地区，石灰土基层沥青路面曾发生过早破坏现象。其原因主要有三方面：一是石灰土剂量偏少，施工季节不合适和施工质量不好所引起的；二是在石灰混合料强度还没有充分形成之前，石灰土遭受水浸入或同时受到低温作用，石灰土层表层软化，引起沥青路面层过早破坏；三是当石灰土层厚度不足，在重型车的重复作用下，导致沥青路面破坏。

(二) 路拌法施工工艺流程

石灰稳定土施工分为：路拌法和场拌(或集中拌合)法两种。我国石灰稳定土的施工主要采用路拌法施工，在少数地区和某些高等级道路的路面施工中，采用中心站集中拌合法施工的工程越来越多。路拌法施工主要流程如图14-2所示。

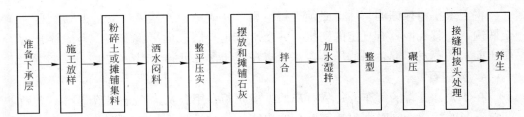

图 14-2 石灰稳定土路拌法的工艺流程

1. 准备工作

流程图中的前三个工序都属于准备工作。

摊铺土料前，应先在土基上洒水湿润为宜，但不应过分潮湿而造成泥泞。对于塑性指数小于是15的黏性土，粉碎土块，最大尺寸不应大于15mm。摊铺过程中，应将土中超尺寸颗粒及其他杂物清除干净。生石灰块在使用前 7～10d 必须充分消解。消解后的石灰应保持一定的湿度，不得产生扬尘，也不得过湿成团。消石灰宜过孔径 10mm 筛，尽快使用。

在施工现场，应将石灰堆成高堆，并用篷布和土覆盖。用平地机或其他合适的机具将土料均匀地摊铺在预定的宽度上，表面应力求平整，并有规定的路拱。如黏土过干，应事先洒水闷料，一般至少闷料一夜时间，使各部分的含水量相近，并使含水量略大于最佳值。

2. 摊铺集料

应事先通过试验确定土或集料的松铺系数(或压实系数，它是混合料的松铺干密度与压实干密度的比值)。集料用量应力求准确,否则将影响石灰剂量(石灰剂量以石灰质量占全部粗细土颗粒干质量的百分率表示,即石灰剂量＝石灰质量/干土质量)和混合料的强度及稳定性。将石灰在已摊铺均匀的土层或集料层上摊铺均匀是用路拌法施工的重要环节之一。只有土层或集料的表面平整并具有一定的密实度,在用人工摊铺石灰时,才能将石灰在其面上摊铺均匀。人工摊铺时,松铺系数应符合表14-4。应量测石灰土的松铺厚度,并校核石灰用量是否合适。如下承层的表面过分干燥,应在下层表面适量洒水,使其表面湿润。

人工摊铺混合料松铺系数表　　　　　　　表14-4

材料名称	松铺系数	备注
石灰土	1.53～1.58	现场人工摊铺土和石灰,机械拌合,人工整平
石灰土	1.65～1.70	路外集中拌合,运送现场人工摊铺
石灰土砂砾	1.52～1.56	路外集中拌合,运送现场人工摊铺

一层石灰稳定土基层施工压实厚度宜为150～200mm,压实机具不同,应通过试验确定合适的压实厚度。当分层施工时,下层石灰稳定土应厚些,以便为后续施工造成一个较强的工作平台。下层石灰稳定土碾压完毕后,可以立即铺筑上层石灰稳定土,不需要专门的养生期。

3. 整型轻压

将土或集料摊铺均匀后,必须进行整型,并应用两轮压路机立即开始碾压一至两遍,使其表面具有规定的路拱,并使土或集料层表面平整密实。考虑拌合后碾压前水的蒸发,混合料的压实含水量应在最佳含水量的±1%范围内。

4. 摊铺石灰

在事先计算得的每车或每袋石灰的纵横间距,用石灰土在土层或集料层上做卸置石灰的标记,同时划出摊铺石灰的边线。用刮板将石灰均匀摊开,石灰摊铺后,表面应没有空白位置。应量测石灰土的松铺厚度,根据石灰土的含水量和松密度,确定石灰用量是否符合要求。

5. 拌合与洒水

(1) 如采用的是石灰稳定粒料,则应先将石灰拌合均匀,然后均匀的撒布在铺好的土料基面上。用石灰稳定塑性指数大的黏土时,应采用两次拌合。第一次加70%～100%预定剂量的石灰进行拌合,焖放1～2d后,再补足需用石灰,进行第二次拌合。这样土团容易粉碎,可达到均匀的混合料。

(2) 拌合机应先将拌合深度调整好,由两侧向中心拌合,每次拌合应重叠10～20cm,防止漏拌。先干拌一遍,然后视混合料的含水情况,再进行补充拌合,以达到混合料颜色一致,没有灰条、灰团和花面为止。

(3) 洒水要求用喷管式洒水车,并及时检查含水量。洒水车起洒处和另一端"调头"处都应超出拌合段2m以上。除了洒水车外,严禁其他车辆在土料层上通行。拌合机械及其他机械不宜在已压成的石灰土层上"调头",如必须在上进行"调头"时,应采取措施保护"调头"部分,使石灰土表层不受破坏。

6. 接缝和调头处的处理

(1) 同日施工的两工作段的衔接处，应采用搭接形式。即先施工的前一段尾部留 5~8m 不进行碾压，待第二段施工时，应与前段留下未压部分要再加部分石灰，重新拌合，并与第二段一起碾压。石灰稳定土层的施工应避免纵向接缝，必须分两幅施工时，纵缝必须垂直相接，不应斜接。

(2) 应十分注意每天最后一段末端缝（即工作缝）的处理，工作缝应成直线，而且上下垂直，经过摊铺整型的石灰稳定土当天应全部压实，不留尾巴。第二天铺筑时，为了使已压成型的稳定边缘不致遭受破坏，应用方木（厚度与其压实后厚度相同）保护，碾压前将方木提出，用混合料回填并整平。

(3) 严禁压路机在已完成的或正在碾压的路上"调头"和急刹车，以保证灰土表面不受破坏。如确有必要时，应采取措施（如覆盖 10cm 厚的砂或砂砾）保护"调头"部分的灰土表面。

7. 碾压

(1) 整型后，当混合料处于最佳含水范围时，进行碾压。如表面水分不足，应适当洒水。

(2) 用 12~15t 三轮压路机碾压时，每层压实厚度不应超过 15cm；用 18~20t 三轮压路机或相应功能的滚动压路机碾压时，每层压实厚度不应超过 20cm。压实厚度超过上述规定时，应分层铺筑，每层的最小压实厚度为 10cm。

(3) 直线段由两侧路肩向路中心碾压，超高段由内侧肩向外侧路肩碾压，碾压时后轮应重叠 1/2 的轮宽，后轮必须超过两段的接缝处。后轮（压实轮）压完路面全宽时，即为一遍。一般需碾压 6~8 遍。压路机碾压速度，头两遍采用 1 档（1.5~1.7km/h）为宜，以后用 2 档（2.0~2.5km/h）。路面两侧应多压 2~3 遍。

(4) 在碾压结束之前，用平地机再终平一次，使其纵向顺适，高程、路拱和超高符合设计要求。石灰土碾压中如出现"弹簧"、松散、起皮等现象，应及时翻开晾晒或换新混合料重新拌合碾压。

8. 养生与交通管理

(1) 石灰稳定土在养生期间应保持一定的湿度，不应过湿或半干半湿。养生条件主要指温度与湿度。养生条件不同，其强度也有差异。刚压实成型的石灰土底基层，在铺筑基层之前，养生期不宜少于 7d。每次洒水后，应用两轮压路机压实。石灰稳定土基层碾压结束后 1~2d，当其表面较干燥（如灰土的含水量不大于 10%，石灰粒料的含水量为 5%~6%）时，可以立即喷洒透层沥青，然后做底基层或铺筑面层，但初期应禁止重型号车辆通行。

(2) 在养生期间未采用覆盖措施（如覆盖砂养生或喷洒沥青膜养生）的石灰土底基层上，除洒水车外，应封闭交通；在采用覆盖措施的石灰土底基层上，不能封闭交通时，应当限制车速不得超过 30km/h，禁止重型号车辆通行。

(3) 当温度高时，物理化学反应、硬化、强度增长快，反之强度增长慢，在负温条件下甚至不增长。因此，要求施工期的最低温度应在 5℃以上，并在第一次重冰冻（-3~-5℃）到来之前 1 个月至 1 个半月完成。不管路拌或场拌，其拌合碾压时间不得多于 2d。

石灰稳定土可以在中心站用强制式拌合机，双转轴桨叶式拌合机等稳定土石拌合设备进行集中拌合，详见《公路路面基层施工技术规范》(JTJ 034—2000)。

(三) 石灰稳定土基层缩裂防治

石灰稳定土基层防治缩裂的措施有：

(1) 控制压实含水量。石灰稳定土因含水量过多产生的干缩裂缝显著，因而压实时含水量在最佳含水量的±1‰范围内。

(2) 严格控制压实标准。实践证明，压实度小时产生的干缩要比压实度大时严重。因此，应尽可能达到最大压实度。

(3) 温缩的最不利季节是材料处于最佳含水量附近，而且温度在-10~10℃时。因此施工要在当地气温进入0℃前一个月结束，以防在不利季节产生严重温缩。

(4) 干缩的最不利情况是石灰稳定土成型初期，因此，要重视初期养护。保证石灰土表面处于潮湿状况，防止干晒。

(5) 石灰稳定土施工结束后，要及早铺筑面层，使石灰土基层含水量不发生大的变化，可减轻干缩裂隙。

(6) 在石灰稳定土中掺加集料（砂砾、碎石等），使其集料含量为60%~70%，使混合料满足最佳组成要求，不但可以提高强度和稳定性，而且具有较好的抗裂性，并且还可以节约石灰和改善碾压时的拥推现象。集料的最大粒径不超过0.6倍石灰土层的厚度。

(7) 改善土质。石灰土的缩裂性质与用土的黏性有关，用土黏性愈大则缩裂愈严重，故应采用黏性较小的土，或在黏性土中掺入砂性土、粉煤灰等，以降低土的塑性指数。

(8) 基层的缩裂会反射到面层，为了防止基层裂缝的反射，国内外常采取以下措施：

1) 设置联结层。设置沥青碎石或沥青贯入式联结层，是防止反射裂缝的有效措施。

2) 铺筑碎石隔离过渡层。在石灰土与沥青面层间铺筑厚10~20cm的碎石层或玻璃纤维网格，可减轻反射裂缝出现。

三、水泥稳定类基层

水泥稳定土按照颗粒的粒径大小和组成，将土分为三种：粗粒土、中粒土、细粒土。常用的水泥稳定材料有：水泥碎石、水泥砂砾、水泥土等。

水泥稳定中粒土和粗粒土可适用于各级公路的基层和底基层，但水泥土不得用做二级和二级以上公路高级路面的基层。水泥稳定中粒土和粗粒土用做基层时，水泥剂量不宜超过6%。必要时，应首先改善集料的级配，然后用水泥稳定，以达到要求的压实度。

(一) 水泥稳定土的优缺点

1. 优点

水泥稳定土在道路路面和机场道面工程中，应用广泛。主要优点有：

(1) 强度高，稳定性好。水泥稳定土具有足够的强度，能适应重交通量和高速公路路面基层以及机场道面基层的需要。抗冲刷性能好，其受水影响强度经常是比较稳定。

（2）强度可以调整，可以稳定各种土，以适应不同交通的需要。水泥稳定土的强度能适应轻交通量的最低要求（底基层），还可调整到适应重交通量的要求（基层）。

（3）在缺乏优质粒料的地区，采用水泥稳定土做路面的基层或底基层，多数比较经济。

（4）水泥稳定土既可以在路上就地拌合，又可以用固定的拌合机械进行集中拌合后运到工地直接摊铺，也可利用移动式拌合机械沿线进行拌合。便于机械化施工，易保证质量。

2. 缺点

水泥稳定土应用广泛，但它也有一些缺点：

（1）水泥稳定土，特别是水泥土在施工中容易产生收缩裂缝，而采用水泥稳定粒料时，水泥用量超过一定比例，混合料收缩性就大也容易产生收缩裂缝。当水泥稳定土层上为薄沥青面层时，在使用过程中，水泥稳定土也会产生收缩裂缝。同时水泥稳定土基层的裂缝经常会引起其上薄沥青层也产生相对应的反射裂缝。

（2）由于水泥性质的原因，使水泥的水化和硬结作用进行较快，要求在较短时间内完成从加水拌合到碾压沥青路面成型的几个主要工序。因此对施工要求比较严格。

（3）水泥稳定土施工用水和养生用水比较多（与水泥路面相同）。在干旱地区或缺水路段施工难度大。

（4）不适宜在雨季施工，或在雨季施工困难。不能直接作为汽车车轮的磨耗层，即不能用作路面的面层。

（二）一般规定

（1）沥青路面下的半刚性基层、底基层，当采用悬浮密实、骨架密实和骨架空隙的结构类型不同，最大粒径与级配要求范围不同。

1）二级及二级以下公路可选用悬浮密实型水泥稳定类材料基层、底基层，基层集料的单个颗粒的最大粒径不大于 31.5mm，底基层最大粒径不大于 37.5mm。集料级配范围宜符合表 14-5 的要求。土的均匀系数应大于 5。细粒土的液限不应超过 40%，塑性指数不应超过 17。

悬浮密实型水泥稳定类集料级配　　　　　　　　　　表 14-5

层 位	通过下列方筛孔(mm)的质量百分率(%)							
	37.5	31.5	19.0	9.50	4.75	2.36	0.6	0.075
基层		100	90~100	60~80	29~49	15~32	6~20	0~5
底基层	100	93~100	75~90	50~70	29~50	15~35	6~20	0~5

2）高速公路、一级公路宜用骨架密实型水泥稳定集料材料基层或上基层，骨架密实型水泥稳定集料的最大粒径不大于 31.5mm，集料级配宜符合表 14-6 级配

范围的要求。实践证明采用骨架密实型水泥碎石基层，在多项工程运用中取得较好的效果。而骨架空隙结构型混合料具有较高的空隙率，适用于需考虑路面内部排水要求的基层。

骨架密实型水泥稳定类集料级配　　　　　　表 14-6

筛孔尺寸	通过下列方筛孔(mm)的质量百分率(%)						
	31.5	19.0	9.50	4.75	2.36	0.6	0.075
基　层	100	68～86	38～58	22～32	16～28	8～15	0～3

（2）水泥剂量以水泥质量占全部粗细土颗粒（即砾石、砂粒、粉粒和黏粒）和干质量的百分率表示（即水泥剂量＝水泥质量/干土质量）。水泥稳定中粒土、细粒土作基层时，水泥剂量不宜超过 6%。工地实际采用的水泥剂量应比室内试验确定的剂量多 0.5%～1.0%。采用集中场拌法施工时，可只增加 0.5%；采用路拌法施工时，宜增加 1%。水泥的最小剂量应符合表 14-7 的规定。

水泥的最小剂量　　　　　　表 14-7

拌合方法 土类	路　拌　法	集中场拌法
中粒土和粗粒土	4%	3%
细粒土	5%	4%

（3）高速公路、一级公路和二级公路的稳定土基层，应采用集中场拌法施工；对二级以下公路则应采用路拌法施工。

（4）水泥稳定土施工时，必须采用流水作业法，使各工序紧密衔接，特别要缩短从拌合到碾压终了之间的延迟时间，此时间不应超过 3～4h，并应短于水泥终凝时间，当在施工时采用集中场拌法，延迟时间则不应超过 2h。同时，应做延迟时间对水泥稳定土强度影响的试验，以确定合适的延迟时间，保证水泥稳定土在不影响其强度的情况下碾压密实。

（5）水泥稳定土在进行碾压施工时应在混合料处于或略大于最佳含水量（炎热干燥气候，基层混合料可大 1%～2%）时进行碾压。根据《公路路面基层施工技术规范》（JTJ 034—2000）用不同的压路机类型进行施工，相应的也要满足各压路机碾压的最大压实厚度和最小压实厚度。

（6）基层分两层施工时，在铺筑上层前，应在下层顶面先撒一薄层水泥或水泥净浆。

（7）摊铺土应在摊铺水泥的前一天进行。其长度按日进度的需要量控制，满足次日完成掺加水泥、拌合、碾压成型的需要即可。

（8）普通硅酸盐水泥、矿渣硅酸盐水泥和火山灰质硅酸盐水泥都可用于稳定土，但应选用初凝时间 3h 以上和终凝时间较长（宜在 6h 以上）的水泥。不应使用快硬水泥、早强水泥以及已受潮变质的水泥。宜采用强度等级 32.5 或 42.5 的水泥。

(三)路拌法工艺流程

水泥稳定土路拌法的工艺流程如图 14-3 所示。

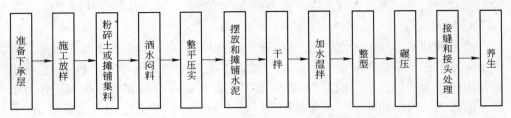

图 14-3 水泥稳定土路拌法的工艺流程

1. 准备下承层

(1) 水泥稳定土基层的下承层表面平整、坚实,具有规定的路拱,没有松散的材料和软弱地点。下承层的平整度和压实度符合有关技术规范的要求。

(2) 对于底基层进行压实度检查,对于柔性底基层还应进行弯沉值测定。一般情况下,每 50 延米为一断面,每个断面至少测两个点(内外双轮间隙各一个点)。凡不符合设计要求的路段,根据具体情况,分别采用补充碾压、换填好的材料,挖开晾晒等措施,使之达到有关规范的规定标准。

(3) 底基层或老路面上的低洼和坑洞,仔细填补及压实,搓板或辙槽,刮除松散处,耙松洒水并重新碾压,达到平整密实。

(4) 新完成的底基层,按相关规范的规定进行验收。凡验收不合格,采取措施使其达到标准后方可铺筑水泥稳定土基层。

(5) 在槽式断面的路段,两侧路肩上每隔一定距离(如 5~10m)交错开挖泄水沟。

(6) 在集料摊铺前下承层表面洒水湿润。

2. 施工放样

在底基层恢复中线。直线段每 15~20m 设一桩,平曲线段每 10~15m 设一桩,并在两侧路肩边缘外设指示桩。然后进行水平测量,在两侧指示桩上用明显标记标出水泥稳定土层边缘的设计高程。施工过程中,标桩如有丢失或移动,及时补桩抄平。

3. 摊铺集料

通过试验确定集料的松铺系数。人工摊铺混合料时,其松铺系数可按表 14-8 选用。摊铺材料在摊铺水泥之前一天进行。摊料长度以日进度的需要量为度,够次日一天内完成掺加水泥、拌合、碾压成型即可。雨期施工,及时摊铺集料并保证后续工艺在降雨之前全部完成。

混合料松铺系数参考表　　　　　　表 14-8

材料名称	松铺系数	备注
水泥稳定砂砾	1.30~1.35	
水 泥 土	1.53~1.58	现场人工摊铺土和水泥,机械拌合,人工整平

采用推土机和平地机将集料均匀地摊铺在预定的宽度上，表面力求平整，并有规定的路拱。摊料过程中，将土块、超尺寸颗粒及其他杂物拣除。同时及时检验松铺材料层的厚度，视其是否符合预要求。必要时，进行减料或补料工作。

4. 洒水预湿

在运输到底基层上的选料（包括各种砂砾土和细粒土）上洒水预湿。洒水预湿素土，使水在土中分布较为均匀，减少摊铺水泥后的洒水工作量。预湿土（特别是预湿中粒土和粗料土）使拌合过程中水泥立即粘结在砂粒和砾石颗粒上，而不致于漏落到处治层的底部。预湿过程中，使土的含水量约为最佳含水量的70%。预湿时，将水均匀地喷洒在土上。如果隔天预湿素土，有可能遭受夜雨而变得过分潮湿，则可以在当天的清晨进行预湿工作。

5. 整平和轻压

集料经过预湿之后，采用平地机整平成要求的路拱和坡度，并用轻型压路机碾压1~2遍，使集料层具有平整光滑的表面，同时具有一定的密实度，以便摊铺水泥。

6. 摆放和摊铺水泥

采用袋装水泥时（通常每袋水泥50kg），应先根据水泥稳定土层厚度的压实厚度、预定的干密度和润滑油剂量，计算每一平方料水泥稳定土需要的水泥用量，并计算每袋水泥摊铺面积。然后，根据水泥稳定土层的宽度，计算的每袋水泥摆放的水泥的行数和间距。

例如：水泥稳定层的压实厚度为20cm，预定水泥剂量为5%，水泥砂砾混合料的最大干密度为2360kg/m³，一级公路要求的压实度为98%，则一平方料面积需要的水泥用量为：

$$1 \times 0.20 \times 2360 \times 0.98 - 1 \times 0.20 \times 2360 \times 0.98 \div (1+0.05)$$
$$= 462.56 - 440.37 = 22.184 \text{kg}$$

由此，一袋水泥应该覆盖的面积为：

$$50/22.184 = 2.25 \text{m}^2$$

水泥稳定层的宽度为12m，预定摆六列水泥，每列水泥的间距2m（首列与末列距边缘1m）。

因此，纵向每袋水泥的间距为：

$$2.25/2 = 1.125 \text{m}$$

用石灰在集料层上做摆放水泥的标记。水泥用汽车直接送到摊铺路段，卸在做标记的地点，并检查有无遗漏和多余。然后打开水泥袋将水泥倒在集料层上，并用刮板将水泥均匀摊开，使每袋水泥的摊铺面积相等。水泥摊铺完毕后，做到表面没有空白位置，也没有水泥过分集中的地点。

7. 干拌

用稳定土拌合机进行拌合，拌合的第一、二遍，通常进行"干拌"。预防加水过程水泥成团。用稳定拌合机进行拌合，拌合深度达到稳定层底。拌合时设专人跟踪拌合机，随时检查拌合深度并配合拌合机操作员调整拌合深度。严禁在拌合层底部留有"素土"夹层。使拌合机略破坏(约1~2cm)底基层的表面,以利上下层粘结。

8. 加水并湿拌

(1) 在上述拌合过程结束时,如果混合料的含水量不足,用喷管式洒水车补充洒水。洒水车起洒处和另一端"调头"处都超出拌合段2m以上。禁止洒水车在正进行拌合的以及当天计划拌合的路段上"调头"和停留,以防局部水量过大。

(2) 补充洒水后,再次进行拌合,使水分在混合料中分布均匀。拌合机械紧跟在洒水车后面进行拌合,尤其在纵坡大的路段上配合紧密,减少水分流失。

(3) 洒水及拌合过程中,及时检查混合料的含水量,含水量宜略大于最佳值,稳定粗粒土和中粒土,较最佳含水量大0.5%~1.0%;稳定细粒土,较最佳含水量大1%~2%。

(4) 混合料拌合均匀后做到色泽一致,没有灰条、灰团和花面,没有粗细颗粒"窝",且水分合适和均匀。

(5) 在洒水拌合过程中,配合人工拣出超尺寸颗粒,消除粗细颗粒"窝"以及局部过分潮湿或过分干燥。

9. 整形

混合料拌合均匀后,立即用平地机进行初平。在直线段,平地机由两侧向路中心进行刮平;在曲线段,平地机由内侧向外侧进行刮平;需要时,再返回刮一二遍。用轻型压路机立即在刚初平的路段上快速碾压一遍,以暴露潜在的不平整;然后再用平地机整平一次。每次整平都按照要求的坡度和路拱进行。特别注意接缝处的整平,使接缝顺适平整。

水泥稳定土基层表面的低洼处,严禁用薄层水泥混合料找补。摊铺时,按"宁高勿低"的原则,最后整平(终平)时,按"宁刮勿补"的原则处理。

10. 碾压

(1) 根据路宽、压路机的轮宽和轮距的不同,制订碾压方案,以求各部分碾压的次数尽量相同(通常路面的两侧多压2~3遍)。

(2) 水泥稳定土层整平满足要求后,混合料的含水量等于或略大于最佳含水量时,立即用三轮压路机、重型轮胎压路机或振动压路机在全宽内进行碾压。碾压时,重叠1/2轮宽,后轮超过两段的接缝处。压路机的碾压速度头两遍采用1.5~1.7km/h,以后采用2.0~2.5km/h。

(3) 严禁压路机在已完成的或正在碾压的路段上调头或急刹车,保证稳定土层表面不受破坏。

(4) 碾压过程中,水泥稳定土的表面始终保持湿润,如水分蒸发过快,及时补洒少量的水。

(5) 碾压过程中,如发生"弹簧"松散起皮等现象,及时翻开换以新的混合料或添加适量的水泥重新拌合,使其达到质量要求。

(6) 经过拌合、整形的水泥稳定土,在水泥初凝前和试验确定的延迟时间内完成碾压,并达到要求的密实度,同时无明显的轮迹。

(7) 应在混合料处于最佳含水量或略小于最佳含水量(1%～2%)时进行碾压，直到达到下列按重型击实试验法确定的要求压实度：

基层：
  高速公路和一级公路   98%
  二级和二级以下公路
    水泥稳定中粒土和粗粒土   97%
    水泥稳定细粒土   93%

底基层：
  高速公路和一级公路
    水泥稳定中粒土和粗粒土   97%
    水泥稳定细粒土   95%
  二级和二级以下公路
    水泥稳定中粒土和粗粒土   95%
    水泥稳定细粒土   93%

11. 接缝和"调头"处的处理

(1) 同时施工的两工作段的衔接时，采用搭接，前一段拌合整形后，留5～8m不进行碾压，后段施工时，前段留下末碾压部分，加部分水泥重新拌合，并与后一段一起碾压。

(2) 在已碾压完成的水泥稳定土层末端，沿稳定土挖一条横贯铺筑层全宽的宽约30cm的槽，直挖到下承层顶面。此槽与路的中心线垂直，靠稳定土的一面切成垂直面，并放两根与压实厚度等厚、长为全宽一半的方木紧贴其垂直面。第二作业段拌合后，除去方木，用混合料回填。靠近方木未能拌合的一小段，人工进行补充拌合。整平时，接缝处的水泥稳定土较已完成断面高出约5cm，以利形成一个平顺的接缝。

(3) 水泥稳定土层的施工避免纵向接缝。在必须分两幅施工时，纵缝采用垂直相接。在前一幅施工时，在靠中央一侧用方木或钢模板做支撑，方木或钢模板的高度与稳定土层的压实厚度相同；混合料拌合结束后，靠近支撑木(或板)的一部分，人工进行补充拌合，然后整形和碾压；养生结束后，在铺筑另一幅之前，拆除支撑木(或板)；第二幅混合料拌合结束后，靠近第二幅的部分，人工进行补充拌合，然后进行整形和碾压。

12. 养生

水泥稳定土经过拌合、压实成型后立即养生。用潮湿的帆布、土工布、粗麻袋、稻草麦秸或其他合适的潮湿材料覆盖，无上述条件时，采用洒水车经常洒水进行养生。每天洒水的次数视气候而定。整个养生期间始终保持稳定土层表面潮湿。养生期不少于7d。养生期间禁止车辆通行。

四、石灰工业废渣稳定土(二灰碎石)

石灰工业废渣稳定土可分为两大类：石灰粉煤灰、石灰其他废渣类。石灰工业废渣稳定土可适应于各级公路的基层和底基层，但二灰、二灰土和二灰砂不应用做二级和二级以上公路高等级路面的基层。二灰碎石(或二灰集料)在道路工程路面结构层中得到广泛应用。

使用石灰粉煤灰集料混合料做路面结构层的突出优点是施工容易,不需要严格控制从加水拌合到完成压实的时间。此外,可以利用传统的施工设备拌合和摊铺粉煤灰集料混合料。二灰碎石基层,其中石灰和粉煤灰为胶结材料,而粒料起骨架作用。二灰碎石基层属于半刚性基层类型,具有明显的水硬性、缓凝性、板体性及一定的抗裂性,但抗磨性差,强度形成受温度和湿度影响很大。

二灰碎石基层所用材料来源广泛,可就地取材,且施工方便,强度高。形成板体后,具有类似贫混凝土的性质,水稳性、抗裂性也较好。由于这些优点,使二灰碎石基层得到广泛应用。

(一)一般要求

1. 最大粒径与级配

公路沥青路面设计规范规定,高速公路和一级公路基层采用二灰碎石做上基层时,宜选用骨架密实型石灰粉煤灰稳定类基层,集料最大粒径不大于31.5mm,级配符合表14-9的要求。

骨架密实型石灰粉煤灰稳定集料级配　　　　　　　　　　表14-9

筛孔尺寸	通过下列方筛孔(mm)的质量百分率(%)							
	31.5	26.5	19.0	9.50	4.75	2.36	1.18	0.6	0.075
基层	100	95~100	48~68	24~34	11~21	6~16	2~12	0~6	0~3

二级及二级以下公路的基层和各级公路的底基层,宜采用悬浮密实型石灰粉煤灰稳定碎石集料,集料最大粒径分别不大于37.5mm和31.5mm,其级配范围宜符合表14-10规定。

悬浮密实型石灰粉煤灰稳定碎石的集料级配　　　　　　　表14-10

层位	通过下列方筛孔(mm)的质量百分率(%)							
	37.5	31.5	19.0	9.50	4.75	2.36	1.18	0.6	0.075
基层		100	88~98	55~75	30~50	16~36	10~25	4~18	0~5
底基层	100	94~100	79~92	51~72	30~50	16~36	10~25	4~18	0~5

集料粒径大,则来源范围广,加工产量高,节约资金,施工中碾压较稳定,但从保证路面平整度、减少拌合摊铺机械磨损来看,是不利因素。一般要求最大粒径取(1/4~1/5)层厚,考虑到二灰碎石基层每层150~200mm,要求集料满足级配范围要求,符合压实度要求。其余级配范围参考《公路沥青路面设计规范》(JTG D50—2006)。

中冰冻、重冰冻区的高速公路、一级公路采用石灰粉煤灰稳定类材料做基层时,应进行抗冻性能检验。

2. 粉煤灰

电厂的粉煤灰为防止污染,需加水堆放,因此粉煤灰进料应及早进行。湿粉煤灰的含水量不宜超过35%。粉煤灰进场前应进行检测,确保进场粉煤灰质量合格。二氧化硅及氧化铝含量须大于70%，烧失量不超过20%；其比表面积宜大于2500cm²/g。粉煤灰不应含有团块、腐殖质及有害物质，使用时应将凝固的粉煤灰块打碎过筛。

3. 石灰和粉煤灰配合比设计

根据施工经验，采用石灰和粉煤灰集料做基层时，石灰和粉煤灰的比例可选1:2～1:4，石灰粉煤灰与集料的比例可以是20:80～15:85。做底基层时，查规范而确定配合比例，石灰剂量不宜低于10%，或通过试验选取强度较高的配合比。因为石灰太少，结合料的胶结作用得不到保证。为提高石灰工业废渣的早期强度，可以加1%～2%的水泥。

4. 抗压强度标准

根据《公路路面基层施工技术规范》(JTJ 034—2000)的规定，石灰工业废渣稳定土的7d浸水抗压强度应符合表14-11规定。

二灰混合料的抗压强度标准　　　　表14-11

层　位	公路等级	二级和二级以下公路	高速公路和一级公路
基层(MPa)		0.6～0.8	0.8～1.1①
底基层(MPa)		≥0.5	≥0.6

注：①设计累计标准轴次小于 $12×10^6$ 的高速公路用低限值；设计累计标准轴次大于 $12×10^6$ 的高速公路用中值；主要行驶重载车辆的高速公路用高限值。对于具体一条高速公路，应根据交通状况采用某一强度标准。

5. 强度评定

试件在规定温度下保湿养生6d，浸水24h后，按《公路工程无机结合料稳定材料试验规程》(JTJ 057—1994)进行无侧限抗压强度试验，计算试验结果的平均值和偏差系数。

根据表14-11的强度标准，选定混合料的配合比。在此配合比下，试件室内试验结果的平均抗压强度 $\overline{R}$ 应符合式(14-1)的要求：

$$\overline{R} \geqslant R_d/(1-Z_a C_v) \tag{14-1}$$

式中　$\overline{R}$——设计抗压强度(表14-11)；

C_v——试验结果的偏差系数(以小数计)；

Z_a——标准正态分布表中随保证率(或置信度 a)而变的系数，高速公路和一级公路应取保证率95%，即 $Z_a=1.645$；其他公路应取保证率90%，即 $Z_a=1.282$。

（二）施工流程

石灰粉煤灰稳定土施工分为集中拌合、路拌法、人工沿路拌合法。为保证养生质量，应该尽可能在中心站进行集中拌合(场拌)。对于高速公路和一级公路，应采用专用稳定土集中场拌机械拌制混合料。中心站集中场拌法施工流程如下：

1. 基本要求

(1) 土块最大尺寸不应大于15mm；粉煤灰块不应大于12mm，且9.5mm和

2.36mm 筛孔的通过量应分别大于 95% 和 75%。

（2）不同粒级的砾石或碎石以及细集料都应分开堆放。

（3）石灰、粉煤灰和细集料都应有覆盖，防止雨淋过湿。

（4）配料应准确，拌合应均匀。

（5）混合料的含水量应略大于最佳含水量，使混合料运到现场摊铺后碾压时的含水量能接近最佳值。

2. 生产工艺流程

石灰粉煤灰稳定土的集中拌合流程按图 14-4 进行。

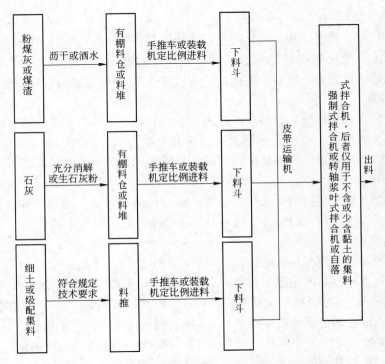

图 14-4　石灰工业废渣稳定土的集中拌合工艺流程

3. 集中拌合法注意事项

（1）拌成混合料的堆放时间不宜超过 24h，宜在当天将拌成的混合料运送到铺筑现场，不应将拌成的混合料长时间堆放。

（2）每天上、下午各测一次原材料的含水量，调整原材料的进料数量，使混合料中含水量略大于最佳含水量 2 个百分点左右。

（3）应有专职施工人员注意观察料仓出料情况，控制各种原材料用量，确保石料、粉煤灰、石灰用量在允许误差范围之内。石灰中不得有大块石头或灰块，粉煤灰中不得有土块等杂物。

（4）做好粉煤灰、石灰的防雨工作，以免因含水量过大，影响工程质量和施工进度，同时又要注意防止粉煤灰、石灰过干扬尘污染环境。

（5）要经常观测二灰碎石拌合的均匀性，使出厂的混合料色泽均匀、无离析、成团结块现象。成品不宜堆放过高，随时用装载机推平，避免形成锥形，引起粗细料离析。

（三）二灰基层施工

1. 准备下承层

二灰碎石不能直接在土路基上施工，一般以石灰稳定土或二灰土作为二灰碎石的下承层。下承层必须平整、密实。二灰碎石施工前，要对下承层进行严格的检查，确保压实度、纵断高程、宽平整度、横坡度、弯沉等均满足规范要求。当下承层较干时，在摊铺上层时应在下承层表面适当洒水润湿，以增强上下层的结合。

2. 施工放样

在下承层上恢复中线并放出边桩，直线段每 10m 设一桩，曲线段每 5m 设一桩。用水准仪放出基准杆的设计高程，并架设基准钢丝。用石灰再打出基层边线，控制好基层宽度。然后立钢模或上土培肩，厚度与二灰碎石厚度相同。

3. 备料

所有材料必须经检验合格后才能进场。尤其是生石灰，必须每车一检。对存放时间过长的石灰，使用前必须重新测定其钙镁含量。石灰、粉煤灰必须覆盖，以防雨淋或随风飘扬。为保证配料的准确，粉煤灰的含水量不宜超过 35%。

4. 集中拌合

集中拌合法是将材料运到拌合场用机械进行集中拌合，然后将拌合好的混合材料运到路基上直接进行铺装。现在高等级公路一般采用集中拌合法。

5. 运输

混合料采用自卸车进行运输。二灰碎石集中拌合虽然比路拌的均匀，但在运输和装卸过程中容易产生混合料离析现象。施工中采取以下措施加以改善：

（1）装料经过拌合的二灰碎石混合料，在贮料场闷料 24h 后，由装载机装车。装料时应视混合料情况重新翻拌 2 次~3 次后再装车，防止产生离析。

（2）装载机装料可先从车厢前部开始，再装车厢后部，最后中间进行装料，可防止集料离析和漫溢。

（3）运输车辆宜由 15t 以上的自卸车运输，并根据运距配备足够的车辆保证摊铺机连续施工，从而保证基层的平整度。当运距较远时，应加盖篷布，晴天可防止水分散失，雨天可防止淋湿混合料。

（4）运输车辆在运输途中不得停留，应避免在底基层上调头、刹车，倒车时防止对高程控制支架的破坏。

6. 摊铺

摊铺作业采用摊铺机组合，单幅全宽成梯队联合进行摊铺。摊铺过程应连续，摊铺机匀速行驶，尽可能减少手工操作，以防止造成混合料离析和水分散失。摊铺过程中，摊铺机应缓慢、均匀、不间断的摊铺，不得随意变换速度或中途停顿。

二灰碎石未经压实时，避免人员踩踏。若局部混合料出现明显离析、表面不平整及摊铺机熨平板后部出现明显拖痕时，应按现场技术人员要求用刮平器进行补找刮平。找补时不得扬锹远甩。刮平时应轻重一致，往返刮平2~3次达到平整即可。

7. 焖料

施工现场摊铺整形摊铺完成后要进行焖料，一般至少焖5h，以保证其充分消解。在焖料期间，要使混合料保持适宜的含水量，以高出最佳含水量5%左右为宜，同时补洒适当水分以防表面干燥。

8. 碾压

石灰粉煤灰是混合料中主要结合料，在压实时黏性很小，甚至没有黏性，所以轮胎压路机和振动压路机是最适宜的压实工具。稳压过程中随时用3m直尺检查平整度，低洼处人工挖松并填补混合料，最后用胶轮赶光。

实践证明，石灰粉煤灰粒料混合料容易达到较高的压实度，石灰粉煤灰土混合料不容易达到较高的压实度。用12~15t平面钢轮压路机碾压时，一层压实厚度不宜超过15~18cm，用重型压路机特别是羊脚碾碾压时，一层压实厚度可以达20~25cm以上。当分层摊铺情况下，两层之间的间隔时间尽可能短些，在下层还未凝结之前就铺筑上层。上下层最好在一天铺筑。

(1) 施工组织

碾压应先轻后重，先慢后快。如有振动压路机，则先用振动压路机碾压，对保证平整度、稳定面层效果会更好。同时，边碾压边人工修整，对露出石子的地方撒二灰，直到二灰刚刚覆盖住碎石为止。二灰不可撒得过多，若过多，压路机碾压后，当时平面虽平整，但遇雨水或洒水车洒水后二灰容易被冲去，二灰多处就留下一个个凹坑。凡碾压机械不能作业的部位要采用机夯进行夯实，达到规定的密实度。

(2) 接缝处理

纵缝摊铺时，重叠宽度为5~10cm，必要时对接缝处进行整平，全宽范围内一起碾压。

对于横向接缝，应尽量减少。作业最好选在两结构之间，如不在两结构之间，如压实层末端未用方木作支撑处理，在碾压后末端成一斜坡，则在第二天开始摊铺新混合料之前，应将末端斜坡挖除，并挖成一横向（与路中心线垂直）垂直向下的断面。挖出的混合料加水到最佳含水量拌匀后仍可使用。

二灰基层连续施工时，横缝可以每天摊铺完预留5~8m不碾压，第二天将混合料耙松后与新料人工拌合，整平后与新铺段一起碾压。若间隔时间太长应将接缝做成平接缝。

接缝处理时必须平整密实，严禁有混合料离析。同半幅两横缝必须错开50cm以上。

9. 养生

(1) 碾压完成后立即进行养生。养生采用洒水车洒水方式，时间不小于7天。洒水养生时，应使喷出的水成雾状，不得将水直接喷射或冲击二灰碎石基层表面，将表面冲成松散状。

(2) 养生期间应封闭交通，养生期结束后，车辆行驶时，限速在30km/h以下,并禁止急刹车。车辆行驶在全宽范围内均匀分布。

(3) 在养护期间,出现病害,要及时挖补。对于露出碎石的地方,应立即撒二灰,防止飞石。如发现弹簧,应立即挖开,采用换材料方法处理。若处理过迟,弹簧周围二灰碎石已经成型,补过的弹簧处不能与周围二灰碎石形成一个整体,从而影响到沥青面层的稳定。

(4) 养生期间,如遇5℃以下气温时,要覆盖保温材料,以防冰冻。

(四) 质量检测

二灰碎石施工的重点是控制好后台的质量检测工作,每天一开机就要进行混合料的筛分以及灰剂量、含水量的检测工作,各项指标合格后才能进行正式拌合。采用灌砂法进行现场压实度的检测,在碾压过程中试验人员跟踪定点检测,直至达到压实度要求。采用生石灰粉进行施工时,试验室制作强度试件要首先进行焖料,每隔1~2h应掺拌一次,使生石灰颗粒充分消解,否则试件容易炸裂。

(五) 施工主要注意事项

1. 重视施工过程中的质量控制

(1) 每天施工中都应抽检几个断面松铺系数。从实践中可知,当混合料中骨料偏少,均匀性差,松铺系数就大。因此,校核松铺系数,发现问题,应查明原因,采取有效措施及时纠正。松铺系数取用的准确与否直接影响路面基层的标高,又与混合料的配合比和均匀性有很大关系。

(2) 施工中应严格控制混合料的含水量。实践证明,当超过最佳含水量2%以上时,二灰碎石成型后时间不长,基层表面将发生横向裂缝,含水量越高,裂缝越多,且大而深。

(3) 二灰碎石混合料施工中,要完全避免集料窝是较困难的。但只要是密实的,可不做处理,撒过透层油后,此部分有利于与下封层的结合。

(4) 二灰碎石顶面应有较大粗糙度,这样有利于洒过透层油后,与下封层及沥青面层的连接。

(5) 二灰碎石基层不宜用半幅全宽一次铺筑的摊铺机。因为层厚,用料量大,往往出现摊铺机送料槽中靠两侧缺料甚至无料,两侧基层厚度不足甚至无料的现象。有条件时应尽量采用多台摊铺机成梯队铺筑。

(6) 摊铺到压实完成的时间不要超过24h,要立即进行养生,以保证强度。

2. 路基成品质量满足要求

二灰碎石基层出现的标高误差,其高出部分应用平地机刮除;低于标高的路段,严禁用薄层贴补方法处理,只能由沥青混合料补足标高。

采用先进的检测手段进行现场跟踪监控,才能真正保证工程质量,正确指导施工,确保路面基层质量要求。

第三节 路面基层质量要求

基层的质量要求可分为原材料试验要求、施工过程中质量要求与控制、外形尺寸要求三个方面。

1. 原材料试验要求

在施工前或原材料发生变化时，必须对拟采用的材料进行规定的基本性质试验，以评定材料质量是否符合要求。对基层原材料应按表 14-12 所列项目及方法进行检验；对基层混合料应按表 14-13 所列项目及方法进行检验。

基层原材料的试验项目和方法　　　　　　　　　　表 14-12

试验项目	材料名称	目的	频度	仪器和试验方法
含水量	土、砂砾、碎石等集料	确定原始含水量	每天使用前测 2 个样品	烘干法或含水量快速测定仪、酒精法
颗粒分析	砂砾、碎石等集料	确定级配是否符合要求，确定材料配合比	每种土使用前测 2 个样品，使用中每 2000m³ 测 2 个样品	筛分法
液限、塑限	土、级配碎（砾）石、ϕ0.5mm 以下细土	求液限指数，确定是否符合规定	每种土使用前测 2 个样品，使用中每 2000m³ 测 2 个样品	平衡锥测液限、搓条法测塑限
相对密度、吸水率	砂砾、碎石等	评定粒料质量、计算固体体积率	使用前测 2 个样品，使用中每 2000m³ 测 2 个样品	多孔网篮或容积 1L 以上的比重瓶
压碎值	砂砾、碎石等	评定石料的抗压碎能力是否符合要求	使用前测 2 个样品，使用中每 2000m³ 测 2 个样品	压碎值仪
有效钙、氧化钙	石灰	确定石灰质量	做材料组成设计及使用前分别测 2 个样品，以后每月测 2 个样品	
水泥强度等级、终凝时间	水泥	确定水泥质量	做材料组成设计时测一个样品，料源或强度等级变化时重测	

基层混合料的试验项目和方法　　　　　　　　　　表 14-13

试验项目	目的	仪器和试验方法
重型击实试验	求最佳含水量和最大干密度，规定工地碾压时的合适含水量和应达到的最小干密度，确定制备试验试件时应采用的含水量和干密度	重型击实仪
承载比	求工程预期干密度下的承载比，确定材料是否适宜做基层	路面材料测试仪
抗压强度	进行材料设计，选定最适宜于用水泥或石灰稳定的土，规定施工中采用的结合料用量，为工程提供评定质量的标准	路面材料测试仪

2. 施工过程中质量要求与控制

施工过程中质量控制主要项目为：含水量、集料级配、石料压碎值、结合料剂量、拌合均匀性、压实度、弯沉值等。其质量要求和测定频度见表 14-14。

基层质量控制项目和质量标准、测定频度　　　　　表 14-14

工程类别	项目		频度	质量标准	备注
无结合料基层	含水量		根据观察,异常时随时试验	最佳含水量-1%~+2%	开始碾压和碾压过程中检验
	级配		每2000m²一次	在规定范围内	整平结束前取样
	均匀性		随时观察	无粗细集料离析现象	摊铺、整平过程中进行
	压实度		每一作业段或不超过2000m²检查6次以上	级配集料基层98%,填隙碎石固体体积率85%	以灌砂法为准。每点受压路机的作用次数力求相同
	塑性指数		每1000m²一次	小于规定值	料场和施工现场取样,用搓条法试验
	集料压碎值		根据观察,异常时随时试验	小于规定值	料场和施工现场观察、取样
	承载比		每3000m²一次	不小于规定值	料场和施工现场观测,取样进行室内试验
	弯沉值检验		每一评定段(不超过1km)每车道40~50个测点	95%或97.7%概率上的上波动界限不大于容许值	碾压完成后检验
水泥或石灰稳定土	级配		每2000m²一次	在规定范围内	在现场摊铺整平过程中取样
	集料压碎值		根据观察,异常时随时试验	小于规定值	在现场摊铺整平过程中取样
	水泥或石灰剂量		每2000m²次,至少6个样品	-1%	滴定法或用直读式测钙仪试验
	含水量	水泥稳定土	根据观察,异常时随时试验	最佳含水量+1%~+2%	拌合过程中、开始碾压和碾压过程中检验
		石灰稳定土		最佳含水量±1%	
	拌合均匀性		随时观察	无灰条、灰团、色泽均匀、无离析现象	拌合过程中进行
	压实度	稳定细粒土	每一作业段或不超过2000m²检查6次以上	高速和一级公路95%以上,其他公路93%以上	以灌砂法为准。每点受压路机的作用次数力求相同
		稳定中、粗粒土		高速和一级公路98%以上,其他公路97%以上	
	抗压强度		稳定细粒土、中粒土、粗粒土每2000m²分别6个、9个、13个试件	符合规定要求	整平过程中随机取样

3. 外形尺寸质量要求与控制

外形尺寸主要靠日常管理，其质量要求和测量频度见表14-15。

基层外形尺寸的测量频度和质量标准　　　　表 14-15

项 目		频 度	质 量 标 准	
			高速、一级公路	其他公路
纵断高程(mm)		高速、一级公路每20延米一个断面，每个断面3～5个点；其他公路每20延米1点	+5，-10	+5，-15
厚度(mm)	均值	每1500～2000m² 6个点	-8	-10
	单个值		-20	-25
宽度(mm)		每40延米1处	+0以上	+0以上
横坡(%)		每100延米3处	±0.3	±0.5
平整度(mm)		每200延米2处，每处连续10尺(3m直尺)	10	15

复 习 思 考 题

1. 试述无机结合料稳定土结构层的优点与缺点。
2. 试述石灰稳定土、水泥土、二灰碎石稳定粒料的基本概念。
3. 试述二灰碎石对材料的要求，施工方法有哪两种？
4. 试述石灰稳定土、水泥土、二灰碎石施工主要注意事项。
5. 简述路面基层检查验收内容与允许偏差。

第十五章　沥青路面机械化施工

【本章学习要点】　对沥青路面材料(沥青、粗集料、细集料、矿粉、纤维稳定剂)的要求；沥青路面的施工(沥青表面处治、沥青透层、沥青粘层与封层)；热拌沥青混合料路面施工；沥青路面施工机械；沥青路面施工质量管理与检查；沥青路面施工案例。

第一节　沥青路面对材料的要求

沥青路面的使用性质与其原材料的品质关系很大，也与沥青混合料性能紧密相关。

一、沥青材料

沥青类路面通常采用的沥青材料有道路石油沥青、煤沥青、液体石油沥青、乳化沥青、改性沥青等。各类沥青的标号应根据公路等级、路面类型、结构层次、气候区划和施工季节等因素综合考虑，论证后确定。煤沥青不适宜作沥青面层用。

1. 道路石油沥青

道路石油沥青是沥青路面混合料组成材料中的胶结材料，它的性能直接影响沥青路面的使用品质和寿命。道路石油沥青分为 A 级、B 级、C 级三个等级，分别适应于不同等级的公路和不同的结构层次。路面在选用沥青材料时，各自的适用范围应符合表 15-1 的规定。

道路石油沥青的适用范围　　　　表 15-1

沥青等级	适用范围
A 级沥青	各个等级的公路，适用于任何场合和层次
B 级沥青	高速公路、一级公路沥青面层及以下的层次，二级及二级以下公路的各个层次；用作改性沥青、乳化沥青、改性乳化沥青、稀释沥青的基质沥青
C 级沥青	三级及三级以下公路的各个层次

道路石油沥青按针入度平均值划分为 160 号、130 号、110 号、90 号、70 号、50 号、30 号七个标号，对每一种标号的技术指标提出相应的要求详见《市政工程材料》。

通常在不同的气候地区，选用标号有差异。对高速公路、一级公路，夏季温度高、高温持续时间长、重载交通、山区及丘陵区上坡路段、服务区、停车场等行车速度慢的路段，尤其是汽车荷载剪应力大的层次，宜采用稠度大、沥青标号偏小的 90 号、70 号、50 号沥青。对冬季寒冷的地区或交通量小的公路、旅游公路宜选用沥青标号偏高、稠度低，低温塑性好的 130 号、110 号、90 号沥青；对于日温差、年温差大的地区宜注意选用针入度指数大的沥青，属于溶凝胶沥青中稠度较大，粘结性较好的一类。当高温要求与低温要求发生矛盾时应优先考虑满足高温性能的沥青。两种以上沥青掺配时，应通过试验确定其配合比例，并符合道路石油沥青技术要求。

沥青必须按品种、标号分开存放。除长期不使用的沥青可放在自然温度下存储外，沥青在储罐中的贮存温度不宜低于 130℃，并且不得高于 170℃。桶装沥青应直立堆放，加盖苫布。道路石油沥青在贮运、使用及存放过程中应有良好的防水措施，避免雨水或加热管道蒸汽进入沥青中。

2. 乳化沥青

乳化沥青在常温下具有较好的流动性，可以在常温下进行喷洒、贯入或拌合摊铺，现场无需加热，简化了施工程序，保护了环境，节约了能源。乳化沥青按乳化剂的不同，分为三大类：阳离子乳化沥青、阴离子乳化沥青、非离子乳化沥青。按其施工中的破乳速度的快慢，又分为：快裂、中裂、慢裂。乳化沥青品种及适用范围应符合表 15-2 规定。

乳化沥青品种及适用范围　　　　　表 15-2

分　类	品种及代号	适　用　范　围
阳离子乳化沥青	PC-1	表面处治、贯入式路面及下封层用
	PC-2	透层油及基层养生用
	PC-3	粘层油用
	BC-1	稀浆封层或冷拌沥青混合料用
阴离子乳化沥青	PA-1	表面处治、贯入式路面及下封层用
	PA-2	透层油及基层养生用
	PA-3	粘层油用
	BA-1	稀浆封层或冷拌沥青混合料用
非离子乳化沥青	PN-2	透层油用
	BN-1	与水泥稳定集料同时使用（基层路拌或再生）

道路用乳化沥青的质量应符合《公路沥青路面施工技术规范》（JTG F40—2004）的规定。在高温条件下宜采用黏度较大的乳化沥青，寒冷条件下宜使用黏度较小的乳化沥青。乳化沥青适用于沥青表面处治路面、沥青贯入式路面、冷拌沥青混合料路面、修补裂缝、喷洒透层、粘层与封层等。

乳化沥青仅适用于碱性骨料，与水泥、石灰、粉煤灰共同使用时，不宜使用阳离子乳化沥青。乳化沥青稠度的选择应考虑施工工艺和用途，一般用于拌合法施工时，采用较大的稠度；用于喷洒法施工，采用较小的稠度。制备乳化沥青用的基质沥青，对高速公路和一级公路，宜符合道路石油沥青 A、B 级沥青的要求，其他情况可采用 C 级沥青。乳化沥青宜存放在立式罐中，并保持适当搅拌。贮存期以不离析、不冻结、不破乳为度。

3. 改性沥青

对于气候条件恶劣，重载、超载严重、交通量特别大的路段，采用普通的道路石油沥青已经不能满足使用要求时，可以使用改性沥青。使用改性沥青通常对于改善沥青路面的使用性质有明显的效果。美国壳牌公司的资料对四种常用的不同改性剂的改性效果进行了说明，见表15-3。

四种不同改性剂的功效　　　　　　表 15-3

改性剂品种	抗车辙变形	抗温缩变形	抗温度疲劳裂缝	抗交通疲劳裂缝	裂缝自愈合性能	抗磨耗性能	抗老化性能
SBS	+	+	+	+	+	+	+
SLS	+	+	+	+	+	+	+
EVA	+	−	−	+	?	+	0
PE	+	−	−	−	−	−	0

注：表中"+"表示提高，"−"表示降低，0表示没有影响，?表示不清楚。

按照改性沥青中的聚合物改性剂不同，一般将其分为三类：

橡胶类：SBR（丁苯橡胶）、CR（氯丁橡胶）、EPDM（乙丙橡胶）；

热塑橡胶类：SBS（苯乙烯—丁二烯—苯乙烯）、SLS（苯乙烯—异戊二烯—苯乙烯）；

热塑性树脂类：PE（聚乙烯）、EVA（乙烯—乙酸乙烯酯共聚物）

SBS 是一种热塑性弹性体，在路面使用温度下为固体，具有高拉伸强度，在高温下具有较高的抗拉抻能力。SBS 在通常加工温度下呈塑性流动状态，而在常温下无需硫化即成橡胶性能的特点，使 SBS 作为道路的改性剂具有极好的使用性能。

改性沥青宜在固定式工厂或在现场设厂集中制作，也可在拌合厂现场边制造边使用，改性沥青的加工温度不宜超过180℃。

改性沥青可以说对所有道路都是适用的，都可以起到延长使用寿命的目的。改性沥青和 SMA 可以用在新修道路的底面层、中面层、表面层的任何一层，可以用于旧路维修和罩面。改性沥青的技术要求，详见《公路沥青路面施工技术规范》（JTG F40—2004）。

二、粗集料

粗集料是指在集料中粒径大于 4.75mm（或大于 2.36mm）的那部分材料，而且粗集料在沥青混合料中是起主要骨架作用的材料。要求混合料中 4.75mm 以上的粗集料形成骨架状态时，粗集料的分布状态应是一样的。沥青层用的粗集料包括碎石、破碎砾石、筛选砾石、钢渣、矿渣等，但高速公路和一级公路不得使用筛选砾石和矿渣。粗集料必须由具有生产许可证的采石场生产或施工单位自行加工。

粗集料应该洁净、干燥、表面粗糙，形状接近立方体，且无风化杂质，具有足够的强度和耐磨性能。质量应符合表15-4的规定。当单一规格集料的质量指标达不到表中要求，而按照集料配比计算的质量指标符合要求时，工程上允许使用。对受热易变质的集料(如：花岗岩、玄武岩、石灰岩等)，有可能发生质量上的变化，最好对其烘干后的质量进行检验。沥青混合料用粗集料的粒径规格应符合表 15-5 规定。

沥青混合料用粗集料质量技术要求 表 15-4

指　　标		高速公路及一级公路		其他等级公路
		表　面　层	其他层次	
石料压碎值	不大于(%)	26	28	30
洛杉矶磨耗损失	不大于(%)	28	30	35
表观相对密度	不小于(%)	2.60	2.50	2.45
吸水率	不大于(%)	2.0	3.0	3.0
坚固性	不大于(%)	12	12	—
针片状颗粒含量(混合料)	不大于(%)	15	18	20
其中粒径大于 9.5mm	不大于(%)	12	15	—
其中粒径小于 9.5mm	不大于(%)	18	20	—
水洗法<0.075mm 颗粒含量	不大于(%)	1	1	1
软石含量	不大于(%)	3	5	5

沥青混合料用粗集料规格 表 15-5

规格名称	公称粒径(mm)	通过下列筛孔(mm)的质量百分率(%)											
		106	75	63	53	37.5	31.5	26.5	19.0	13.2	9.5	4.75	2.36	0.6
S1	40~75	100	90~100	—	—	0~15	—	0~5						
S2	40~60		100	90~100	—	0~15	—	0~5						
S3	30~60		100	90~100	—	—	0~15	—	0~5					
S4	25~50			100	90~100	—	—	0~15	—	0~5				
S5	20~40				100	90~100	—	—	0~15	—	0~5			
S6	15~30					100	90~100	—	—	0~15	—	0~5		
S7	10~30					100	90~100	—	—	—	0~15	0~5		
S8	10~25						100	90~100	—	—	0~15	0~5		
S9	10~20							100	90~100	—	0~15	0~5		
S10	10~15								100	90~100	0~15	0~5		
S11	5~15								100	90~100	40~70	0~15	0~5	
S12	5~10									100	90~100	0~15	0~5	
S13	3~10									100	90~100	40~70	0~20	0~5
S14	3~5										100	90~100	0~15	0~3

粗集料与沥青的粘附性应符合规范的要求，当使用不符要求的粗集料时，宜掺加消石灰、水泥或用饱和石灰水处理后使用(当掺入消石灰或水泥后，由于其比表面积比石粉大得多，设计的最佳沥青用量通常要增加 0.2%~0.4% 左右，为此需要重新进行配合比设计)，必要时可同时在沥青中掺加耐热、耐水、长期性能好的抗剥落剂，也可采用改性沥青的措施，使沥青混合料的水稳定性检验达到要求。掺加外加剂的剂量由沥青混合料的水稳定性检验确定。

破碎后的粗集料在符合质量技术要求的前提下，表面粗糙，具有较多的凹凸平面，能吸附较多的沥青结合料，能提高混合料的耐久性。也就是说，粗集料的破碎面状况，直接影响其与沥青粘附后的路用性能。《公路沥青路面施工技术规范》(JTG F40—2004)规定，破碎砾石应采用粒径大于 50mm、含泥量不大于 1%的砾石轧制，破碎砾石的破碎面应符合表 15-6 的要求。

粗集料对破碎面的要求 表 15-6

路面部位或混合料类型	具有一定数量破碎面颗粒的含量(%)	
	1 个破碎面	2 个或 2 个以上破碎面
沥青路面表面层 高速公路、一级公路 其他等级公路	 100 80	 90 60
沥青路面中下面层、基层 高速公路、一级公路 其他等级公路	 90 70	 80 50
SMA 混合料	100	90
贯入式路面	80	60

三、细集料

细集料是指在集料中粒径小于 4.75mm(或 2.36mm)的骨料，在沥青混合料中主要起骨架和填充粗骨料空隙作用的材料。沥青路面的细集料包括天然砂、机制砂、石屑。细集料应洁净、干燥、无风化、无杂质，并有适当的颗粒级配，其质量应符合表 15-7 的规定。

沥青混合料用细集料质量要求 表 15-7

项 目		单位	高速公路一级公路	其他等级公路
表观相对密度	不小于	t/m³	2.50	2.45
坚固性(>0.3mm 部分)	不小于	%	12	—
含泥量(小于 0.075mm 的含量)	不大于	%	3	5
砂当量	不小于	%	60	50
亚甲蓝值	不大于	g/kg	25	—
棱角性(流动时间)	不小于	s	30	—

细集料的洁净程度，天然砂以小于 0.075mm 含量的百分数表示，石屑和机制砂以砂当量(适用于 0~4.75mm)或亚甲蓝值(适用于 0~2.36mm 或 0~0.15mm)表示。亚甲蓝 MB 值测定方法见《公路水泥混凝土路面施工技术规范》(JTG F40—2004)附录 B。MB 值试验目的在于检测含泥量和石粉含量，并区分机制砂中的土和石粉。

采用河砂或海砂等天然砂作为细集料时，通常宜采用粗、中砂，其规格应符合表 15-8 的规定，砂的含泥量超过规定时应水洗后使用，见表 15-7，用水洗法得出小于 0.075mm 的颗粒含量，对于高速公路和一级公路不大于 3%。海砂中的贝壳类材料必须筛除。热拌密级配沥青混合料中天然砂的用量通常不宜超过集料总量的20%，SMA 和 OGFC 混合料不宜使用天然砂。

沥青混合料用天然砂规格　　　　表 15-8

筛孔尺寸 (mm)	通过各孔筛的质量百分率(%)		
	细砂	粗砂	中砂
9.5	100	100	100
4.75	90~100	90~100	90~100
2.36	65~95	75~90	85~100
1.18	35~65	50~90	75~100
0.6	15~30	30~60	60~84
0.3	5~20	8~30	15~45
0.15	0~10	0~10	0~10
0.075	0~5	0~5	0~5

石屑是采石场破碎石料时通过 4.75mm 或 2.36mm 的筛下部分，作为细骨料时，其规格应符合表 15-9 的要求。采石场在生产石屑的过程中应具备抽吸设备，高速公路和一级公路的沥青混合料，宜将 S14 与 S16 组合使用，S15 可在沥青稳定碎石基层或其他等级公路中使用。

沥青混合料用机制砂或石屑规格　　　　表 15-9

规格	公称粒径 (mm)	水洗法通过各筛孔的质量百分率(%)							
		9.5	4.75	2.36	1.18	0.6	0.3	0.15	0.075
S15	0~5	100	90~100	60~90	40~75	20~55	7~40	2~20	0~10
S16	0~3	—	100	80~100	50~80	25~60	8~45	0~25	0~15

四、填料

粒径小于 0.075mm 的材料称为填料。沥青混合料的填料宜采用石灰岩或岩浆岩中的强基性岩石(碱性石料)等憎水性石料，如经磨细得到的矿粉。当沥青用量足以形成薄膜并充分粘附在矿粉颗粒表面时，沥青胶浆具有最优的粘结力，因此矿粉的用量要适量，且矿粉的粒度范围要符合要求，尤其是 0.075mm 以下的细粒料含量的限制要求应提高，但小于 0.005mm 部分含量不宜过多，否则宜成团结块。原石料中的泥土杂质不大于 1%。矿粉应干燥、洁净，能自由地从矿粉仓流出，其质量应符合表 15-10 技术要求。

高速公路沥青路面的表层往往选用非碱性石料(包括玄武岩)作为粗集料，此时应采用石灰岩石屑，若采用酸性的石屑，则石屑中有较多的 0.075mm 以下成分，相当于用了非石灰岩成分的矿粉，这是不允许的。

粉煤灰作为填料使用时，用量不得超过填料总量的 50%，粉煤灰的烧失量应小于 12%，与矿粉混合后的塑性指数应小于 4%，其余质量要求与矿粉相同。高速公路、一级公路的沥青面层不宜采用粉煤灰作填料。

沥青混合料用矿粉质量要求　　　　　　　　　　　　　　表 15-10

项　目		单　位	高速公路、一级公路	其他等级公路
表观相对密度	不小于	t/m³	2.50	2.45
含水量	不大于	%	1	1
粒度范围 <0.6mm		%	100	100
<0.15mm		%	90～100	90～100
<0.075mm		%	75～100	70～100
外观			无团粒结块	
亲水系数			<1	
塑性指数			<4	
加热安定性			实测记录	

五、纤维稳定剂

在沥青混合料中掺加的纤维稳定剂宜选用木质素纤维、矿物纤维等，木质素纤维的质量应符合表 15-11 的技术要求。

木质素纤维质量技术要求　　　　　　　　　　　　　　表 15-11

项　目	单　位	指　标	试　验　方　法
纤维长度，不大于	mm	6	水溶液用显微镜观测
灰分含量	%	18±5	高温 590～600℃ 燃烧后测定残留物
pH 值		7.5±1.0	水溶液用 pH 试纸或 pH 计测定
吸油率，不小于		纤维质量的 5 倍	用煤油浸泡后放在筛上经振敲后称量
含水率（以质量计）不大于	%	5	105℃ 烘箱烘 2h 后冷却称量

纤维应在 250℃ 的干拌温度下不变质、不发脆，使用纤维必须符合环保要求，不危害身体健康。纤维必须在混合料拌合过程中能充分分散均匀。矿物纤维宜采用玄武岩等矿石制造，易影响环境及造成人体伤害的石棉纤维不宜直接使用。

纤维应存放在室内或有棚盖的地方，松散纤维在运输及使用过程中应避免受潮，不结团。纤维稳定剂的掺加比例以沥青混合料总量的质量百分率计算，通常情况下用于 SMA 路面的木质素纤维不宜低于 0.3%，矿物纤维宜不低于 0.4%，必要时可适当增加纤维用量。纤维掺加量的允许误差宜不超过 ±5%。

第二节　沥青路面的施工

一、沥青路面的基本特性

由于沥青面层与水泥混凝土路面相比，沥青路面具有表面平整、无接缝、行车舒适、耐磨、振动小、噪声低、施工期短、养护维修简便等优点，因而获得越来越广泛的应用。

沥青路面属柔性路面，其强度与稳定性在很大程度上取决于土基和基层的特性。沥青路面的抗弯拉强度较低，因而要求路面的基础应具有足够的强度和稳定性。所以，在施工时必须根据路基土的特性进行相应处理。对软弱土基或翻浆路段，必须预先加以处理。在低温时，沥青路面的抗变形能力很低，在寒冷地区为了防止土基不均匀冻胀而使沥青路面开裂，需设置防冻层。沥青面层修筑后，由于它的透水性小，从而使土基和基层内的水分难以排出，在潮湿路段易发生土基和基层变软，导致路面破坏。因此，必须提高基层的水稳性，尽可能采用结合料处治的整体性基层。对交通量较大的路段，为使沥青路面具有一定的抗弯拉和抗疲劳开裂的能力，宜在沥青面层下设置沥青混合料的联结层。采用较薄的沥青面层时，特别是在旧路面上加铺面层时，要采取措施加强面层与基层之间的粘结，以防止因水平力作用而引起沥青面层的剥落、推挤、壅包等破坏。

二、沥青路面类型的选择

采用不同的施工工艺和材料可以修筑成不同类型的沥青路面。因此，必须根据路面的使用要求和施工的具体条件，按照技术经济原则来综合考虑，选定最适当的路面类型。

1. 沥青路面的类型选择

一方面要根据任务要求（道路的等级、交通量、使用年限、修建费用等）和工程特点（施工季节、施工期限、基层状况等），另一方面还应考虑材料供应情况、施工机具、劳力和施工技术条件等因素。沥青路面的类型可参照表11-4选定。

2. 考虑施工季节

沥青类路面一般都要求在温暖干燥的气候条件下施工，所用沥青材料在施工时具有较大的流动性，便于路面摊铺和压实成型。沥青路面不得在气温10℃（高速公路和一级公路）或5℃（其他等级公路）以下，以及雨天、路面潮湿的情况下施工。

3. 特殊地带

沥青类路面一般不宜铺筑在纵坡大于6％的路段上。纵坡大于3％的路段，考虑抗滑的要求，宜采用粗粒式的沥青碎石或粗面式的沥青表面处治。

沥青路面施工应确保安全，有良好的劳动保护。沥青拌合厂应具备防火设施，配制和使用液体石油沥青的全过程严禁烟火。使用煤沥青时应采取措施防止工作人员吸入煤沥青或避免皮肤直接接触煤沥青造成身体伤害。

三、沥青表面处治

（一）适用条件

由于沥青表面处治层很薄，一般不起提高强度作用，其主要作用是抵抗行车的磨耗、增强防水性、提高平整度以及改善路面的行车条件。沥青表面处治宜在干燥和较热的季节施工，并应在雨季及日最高温度低于15℃到来以前半个月结束，使表面处治层通过开放交通压实，成型稳定。

（二）材料要求

沥青表面处治可采用道路石油沥青、乳化沥青、煤沥青铺筑，沥青标号应按规范相关规定选用。沥青表面处治的集料最大粒径应与处治层的厚度相等，其规格和用量宜按表15-12选用；沥青表面处治施工后，应在路侧另备S12（5～

10mm)碎石或 S14(3～5mm)石屑、粗砂或小砾石 2～3m³/1000m² 作为初期养护用料。

沥青表面处治材料规格和用量 表 15-12

沥青种类	类型	厚度(mm)	集料(m³/1000m²) 第一层 规格	用量	第二层 规格	用量	第三层 规格	用量	沥青或乳液用量(kg/m²) 第一次	第二次	第三次	合计用量
石油沥青	单层	1.0	S12	7～9					1.0～1.2			1.0～1.2
		1.5	S10	12～14					1.4～1.6			1.4～1.6
	双层	1.5	S10	12～14	S12	7～8			1.4～1.6	1.0～1.2		2.4～2.8
		2.0	S9	16～18	S12	7～8			1.6～1.8	1.0～1.2		2.6～3.0
		2.5	S8	18～20	S12	7～8			1.6～1.8	1.0～1.2		2.8～3.2
	三层	2.5	S8	18～20	S12	12～14	S12	7～8	1.6～1.8	1.2～1.4	1.0～1.2	3.8～4.4
		3.0	S6	20～22	S12	12～14	S12	7～8	1.8～2.0	1.2～1.4	1.0～1.2	4.0～4.6
乳化沥青	单层	0.5	S14	7～9					0.9～1.0			0.9～1.0
	双层	1.0	S12	9～11	S14	4～6			1.8～2.0	1.0～1.2		2.8～3.2
	三层	3.0	S6	20～22	S10	9～11	S12	4～6	2.0～22	1.8～2.0	1.0～1.2	4.8～5.4
							S14	3.5～4.5				

注：1. 煤沥青表面处治的沥青用量可比石油沥青用量增加 15%～20%。
2. 表中的乳液用量按乳化沥青的蒸发残留物含量 60% 计算，如沥青含量不同应予折算。
3. 在高寒地区及干旱风沙大的地区，可超出高限 5%～10%。

（三）分类

沥青表面处治可采用拌合法或层铺法施工。采用层铺法施工时，按照洒布沥青及铺撒矿料的层次多少可划分为单层式、双层式、三层式。单层式为洒布一次沥青，铺撒一次矿料，厚度为 1.0～1.5cm；双层式为洒布二次沥青，铺撒二次矿料，厚度为 2.0～2.5cm；三层式为洒布三次沥青，铺撒三次矿料，厚度为 2.3～3.0cm。

（四）双层式沥青表面处治施工程序

层铺法沥青表面处治施工，一般采用所谓"先油后料"法，即先洒布一层沥青，后铺撒一层矿料。双层式沥青表面处治施工程序如下：

备料→清理基层及放样→浇洒透层沥青→洒布第一次沥青→铺撒第一层矿料→碾压→洒布第二次沥青→铺撒第二层矿料→碾压→初期养护。

单层式和三层式沥青表面处治的施工程序与双层式相同，仅需相应地减少或增加一次洒布沥青、铺撒矿料和碾压工序。

（五）施工要点

在清扫干净的碎（砾）石路面上铺筑沥青表面处治时，应喷洒透层油。在旧沥青路面、水泥混凝土路面、块石路面上铺筑沥青表面处治路面时，可在第一层沥青用量中增加 10%～20%，不再另洒透层油或粘层油。

层铺法沥青表面处治路面宜采用沥青洒布车及集料撒布机联合作业。沥青洒布车喷洒沥青时应保持稳定速度和喷洒量,并保持整个洒布宽度喷洒均匀。小规模工程可采用机动或手摇的手工沥青洒布机洒布沥青。洒布设备的喷嘴应适用于沥青的稠度,确保能成雾状,与洒油管成 15°～25°的夹角,洒油管的高度应使同一地点接受 2～3 个喷油嘴喷洒的沥青,不得出现花白条。

(六) 层铺法施工要求

1. 清理基层

在表面处治施工前,应将路面基层清扫干净,使基层的矿料大部分外露,并保持干燥。除阳离子乳化沥青外,不得在潮湿的集料或基层(或旧路)上浇洒沥青。对有坑槽、不平整的路段应先修补和整平,若基层整体强度不足,则应先予补强。

2. 洒布沥青

沥青要洒布均匀,不应有空白或积聚现象,以免日后产生松散或壅包和推挤等病害。采用汽车洒布机洒布沥青时,应根据单位面积的沥青用量选定洒布机排挡和油泵机档。洒布汽车行使的速度要均匀。若采用手摇洒布机洒布沥青,应根据施工气温和风向调节喷头离地面的高度和移动的速度,以保证沥青洒布均匀,并应按洒布面积来控制单位沥青用量。沥青的浇撒温度应根据施工气温及沥青标号选择,石油沥青的洒布温度宜为 130～170℃,煤沥青的洒布温度宜为 80～120℃,乳化沥青可在常温下撒布,当气温偏低,破乳及成型过慢时,可将乳液加温后洒布,但乳液温度不得超过 60℃。沥青浇洒的长度应与集料撒布机的能力相配合,应避免沥青浇洒后等待较长时间才撒布集料的情况。

3. 铺撒矿料

浇洒主层沥青后,不必等全段洒完,应趁热立即用集料撒布机或人工铺撒第一次集料。当使用乳化沥青时,必须在乳液破乳之前完成集料撒布。

集料按规定用量一次撒足,矿料要铺撒均匀,达到全面覆盖一层、厚度一致、集料不重叠也不露出沥青的要求。局部有缺料或过多处,应适当找补或扫除。两幅搭接处,第一幅浇洒沥青应暂留 10～15cm 宽不洒矿料,待第二幅浇洒沥青后一起撒布集料。

4. 碾压

铺撒矿料后,随即用 60～80kN 双轮压路机或轮胎压路机及时碾压。碾压应从一侧路缘压向路中心,然后从另一边移向路中心。碾压时,每次轮迹重叠约 30cm,碾压 3～4 遍。压路机行驶速度开始为 2km/h,以后可适当提高。

5. 下一层铺筑

第二、第三层的施工要点与要求和第一层相同,但可采用 8～10t 压路机碾压。当使用乳化沥青时,第二层撒布碎石作嵌缝料后,尚应增加一层封层料。

6. 初期养护

碾压结束后即可开放交通,但应禁止车辆快速行使(不超过 20km/h),并要控制车辆行使的路线。使路面全幅宽度获得均匀碾压,加速处治层反油稳定成型。严禁畜力车及铁轮车行驶。沥青表面处治面层应注意初期养护。当发现有泛油时,应在泛油处补撒与最后一层石料规格相同的嵌缝料,扫匀后碾压成型,过多的浮料扫出路外。

四、沥青透层、粘层与封层

透层、粘层和封层是沥青混合料路面施工的辅助层,可以起到过渡、粘结或提高道路性能的作用。

(一)透层

沥青混合料面层下多采用半刚性基层(用水泥、石灰、粉煤灰去拌土、石形成稳定土和稳定粒料),以提高沥青路面的整体强度。在铺筑沥青混合料面层前,应在基层表面浇洒透层沥青(简称透层油)。用于非沥青材料与沥青结构层连接。

1. 透层使用的材料

透层使用的沥青材料要能够充分渗透到基层内,目前较多选用乳化沥青、改性乳化沥青、液体沥青(成本高)。透层使用的基质沥青应与上层沥青混合料使用的沥青相同,以提高路面的粘结性能。表面致密的半刚基层宜采用渗透性好、较稀的透层沥青。级配碎石等粒料基层宜采用较稠的透层沥青。

2. 透层的作用

沥青混合料面层属于柔性路面,与非沥青材料铺筑的基层力学特性是不同的,浇洒透层沥青,并渗透到基层5～10mm深,使沥青面层与半刚性基层材料粘结成为一体,使基层表面具有沥青路面的特性,以起到过渡作用,同时车轮荷载通过柔性路面面层能均匀地传递到基层,改善道路的受力状况,提高路面的承载力。透层油的用量通过试洒确定,不宜超出表15-13要求的范围。

沥青路面透层材料的规格和用量表　　表15-13

用 途	液体沥青		乳化沥青		煤沥青	
	规 格	用量(L/m²)	规 格	用量(L/m²)	规 格	用量(L/m²)
无结合料粒料基层	AL(M)-1、2或3 AL(S)-1、2或3	1.0～2.3	PC-2 PA-2	1.0～2.0	T-1 T-2	1.0～1.5
半刚性基层	AL(M)-1或2 AL(S)-1或2	0.6～1.5	PC-2 PA-2	0.7～1.5	T-1 T-2	0.7～1.0

3. 要点

沥青路面各类基层都必须喷洒透层油,沥青层必须在透层油完全渗透入基层后方可铺筑。基层上设置下封层时,透层油不宜省略。气温低于10℃或大风、即将降雨时不得喷洒透层油。用于半刚性基层的透层油宜紧接在基层碾压成型后表面稍变干燥、但尚未硬化的情况下喷洒。在无结合料粒料基层上洒布透层油时,宜在铺筑沥青层前1～2天洒布。

(二)粘层

双层式或三层式沥青混合料路面,底面层铺筑完成后,铺筑中面层和表面层前必须先铺设粘层沥青(简称粘层油)。用于沥青结构层与层之间连接。

1. 粘层使用的材料

粘层油宜采用快裂或中裂乳化沥青、改性乳化沥青,也可采用快、中凝液体石油沥青，其规格和质量应符合本规范的要求，所使用的基质沥青标号宜与主层沥青混合料相同，以便粘结牢固。

2. 粘层的作用

粘层的作用是在层与层之间铺设一层薄薄的沥青层，将层与层之间的混合料牢牢粘成一个整体，提高路面的整体强度。如果粘结不牢，车辆加速或制动时产生的横向力就会造成层与层之间的横向滑移，影响路面整体受力性能，从而降低路面强度与使用寿命，也会使沥青路面上出现壅包或波浪。粘层油品种和用量，应根据下卧层的类型通过试洒确定，并符合表15-14的要求。当粘层油上铺筑薄层大空隙排水路面时，粘层油的用量宜增加到 $0.6\sim1.0L/m^2$。在沥青层之间兼作封层而喷洒的粘层油宜采用改性沥青或改性乳化沥青，其用量宜不少于 $1.0L/m^2$。

沥青路面粘层材料的规格和用量表　　　　表 15-14

下卧层类型	液体沥青		乳化沥青	
	规　格	用量(L/m^2)	规　格	用量(L/m^2)
新建沥青层或旧沥青路面	AL(R)-3～AL(R)-6 AL(M)-3～AL(M)-6	0.3～0.5	PC-3 PA-3	0.3～0.6
水泥混凝土	AL(M)-3～AL(M)-6 AL(S)-3～AL(S)-6	0.2～0.4	PC-3 PA-3	0.3～0.5

3. 要求

符合下列情况之一时，必须喷洒粘层油。

(1) 双层式或三层式热拌热铺沥青混合料路面的沥青层之间。

(2) 水泥混凝土路面、沥青稳定碎石基层或旧沥青路面层上加铺沥青层。

(3) 路缘石、雨水口、检查井等构造物与新铺沥青混合料接触的侧面。

施工要点：热拌热铺沥青混合料路面由双层式或三层式组成，当不能连续摊铺沥青层时，应彻底清扫下层表面的灰尘、泥土、油污等有可能产生影响层间结合的物质，然后在沥青结构层之间撒布粘层沥青。

(三) 封层

封层的作用是使道路表面密封，防止雨水浸入道路，保护路面结构层，防止表面磨耗损坏。封层分为上封层和下封层。用于路面结构层的连接与防护层。

1. 上封层

上封层铺筑在沥青面层的上表面。对二级及二级以下公路的旧沥青路面出现裂缝，造成严重透水时，铺筑上封层可以防止路面透水。多采用普通的乳化沥青稀浆封层，也可在喷洒道路石油沥青后撒布一层高耐磨性石屑（砂）后碾压作封层，以改善道路表面的防滑性能或提高耐磨性能。

铺设上封层的下卧层必须彻底清扫干净，并对车辙、坑槽、裂缝进行处理或挖补。

2. 下封层

下封层铺筑在沥青面层的下面。在多雨地区的高速公路、一级公路的沥青路面空隙较大时，有严重渗水可能，可能对基层造成损坏，或铺筑基层不能及时铺筑沥青面层而需要通行车辆时，宜在基层上喷洒透层油后铺筑下封层。可以起到保护基层的作用，防止雨水侵蚀，造成基层破坏，待施工条件成熟后，再在下封层上铺筑沥青混合料面层。下封层的厚度不宜小于6mm，且做到完全密水。

以层铺法沥青表面处治铺筑下封层时，通常采用单层式，表15-2中的集料用量宜为$5\sim8m^3/1000m^2$，沥青用量可采用要求范围的中高限。

3. 封层的施工方法

封层的施工方法可以采用沥青表面处治层铺法、热拌沥青混合料施工法和乳化沥青稀浆封层等施工方法。

乳化沥青稀浆封层等施工使用的材料有乳化沥青、石料、矿粉（水泥）和水等。加入适量水的作用是为了增加混合料的和易性，摊铺时要使用乳化沥青稀浆封层铺筑车，它是修复旧路顶的方法之一。

相比较而言，透层和粘层只能作为沥青混合物料路面施工过程中的辅助工序。而封层既可以作为沥青混合物料路面施工过程中的辅助工序，可以提高道路的防水性能；又可以作为独立施工方法对路面进行养护、加固和修复，如在旧路面上铺筑上封层对路面进行修复。

（四）稀浆封层和微表处

1. 稀浆封层和微表处使用的材料

微表处必须采用改性乳化沥青，稀浆封层可以采用普通乳化沥青或改性乳化沥青，其品种和质量应符合道路石油沥青技术要求，及道路用乳化沥青技术要求，改性乳化沥青技术要求。

稀浆封层和微表处应选择坚硬、粗糙、耐磨、洁净的集料。各项性能应符合沥青混合料用细集料和粗集料的质量要求。当用于抗滑表层时，还应符合沥青路面有关磨光值的技术要求。细集料宜采用碱性石料生产的机制砂或洁净的石屑。对集料中超粒径颗粒必须筛除。

2. 稀浆封层和微表处

微表处主要用于调整公路及一级公路的预防性养护以及补轻度车辙，也选用于新建公路的抗滑表层。稀浆封层一般用于二级公路及二级公路以下预防性养护，也适用于新建公路的下封层。

稀浆封层和微表处必须使用专用的摊铺机进行摊铺。单层微表处适用于旧路面车辙深度不大于15mm的情况；超过15mm的必须分两层铺筑。

五、热拌沥青混合料路面施工

（一）适用条件

热拌沥青混合料适用于各种等级道路的沥青面层。高速公路、一级公路和城市快速路、主干路的沥青面层的上面层、中面层及下面层应采用沥青混凝土混合料铺筑，沥青碎石混合料仅适用于过渡层及整平层。其他等级道路的沥青面层的上面层宜采用沥青混合料铺筑。

热拌沥青混合料的材料种类应根据具体条件和技术规范合理选用，应满足耐久性、抗车辙、抗裂、抗水损害能力、抗滑性能等多方面要求，同时还需考虑施工机械、工程造价等实际情况。沥青混凝土混合料面层宜采用双层或三层式结构，其中应有一层及一层以上是密级配沥青混凝土混合料（如 AC-13C 型）。当各层均采用开级配沥青混合料时，沥青面层下必须做下封层。

（二）分类

沥青混合料必须在沥青拌合厂（站）采用拌合机械拌制。厂拌法是指在固定的拌合工厂或移动式拌合站拌制混合料，运至施工现场，经摊铺压实修筑路面的施工方法。拌制的混合料包括沥青碎（砾）石、沥青混凝土。厂拌法按混合料铺筑时的温度不同，又可分为热拌热铺和热拌冷铺两种。热拌热铺即混合料在专用设备加热后立即趁热运到工地上摊铺压实；热拌冷铺即混合料加热拌合后，储存一段时间，再在常温下运到路上摊铺压实。

厂拌法拌制的沥青碎石及沥青混凝土混合料拌制与现场施工工艺基本相同，这里仅介绍沥青混凝土的施工要点。

（三）试验段铺筑

高速公路和一级公路在道路正式施工前应铺筑试验段，其他等级公路在缺乏施工经验或初次使用重要机械时，也应铺筑试验段。试验段的长度应根据试验目的确定，宜为 100~200m。试验段宜在直线段上铺筑，如在其他道路上铺筑时，路面结构等条件应相同，路面各结构层的试验可安排在不同的试验段上。

沥青混合料路面试验段铺筑分试拌及试铺两个阶段，应包括下列试验内容：

（1）根据沥青路面各种施工机械相匹配的原则，确定合理的施工机械、机械数量及组合方式。

（2）通过试拌确定拌合机的上料速度、拌合数量与时间、拌合温度等操作工艺。

（3）通过试铺确定：透层沥青的标号与用量、喷洒方式、喷洒温度；摊铺机的摊铺温度、摊铺速度、摊铺宽度、自动找平方式等操作工艺；压路机的压实顺序、碾压温度、碾压速度及遍数等压实工艺；以及确定松铺系数、接缝方法等。

（4）验证沥青混合料配合比设计结果，提出生产用的矿料配比和沥青用量。

（5）建立用钻孔法及核子密度仪法测定密度的对比关系。确定沥青混凝土和沥青碎石面层的压实标准密度。

（6）确定施工产量及作业段长度，制订施工进度计划。

（7）全面检查材料及施工质量。

（8）确定施工组织及管理体系、人员、通讯联络及指挥方式。

（四）拌合温度及摊铺温度

普通沥青结合料的施工温度宜通过在 135℃ 及 175℃ 条件下测定的黏度—温度曲线按规范确定。缺乏黏度—温度曲线数据时，可参照表 15-15 的范围选择，并根据实际情况确定使用高值或低值。当表中温度不符实际情况时，容许做适当调整。

沥青混合料拌合及压实温度的适宜温度　　　　　　　　　　表 15-15

黏度	适宜于拌合的沥青结合料黏度	适宜于压实的沥青结合料黏度	测定方法
表观黏度	(0.17±0.02)Pa·s	(0.28±0.03)Pa·s	T 0625
运动黏度	(170±20)mm²/s	(280±30)mm²/s	T 0619
赛波特黏度	(85±10)s	(140±15)s	T 0623

沥青混合料的摊铺温度应符合表 15-16 的规定。

热拌沥青混合料的施工温度(℃)　　　　　　　　　　表 15-16

施工工序		石油沥青的标号			
		50 号	70 号	90 号	110 号
沥青加热温度		160～170	155～165	150～160	145～155
矿料加热温度	间隙式拌合机	集料加热温度比沥青温度高 10～30			
	连续式拌合机	矿料加热温度比沥青温度高 5～10			
沥青混合料出料温度		150～170	145～165	140～160	135～155
混合料贮料仓贮存温度		贮料过程中温度降低不超过 10			
混合料废弃温度，高于		200	195	190	185
运输到现场温度，不低于		150	145	140	135
混合料摊铺温度，不低于	正常施工	140	135	130	125
	低温施工	160	150	140	135
开始碾压的混合料内部温度，不低于	正常施工	135	130	125	120
	低温施工	150	145	135	130
碾压终了的表面温度，不低于	钢轮压路机	80	70	65	60
	轮胎压路机	85	80	75	70
	振动压路机	75	70	60	55
开放交通的路表温度，不高于		50	50	50	45

注：1. 沥青混合料的施工温度采用具有金属探测针的插入式数显温度计测量。表面温度可采用表面接触式温度计测定。当采用红外线温度计测量表面温度时，应进行标定。
　　2. 表中未列入的 130 号、160 号及 30 号沥青的施工温度由试验确定。

(五)沥青混凝土路面施工程序

沥青混凝土施工过程可分为沥青混合料的拌制与运输及现场铺筑两个阶段。

1. 沥青混合料的拌制与运输

(1) 拌合设备

工厂拌制混合料所用的固定式拌合设备有间歇式和连续式两种。前者系在每盘拌合时计量混合料各种材料的重量，而后者则在计量各种材料之后连续不断地送进拌合器中拌合。

为保证沥青混合料的质量更稳定，沥青用量更准确，高速公路和一级公路的沥青混凝土宜采用间歇式拌合机拌合。当工程材料从多处供料，来源或质量不稳定时，不得采用连续式拌合机。

用固定式拌合机拌制沥青混合料的工艺流程如图 15-1 所示。

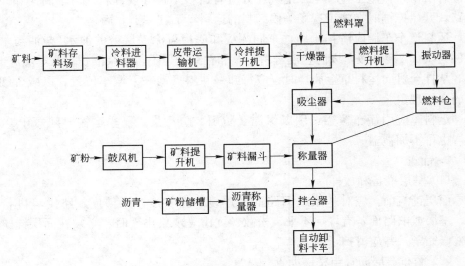

图 15-1 拌制沥青混合料的工艺流程

(2) 试拌

在拌制沥青混合料之前，应根据确定的配合比进行试拌。试拌时对所用的各种矿料及沥青应严格计量。通过试拌和抽样检验，确定每盘热拌的配合比及其总重量(对间歇式拌合机)，各种矿料进料口开启的大小及沥青和矿料进料的速度(对连续式拌合机)，适宜的沥青用量、拌合时间，矿料和沥青加热温度以及沥青混合料的出厂温度。对试拌的沥青混合料进行试验之后，即可选定施工的配合比。

(3) 拌合温度的控制

为使沥青混合料拌合均匀，在拌制时，需要控制矿料和沥青的加热温度与拌合温度。各类沥青混合料的拌制温度和运输及施工温度应满足表 15-16 的要求。间歇式拌合机每锅拌合时间宜为 30～50s，其中干拌时间不得少于 5s。经过拌合后的混合料应均匀一致，无细料和粗料分离及花白、结团块的现象。

(4) 拌合料的运输

厂拌沥青混合料通常用自动倾卸汽车运往铺筑现场，必须根据运送的距离和道路交通状况来组织运输。混合料运输所需的车辆数可按下式计算：

$$需要车辆数 = 1 + \frac{t_1 + t_2 + t_3}{T} + \alpha \quad (15\text{-}1)$$

式中 T——一辆车容量的沥青混合料拌合与装车所需的时间(min)；
t_1——运到铺筑现场所需的时间(min)；
t_2——由铺筑现场返回拌合厂所需的时间(min)；
t_3——在现场卸料和其他等待时间(min)；
α——备用的车辆数(运输车辆发生故障及其他用途时使用)。

按式(15-1)计算运输车辆数目后,还应考虑到运量相对于拌合能力或摊铺速度应有所富余,施工过程中摊铺机前方应有运料车在等候卸料。对于高速和一级公路,开始摊铺时在施工现场等候卸料的运料车不宜少于5辆。

运料汽车车厢应清扫干净,车厢侧板和底板可涂一层薄的油水(柴油与水的比例为1:3)混合液,以防止混合料与车厢粘结。但不得有余液积聚在车厢底部。

从拌合机向运料车上放料时,应每卸一斗料挪动一下汽车位置,以减少细集料的离析现象。

运料车应用篷布覆盖,用以保温、防雨、防污染。夏季运输时间短于0.5h时,也可不加覆盖。

2. 铺筑

(1) 基层准备和放样

面层铺筑前,应对基层或旧路面的厚度、密实度、平整度、路拱等进行检查。基层或旧路面若有坎坷不平、松散、坑槽等现象出现时,必须在面层铺筑之前整修完毕,并应清扫干净。

(2) 洒布透层沥青与粘层沥青

1) 透层是指为使沥青面层与非沥青基层结合良好,在基层上浇筑乳化沥青、煤沥青或液体沥青而形成的透入基层表面的薄层。

沥青路面的级配砂砾、级配碎石基层及水泥、石灰、粉煤灰等无机结合料稳定土或粒料的半刚性基层上必须浇洒透层沥青。

透层沥青在面层铺筑前4~8h浇洒,在粒料类的基层洒布。高速、一级公路应采用沥青洒布车喷洒,二级及以下公路也可采用手工沥青洒布机喷洒。

透层沥青宜紧接在基层施工结束表面稍干后浇洒。

2) 粘层是指为加强路面的沥青层与沥青层之间、沥青层与水泥混凝土之间的粘结而洒布的沥青材料薄层。

双层式或三层式热拌热铺沥青混合料路面在铺筑上一层前,旧沥青路面加铺沥青层,水泥混凝土路面上铺筑沥青面层或与新铺的沥青结合料接触的路缘石、雨水进水口、检查井等构筑物的侧面,均应浇洒粘层沥青。

粘层沥青宜用沥青洒布车喷洒。

3. 摊铺

为了控制混合料的摊铺厚度,应在准备好基层之后进行测量放样,沿路面中心线和四分之一路面宽处设置样桩,标出混合料的松铺厚度。采用自动调平摊铺机摊铺时,还应放出引导摊铺机运行走向和标高的控制基准线。

摊铺过程是自卸汽车将混合料卸到摊铺机料斗后,经链式传送器将混合料往后传到螺旋摊铺器,随着摊铺机向前行驶、螺旋摊铺器即在摊铺带宽度上均匀的摊铺混合料。随后由振动板捣实,并由摊平板整平。

沥青混合料可用人工或机械摊铺,高速及一级公路沥青路面应采用机械摊铺。

(1) 人工摊铺

将汽车运来的沥青混合料先卸在铁板上,随即用人工铲运,以扣铲方式均匀摊铺在路上，摊铺时不得扬铲远甩，以免造成粗细粒料分离，一边摊铺一边用刮板刮平。刮平时做到轻重一致，往返刮2～3次达到平整即可，防止反复多刮使粗粒料刮出表面。摊铺过程中要随时检查摊铺厚度、平整度和路拱，如发现有不妥之处应及时修整。

沥青混合料摊铺厚度为沥青路面设计厚度乘以压实系数。压实系数随混合料的种类和施工方法而异，用人工摊铺时，沥青混凝土混合料为1.25～1.50，沥青碎石为1.20～1.45。

沥青混合料的摊铺顺序应从进料方向由远而近逐步后退进行。应尽可能在全幅路面上摊铺，以避免产生纵向接缝。如路面较宽不能全幅摊铺，可按车道宽度分成两幅或数幅分别摊铺，但接缝必须平行路中心线，纵缝搭接要密切，以免产生凹槽。操作过程应满足施工规范的要求。

(2) 机械摊铺

沥青混合料摊铺机有履带式和轮胎式两种。二者的构造和技术性能大致相同。沥青摊铺机的主要组成部分为料斗、链式传送器、螺旋摊铺器、振动板、摊平板、行使部分和发动机等，如图15-2所示。

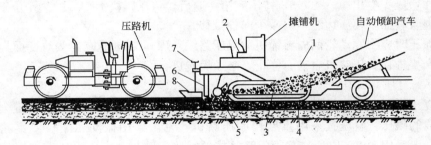

图15-2 沥青混合料摊铺机操作示意图
1—料斗；2—驾驶台；3—送料器；4—履带；5—螺旋摊铺器；6—振动器；
7—厚度调节杆；8—摊平板

对高速及一级公路宜采用两台以上摊铺机成梯队作业进行摊铺，相邻两幅的摊铺应有5～10cm左右宽度的重叠。相邻两台摊铺机宜相距10～30m。当混合料供应能满足不间断摊铺时，也可采用全宽度摊铺机一幅摊铺。

摊铺机自动找平时，中、下面层宜采用一侧钢丝绳引导的高程控制方式，表面层宜采用摊铺层前后保持相同高差的雪橇式摊铺厚度控制方式。

4. 碾压

沥青混合料摊铺平整之后，应趁热及时进行碾压。碾压的温度应符合表15-16的规定。压实后的沥青混合料应符合压实度及平整度的要求，沥青混合料的分层压实厚度不得大于10cm。

沥青混合料碾压过程分为初压、复压和终压三个阶段。压路机基本碾压程序如图15-3所示。

(1) 初压

初压应在混合料摊铺后温度较高时进行。初压用60～80kN双轮压路机，以

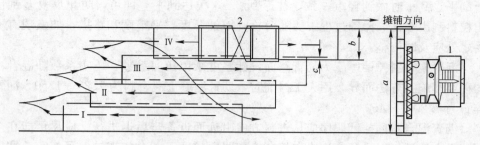

图 15-3 压路机基本碾压程序
1—摊铺机；2—压路机；
a—摊铺宽度；b—压路机压轮宽度；c—碾压重叠宽度

1.5～2.0km/h 的速度先碾压两遍，使混合料得以初步稳定。压路机应从外侧向路中心碾压，相邻碾压带应重叠 1/3～1/2 轮宽。一幅宽度边缘无支挡时，可用人工将边缘的混合料稍稍耙高，然后将压路机的外侧轮伸出边缘 10cm 以上碾压。也可在边缘先空出 30～40cm，待压完第一遍后，将压路机大部分的重量位于已压过的混合料面上再压边缘，以减少向外推移。

碾压时应将驱动轮面向摊铺机。碾压路线及碾压方向不应突然改变而导致混合料产生推移。压路机启动、停止，必须缓慢进行。

(2) 复压

复压是碾压过程最重要的阶段，混合料能否达到规定的密实度，关键全在于本阶段的碾压。复压宜采用重型轮胎压路机，也可采用振动压路机或钢轮压路机。一般采用 100～120kN 三轮压路机或轮胎式压路机碾压。碾压速度对于三轮压路机为 3km/h；对于轮胎式压路机为 5km/h。碾压遍数不少于 4～6 遍。复压阶段碾压至稳定无显著轮迹为止。

(3) 终压

终压应紧接复压进行。一般用 60～80kN 双轮压路机以 3km/h 的碾压速度碾压 2～4 遍，以消除碾压过程中产生的轮迹，并确保路面表面的平整。

(4) 碾压路线

压路机碾压时开行的方向应平行于路中心线，并由一侧路边缘压向路中。用三轮压路机碾压时，每次应重叠后轮宽的 1/2；双轮压路机则每次重叠 30cm；轮胎式压路机亦应重叠碾压。由于轮胎式压路机能调整轮胎的内压，可以得到所需的接触地面压力，使骨料相互嵌挤咬合，易于获得均一的密实度，而且密实度可以提高 2%～3%。所以轮胎式压路机最适宜用于复压阶段的碾压。

(5) 压路机械要求

热拌沥青混合料的压实宜采用钢筒式压路机与轮胎压路机或振动压路机组合的方式。压实机械应符合下列规定：

1) 双轮钢筒式振动压路机为 6～8t；10～15t；
2) 轮胎压路机为 16～20t 或 20～26t。

5. 接缝施工

沥青路面的各种施工缝(包括纵缝、横缝、新旧路面的接缝等)处,往往由于压实不足,容易产生台阶、裂缝、松散等病害,影响路面的平整度和耐久性,施工时必须十分注意。

(1) 纵缝施工

1) 梯队作业和热接缝

摊铺时采用梯队作业的纵缝应采用热接缝。施工时应将已铺混合料部分留下10~20cm宽暂不碾压,作为后摊铺部分的高程基准面,再最后作跨缝碾压以消除缝迹。

2) 不能采用热接缝时

半幅施工不能采用热接缝时,宜加设挡板或采用切刀切齐。铺另半幅前必须将缝边缘清扫干净并涂少量粘层沥青。摊铺时应重叠在已铺层上5~10cm,摊铺后用人工将摊铺在前半幅上面的混合料铲走。碾压时先在已压实路面上行走,碾压新铺层10~15cm,然后压实新铺部分,再伸入已压实路面10~15cm,充分将接缝压实紧密。上下层的纵缝应错开15cm以上,表层的纵缝应顺直,且宜留在车道区画线位置上。

3) 施工要点

对当日先后修筑的两个车道,摊铺宽度应与已铺车道重叠3~5cm,所摊铺的混合料应高出相邻已压实的路面,以便压实到相同的厚度。对不在同一天铺筑的相邻车道,或与旧沥青路面连接的纵缝,在摊铺新料之前,应对原路面边缘加以修理,要求边缘凿齐,塌落松动部分应刨除,露出坚硬的边缘。缝边应保持垂直,并需在涂刷一薄层粘层沥青之后方可摊铺新料。

纵缝应在摊铺之后立即碾压,压路机应大部分在已铺好的路面上,仅有10~15cm的宽度压在新铺的车道上,然后逐渐移动跨过纵缝。

(2) 横缝施工

1) 横接缝处理

横缝应与路中线垂直。接缝时先沿已刨齐的缝边用热沥青混合料覆盖,以资预热,覆盖厚度约15cm。待接缝处沥青混合料变软之后,将所覆盖的混合料清除,换用新的热混合料摊铺,随即用热夯沿接缝边缘夯捣,并将接缝的热料铲平,然后趁热用压路机沿接缝边缘碾压密实。双层式沥青路面上下层的接缝应相互错开20~30cm,做成台阶式衔接。

2) 横接缝形式

相邻两幅及上下层的横向接缝均应错位1m以上。高速公路和一级公路的表面层横向接缝应采用垂直的平接缝,以下各层可采用自然碾压的斜接缝,沥青层较厚时也可作阶梯形接缝,如图15-4所示。其他等级公路的各层均可采用斜接缝。斜接缝的搭接长度与层厚有关,宜为0.4~0.8m。搭接处应清扫干净并洒粘层油。当搭接处混合料中的粗集料颗粒超过压实层厚时应予剔除,并补上细料。斜接缝应充分压实并搭接平顺。平接缝做到紧密粘结,充分压实,连接平顺。

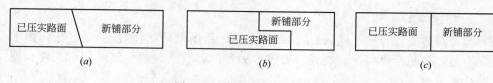

图 15-4　横向接缝的几种形式
(a)斜接缝；(b)阶梯形接缝；(c)平接缝

为保证接缝质量，可在摊铺施工结束时，在摊铺机接近端部前约 1m 处将熨平板稍稍抬起驶离现场，用人工将端部混合料铲齐后再予碾压。然后用 3m 直尺检查平整度，趁尚未冷透时垂直铲除端部层厚不足的部分，使下次施工时成直角连接；在预定的摊铺段的末端先撒一薄层砂带，摊铺混合料后趁热在摊铺层上挖出一条缝隙，缝隙位于撒砂与未撒砂的交界处，在缝中嵌入一块与压实层厚等厚的木板或型钢，待压实后，铲除撒砂的部分，扫尽砂子，撤去木板或型钢，在端部洒粘层沥青接茬摊铺；在预定摊铺段的末端先铺上一层麻袋或牛皮纸，摊铺碾压成斜坡，下次施工时将铺有麻袋或牛皮纸的部分用人工刨除，在端部洒粘层沥青接着摊铺；在预定摊铺段的末端先撒一薄层砂带，再摊铺混合料，待混合料稍冷却后用切割机将撒砂的部分切割整齐后取走，用干拖布吸走多余的冷却水，待完全干燥后在端部洒粘层沥青接着摊铺。不得在接头处有水或潮湿情况下铺筑混合料。

从接缝处起继续摊铺混合料前，应用 3m 直尺检查端部平整度。不合要求时，应予修整。摊铺时应调整好预留高度，接缝处摊铺层施工结束后再用 3m 直尺检查平整度，当不合要求时应趁热立即处理。

横向接缝的碾压应先用双轮压路机进行横向碾压。碾压带的外侧应放置供压路机行驶的垫木，碾压时压路机应位于已压实的混合料层上伸入新铺层的宽度为 15cm。然后每压一遍向新铺混合料移动 15～20cm，直至全部在新铺层上为止，再改为纵向碾压。当相邻摊铺层已经成型，同时又有纵缝时，可先用钢筒式压路机沿纵缝碾压一遍，其碾压宽度为 15～20cm，然后再沿横缝作横向碾压，最后进行正常的纵向碾压。

6. 开放交通

应待摊铺层完全自然冷却，混合料表面温度低于 50℃后，方可开放交通。需要提早开放时，可洒水冷却降低混合料温度。

铺筑好的沥青层应严格控制交通，做好保护，保持整洁，不得造成污染，严禁在沥青层上堆放施工产生的土或杂物，严禁在已铺沥青层上制作水泥砂浆。

六、特殊气候条件下沥青面层的施工

（一）雨期施工

下雨时，不允许铺筑沥青混合料。因为沥青遇水后粘接性能会大大降低，使路面的寿命大为降低。在雨水较多的季节进行施工时，应注意以下几点：

（1）雨期施工，要设专人收集天气预报信息，在制定施工计划时，要根据天气预报，确定次日是否可以进行摊铺施工。

（2）沥青混合料拌合厂要作好排水工作，防止矿料被雨水浸泡，矿料堆放要设置防雨设施,矿料受潮后会使沥青拌合站生产效率大为降低。

(3)摊铺施工现场设专人负责与沥青混合料生产厂联系。施工作业时如遇突然下雨,应及时停止沥青混合料的生产。

(4)摊铺施工要做到及时摊铺、及时压实,若遇摊铺作业中突然下雨,应尽量抢在下雨前将已经摊铺的混合料压实,至少应保证碾压2~4遍。

(5)摊铺的沥青混合料未经压实而遭水侵蚀,要全部铲除清理,重新铺筑。

(6)雨期施工,基层要做好排水。基层潮湿或积水不得摊铺沥青混合料。

(7)施工机械应备有防雨设施。

(二)冬期施工

寒冷多风的季节进行沥青混合料路面施工,摊铺的沥青混合料冷却速度很快,如果不及时压实,很快就冷却固化,无法压实到规定的压实度。因此,高速公路和一级公路施工气温不得低于10℃,其他等级公路施工温度不得低于5℃。

1. 质量决定因素

(1)地表温度

当天气晴朗,日照强,无风时,地面温度较高,铺筑后沥青混合料不会马上冷却,铺筑质量较好。因此,冬期施工应测量地表温度。

(2)摊铺厚度

摊铺厚度较薄时,摊铺后混合料很快冷却,使混合料难以压实,不宜在低温环境下施工。

(3)沥青混合料类型

不同沥青混合料对压实温度的要求不同,改性沥青混合料要求在较高的温度下压实,才能保证压实的密实度。因此,改性沥青在低温下施工也难以保证压实质量。

2. 冬期施工措施

沥青路面在冬期施工时,应采用如下措施:

(1)适当提高沥青混合料的出厂温度。石油沥青混合料可控制在160℃以上。

(2)为了防止沥青混合料在运输过程中降温,车辆应使用帆布严密覆盖,保证摊铺时沥青混合料的温度不低于120~150℃。从运输车卸下来的沥青混合料如过不能及时摊铺,要用苫布覆盖保温。低温施工时,每次卸下来的沥青混合料都应覆盖苫布保温。

(3)摊铺机要重点检查预热装置,保证完好有效。

(4)摊铺作业适宜在上午9时至下午4时之间无风的天气进行,此时气温会高一些。

(5)碾压工作应有足够数量的压路机。采用振动压路机碾压,可在混合料温度略低的情况下,获得较好的压实效果。

(6)应快速摊铺、快速碾压,作业时可采用以下方法:

1)使压路机与摊铺机距离缩小。

2)缩短碾压段长度,使混合料尽快得到碾压。

3）碾压时应先重后轻，先用重压，在短的时间内达到规定的压实度，再用轻压消除表面轮迹。

（7）下雪的天气不能进行沥青混合料的摊铺施工。

第三节 沥青路面施工机械

一、沥青混合料路面施工机械的种类

沥青混合料路面施工机械的种类见表15-17。

沥青混合料路面施工常用设备及技术　　　　　表 15-17

分 类	设备名称	用 途
1. 沥青拌合厂设备	沥青混合料拌合机	拌制沥青混合料
	装载机及推土机	给拌合机上料
	沥青乳化机	制备乳化沥青
	改性沥青制备设备	制备改性沥青
	地秤	用于统计收、发料数量
	供电设备	拌合厂供电
2. 运输设备	沥青运输车	往拌合厂运送沥青
	自卸车	往拌合厂运送矿料
		往路面施工现场运送沥青混凝土
3. 路面施工设备	沥青混合料摊铺机	摊铺沥青混合料
	压路机	沥青混合料初压
	重型压路机	沥青混合料复压
	轮胎压路机	消除沥青混合料表面裂纹
	小型压路机	碾压靠近路缘石的混合料
	振动平板夯	修补基础部位坑洞
	沥青洒布机	洒布透层和粘层沥青
	路面洗刨车	用于旧路面修整
	切缝机	用于切直接缝
	液压镐或风镐	小面积地面修整
	装载机	施工现场倒、运混合料
	洒水车	压路机洒水装置的补水
	照明设备	夜间施工照明
	供电设备	施工现场电动机具照明，照明设备供电
4. 其他辅助设备	平板拖车	施工现场倒、运大型施工机械
	吊装设备	拌合机加长熨平板的安装
	辅助运输车	拌合机加长熨平板及其他材料的运输
	柴油运输车	施工机械补给燃料

二、沥青混合料路面施工的关键设备

在沥青混合料路面施工中,沥青混合料拌合站、沥青混合料摊铺机、压路机的选型配套对施工质量影响很大,这些设备的性能、技术状况、生产率对顺利完成施工任务起到了关键的作用,因此,这些设备的选型非常重要。

1. 沥青混合料拌合站的选型

(1) 沥青混合料拌合站选型的技术要求

1) 有足够大的生产率,保证摊铺作业连续。

2) 有足够准确的计量配比精度,一般沥青的计量精度应达到±0.5%,矿料的计量精度应达到±1.0%,沥青混合料中沥青与矿料质量百分比的误差小于±0.5%。

3) 温度控制精度也应达到要求,沥青混合料出料控制温度的精度应达到±5℃。

4) 距离施工地点较近,以减少运输时间和运输费用。

5) 环保性能达到当地的标准,指标包括经过消烟除尘器后烟囱排烟的烟度值,整个设备运行时的噪声值等。

6) 设备适应能力强,如矿料含水量达到5%时,设备依然能够达到额定的生产率。

(2) 沥青混合料拌合站选型方法

城市路网密集,工程多,工作量大,建在城市的拌合站可以长期为城市建设服务,一般选用大型固定式沥青混合料拌合站,具有完善的环保性能。

高速公路建设,远离城市,需要在修筑的公路附近建立沥青混合料搅拌站,这样可以减少运输成本,高速公路修筑完成后,拌合站要转移到其他工地,拌合站选型时应考虑拆装方便,应选择移动式或半移动式沥青混合料拌合站。

2. 沥青混合料摊铺机选型

(1) 考虑使用履带式摊铺机还是轮胎式摊铺机

履带式摊铺机摊铺作业驱动力大,摊铺宽度大,行驶平稳,摊铺平整度好。但履带式摊铺机转移工作地点时行驶速度慢,必须使用拖车运输。

轮胎式摊铺机结构简单,使用费用较低。轮胎式摊铺机转移工作地点时行驶速度较快,可以自行驶。轮胎式摊铺机在弯道摊铺施工时,转弯灵活,可以摊铺出平滑、圆润的曲线。但是轮胎式摊铺机靠轮胎行驶,行驶的驱动力较小,特别是当地面喷洒粘层沥青时,可能会出现打滑现象,不得不缩小摊铺宽度。在铺筑SMA这种高黏度沥青混合料时,轮胎式摊铺机也会显示出驱动力不足的现象。另外,一般认为轮胎式摊铺机行驶的平稳性不如履带式摊铺机,摊铺的平整度也不如履带式摊铺机。

总之,如果路面要求平整度高、摊铺的路面宽、工作量大,要使用履带式摊铺机。摊铺的宽度窄、工作量小的工程,可使用轮胎式摊铺机。

(2) 两台或多台摊铺机组合作业

铺筑高速公路和一级公路沥青混合料时,一台摊铺机的摊铺宽度不宜过宽,双车道不宜超过6m,三车道不宜超过7.5m。当实际铺筑的宽度较大,一台摊铺机的摊铺宽度不能满足施工要求时,如果采用全路幅摊铺,可使用两台摊铺机梯队并排摊铺。作业时，可使用一台机械组装式熨平板摊铺机和一台液压伸缩式熨平板摊铺机配合作业。机械组装式熨平板的摊铺机在路中心摊铺，保证快车道的路面有很好的平整度，用液压伸缩式熨平板的摊铺机在路的边上摊铺，以适应路边宽窄变化。

3. 压实机具的选型

沥青混合料路面施工使用的压实机械有双钢轮振动压路机、钢轮静作用压路机、轮胎压路机、小型振动压路机和振动平板夯。

(1) 双钢轮振动压路机

可变振幅和振频的双钢轮振动压路机是压实沥青混合料最好的压路机。

现在常用的双钢轮振动压路机都具有双轮驱动、双轮振动，每个振动轮的振幅和振频可调，初压时可关闭振动，采用静作用力碾压，随着混合料密实度增加，复压时可逐渐加大激振力，以增加压实能力。因此，双钢轮振动压路机可以适应各种压实工况。

双钢轮振动压路机的选型要点如下：

1) 高速公路、一级公路及城市主干路等，以粗集料为主的较大粒径的混合料尤其是大粒径沥青稳定基层，应优先采用 10t 或 10t 以上的大型双钢轮振动压路机复压。

2) 如果修筑的道路使用的是改性沥青混合料，而改性沥青混合料要求在较高的温度下压实，为了使混合料尽快压实，也应使用 10t 或 10t 以上压路机。

3) 环境温度较低，铺筑的厚度较薄时，摊铺后混合料很快冷却，应尽快压实，使用 10t 或 10t 以上的大型压路机可以减小施工风险。

4) 二级公路、城市次干道及以下的道路，压实面积较小的工程，可使用 8~9t 双钢轮振动压路机。

5) 小面积的道路修补作业，可以使用 6t 或更小的压路机。

(2) 钢制光轮静作用压路机

钢制光轮静作用压路机是一种传统的压路机，早期的沥青混合料路面施工曾经得到广泛应用。这类压路机分为双轮压路机和三轮压路机。钢制光轮静作用压路机只能用于四级公路、乡村公路、城市支路、居民区内的道路等铺筑层较薄、压实度要求不高的工程，小面积的道路修补作业也使用这种压路机。

(3) 轮胎压路机

轮胎压路机的碾压轮为橡胶轮胎，碾压沥青混合料时，轮胎的柔性变形对混合料产生揉搓作用，有利于消除压实表面的裂纹，增加沥青混合料的密水性。

1) 轮胎压路机的优点

A. 钢制光轮压路机复压后用轮胎压路机进行碾压，有利于消除表面的裂纹。

B. 如果铺筑混合料的基础是旧沥青或水泥混凝土路面，基础可能凹凸不平。摊铺沥青混合料后，如果使用钢轮压路机碾压，基础凸起处的混合料能够得到较好的压实，基础低凹部分混合料可能由于凸起处对碾压轮的支撑作用得不到碾压，有可能产生漏压。使用轮胎压路机碾压，橡胶轮胎具有一定的弹性，碾压轮的平衡架可以摆动，将凹陷部位压实，不会产生漏压现象，轮胎压路机这个优点是钢轮压路机所不能替代的。

2) 密级配沥青混凝土的复压宜优先采用重型轮胎压路机。压路机应满足以下要求：

A. 压路机总质量不得小于 25t，吨位不足时可以附加重物。

B. 每个轮胎对地面的压力不小于 15kN。

C. 冷态时的轮胎充气压力不小于 0.55MPa，轮胎发热后不小于 0.6MPa。各个轮胎的压力应大体相同。

3) 轮胎压路机使用条件

A. 轮胎压路机不适宜用于初压，初压时混合料较软，易于产生轮迹。

B. 轮胎压路机不适宜碾压 SMA 沥青玛琋脂碎石混合料，可能使沥青玛琋脂胶浆挤出来，使路面纹理消弱，表面达不到最佳的构造深度。

(4) 小型压实机械

小型压实机械有小型振动压路机和振动平板夯。

小型振动压路机自重较轻，质量仅为 1~3t，压实能力小，一般不作为主要碾压设备，只能用于辅助作业。

1) 用于碾压道路两侧的沥青路面与路缘石接茬的部位。如果使用大型压路机贴边碾压，极易压碎和挤坏道牙，而使用小型压路机就安全多了。

2) 小的弯道、加宽段和港湾式停车带大型压路机难于碾压的部位，可以采用小型压实机械和振动平板夯补压。

3) 小型振动压路机还可用于沥青混合料摊铺时接缝或修补地面凹坑，具有机动灵活、使用方便的优点。

4) 振动平板夯自重较轻，使用更为方便，适宜路面接缝时使用，也可用于沥青混合料路面修补作业。

(5) 压路机组合

较大规模的路面施工，使用一台压路机是不够的，一般要使用多台压路机作业。多台压路机匹配形式对压实质量、生产率和施工成本影响很大，一般根据工作量和质量要求有如下几种匹配方式：

1) 双轮静作用压路机＋双轮振动压路机；

2) 双轮静作用压路机＋双轮振动压路机＋轮胎压路机；

3) 双轮振动压路机；

4) 双轮振动压路机＋轮胎压路机；

5) 双轮振动压路机＋轮胎压路机＋小型振动压路机。

4. 压路机操作应注意的问题

(1) 压路机在碾压全过程中不得在没有完全压实路面或者没有完全冷却的路面上转向、掉头、停车滞留，这样会造成沥青混合料推移、壅包、开裂、凹坑等现象。

(2) 碾压过程中压路机操作应平稳，碾压速度不能过快，停车、加速和转向不能过猛，否则会使碾压轮在沥青混合料表面滑移，可能造成表面出现裂纹。

(3) 如果环境温度低或大风天气会造成铺筑的沥青混合料表面迅速冷却，结成硬壳，碾压时也会造成裂纹。因此，气温较低、大风天气应迅速摊铺，及时碾压。

（4）出现表面裂纹后，一般可以在终压之后用轮胎压路机碾压 4～6 遍，这样可以在一定程度上消除这些细小裂纹。

（5）振动压路机严禁在已经完全压实并且完全冷却的路面开启振动，这样会造成路面损坏，也会使振动压路机振动机件损坏，编短压路机使用寿命。

5. 弯道碾压

弯道碾压应以直代曲，由内向外，尽可能采用振动压实。压路机在转弯时，碾压轮内侧和外侧走过的距离不同，碾压轮内侧走过的距离较短，外侧走过的距离较长，而碾压轮内外侧转动的圈数却相同，这样碾压轮必然会在地面上产生滑移。压路机转弯半径越小，产生的滑移量就会越大。而振动时碾压轮瞬间跳离地面，可以减少转弯时碾压轮的滑移量。

（1）转弯的曲率半径较大，压路机转弯时滑移量很小，可采用常规的碾压方法，如图 15-5 所示。先从弯道内侧低的部位开始碾压，逐步错轴向外侧高的部位碾压，直至碾压完成。

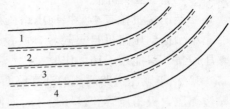

图 15-5　曲率半径较大弯道的碾压方法

（2）转弯的曲率半径适中可采用"以直代曲"的作业方法，如图 15-6 所示，进入弯道时先转 45°角进行直线碾压，弯道碾压完成后，再转 45°角直线碾压。压路机转弯时应在已压实的部位转弯，先从弯道内侧低的部位开始碾压，逐步错轴向外侧高的部位碾压。

（3）转弯的曲率半径很小，近似垂直相交的弯道，可采用如图 15-7 的作业方法，直线碾压时，碾压带延伸到弯道内，从低处向高处逐渐错轴碾压，碾压完成后，将压路机掉转 90°进行碾压，碾压带延伸到弯道内，依然从低处向高处逐渐错轴碾压，直至碾压完成。

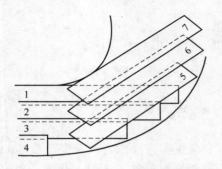

图 15-6　曲率半径适中弯道的碾压方法

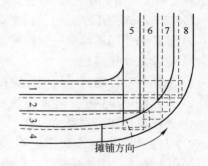

图 15-7　曲率半径较小弯道的碾压方法

（4）弯道外沿碾压，路面主体碾压完成后，最后顺着弯道外侧碾压。如果压路机有错轴功能，弯道外侧碾压应将后轮向内错开，防止挤坏路牙。

（5）弯道内沿碾压，弯道内侧边缘的圆弧很小，碾压时不能采用转小弯的方法，这样会使沥青混合料面层产生滑移，使面层产生开裂，应"以直代曲"或用大的圆弧代替小的圆弧，分步将圆弧部位压实。

6. 施工设备选型的注意事项

（1）同一道工序或一个作业面应使用同一品牌或技术性能相同的设备，如前面所说并列摊铺的摊铺机熨平板的压实能力应相同，并列进行复压作业的压路机型号也应相同，使复压遍数相同，这样可保证路面质量均匀一致。

（2）所选的设备应符合生产安全和当地环境保护的要求。

（3）设备的技术状况对施工质量影响很大，技术状况不好或达不到性能指标的设备、故障频繁的设备，施工中不可能满足施工质量要求。一旦出现故障，必然影响整个施工的顺利进行，甚至对施工质量和进度产生不可弥补的后果。

（4）机械操作人员的技术水平对工程质量的影响也非常大。如果操作人员的技术不熟练，即使是使用一台先进的设备，也可能把活干得一塌糊涂。考察操作人员的技术水平，可以了解他们参加了哪些重要工程，再了解该工程的施工质量，就可以对操作人员的技术水平给予基本的评价。

第四节 沥青路面施工质量管理与检查

沥青路面施工应根据全面质量管理的要求，建立健全有效的质量保证体系，对施工各阶段的质量进行检查、控制、评定，达到规定的质量标准，确保施工质量的稳定性。

沥青路面施工质量管理与检查包括工程施工前、施工过程中的质量管理与控制、交工验收阶段的质量检查验收。

一、施工前的材料与设备检查

1. 材料质量检查

材料质量是沥青路面的保证，所以施工前或材料来源、规格发生变化时必须检查各种材料的来源和质量，所有材料都应取样检测，经质量认可后方可订货。对沥青、集料等重要材料，供货单位必须提交最新检测的正式试验报告；从国外进口的材料应提交该批材料的船运单；使用成品改性沥青的工程，应要求供应商提供所使用的改性剂型号、基质沥青的质量检测报告，质量不合格的不得使用。

施工前材料质量的检查应以同一料源、同一次购入并运至现场的相同规格品种的集料、沥青为一"批"进行检查。材料试样的取样数量与频率按现行试验规程的规定进行，每批材料的质量应符合规范的规定。对于沥青等重要试样，每一批都应在试验时取样、封存备查，并记录沥青使用的路段，留存的数量不宜少于4kg。

2. 设备检查

机械设备是保证沥青路面施工质量的另一个重要因素，因此施工前应对沥青拌合厂、沥青路面施工机械和设备的配套情况、技术性能、计量精度等进行认真的检查、标定，并报监理审批、认可，不符合规定要求的施工设备杜绝采用。

实行监理制度的工程项目，原材料的试验结果及据此进行的配合比设计、施工机械和设备的检查结果都应在使用前在规定时间内向监理或质量监督部门提出正式报告，取得正式认可后方可使用。

3. 试验路段检查

高速公路和一级公路的沥青路面在施工前应铺筑试验段。其他等级公路在缺乏施工经验或初次使用重大设备时，也应铺筑试验段。试验段的长度根据试验目的确定，通常为100～200m，宜选在主线上铺筑。

热拌热铺沥青混合料路面试验段铺筑分试拌、试铺两个阶段，包括以下试验内容：

1）检验各种施工机械的类型、数量及组合方式是否匹配；

2）通过试拌确定拌合机的操作工艺、考察计算打印装置的可信度；

3）通过试铺确定透层油的喷洒方式和效果、摊铺压实工艺、确定松铺系数；

4）验证沥青混合料生产配合比设计，提出生产用的标准配合比和最佳沥青用量；

5）建立用钻孔法与核子密度仪无破损检测路面密度的对比关系，确定压实度的标准检测方法；

6）检测试验段的渗水系数。

试验段铺筑应由有关各方共同参加，及时商定有关事项，明确试验结论。结束后，施工单位应就各项试验内容提出完整的施工、检测报告，并取得业主或监理的批复。

二、施工过程中的质量管理与检查

1. 一般要求

沥青面层施工必须在得到开工令后方可开工。施工单位在施工过程中应对施工质量进行自检，实行监理制度的工程项目，监理质量监督人员应进行抽检或旁站检验并对施工单位的自检结果进行检查认定。如发现有质量低劣等异常情况，应立即报告或追加检查。施工过程中所有数据均必须如实记录，不得丢弃。

2. 施工过程中的材料检查

施工中的材料质量检查是在每批材料进场检查及批准的基础上，在施工过程中进行的抽检。施工单位在施工过程中必须对各种材料进行抽样试验，材料质量应符合指标要求。材料检查内容及要求符合表15-18的要求。

施工过程中材料检查的内容和要求　　　　　表15-18

材　料	检　查　项　目	检　查　频　率	
		高速、一级公路	其他等级公路
粗　集　料	外观（石料品种、扁平细长颗粒、含泥量等） 颗粒组成 压碎值 磨光值 洛杉矶磨耗值 含水量 松方单位重	随时 必要时 必要时 必要时 必要时 施工需要时 施工需要时	随时 必要时 必要时 必要时 必要时 施工需要时 施工需要时

续表

材料	检查项目	检查频率	
		高速、一级公路	其他等级公路
细集料	颗粒组成 含水量 松方单位重	必要时 施工需要时 施工需要时	必要时 施工需要时 施工需要时
矿粉	外观 小于0.075mm含量 含水量	随时 必要时 必要时	随时 必要时 必要时
石油沥青	针入度 软化点 延度	每100t 1次 每100t 1次 每100t 1次 必要时	每100t 1次 每100t 1次 每100t 1次 必要时
煤沥青	黏度	每50t 1次	每100t 1次
乳化沥青	黏度 沥青含量	每50t 1次 每50t 1次	每100t 1次 每100t 1次

注："必要时"是指施工单位、监理、质量监督、建设单位等各个部门对质量产生怀疑，提出检查需要时，或根据需要商定的检查频度。

3. 施工过程中的质量检查及控制标准

施工过程中的质量检查包括工程质量及外形尺寸两部分。其质量检查的内容、频度、质量标准应符合表15-19的规定。

公路热拌沥青混合料路面施工过程中工程质量的控制标准 表15-19

项目		检查频度及单点检验评价方法	质量要求或允许偏差		试验方法
			高速公路、一级公路	其他等级公路	
外观		随时	表面平整密实，不得有明显轮迹、裂缝、推挤、油盯、油包等缺陷，且无明显离析		目测
接缝		随时	紧密平整、顺直、无跳车		目测
		逐条缝检测评定	3mm	5mm	T 0931
施工温度	摊铺温度	逐车检测评定	符合本规范规定		T 0981
	碾压温度	随时	符合本规范规定		插入式温度计实测
厚度①	每一层次	随时，厚度50mm以下 厚度50mm以上	设计值的5% 设计值的8%	设计值的8% 设计值的10%	施工时插入法量测松铺厚度及压实厚度
	每一层次	1个台班区段的平均值 厚度50mm以下 厚度50mm以上	−3mm −5mm	—	规范附录G总量检验
	总厚度	每2000m²一点单点评定	设计值的−5%	设计值的−8%	T 0912
	上面层	每2000m²一点单点评定	设计值的−10%	设计值的−10%	
压实度②		每2000m²检查1组逐个试件评定并计算平均值	实验室标准密度的97%(98%) 最大理论密度的93%(94%) 试验段密度的99%(99%)		T 0924、T 0922 规范附录E

续表

项　目		检查频度及单点检验评价方法	质量要求或允许偏差		试验方法
			高速公路、一级公路	其他等级公路	
平整度（最大间隙）	上面层	随时，接缝处单杆评定	3mm	5mm	T 0931
	中下面层	随时，接缝处单杆评定	5mm	7mm	T 0931
平整度（标准差）	上面层	连续测定	1.2mm	2.5mm	T 0932
	中面层	连续测定	1.5mm	2.8mm	
	下面层	连续测定	1.8mm	3.0mm	
	基层	连续测定	2.4mm	3.5mm	
宽度	有侧石	检测每个断面	±20mm	±20mm	T 0911
	无侧石	检测每个断面	不小于设计宽度	不小于设计宽度	
纵断面高程		检测每个断面	±10mm	±15mm	T 0911
横坡度		检测每个断面	±0.3%	±0.5%	T 0911
沥青层层面上的渗水系数		每1km不少于5点，每点3处取平均值	300mL/min（普通密级配沥青混合料）200mL/min（SMA混合料）		T 0971

注：1. 表中提到的"规范"是指《公路沥青路面施工技术规范》（JTG F40—2004）。
2. 压实度检测括号中的数值是对SMA路面的要求，对马歇尔成型试件采用50次或者35次击实的混合料，压实度应适当提高要求。

三、交工验收阶段的质量检查

1. 施工单位自检自评

沥青路施工完成后，施工单位应将全线以1～3km（公路）或100～500m（城市道路）作为一个评定路段，每一侧车行道按表15-20的规定频度随机选取测点，计算一个评定路段的平均值、极差、标准差、变异系数。对沥青面层进行全线自检，计算合格率，在规定的时间内提交全线检测结果、施工总结报告及提出竣工图，申请交工验收。

公路热拌沥青混合料路面交工检查与验收质量标准　　表15-20

检查项目		检查频度（每一侧车行道）	质量要求或允许偏差		试验方法
			高速公路、一级公路	其他等级公路	
外观		随时	表面平整密实，不得有明显轮迹、裂缝、推挤、油丁、油包等缺陷，且无明显离析		目测
面层总厚度①	代表值	每1km 5点	设计值的-5%	设计值的-8%	T 0912
	极值	每1km 5点	设计值的-10%	设计值的-15%	T 0912
上面层厚度①	代表值	每1km 5点	设计值的-10%	—	T 0912
	极值	每1km 5点	设计值的-20%	—	T 0912
压实度	代表值	每1km 5点	实验室标准密度的96%(98%)最大理论密度的92%(94%)试验段密度的98%(99%)		T 0924
	极值（最小值）	每1km 5点	比代表值放宽1%(每km)或2%(全部)		T 0924

续表

检查项目		检查频度（每一侧车行道）	质量要求或允许偏差		试验方法
			高速公路、一级公路	其他等级公路	
路表平整度	标准差 σ	全线连续	1.2mm	2.5mm	T 0932
	IRI	全线连续	2.0m/km	4.2m/km	T 0933
	最大间隙	每1km10处，各连续10杆	—	5mm	T 0931
路表渗水系数不大于		每1km不少于5点，每点3处取平均值评定	300mL/min（普通沥青路面）200mL/min（SMA路面）	—	T 0971
宽度	有侧石	每1km 20个断面	±20mm	±30mm	T 0911
	无侧石	每1km 20个断面	不小于设计宽度	不小于设计宽度	T 0911
纵断面高程		每1km 20个断面	±15mm	±20mm	T 0911
中线偏位		每1km 20个断面	±20mm	±30mm	T 0911
横坡度		每1km 20个断面	±0.3%	±0.5%	T 0911
弯沉	回弹弯沉	全线每20m 1点	符合设计对交工验收的要求	符合设计对交工验收的要求	T 0951
	总弯沉	全线每5m 1点	符合设计对交工验收的要求	—	T 0952
构造深度		每1km 5点	符合设计对交工验收的要求	—	T 0961/62/63
摩擦系数摆值		每1km 5点	符合设计对交工验收的要求	—	T 0964
横向力系数		全线连续	符合设计对交工验收的要求	—	T 0965

注：① 高速公路、一级公路面层除验收总厚度外，尚须验收上面层厚度，代表值的计算方法按《公路沥青路面施工技术规范》(JTG F40—2004)附录E进行。

2. 工程建设单位检查验收

工程建设单位或监理、工程质量监督部门在收到施工单位的交工验收报告，并确认施工资料齐全后，应立即对施工质量进行交工检查与验收。按随机抽样的方法选取一定数量的评定路段进行实测检查，对工程质量进行评定。

3. 工程施工总结

工程结束后，施工单位应根据国家竣工文件编制的规定，提出施工总结报告及施工质量管理与质量检查报告，连同竣工图表，形成完整的施工资料档案，一并提交工程主管部门及有关档案管理部门。

高速公路和一级公路通车后，施工单位应进行一定时间(宜为交工后一年)的工程使用服务，服务内容包括路面使用情况观测、局部损坏的维修保养，并将服务情况报告有关部门。

第五节 沥青路面施工案例

【例 15-1】

1. 某IV_5区高速公路，设计时速：120km/h；设计标准轴载：BZZ-100；设计荷载组合：汽—超 20。

2. 路面为双向四车道，总宽 28m，为 3.0(中央分隔带)＋0.75×2(路缘带)＋2×3.75×2(主行车道)＋3.5×2(硬路肩)＋0.75×2(土路肩)＝28m

3. 路面结构层一览表见表 15-21(宽度根据工程特点设计要求确定)。

路面结构层一览表　　　　　　表 15-21

序号	结构层位	材料	厚(cm)	宽(m)
1	上面层	细粒式沥青混凝土 AK13	4	23.54
2	中层面	中粒式沥青混凝土 AC20	6	23.64
3	下层面	粗粒式沥青混凝土 AC25	8	23.80
4	基层	水泥稳定碎石	38	24.80

一、基本资料

1. 配合比

上面层：油石比 5.5%；玄武岩：石屑：矿粉＝57：40：3

中面层：油石比 4.8%；石灰岩：石屑：矿粉＝54：44：2

下面层：油石比 4.1%；石灰岩：石屑：矿粉＝52：46：2

基层：水泥含量 5%；水泥：石子：水＝5：89：6

2. 标准击实密度

上面层：2.48t/m³；中面层：2.45t/m³；

下面层：2.45t/m³；基层：2.16t/m³。

二、计算完成内容

(一)计算路面各结构层工程数量(每千米)。

(二)计算路面各结构层主要材料用量(每千米)。

(三)路面主要结构层的施工工艺和机械配备。

(四)计算 20 千米各路面结构层施工时间(工期)及主要配备设备。

(五)路面主要结构层施工要点。

三、计算结果

(一)路面各结构层工程数量(每千米)

$V_1 = 23.54 \times 1000 \times 0.04 \times 2.48 = 941.6 m^3 \times 2.48 = 2335.17t$

$V_2 = 23.64 \times 1000 \times 0.06 \times 2.45 = 1418.4 m^3 \times 2.45 = 3475.08t$

$V_3 = 23.80 \times 1000 \times 0.08 \times 2.45 = 1904 m^3 \times 2.45 = 4664.80t$

$V_{基} = 24.80 \times 1000 \times 0.38 \times 2.16 = 9424 m^3 \times 2.16 = 20355.84t$

(二)计算路面各结构层主材用量(每千米)

(1)上面层：沥青用量：0.055×2335.17＝128.4t

玄武岩：0.57×2335.17＝1331t

石屑：0.4×2335.17＝934t

矿粉：0.03×2335.17＝70t

(2) 中面层：沥青用量：$0.048 \times 3475.08 = 166.8$ t
　　　　　石灰岩：$0.54 \times 3475.08 = 1876.5$ t
　　　　　石屑：$0.44 \times 3475.08 = 1529.0$ t
　　　　　矿粉：$0.02 \times 3475.08 = 69.5$ t
(3) 下面层：沥青用量：$0.041 \times 4664.8 = 191.3$ t
　　　　　石灰岩：$0.52 \times 4664.8 = 2425.7$ t
　　　　　石屑：$0.46 \times 4664.8 = 2145.9$ t
　　　　　矿粉：$0.02 \times 4664.8 = 93.3$ t
(4) 基层：水泥用量：$20355.84 \times 0.05 = 1017.8$ t
　　　　　石子用量：$20355.84 \times 0.89 = 18116$ t
　　　　　水用量：$20355.84 \times 0.06 = 1221$ t

(三) 路面主要结构的施工工艺与机械配备

1. 路面面层结构的施工工艺与机械配备

(1) 沥青面层工艺流程：

拌合→运输→摊铺→碾压成型。

(2) 机械配备与要求

1) 沥青混合料的拌合设备（沥青拌合楼）

大型间歇式沥青混合料拌合站构造如图 15-8 所示。目前我国使用的拌合设备大多数是间歇式拌合设备。使用间歇式沥青混合料拌合站，如果采石场供应的矿料粒径不准确，可以通过拌合设备自身进行重新校正，使矿料级配准确。

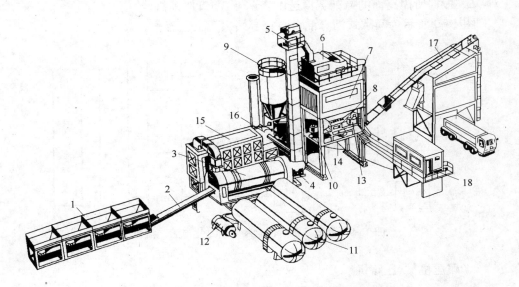

图 15-8　大型间歇式沥青混合料拌合站构造

1—集料配料装置；2—皮带输送机；3—加热烘干筒；4—喷气式燃烧器；5—热矿料提升机；
6—热谷筛分装置；7—热矿料储料器仓；8—热矿料称量斗；9—矿粉筒仓；10—矿粉称量斗；
11—沥青保温罐；12—导热油加热装置；13—沥青称量筒；14—搅拌器（矿粉称量斗的下面）；
15—消烟除尘装置；16—鼓风机；17—成品仓；18—操纵控制室

要求：

A. 沥青拌合楼的产量要满足每日沥青混合料施工的用量。

B. 沥青拌合楼能自动控制各材料的加热温度及成品沥青混合料的温度。

C. 沥青拌合楼能够自动按照生产配合比的要求准确的控制各种材料的用量。

D. 沥青拌合楼要配备一到两台用于石子装料的装载机。

2) 混合料的运输设备（运输车辆）

要求：

A. 车辆必须是载重 20t 以上的大吨位自卸车，以保持运输中沥青混合料的温度。

B. 车厢内部必须平整干净方便沥青混合料的卸料。

C. 车辆配备的数量所产生的运料量，既要保证前场摊铺工作的连续进行又要注意到拌合楼连续不断的生产。所以要根据拌合楼的拌合能力（产量）和运输距离确定用车数量。

3) 摊铺设备（沥青摊铺机）

要求：

A. 摊铺机要有自动控制找平系统，确保路面每层两侧摊铺标高。

B. 摊铺机能精确的控制路面的厚度和平整度，能保证施工路段所要求的摊铺宽度。

C. 在一定的摊铺速度下，摊铺成型的沥青混合料外观各个部分要均匀不发生离析。

D. 摊铺机的熨平板要有自动加热装置并使摊铺的混合料振捣夯实的功能。

E. 根据所需路面的摊铺宽度选配 1～3 台沥青摊铺机。

图 15-9 所示为间歇式沥青混合料拌合站生产工艺流程。

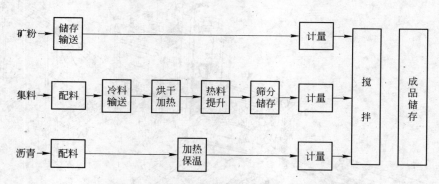

图 15-9 间歇式沥青混合料拌合站生产工艺流程

4) 碾压机械（压路机）

要求：

A. 压路机的自重和振动力要能对摊铺成型路面材料进行振动压实到符合规范要求的压实度。

B. 振动压路机要采用高频率低振幅的机型以确保压实路面的平整度。

C. 压路机要对压实轮外有自动洒水设备，用于冷却碾压轮防止沥青混合料的粘附。

  D. 压路机的速度、振动力及转向操作控制要灵活方便，及时迅速将摊铺好的沥青路面碾压成型。

  E. 压路机要根据单位时间的摊铺面积选用：

1～3 台(10～15 吨)双钢轮振动压路机；

1～2 台(20～25 吨)轮胎式压路机；

一台小型压路机(一吨以内)或振动夯板。

2. 路面基层结构的施工工艺与机械配备

(1) 基层施工工艺流程(水泥稳定碎石)

拌合→运输→摊铺→碾压成型→养护。

(2) 机械配备与要求

1) 基层拌合设备(粒料拌合楼)

要求：

  A. 粒料拌合楼的产量满足基层每日施工的粒料用量。

  B. 粒料拌合楼要能够自动控制并按配合比准确的称量配料。

  C. 粒料拌合楼要能够准确的控制好每盘的用水量。

  D. 粒料拌合楼要配备 2～3 台用于石子装料的装载机。

2) 粒料的运输设备(运输车辆)

要求：

  A. 车辆必须是载重 20t 以上的大吨位自卸车。

  B. 车厢内部必须平整干净方便粒料混合料的卸料。

  C. 车辆配备的数量所产生的运料量，要保证前场摊铺工作的连续进行。所以要根据拌合楼的拌合能力(产量)和运输距离确定用车数量。

3) 摊铺设备(粒料摊铺机)

要求：

  A. 摊铺机要有自动控制找平系统，确保路面每层两侧摊铺标高。

  B. 摊铺机能精确的控制路面的厚度和平整度，能保证施工路段所要求的摊铺宽度。

  C. 在一定的摊铺速度下，摊铺成型的沥青混合料外观各个部分要均匀，不发生离析。

  D. 摊铺机的熨平板要有使摊铺的混合料振捣夯实的功能。

  E. 根据所需路面的摊铺宽度选配 1～3 台粒料摊铺机。

4) 碾压机械设备(压路机)

要求：

  A. 压路机的自重和振动力要能对摊铺成型路面材料进行振动压实到符合规范要求的压实度。

  B. 压路机的速度、振动力及转向操作控制要灵活方便，及时迅速将摊铺好的粒料基层碾压成型。

  C. 压路机要根据单位时间的摊铺面积选用：1～3 台(18～20t)振动压路机。

5）养护设备（洒水车）

要求：

A. 能够使碾压成型的路面基层表面七天内始终保持湿润状态。

B. 配备洒水车数量应根据天气的情况和洒水面积确定。

（四）计算 20 千米各路面结构层施工时间（工期）及主要配备设备

1. 路面面层

（1）沥青面层：本项目沥青路面总工作量。

下面层（8cm）：4665t×20＝93300t

中面层（6cm）：3475t×20＝69500t

上面层（4cm）：2335t×20＝46700t

总工作量＝209500t

（2）下面层施工工期：计划从 4 月 1 日开始到 5 月 30 日共计 60 天完成，考虑到天气、机械故障等各方面因素的影响时间利用系数取 0.65 计算：

下面层的有效工作日：60×0.65＝39d；

下面层施工每天必须完成的工作量：93300t/39d＝2392t/d；

计划投入的机械生产能力为：240t/h，按每天工作 10h 计投入机械每天的生产能力：240t×10h＝2400t/d＞2392t/d（满足要求）。

（3）中面层施工工期：计划从 6 月 1 日开始到 7 月 20 日共计 50 天完成，考虑到天气、机械故障等各方面因素的影响时间利用系数取 0.65 计算：

中面层的有效工作日：50×0.65＝32d；

中面层施工每天必须完成的工作量：69500t/32d＝2171t/d；

计划投入的机械生产能力为 240t/h，按每天工作 10h（小时）计，投入机械每天的生产能力为 240t×10h＝2400t/h＞2171t/d（满足要求）。

（4）上面层施工工期：计划从 7 月 21 日开始到 8 月 31 日共计 40 天完成，考虑到天气、机械故障等各方面因素的影响时间利用系数取 0.65 计算：

上面层的有效工作日：40×0.65＝26d；

上面层施工每天必须完成的工作量：46700t/26d＝1796t/d；

计划投入的机械生产能力为 240t/h，按每天工作 10h 计，投入机械每天的生产能力为 240t×10h＝2400t/d＞1796t/d（满足要求）。

该套设备完成本项目路面工程沥青面层的总工期为 60＋50＋40＝150d

（5）该项目沥青面层使用配套设备：

ACP3000 沥青拌合楼	1 台
ABG423 沥青摊铺机	2 台
25T 轮胎压路机	2 台
DD110 英格索兰压路机	2 台
20T 自卸车	25 辆
ZL50 装载机	4 辆

2. 水稳基层

（1）本项目水稳基层总工程数量

水稳基层(38cm)：20356t×20＝407120t。

(2) 水稳基层施工工期：计划从2月1日开始到4月30日共计89d完成，考虑到天气、机械故障等各方面因素的影响时间利用系数取0.65计算：

水稳基层的有效工作日为：89×0.65＝58d。

(3) 水稳基层施工每天必须完成的工作量：407120t/58d＝7019t/d。

(4) 计划投入拌合机械的生产能力为500t/h，需二台，按每天工作10h计，考虑到机械使用效率取0.8。

投入机械每天的生产能力为：500t×2×10h×0.8＝8000t/d＞7019t/d(满足要求)。

(5) 该项目基层水稳使用配套设备：

WBC500-R 粒料拌合楼	2台
75A 粒料摊铺机	4台
ZL50 装载机	6台
YZ-20 振动压路机	4台
YZ-12 振动压路机	2台
5吨洒水车	2台
20吨自卸车	60辆

完成本项目路面施工的总工期为150＋89＝239d。

(五) 路面主要结构层施工要点

1. 沥青面层施工

(1) 材料

石子材料的强度、压碎值、针片状含量、粘附性、磨耗值、石屑含泥量均符合规范要求，面层石子的磨光值应符合规范要求。

(2) 级配

沥青混合料拌合时，各种材料应严格按照生产配合比称量配料。

(3) 拌合

温度应按照规范要求严格控制，拌合应保证沥青混合料拌合充分搅拌均匀。以沥青均匀裹覆集料为准，拌合时间不少于45s。拌合时发现混合料拌合不均，有花白、结块现象或温度过高时均不得使用。

(4) 运输

车厢内应保持平整干净，装料后应用篷布覆盖沥青混合料表面。

(5) 摊铺

沥青混合料供应能确保连续不间断摊铺，摊铺温度应符合规范要求，摊铺中严格控制温度、宽度、厚度、平整度、横坡度，并随时对外观进行检查和测试。采用两台或更多摊铺机前后应错开10～20m呈梯队方式同步摊铺，摊铺作业应缓慢均匀，连续不间断行走，速度应控制1～3m/min。

(6) 碾压

沥青混合料压实成型的最大厚度不宜大于10cm，宜采用双钢轮振动压路机和轮胎压路机组合碾压，复压时应适度选用不小于25t两轮胎压路机反复搓揉碾压增加均匀性及密实度。碾压遍数一般为6～8遍，并以碾压成型的路面碾压沥青混合料压实度符合规范要求为准，最后应用双钢轮压路机关闭振动进行收光到表面无轮迹为准，碾压顺序应由底向高、超高路段由内向外，正常路段两边向中间，碾压轮迹应重叠20cm左右。碾压时碾压轮应始终保持洁净，对钢轮可涂刷隔离剂或防粘剂，不停涂刷柴油。

压路机不得在未成型的路段上转向、调头、加水或停留，当天成型的路段上不得停放各种机械和车辆，不得散落矿料、油料。

(7) 接缝处理

1) 纵缝宜采用热接缝，缝边应做成直线的垂直缝，该缝应设置在行车道轮辙以外。

2) 横缝一般为冷接缝，接缝相邻高差不大于1mm，接缝时应除去松散沥青混合料，并切割成垂直的直线缝，同时接缝处清理干净后涂刷沥青粘层油后方可进行下一段路面作业。

3) 横缝处碾压时压路机应斜向或横向碾压处理至接头处平整后再从纵向碾压，充分压实成一体后使接缝两侧连接平顺。

2. 基层施工

(1) 材料

石子材料的强度、压碎值、针片状含量、含泥量均符合规范要求。

(2) 级配

级配当中各档石料应严格按配合比称量配料，控制各档材料的用量，严格控制水泥用量。一般在4%~5%范围内，控制好含水量应根据天气情况比配合比高1%~2%。

(3) 施工拌合时间

拌合应充分搅拌均匀，拌合运输摊铺碾压应紧密连接，一般不应超过两小时（在水泥凝结前完成）。

(4) 摊铺碾压

摊铺过程防止摊铺中发生离析，若有离析及时换料修补，两台摊铺机施工应一前一后阶梯形前进，两台摊铺机前后距离相隔5~10m同步向前摊铺，在摊铺成型后碾压应及时进行，一般摊铺碾压成型厚度不超过20cm，压实遍数不少于5遍，压实达到规范规定的压实度为止。

(5) 养护

碾压完成后应及时的覆盖洒水养护，养护期间始终保持基层表面处于湿润状态，养护时间不少于7d。

(6) 接缝处理

每日摊铺施工前应将前一段施工的接头处松散部分彻底清除干净，并切成垂直段断面，洒水湿润后进行下一步摊铺作业。

复 习 思 考 题

1. 沥青混合料的配合比设计有哪些步骤？试述各步骤的大致做法。
2. 热拌热铺沥青混合料施工时，从拌制到终压的各个工序的温度是怎样控制的？

你认为各工序中所配置的机械设备数量及规格是怎样的?
3. 分别叙述:粘层油、透层油、封层油的概念、作用和组成材料。
4. 沥青路面面层的施工工艺流程是怎样的?其机械配套设备有哪些?
5. 沥青路面基层的施工工艺流程是怎样的?其机械配套设备有哪些?

第十六章 水泥混凝土路面施工

【本章学习要点】 水泥混凝土路面施工准备工作；混凝土板的小型机具施工程序；小型机具施工配套机械选择；滑模摊铺机施工程序；特殊气候条件下的施工；路面养护与质量控制。

第一节 概 述

施工技术直接影响水泥混凝土路面使用性能，而关键是路面混凝土的机械和技术。近年来，国内大型滑模板摊铺机来修筑混凝土路面正在兴起。此机尾部两侧装有模板随机前进，能兼做摊铺、振捣、压入杆件、切缝、整面和刻划防滑小槽等作业，成型的路面即在机后延伸出来。此机摊铺过程中是用自带模板，可铺筑不同厚度和不同宽度的混凝土路面，对无筋和配筋混凝土路面均可使用。工序紧凑，施工质量高，行进速度为 1.2～3.0m/min，每天能铺筑长达 1600m 的双车道路面，能大大降低路面造价。此机的出现是混凝土路面施工技术一大变革。

但小型机具施工虽然机械化程度很低，施工质量受操作人员素质影响较大，施工速度慢，但由于我国经济水平限制和施工的需要，目前仍然得到广泛的应用于二级以下公路建设中，这种施工方法占很大比例。路面摊铺机械化，可以加快施工速度，提高工程质量及降低工程造价。

第二节 施工准备工作

（一）选择混凝土拌合场地

根据施工路线的长短和所采用的运输工具，混凝土可集中在一个场地拌制，也可以在沿线选择几个场地，随工程进展情况迁移。拌合场地的选择首先要考虑使运送混合料的运距最短，同时拌合场还应该接近水源和电源。此外，拌合场应有足够的面积，以供堆放砂石材料和搭建水泥库房。

（二）进行材料试验和混凝土配合比设计

根据技术设计要求与当地材料供应情况，做好混凝土各组成材料的试验，进行混凝土各组成材料的配合比设计。

（三）基层的检查与整修

基层的宽度、路拱与标高、表面平整度和压实度，均应检查其是否符合要求。如有不符之处，应予整修，否则，将使面层的厚度变化过大，而增加其造价，而且会减少其使用寿命。半刚性基层的整修时机很重要，过迟则强度已形成，难以修整且很费工。当在旧砂石路面上铺筑混凝土路面时，所有旧路面的坑洞、松散等损坏，以及路拱横坡或宽度不符合要求之处，均应事先翻修调整压实。

混凝土摊铺前，基层表面应洒水润湿，以免混凝土底部的水分被干燥的基层吸去，变得疏松以致产生细裂缝。有时也可在基层和混凝土之间铺设薄层沥青混合料或塑料薄膜。

第三节 小型机具铺筑施工程序

小型机具铺筑是指采用固定模板，人工布料、手持振动棒，平板振动器或振动梁振实，用修复尺、抹刀整平，且对其表面进行了抗滑处理的水泥混凝土路面。

小型机具施工主要机械设备有：配备自动重量计量设备的强制式搅拌机、插入式振动棒、平板振动器和振动梁等振捣式具；提浆滚杆、叶片式或圆盘式抹面机、3m刮尺和抹刀等整平工具；拉毛机、工作桥、刻槽机等抗滑构造设备以及运输车辆。

一、混凝土路面施工程序

水泥混凝土小型机具施工主要有以下工序：施工放样→安装模板→架设传力杆和拉杆→拌合物搅拌与运输→摊铺与成型→表面整修→抗滑构造制作→接缝的施工→养生与填缝。

二、边模的安装

在摊铺混凝土前，应先安装两侧模板。模板宜采用钢制模板，接头处应拼装牢固，而且装拆容易。钢模板可用厚4～5mm的钢板冲压制成，或用3～4mm厚钢板与边宽40～50mm的角钢或槽钢组合构成。模板厚度应与混凝土面板厚度相同，模板的顶面与面板设计高程一致。如果采用木模板，其厚度应在5cm以上。模板安装、检查后，在模板内侧面均匀涂刷一薄层脱模剂（如废机油、肥皂液等），以便于脱模。在弯道和交叉口路缘处，可采用1.5～3cm厚的木模板，以便弯成弧形。

当用机械摊铺混凝土时，模板的安装精度直接影响摊铺机的施工质量和施工进度，安装前应先对轨道及模板的有关质量指标进行检查和校正，安装中要用水平仪、经纬仪、皮尺等定出路面高程和线形，每5～10m一点，用挂线法将铺筑线形和高程固定下来。

侧模按预先标定的位置安放在基层上，两侧用铁钎打入基层以固定位置。模板顶面用水准仪检查其标高，不符合时予以调整。模板的平面位置和高程控制都很重要，稍有歪斜和不平，都会反映到面层，使其边线不齐，厚度不准和表面呈波浪形。因此，施工时必须经常校验，严格控制。

三、传力杆设置

当两侧模板安装好后，即需要设置纵向接缝处拉杆和胀缝处的传力杆。

1. 纵缝处的设置

纵缝处拉杆的设置可采用三种形式。

（1）在模板上设孔，立模后在浇筑混凝土之前将拉杆穿入孔中。

（2）拉杆弯成直角形，立模后用铁丝将其一半绑在模板上，另一半浇筑在混凝土内，拆模后将外露在已浇筑混凝土侧面上的拉杆弯直。

（3）采用带螺丝的拉杆，一半拉杆用支架固定在基层上，拆模后另一半带螺丝接头的拉杆同埋在已浇筑混凝土内的半根拉杆相接。

2. 横缝处传力杆的设置

（1）混凝土板连续浇筑

混凝土板连续浇筑时设置胀缝传力杆的做法，一般是在嵌缝板上预留圆孔以便传力杆穿过，嵌缝板上面设木制或铁制压缝板条，其旁再放一块胀缝模板，按传力杆位置和间距，在胀缝模板下部挖成倒 U 形槽，使传力杆由此通过。传力杆的两端固定在钢筋支架上，支架脚插入基层内，如图 16-1 所示。

（2）混凝土板不连续浇筑

对于不连续浇筑的混凝土板在施工结束时设置的胀缝，宜用顶头模板固定传力杆的安装方法。即在端模板外侧增设一块定位模板，板上同样按照传力杆间距及杆径钻成孔眼，将传力杆穿过端模板孔眼并直至外侧定位模板孔眼。两模板之间可用按传力杆一半长度的横木固定，如图 16-2 所示。继续浇筑邻板时，拆除挡板、横木及定位模板，设置胀缝板、压缝板条和传力杆套管。

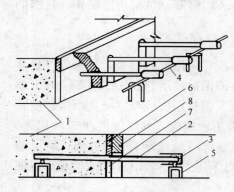
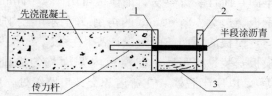

图 16-1　胀缝传力杆的架设（钢筋支架法）
1—现浇的混凝土；2—传力杆；3—金属套管；
4—钢筋；5—支架；6—压缝板条；
7—嵌缝板；8—胀缝模板

图 16-2　胀缝传力杆的架设（顶头模固定法）
1—端头挡板；2—外侧定位模板；3—固定模板

四、混凝土混合料的制备

混合料的制备可采用两种方式：第一，在工地由拌合机拌制；第二，在中心工厂集中制备，而后用汽车运送到工地。拌合机械及其主要技术指标见表 16-1。

强制式、自落式搅拌机的主要技术指标比较表　　表 16-1

类　别		单位功率 （kW/m³）	最佳拌合 时间(s)	卸料时间 （s）	备　注
自　落　式		8.5～11	90～180	50～80	不能拌干硬性混凝土
强制式	立　轴	33～75	60～180	30～60	可能拌干硬性混凝土
	双卧轴	23～26	30～90	10～18	适合拌干硬性混凝土

此外，水泥混凝土混合料还应有适当的施工和易性，一般规定其坍落度为 0~30mm，工作度约 30s。一般坍落度的混凝土，最短的拌合时间不低于最佳拌合时间的低限，最长拌合时间不超过最短拌合时间的 3 倍。

在工地制备混合料时，应在拌合场地上合理布置拌合机和砂石、水泥等材料的堆放地点，力求提高拌合机的生产率。拌制混凝土时，要准确掌握配合比，特别要严格控制用水量。每天开始拌合前，应根据天气变化情况，测定砂、石材料的含水量，以调整拌制时的实际用水量。每拌所用材料应过秤。量配的精确度对水泥为±1.5%，砂为±2%，碎石为±3%，水为±1%。每一工班应检查材料量配的精确度至少 2 次，每半天检查混合料的坍落度 2 次。

在施工时，应力求混凝土强度满足设计要求。通常，要求面层混凝土的 28d 抗弯拉强度达到 4.0~5.0MPa，28d 抗压强度达到 30~35MPa。

五、混凝土混合料的运送

1. 一般要求

混合料用手推车、翻斗车或自卸汽车运送。运输车辆应洁净，运输中应防止污染并注意防止产生离析现象。合适的运距视车辆种类和混合料容许的运输时间而定。运输的最长时间，以初凝之前并留有足够的摊铺操作时间为限。当不能满足此要求时，应使用缓凝剂。通常，夏季不宜超过 30~40min，冬季不宜超过 60~90min。高温天气运送混合料时应采取覆盖措施，以防混合料中水分蒸发。运送用的车厢必须在每天工作结束后，用水冲洗干净。

混凝土运至浇筑地点时，如发生离析、严重泌水或坍落度不合要求时，应进行第二次搅拌，并不得任意加水。确有必要时，可同时加水和水泥，以保持水灰比不变。如二次搅拌仍不合要求，严禁使用。

2. 运输设备选择

运输设备可参考表 16-2 选择。

混凝土运输设备 表 16-2

类　　型	容许范围(m³)	运输距离(m)	通道宽度(m)
单、双轮手推车	0.10~0.16	30~50	1.6~1.8
机动翻斗车	0.40~1.20	100~500	2.0~3.0
自卸汽车	2.4	500~2000	3.5~4.0
混凝土搅拌运输车	8.9~11.8	500~2000	2.5~3.5

3. 泵送混凝土的要求

(1) 混凝土的供应必须保证输送泵能连续工作。

(2) 输送泵的输送管线尽量采用直管，弯管转弯要平缓，接头严密。

(3) 泵送前应先用适量的、与混凝土内成分相同的水泥浆润滑输送管内壁。泵送时间间隔不宜超过 15min。

(4) 在泵送过程中，受料斗内应具有足够的混凝土，以防止吸入空气产生阻塞。

六、摊铺和振捣

（一）摊铺

1. 防止混凝土离析现象

当运送混合料的车辆运达摊铺地点后，一般直接倒向安装好侧模的路槽内，并用人工找补均匀。如果自高处向模板内倾卸混凝土时，应注意以下要点。

（1）直接倾卸时，其自由倾落高度不宜超过2m，以不发生离析现象为度。

（2）高度超过2m时，应通过串筒、溜管或振动管等辅助设施；高度超过10m时，应设置减速装置。

（3）在串筒等出料口下端，混凝土堆积高度不宜超过1m。

2. 有序浇筑

混凝土应按照一定厚度、顺序和方向浇筑。当分层浇筑时，应在下层混凝土初凝或能够重塑前完成上一层混凝土浇筑。在倾斜面上浇筑时，应从底处开始逐层扩展升高，保持水平分层。

3. 虚铺

混凝土摊铺时应考虑混凝土振捣后的沉降量，虚高可高出设计厚度约10%左右，使振实后的面层标高同设计相符。

（二）振捣

浇筑混凝土时，除少量塑性混凝土可用人工捣实外，宜采用振动器振实。混凝土混合料的振动器具，应由平板振动器（2.2～2.8kW）、插入式振动器和振动梁（各1kW）配套作业。混凝土路面板厚在0.22m以内时，一般可一次摊铺，用平板振动器振实。凡振捣不到之处，如面板的边角部、窨井、进水口附近，以及设置钢筋的部位，可用插入式振动器进行振实；当混凝土板厚较大时，可先插入振捣，然后再用平板振捣，以免出现蜂窝现象。

平板振动器在同一位置停留的时间，一般为10～15s，以达到表面振出浆水，混合料不再沉落为宜。平板振捣后，用带有振动器的、底面符合路拱横坡的振动梁，两端搁在侧模上，沿摊铺方向振捣拖平。拖振过程中，多余的混合料将随着振动梁的拖移而刮去，低陷处则应随时补足。随后，再用直径75～100mm长的无缝钢管，两端放在侧模上，沿纵向滚压一遍。

必须注意，当摊铺或振捣混合料时，不要碰撞模板和传力杆，以避免其移动变位。

对每一振动部位，必须振到该部位混凝土密实为止。密实的标志是：混凝土停止下沉，不再冒出气泡，表面呈现平坦、泛浆。

（三）筑做接缝

1. 胀缝

先浇筑胀缝一侧混凝土，取去胀缝模板后，再浇筑另一侧混凝土，钢筋支架浇在混凝土内。压缝板条使用前应涂废机油或其他润滑油，在混凝土振捣后，先抽动一下，随后最迟在终凝前，将压缝板条抽出。抽出时为确保两侧混凝土不被扰动，可用木板条压住两侧混凝土，然后轻轻抽出压缝板条，再用铁抹板将两侧混凝土抹平整。缝隙上部需浇灌填缝料。留在缝隙下部的嵌缝板采用沥青浸制的软木板或油毛毡等材料制成。

2. 横向缩缝

横向缩缝即假缝。可用下列两种方法。

(1) 切缝法

在混凝土捣实整平后,利用振动梁将"T"形振动刀准确地按缩缝位置振出一条槽,随后将铁制压缝板放入,并用原浆修平槽边。当混凝土收浆抹面后,再轻轻取出压缝板,并即用专用抹子修整缝缘。这种做法要求谨慎操作,以免混凝土结构受到扰动和接缝边缘出现不平整(错台)。

(2) 锯缝法

在结硬的混凝土中用锯缝机(带有金刚石或金刚砂轮锯片)锯割出要求深度的槽口。这种方法可保证缝槽质量,并且不会扰动混凝土结构,但要掌握好锯割时间。过迟因混凝土过硬而使锯片磨损过大且费工,而且更主要的可能在锯割前混凝土会出现收缩裂缝;过早混凝土因还未结硬,锯割时槽口边缘易产生剥落。合适的时间视气候条件而定,炎热而多风的天气,或者早晚气温有突变时,混凝土板会产生较大的湿度或温度坡差,使内应力过大而出现裂缝,锯缝应早在表面整修后 4h 即可开始。如天气较冷,一天内气温变化不大时,锯割时间可晚至 12h 以上。

3. 纵缝

纵缝筑做企口式纵缝,模板内壁做成凸榫状。拆模后,混凝土板侧面即形成凹槽。需设置拉杆时,模板在相应位置处要钻成圆孔,以便拉杆穿入。浇筑另一侧混凝土前,应先在凹槽壁上涂抹沥青。

(四) 表面整修与防滑措施

混凝土终凝前必须用人工或机械抹平其表面。当用人工抹光时,不仅劳动强度大、工效低,而且还会把水分、水泥和细砂带至混凝土表面,致使它比下部混凝土或砂浆有较高的干缩性,致使强度较低。而采用机械抹面时可以克服以上缺点。目前国产的小型电动抹面机有两种装置:装上圆盘即可进行粗光;装上细抹叶片即可进行精光。在一般情况下,面层表面仅需粗光即可。抹面结束后,有时再用拖光带横向轻轻拖拉几次。

为保证行车安全,混凝土表面应具有粗糙抗滑的表面。最普通的做法是用棕刷沿道路横向在抹平后的表面上轻轻刷毛;也可用金属丝梳子梳成深 1～2mm 的横槽。近年来,国外已采用一种更有效的方法,即在已硬结的路面上,用锯槽机将路面锯割成深 5～6mm、宽 2～3mm、间距 20mm 的小横槽。也可在未结硬的混凝土表面塑压成槽,或压入坚硬的石屑来防滑。

(五) 养生与填缝

为防止混凝土中水分蒸发过速而产生缩裂,并保证水泥水化过程的顺利进行,混凝土应及时养生。一般用下列两种养生方法。

1. 湿润养生

混凝土抹面 2h 后,当表面已有相当硬度,用手指轻压不见痕迹时即可开始养生。一般采用湿麻袋或草垫,或者 20～30mm 厚的湿砂覆盖于混凝土表面。每天均匀洒水数次，使其保持潮湿状态，至少延续14d。

2. 塑料薄膜或养护剂养生

当混凝土表面不见浮水，用手指按压无痕迹时，即均匀喷洒塑料溶液，形成不透水的薄膜粘附于表面，从而阻止混凝土中水分的蒸发，保证混凝土的水化作用。

填缝工作宜在混凝土初步结硬后及时进行。填缝前，首先将缝隙内泥砂杂物清除干净，然后浇灌填缝料。

理想的填缝料应能长期保持弹性、韧性，热天缝隙缩窄时不软化挤出，冷天缝隙增宽时能胀大并不脆裂，同时还要与混凝土粘牢，防止土砂、雨水进入缝内，此外还要耐磨、耐疲劳、不易老化。实践表明，填料不宜填满缝隙全深，最好在浇灌填料前先用多孔柔性材料填塞缝底，然后再加填料，这样夏天胀缝变窄时填料不至受挤而溢至路面。

混凝土强度必须达到设计强度的90%以上时，方能开放交通。

（六）施工机具选择

混凝土采用小型机具施工时，主要施工机具见表16-3。

小型机具施工配套机械、机具配置　　　　表16-3

工作内容	主要施工机械机具	
	机械机具名称、规格	数量、生产能力
钢筋加工	钢筋锯断机、折弯机、电焊机	根据需要定规格和数量
测量	水准仪、经纬仪	根据需要定规格和数量
架设模板	与路面厚度等高3m长槽钢模板、固定钢钎	数量不少于3d摊铺用量
搅拌	强制式搅拌楼，单车道≥25m³/h，双车道≥50m³/h	总搅拌生产能力及搅拌楼数量，根据施工规模及进度由计算确定
	装载机	2～3m³
	发电机	≥120kW
	供水泵和蓄水池	单车道≥100m³/h，双车道≥200m³
运输	5～10t自卸车	数量由匹配计算确定
振实	手持振动棒，功率≥1.1kW	每2m宽路面不少于1根
	平板振动器，功率≥2.2kW	每车道路面不少于1个
	振捣整平梁，刚度足够，2个振动器功率≥1.1kW	每车道路面不少于1个振动器每车道路面不少于1根振动梁
	现场发动机功率≥30kW	不少于2台
提浆整平	提浆滚杠直径15～20mm，表面光滑无缝钢管，壁厚≥3mm	长度适应铺筑宽度，一次摊铺单车道路面1根，双车道路面2根
	叶片式或圆盘式抹面机	每车道路面不少于1台
	3m刮尺	每车道路面不少于2根
	手工抹刀	每米宽路面不少于1把

续表

工作内容	主要施工机械机具	
	机械机具名称、规格	数量、生产能力
真空脱水	真空脱水机有效抽速≥15L/s	每车道路面不少于1台
	真空吸垫尺寸不小于1块板	每台吸水机应配3块吸垫
抗滑构造	工作桥	不少于3个
	人工拉毛齿耙、压槽器	根据需要定数量
切 缝	软锯缝机	根据需要定数量
	手推锯缝机	根据进度定数量
磨 平	水磨石磨机	需要处理欠平整部位时
灌 缝	灌缝机具	根据需要定规格和数量
养 生	洒水车 4.5～8t	按需要定数量
	压力式喷洒机或喷雾器	根据需要定规格和数量
	工地运输车 4～6t	按需要定数量

第四节 滑模摊铺机施工程序

公路水泥混凝土路面的滑模摊铺机施工是一套复杂完整的大型机械化施工系统。目前在我国一些省市和机场道路铺筑中已开始使用。由于其技术标准高，难度大，做好施工前的准备工作尤为重要。

一、施工准备

1. 施工前的组织与技术准备

为保证工程项目的质量和进度，控制工程造价，应建立一套科学有效的管理制度，对工程项目的材料、机械、人员、财务等方面进行合理全面的管理。

2. 水泥混凝土混合料

各材料准备和质量检验。施工单位应对原材料调查取样，定期抽查和试验分析。水泥应检验出厂质量报告单，抽样检验水泥的细度、凝结时间、安定性及3d、7d和28d的抗压强度，其中一项不满足设计要求的，则禁止使用。并进行拌合物的配合比检验和调整，首先按实验室配合比确定的材料在采用的搅拌楼中试拌。测其坍落度、含气量及其拌合物的损失及其偏差。再根据料场砂石含水率，调整实验室配合比，在调整过程中，水灰比、水泥用量不得减少，以满足工作性的要求。根据满足工作性配合比，制作混凝土抗压和抗弯拉试件，测定28d的强度或根据压蒸4h快速测定强度推算28d强度。如符合强度要求，则视为试拌配合比；偏低时则采取提高水泥强度等级、降低水灰比、改善集料级配等措施，来提高水泥混凝土的强度。

提供混凝土弯拉强度和钻芯劈裂强度，路面平整度、板厚、构造深度等自检结果。

3. 一般要求

(1) 测量放样

施工放样是根据设计图纸确定路中线、路边线、胀缝以及平、竖曲线变化点的中心桩位置等，并相应在路两侧的稳固位置上各设一对边桩。在确定路中线和路边线后，在现场核对施工图纸中的混凝土板块划分线。要求分块线距检查井盖的边线至少 1m，否则应移动分块线。放样时应保证横向和纵向横向分块线与路中线垂直，以保证曲线路段中线内外侧车道混凝土板块划分合理。沿道路纵向，每 20m 垂直于两侧基准线挂横线，用钢尺单车道测 3 点、双车道测 5 点的垂直高度，减去基准线设定高度，即为单个板厚，3~5 个值的平均值即为该断面平均板厚。每 200m 取 10 个断面的均值为该路段平均板厚。

(2) 检查板厚

路段平均板厚不应小于设计板厚，断面平均板厚不应比设计板厚薄 5mm，单个板厚极小值不应比设计板厚薄 10mm。不满足上述要求时，应采取有效措施保证板厚。

(3) 注意事项

1) 板厚控制必须在摊铺前的基准线上进行，并要求旁站监理认可，否则摊铺后不合格必须推掉重铺。

2) 检查发现板厚偏薄时的处治

传统的采取铣刨基层的方法存在相当的问题，一是基层表面损伤，有微裂缝，且会导致基层厚度不足；二是铣刨后的基层部位与原有基层对面板的摩阻力相差过大，会造成路面运行前两年内断板数量大大增加。因此，必须严格控制基层标高。同时，当面板误差在各等级公路的允许范围内时，可适当调整面板（基准线）高程，但应在 50m 以上长度内调整。若超出面板标高误差允许范围，通过处理基层也无法达到板厚要求或迫不得已时，要在 100m 以上长度内调整标高。

3) 检查辅助施工设备机具

拉毛养生机、布料机械、发电机等应全部到场并试运转正常。端模板、手持振动棒、抄平梁、传力杆定位支架、拉杆、拉毛耙、工作凳、拖行工具、养生剂及其喷洒工具等所有施工器具和工具应全部到位，状态良好，以保证正常，连续施工。

4) 基层检验和修整

面层摊铺前，应对基层进行全面检查和修整。基层局部破损应修补整平，基层上的裂缝应处理完毕，摊铺路面的基层及履带行走部位均应清扫干净并洒水湿润，积水应扫开。整修后加强养护，控制车速，避免出现坑槽等损坏。

5) 横向连接摊铺检查

前次摊铺路面纵缝的溜肩胀宽部位应切割顺直，前次摊铺安装的侧边拉杆应校正扳直，缺少的拉杆应钻孔锚固植入，纵向施工缝的上半部缝壁应涂饱满沥青。

二、初设滑模摊铺机工作参数

摊铺开始前，应对摊铺机进行全面性能检查和正确的施工位置参数设定，这是滑模摊铺机操作技术中最关键的技术环节之一，也是摊铺机试调当中最重要的内容。实践已证明，工作参数设置不正确，无论如何也不可能摊铺出高质量的路面来。

三、滑模机首次摊铺位置校准

设置基准线是为滑模摊铺机建立一个标高、纵横坡、板厚、板宽、摊铺中线、弯道及连续平整度等基本几何位置的基准参照系。基准线有单向坡双线式、单向坡单线式和双向坡双线式三种。

首次摊铺前，应按照路面设计高程、横坡度或路拱测量设定 2～3 根基准线或 4～6 个桩，将六个传感器全部挂到两侧基准线上，并检查传感器的灵敏度和反应方向，开动滑模机进入设好的桩位或线位，调整水平传感器立柱高度，使滑模摊铺机挤压底板恰好落在经精确测量设置好的木桩或基准线上，同时，调整好滑模摊铺机机架前后左右的水平度。令滑模摊铺机挂线自动行走，再返回校核 1～2 遍，正确无误后，方可开始摊铺。

四、初始摊铺路面参数校正

首次摊铺前，应校准摊铺位置，即直线段校准滑模摊铺机挤压底板四角点高程和侧模前进方向。在开始摊铺的 5m 内，必须对所摊铺出的路面标高、边缘厚度、中线、横坡度等技术参数进行复核测量。

(1) 注意检查摊铺中线，在设方向传感器的一侧，用钢尺测量基准线到摊铺机侧模前后的横向距离，消除误差。

(2) 禁止停机较大范围的调整高程、中线和横坡度等，以免严重影响平整度等质量指标。

(3) 滑模机正常摊铺后，应将滑模机工作参数设置固定并保护起来，不允许非操作手更改。

值得注意的是，摊铺中线误差的调整消除，应通过在行进中调整方向传感器横杆距离实现，禁止停机调整，以防止路面出现大幅度调整的棱槽。

五、拉杆的施工要点

摊铺单车道路面，应视路面的设计要求配置一侧或双侧施打纵缝拉杆的机械装置。侧向拉杆装置的正确插入位置应在挤压底板的中下或偏后部。拉杆打入分手推、滚压、气打等几种方式。压力应满足一次打（推）到位的要求，不允许多次打入。同时摊铺 2 个以上车道时，除侧向打拉杆装置外，还应在假缝位置中间配置 1 个以上中间拉杆自动插入装置，该装置有机前插和机后插两种。前插时，应保证拉杆的设置位置；后插时，要保证其插入部位混凝土的密实度。带振动搓平梁和振动修复板的摊铺机应选择机后插入式；其他摊铺机可采用机前插入式。打入的拉杆必须处在路面板厚的中间位置。中间和侧向拉杆打入的高低误差不宜大于±3cm；倾斜及前后误差不宜大于±4cm。

六、滑模摊铺机的摊铺操作要点

（一）摊铺过程

滑模式摊铺机的摊铺过程如图 16-3 所示。首先，由螺旋摊铺器 1 把堆积在基层上的水泥混凝土拌合物横向铺开，刮平器 2 进行初步刮平；然后，振动器 3 进

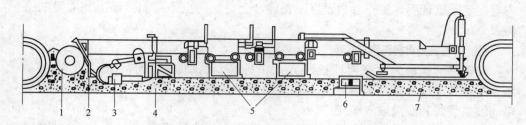

图 16-3 滑模摊铺机摊铺过程示意图
1—螺旋桨摊铺机；2—刮平器；3—振动器；4—刮平板；5—搓动式振动板；6—光面带；7—混凝土面层

行振捣密实，刮平板 4 进行振捣后整平，以形成密实、平整的表面，搓动式振动板 5 对混凝土层进行振实和整平；最后用光面带 6 对面层进行光面。

（二）摊铺操作要点

1. 摊铺应缓慢、匀速、连续不间断的进行。

摊铺速度应根据拌合物稠度和设备性能，控制在 0.5～2.0m/min 之间，一般宜为 1m/min 左右。当料的稠度发生变化时，先调整振捣频率，后改变摊铺速度。不得料多时追赶，然后随意停机等待、间歇摊铺。

2. 保证进料要求。

（1）摊铺中，机手应随时调整松方高度控制板进料位置，开始应略设高些，以保证进料。正常状态下应保持振动仓内砂浆料位高于振动棒 10cm 左右，料位高低上下波动宜控制在±4cm 之内。

（2）滑模机摊铺时，机前的最高料位不得高于摊铺机前松方控制板顶面，其正常高度应在螺旋布料器叶片最高点以下，亦不得缺料。

（3）机前缺料或料位过高时，宜采用装载机或挖掘机适当布料和送料，布料应与摊铺速度相协调。

（4）采用布料机施工，松铺系数应视坍落度大小由试铺确定。

当坍落度在 1～5cm 时，松铺系数宜在 1.08～1.15 之间。

当坍落度为 3cm 时，松铺系数宜控制在 1.1 左右。热天日照强、风大，取小值；阴天、湿度大、无风，可取大值。

3. 控制振捣频率。

摊铺机以正常速度施工时，振捣频率可在 6000～11000r/min 之间调整，宜采用 9000r/min 左右。应注意防止混凝土过振、漏振、欠振。操作机手应根据混凝土稠度的大小，随时调整摊铺速度和振捣频率。当混凝土显得偏稀时，应适当降低振捣频率，加快摊铺速度，但最快不得超过 3m/min，最小振捣频率不得小于 6000r/min；当偏干时，应提高混凝土振捣频率，但最大不得大于 11000r/min，同时减慢摊铺速度，最小速度宜控制在 0.5～1.0m/min；摊铺机起步时，应先开启振动棒振捣 2～3min，再行推进。摊铺机脱离混凝土后，应立即关闭振动棒。

操作机手应随时密切观察所摊铺的路面情况，注意调整和控制摊铺速度、振捣频率，夯实杆、振动搓平梁和抹平板位置、速度和频率。软拉抗滑构造表面砂浆层厚度宜控制在 4mm，硬刻槽路面的砂浆表层厚度宜控制在 2mm 左右。

七、特殊条件下的摊铺施工

（1）坡面上摊铺的控制。

滑模摊铺机满负荷铺筑的路面最大上坡纵坡为 5%，最大下坡纵坡为 6%。摊铺纵坡较大的路面，上坡时，应将挤压底板前仰角适当调小，同时，适当调小抹平板压内外侧力；下坡时，前仰角宜适当调大，抹平板压力也宜适当调大。抹平板合适的压力是当板底 3/4 长度接触路面时。

（2）弯道与路拱摊铺时的控制。

滑模摊铺机可能施工的最小弯道半径为 50m，最大超高坡为 7%。摊铺弯道和渐变路段路面时，单向横坡可使摊铺机跟线摊铺，但应随时观察并调整抹平板内外侧的抹面距离，防止压垮边缘。摊铺中央路拱时，计算机控制条件下，输入弯道和渐变段边缘及拱中几何参数，计算机自动控制生成路拱；手控条件下，操作机手应根据路拱消失和生成时的几何位置，在给定路段范围内分级逐渐消除或调成设计路拱。

（3）连接摊铺的要点。

连接摊铺时，摊铺机一侧履带驶上前次路面的时间应控制在路面养护 7d 以后，最短不得少于 5d。同时，钢履带底部应铺橡胶垫或使用有挂胶履带的滑模摊铺机。纵向连接摊铺路面时，连接纵缝部位应人工进行整修，连接纵缝的横向平整度应符合相应的规定要求。用钢丝刷刷干净粘附在前幅路面上的砂浆，并刷出粗细抗滑构造，高速公路、一级公路抗滑沟深平均值不应大于 3mm，极值不应大于 5mm；二、三级公路路面抗滑沟深平均值不应大于 5mm，极值不应大于 7mm。

（4）平面交叉口变宽段和匝道路面的施工要点。

对平面交叉口、收费站广场或匝道变宽路面，只要摊铺宽度小于滑模摊铺机固定宽度，就可采用滑模摊铺机跨一侧或两侧模板施工方式，模板顶面应粘贴橡胶垫，模板顶高程应低于路面高程 3mm。滑模机的振动仓在模板上部应加隔板，施工时应关闭隔板外侧的振动棒。

八、滑模摊铺中出现问题的处治

摊铺的表面应平滑、几何形状规则，不出现麻面、拉裂、塌边、溜肩等病害现象。如出现问题，应立即查找原因，迅速采取措施处理。

1. 麻面、开裂和砂浆带

这主要是该处的振动棒出了问题，必须停机检查或更换该处的振动棒。摊铺后，如出现路面上留有发亮的振动棒拖出的砂浆带，则表示振动棒位置过深，必须调整正确位置至振动棒底缘在挤压底板的后缘高度上。因此，在摊铺中应经常检查振动棒的工作情况，预防问题的产生。

2. 塌边溜肩

在摊铺宽度大于 7.5m 时，如左右卸下的混凝土稠度不同，则摊铺速度应按偏干一侧设置，对偏稀一侧迅速调小振捣频率，以保证施工路面密实，不塌边溜肩，保持基本相同的表面砂浆厚度。

注意，这种处治只适用于每个振动棒的频率单独（单侧）可调整的摊铺机。

3. 横向拉裂

产生拉裂最重要的原因是混合料稠度过干，其严重性在于这种局部拉裂现象往往是贯穿到底的施工断裂。一般坍落度在 0～1cm 之间经常会产生拉裂现象。

（1）拌合物局部或整体过干硬、存在离析现象或集料粒径过大，不适宜于滑模摊铺，或在该部位摊铺速度过快，振捣频率不够，混凝土未振动液化而拉裂。此时应采取降低摊铺速度，提高振捣频率的方法解决。

（2）挤压底板的位置和前仰角设置如果发生变化，前倒角时必定出现拉裂，前仰角过大，亦可能拉裂。此时应在行进中调整前 2 个水平传感器，即改变挤压底板为适宜的前仰角，以消除拉裂现象。

（3）拌合物较干硬或等料停机时间较长，或起步摊铺速度过快，也可能拉裂路面。当等料停机时间较长时，应间隔 15min 开启振动棒振捣 2～3min；起步摊铺时，宜先振捣 2～3min，再缓慢推进。

九、滑模摊铺机械故障的处治要点

当混凝土供应不上或搅拌楼出现机械故障时，停机等待时间不得超过当时气温下混凝土初凝时间的 2/3，超过此时间，应将滑模摊铺机开出摊铺工作面，并做施工缝。

当摊铺机出现机械故障，应紧急通知后方搅拌楼停止生产，在停机时间内，摊铺机内混凝土尚未初凝，能够排除故障，则允许继续摊铺，否则，应尽快将摊铺机拖出摊铺工作面。在故障消除后，重新起步摊铺。

十、滑模摊铺结束后的工作要点

滑模摊铺结束，必须及时做好下述工作：

（1）将摊铺机驶离工作面，先将所有传感器从基准线上脱开，并解除摊铺机上基准线自动跟踪控制，再升起机架。用水冲洗干净粘附的混凝土；已结硬在机上的混凝土，应轻敲打掉。清理干净后，应对与混凝土接触的机件喷涂废机油或吹（揩）干防锈。同时，对摊铺机进行当日保养，加油加水，打润滑油等。

（2）设置横向施工缝

先做施工缝应先将从摊铺机振动仓内脱出的浓稠砂浆丢弃，然后设置施工缝端模和侧模，插入拉杆和传力杆，并用水准仪测量面板高程和横坡。为使下次摊铺能紧接着施工缝开始，两侧模板应向内各收进 2～4cm，且宜小不宜大，长度与摊铺机侧模板等长或略长。后做施工缝应符合规定的技术要求，可采用第二天硬切齐施工缝端部做法。切缝部位应满足平整度、高程和横坡度要求，可使用缩缝传力杆钢筋支架，上部锯开，下部凿除混凝土；也可锯开后在端部垂直面上钻眼，插入传力杆，再连接施工。连接接头施工，除应测量高程和横坡外，还应采用长度 3m 以上的抄平器，保证端头和结合部位的平整度。接头宁高勿低，接头偏高尚可磨平，偏低则难以补救。

常用滑模摊铺机的基本技术参数见表 16-4。

滑模摊铺机的基本技术参数表　　　　　　表16-4

项目	发动机功率(kW)	摊铺宽度(m)	摊铺厚度(mm)	摊铺速度(m/min)	空驶速度(m/min)	行走速度(m/min)	履带数(个)	整级自重(t)
三车道滑模摊铺机	200～300	12.5～16.0	0～500	0～3	0～5	0～15	4	57～135
双车道滑模摊铺机	150～200	3.6～9.7	0～500	0～3	0～5	0～18	2～4	22～50
多功能单车道滑模摊铺机	70～150	2.5～6.0	0～400 护栏高度800～1900	0～3	0～9	0～15	2，3，4	12～27
路缘石滑模摊铺机	≤80	<2.5	<450	0～5	0～9	0～10	2，3	≤10

滑模摊铺机施工主要配套机械和机具见表16-5。

滑模摊铺机施工主要机械和机具配套表　　　　　　表16-5

工作内容	主要施工机械设备	
	名　称	机型及规格
钢筋加工	钢筋锯断机、折弯机、电焊机	根据需要定规格和数量
测量基准线	水准仪、经纬仪、全站仪*	根据需要定规格和数量
	基准线、线桩及紧线器	300个桩、5个紧线器、3000m基准线
搅拌	强制式搅拌楼	≥50(m³/h)
	装载机	2～3m³
	发电机	≥120kW
	供水泵和蓄水池	≥250m³
运输	运输车*	4～6m³ 数量由匹配计算确定
	自卸车	4～24m³ 数量由匹配计算确定
摊铺	布料机*、挖掘机、吊车等布料设备	根据需要定规格和数量
	滑模摊铺机1台	技术参数见表16-4
	手持振动棒、整平梁、模板	根据人工施工接头需要定
抗滑	拉毛养生机*1台	与滑模摊铺机同宽
	人工拉毛齿耙、工作桥	根据需要定规格和数量
	硬刻槽机* 刻槽宽度≥500mm，功率≥7.5kW	数量与摊铺机进度匹配
切缝	软锯缝机	根据需要定规格和数量
	常规锯缝机或支架锯缝机	根据需要定规格和数量
	移动发电机	12～60kW，数量由施工需要确定
磨平	水磨石磨机	需要处理欠平整部位时
灌缝	灌缝机或胶条工具	根据需要定规格和数量
养生	压力式喷洒机或喷雾器	根据需要定规格和数量
	工地运输车	4～6t，按需要定数量
	洒水车	4.5～8t，按需要定数量

注：* 可按装备、投资、施工方式等不同要求选配。

第五节 特殊气候条件下混凝土路面的施工

一、一般规定

混凝土路面铺筑期间,应注意收集天气预报资料,遇到影响混凝土路面施工质量的天气时,应暂停施工或采取防范措施,制定特殊气候的施工方案。

混凝土施工如果遇到下述条件时,必须停止施工:

(1) 现场降雨;

(2) 风力大于6级,风速在10.8m/s以上的强风天气;

(3) 现场气温高于40℃或拌合物摊铺温度高于35℃;

(4) 摊铺现场连续5昼夜平均气温低于5℃,夜间最低气温低于－3℃。

二、夏期施工

在气温超过25℃时施工,应防止混凝土的温度超过30℃,以免混凝土中水分蒸发过快,致使混凝土干缩而出现裂缝,必要时可采取下列措施:

(1) 当现场气温高于30℃时,应避开中午高温时段施工;

(2) 砂石料堆应设遮阳篷;抽取地下水或采用冰屑水拌合混合物;

(3) 对湿混合料,在运输途中要加以遮盖;

(4) 各道工序应紧凑衔接,尽量缩短施工时间;

(5) 搭设临时性的遮光挡风设备,避免混凝土遭到烈日暴晒并降低吹到混凝土表面的风速,减少水分蒸发;

(6) 在采用覆盖保湿养生时,应加强洒水,并保持足够的湿度;

(7) 应根据混凝土强度的增长情况确定切缝时间,应比常温施工时适当提前。特别是在降雨或夜间降温幅度较大时,应提早切缝。

三、低温季节施工

混凝土强度的增长主要依靠水泥的水化作用。当水结冰时,水泥的水化作用即停止,而混凝土的强度也就不再增长,而且当水结冰时体积会膨胀,促使混凝土结构松散破坏。因此,混凝土路面应尽可能在气温高于5℃时施工。由于特殊情况必须在低温情况下(5昼夜平均气温低于5℃和最低气温低于－3℃)施工时,应按低温季节施工处理,采取相应措施。

(1) 采用高强度等级(42.5以上)快凝水泥,或掺入早强剂,或增加水泥用量。

(2) 加热水或集料。较常用的方法是仅将水加热,一是因为加热设备简单,水温容易控制;二是因为水的热容量比粒料热容量大,1kg水升高1℃所吸收的热量比同样重的粒料升高1℃所吸收的热量多4倍左右,所以提高水温的方法最为有效。

拌制混凝土时,先用温度超过70℃的水同冷集料相拌合,使混合料在拌合时的温度不超过40℃,摊铺后的温度不低于10℃(气温为0℃时)~20℃(气温为－3℃时)。

(3) 混凝土整修完毕后,表面应覆盖蓄热保温材料,必要时还应加盖养生暖棚。

低温条件下施工时,混凝土路面养生天数不得少于28天。

在持续寒冷和昼夜平均气温低于-5℃，或混凝土温度在5℃以下时，应停止施工。

第六节　路面养护与质量控制

路面养护是公路养护工作的中心环节。路面是供汽车行驶、直接承受行车作用和自然因素作用的结构层，必须采取预防性、经常性的养护、修理措施以保证路面及公路的正常使用。

公路路面养护包括公路沥青路面养护和公路水泥混凝土路面养护，应分别按照交通部最新修订的《公路沥青路面养护技术规范》(JTJ 073.2—2001)、《公路水泥混凝土路面养护技术规范》(JTJ 073.1—2001)的规定进行。

一、路面养护的目的

路面在使用过程中会受到汽车行驶时车辆的垂直力、水平力及车辆的振动力、冲击力，车身后面还会产生真空吸力作用，在上述各种外力作用下，路面结构层内会产生大小不等的压应力、拉应力和剪应力。如果这些应力超过了路面结构整体或某一组成部分的强度，路面就会出现断裂、沉陷、波浪、松散和磨损等破坏，因此，路面必须通过养护保持足够的强度，以抵抗行车作用下的各种应力。同时，路面还应有一定的抵抗变形的能力，即路面需具有一定的刚度，如果路面刚度不够，即使强度足够，在行车荷载作用下也会产生过量的变形而造成路面的破坏。

路面养护的目的就是采取预防性、经常性的养护、修理措施，使路面保持一定的强度、刚度和稳定性，确保其耐久性，使路面平整、完好，路拱合适，行车顺适、安全；同时，对路面进行有计划的改善，提高其技术状况，以适应运输发展的需要。

二、路面养护的要求

路面养护要及时、经常对路面进行保养和修理，防止路面松散、裂缝、壅包等病害的产生和发展。通过对路面的保养和修理，保持和提高路面的平整度和抗滑能力，确保路面安全、舒适的行驶性能。通过对路面的保养和修理，保持和提高路面的强度，确保路面的耐久性。防止因路面损坏和养护操作污染沿线环境。

三、公路沥青路面养护与质量控制

(一) 公路沥青路面养护内容

公路沥青路面养护工作可分为日常巡视与检查、小修保养、中修工程、大修工程、改建工程、专项养护工程。各项养护工作的内容如下：

(1) 日常巡视与检查：主要是检查路面上是否有明显的坑槽、裂缝、壅包、沉陷、松散、车辙、泛油、波浪、麻面、冻胀、翻浆等病害，明确其危害程度及趋势；检查路面上是否有可能损坏路面或妨碍交通的堆积物。

(2) 小修保养：可分为日常保养和小修工程二项内容。日常保养包括清扫路面泥土、杂物；排除路面积水、积雪、积冰、积砂，铺防滑料等；拦水带(路缘石)的刷白、修理；清理边沟、维修护坡道、培土等。小修工程包括修补路面的泛油、壅包、轻微裂缝、横向裂缝、坑槽、沉陷、波浪、局部网裂、松散、车辙、麻面、啃边等。

(3) 中修工程：主要指沥青路面整段铺装、罩面或封面(稀浆封层)；沥青路面局部严重病害处理；整段更换路缘石、整段维修路肩。

(4) 大修工程：主要指路面的翻修、补强等。

(5) 改建工程：主要是提高路面等级；路面补强；加宽；对不适应交通要求、不符合路线标准的路段进行局部改线。

(6) 专项养护工程。

(二) 公路沥青路面养护质量标准

(1) 沥青路面的平整度、抗滑性能及路面状况的养护质量标准应符合表16-6的规定。

平整度、抗滑性能及路面状况的养护质量标准　　　　表16-6

序号	项　目		高速公路、一级公路	其他等级公路
1	平整度 (mm)	平整度仪(σ)	≤3.5	≤4.5①(≤5.5 或≤7.0)
		三米直尺(h)	≤7	≤10②(≤12 或≤15)
		IRI(m/km)	≤6	≤8
2	抗滑性能	横向系数 SFC	≥40	≥30
		摆式仪摆值 BPN	—	≥32
3	路面状况指数 PCI		≥70	≥55

注：① 对于其他公路等级平整度方差(σ)：沥青碎石、贯入式路面应取低值4.5，沥青表面处置路面取中值5.5，碎砾石及其他粒料路面取高值7.0。

② 对于其他公路等级的平整度3m直尺指标：沥青碎石、贯入式路面应取低值10，沥青表面处置路面取中值12，碎砾石及其他粒料路面取高值15。

(2) 沥青路面强度的养护质量标准为：高速公路和一级公路路面强度系数 SSI≥0.8；其他等级公路路面强度系数 SSI≥0.6。

(3) 高速公路、一级公路沥青路面车辙养护质量标准为：路面车辙深度≤15mm。

(4) 沥青路面应保持横坡适度，以利排水，高速公路、一级公路的路拱坡度宜为1.0%～2.0%，路面结构排水良好时，可适当降低0.5%。

(三) 公路沥青路面养护材料要求

沥青路面养护材料主要有道路石油沥青、乳化石油沥青、液体石油沥青、改性沥青等沥青材料、各种规格的粗细集料、填料等砂石材料以及由这些材料组成的混合料。各种材料必须进行必要的试验，不符合要求的，不得使用。沥青路面养护材料的技术要求应符合《公路沥青路面设计规范》(JTG D50—2006)、《公路沥青路面施工技术规范》(JTG F40—2004)的规定。材料的试验应符合《公路工程沥青及沥青混合料试验规程》(JTJ 052—2000)、《公路工程石料试验规程》(JTJ 054—94)、《公路工程集料试验规程》(JTJ 058—2000)的相关规定。

(四) 公路沥青路面使用质量的评价方法

公路沥青路面使用质量评价内容包括：路面破损状况、行驶质量、路面强度、路面抗滑性能等。

1. 路面破损状况

公路沥青路面破损状况采用路面状况指数 PCI 进行评价，其数量范围为 0～100，其值越大，路况越好。根据路面破损状况可将路面质量分为优、良、中、次、差五个等级，评价标准见表 16-7。

路面破损状况评价标准　　　　　　　　　　　　　　　　表 16-7

评价指标＼评价等级	优	良	中	次	差
路面状况指数 PCI	PCI≥85	70≤PCI<85	55≤PCI<70	40≤PCI<55	<40

2. 路面强度

公路沥青路面强度采用路面强度指数 SSI 进行评价，其值为路面设计弯沉值与路段代表弯沉值的比值，评价标准见表 16-8。

路面强度评价标准　　　　　　　　　　　　　　　　表 16-8

评价指标＼标准＼公路等级	优		良		中		次		差	
	高速、一级公路	其他等级公路	高速、一级公路	其他等级公路	高速、一级公路	其他等级公路	高速、一级公路	其他等级公路	高速、一级公路	其他等级公路
强度指数 SSI	≥1.0	≥0.83	<1.0～≥0.83	<0.83～≥0.66	<0.83～≥0.66	<0.66～≥0.5	<0.66～≥0.5	<0.5～≥0.3	<0.5	<0.3

3. 行驶质量

公路沥青路面行驶质量采用行驶质量指数 RQI 进行评价，其值范围为 0～10，评价标准见表 16-9。

路面行驶质量评价标准　　　　　　　　　　　　　　　　表 16-9

评价指标＼等级	优	良	中	次	差
行驶质量指数 RQI	RQI≥8.5	7.0≤RQI<8.5	4.5≤RQI<7.0	2.0≤RQI<4.5	RQI<2.0

4. 路面抗滑性能

路面抗滑性能采用抗滑系数进行评价，以横向力系数 SFC 或摆式仪的摆值 BPN 表示，评价标准见表 16-10。

路面抗滑能力评价标准　　　　　　　　　　　　　　　　表 16-10

评价指标＼等级	优	良	中	次	差
横向力系数 SFC	SFC≥50	40≤SFC<50	30≤SFC<40	20≤SFC<30	SFC<20
摆值 BPN	BPN≥42	37≤BPN<42	32≤BPN<37	27≤BPN<32	BPN<27

（五）公路沥青路面维修养护对策

沥青路面的养护对策应根据公路等级、交通量及各项路况评价结果确定，具体养护对策如下：

（1）在满足强度要求的前提下（路面的结构强度系数为中等以上时），高速公路及一级公路的路面状况指数 PCI 评价为优、良，或二级及以下公路的路面状况指数 PCI 评价为优、良、中时，以日常养护为主，并对局部破损进行小修；高速公路及一级公路的路面状况指数 PCI 评价为中及中以下，或二级及以下公路的路面状况指数 PCI 评价为次及次以下时，应采取中修罩面措施。

（2）在不满足强度要求的前提下（路面的结构强度系数为中等以下时），应采取大修补强措施以提高其承载能力。

（3）高速公路及一级公路的行驶质量指数 RQI 评价为优、良，或者二级及以下公路行驶质量指数 RQI 评价为优、良、中时，日常养护为主；高速公路及一级公路的行驶质量指数 RQI 评价为中及中以下，或者二级及以下公路行驶质量指数 RQI 评价为次及次以下时，应采取中修罩面措施改善路面平整度。

（4）高速公路及一级公路的抗滑能力不足（SFC＜40 的路段），或二级及以下公路的抗滑能力不足（SFC＜30 或 BPN＜32 的路段），应采取加铺罩面层提高路面的抗滑能力。

（5）如路面不适应现有交通量或载重的需要，应提高现有路面的等级，或通过加宽等改建措施提高路面的通行能力和服务质量。

四、公路水泥混凝土路面养护与质量控制

（一）公路水泥混凝土路面养护内容

（1）清扫行车道与硬路肩上的泥土和杂物。设有中间带、变速车道、爬坡车道、应急停车带时，其上的泥土和杂物也应清扫干净。

（2）及时填补或清除水泥混凝土路面各种接缝的填缝料，并应防止泥土、砂石及其他杂物进入缝内，影响混凝土路面板的正常伸缩。

（3）经常检查和疏通路基路面的排水设施，防止积水，保护路面不受地面水和地下水的损害。

（4）及时清洗和恢复路面各种标线、导向箭头及文字标记，经常保持各种标线、标记完整无缺、清晰醒目，保持其反射性能。

（5）及时浇灌、剪修路肩外和中央分隔带内种植的绿化，保持路容整齐、美观。如有空缺或老化，应适时补植或更新。及时防治病虫害，处理影响视距和路面稳定的绿化栽植。

（6）采取合适的材料和相应的措施对路面、路肩和路缘石等的局部损坏进行修复，以保持路面具备各级公路所要求的使用状态和服务水平。

（7）路面的损坏较大时，根据路面检查评定结果安排大、中修或专项工程，进行维修和整治。局部路段路面损坏严重的，应予以翻修，以达到设计标准；整个路段路面平整度、抗滑能力不足时，可采取罩面、铺筑加铺层以恢复其表面功能；整个路段路面接缝填缝料失效的，应予以全面更换。

（8）路面承载能力不足或不适应交通发展要求时，根据不同情况进行加铺、

加宽，以提高承载能力和通行能力。

(二) 公路混凝土路面养护质量标准

(1) 公路混凝土路面养护质量标准应符合表 16-11 的规定。

公路混凝土路面养护质量标准　　　　　表 16-11

项 目		高速公路、一级公路	其他等级公路
平整度 (mm)	平整度仪 (σ)	2.5	3.5
	三米直尺 (h)	5	8
	IRI (m/km)	4.2	5.8
抗 滑	构造深度 TD(mm)	0.4	0.3
	抗滑值 SBV(BPN)	45	35
	横向力系数 SFC	0.38	0.30
相邻板高差 (mm)		3	5
接缝填料凹凸 (mm)		3	5
路面状况指数 PCI		≥70	≥55

(2) 水泥混凝土路面在使用过程中，应对其使用质量进行检查。凡不符合养护质量标准的，应及时维修，或有计划的安排大、中修或专项工程，予以改善和提高。恢复和改善工程的质量标准按《公路工程质量检验评定标准》(JTG F80—2004) 执行。

(三) 公路混凝土路面养护材料要求

水泥混凝土路面养护维修材料必须具有足够的强度、耐久性和稳定性，以承受车辆的作用和抵抗自然环境的影响。养护维修的各种材料均应进行必要的试验，不符合要求的，不得使用。水泥混凝土路面养护维修材料的技术要求应符合《公路水泥混凝土路面设计规范》(JTG D40—2002)、《公路水泥混凝土路面施工技术规范》(JTG F30—2003) 的规定。水泥混凝土路面养护维修所用的路面标线材料的技术要求应符合《道路交通标志和标线》(GB 5768—1999) 的规定。

(四) 公路水泥混凝土路面使用质量的评价方法

公路水泥混凝土路面使用质量评价内容包括：路面破损状况、行驶质量、路面结构承载能力、路面抗滑性能等。

(1) 路面破损状况。公路水泥混凝土路面破损状况用路面状况指数 PCI 和断板率 DBI 两项指标进行评定，评定标准见表 16-12。

路面破损状况等级评定标准　　　　　表 16-12

评定等级	优	良	中	次	差
路面状况指数 PCI	≥85	84～70	69～55	54～40	<40
断板率 DBI (%)	≤1	2～5	6～10	11～20	>20

(2) 路面结构承载能力的评定按《公路水泥混凝土路面设计规范》(JTJ 012—94) 中规定的方法进行。

(3) 路面行驶质量。公路水泥混凝土路面行驶质量采用行驶质量指数 RQI 进行评价，其值范围为 0～10，评价标准见表 16-13。

路面行驶质量评价标准　　　　　　表 16-13

评价指标＼等级	优	良	中	次	差
行驶质量指数 RQI	≥8.5	≥7.0～<8.5	≥4.5～<7.0	≥2.0～<4.5	<2.0

(4) 路面抗滑性能采用侧向力系数 SFC 或抗滑值 SRV 以及构造深度两项指标评价，评价标准见表 16-14。

路面抗滑能力评价标准　　　　　　表 16-14

评定等级	优	良	中	次	差
构造深度(mm)	≥0.8	0.7～0.6	0.5～0.4	0.3～0.2	<0.2
抗滑值 SRV	≥65	64～55	54～45	44～35	<35
侧向力系数 SFC	≥0.55	0.54～0.45	0.44～0.38	0.37～0.30	<0.3

（五）公路水泥混凝土路面维修养护对策

(1) 高速公路及一级公路的路面状况指数评价为优、良，或二级及以下公路的路面状况指数评价为优、良、中时，可采用日常养护和局部或个别板块修补措施。

(2) 高速公路及一级公路的路面状况指数评价为中及中以下，或二级及以下公路的路面状况指数评价为次及次以下时，应采取全路段修复或改善措施，包括沥青混合料修补、铺筑沥青混凝土或水泥混凝土加铺层以及修建纵向边缘排水设施等。

(3) 高速公路及一级公路的行驶质量评价为中及中以下，或者二级及以下公路行驶质量指数评价为次及次以下时，应采取刻槽、罩面或加铺层等措施改善路面平整度。

(4) 高速公路及一级公路的抗滑能力等级为中及中以下，或二级及以下公路的抗滑能力等级为次或次以下时，应采取刻槽、罩面层提高路面的抗滑能力。

(5) 如路面结构承载力不满足现有交通量或载重的需要，应采取铺筑沥青混凝土或水泥混凝土加铺层等措施提高其承载能力。

复习思考题

1. 简述水泥混凝土路面施工准备工作有哪些方面？
2. 简述水泥混凝土滑模摊铺机施工工程序。
3. 水泥混凝土滑模摊铺操作要点有哪些方面？
4. 公路沥青路面维修养护内容与对策包括哪些方面？

主 要 参 考 文 献

[1]　邓学钧编著. 路基路面路面工程(第二版). 北京：人民交通出版社，2004.
[2]　王秉刚，郑木莲编著. 水泥混凝土路面设计与施工. 北京：人民交通出版社，2004.
[3]　刘伯莹，姚祖康主编. 公路设计工程师手册. 北京：人民交通出版社，2002.
[4]　沙庆林编著. 高等级公路半刚性基层沥青路面. 北京：人民交通出版社，1999.
[5]　伍石生编著. 低噪声沥青路面设计与施工养护. 北京：人民交通出版社，2005.
[6]　何挺继，胡永彪编著. 水泥混凝土路面施工与施工机械. 北京：人民交通出版社，1999.
[7]　荆农编著. 沥青路面机械化施工. 北京：人民交通出版社，2005.
[8]　陈主晔，李绪梅. 公路勘测设计. 北京：人民交通出版社，2005.
[9]　陈忠达编著. 公路挡土墙设计. 北京：人民交通出版社，2005.
[10]　黄兴安主编. 公路与城市道路设计手册. 北京：中国建筑工业出版社，2005.
[11]　杨少伟主编. 道路勘测设计. 北京：人民交通出版社，2004.
[12]　王连威主编. 城市道路设计. 北京：人民交通出版社，2002.
[13]　徐家钰编著. 城市道路设计. 北京：中国水利水电出版社、知识产权出版社，2005.
[14]　黄兴安主编. 公路与城市道路设计手册. 北京：中国建筑工业出版社，2005.
[15]　唐凯主编. 村镇道路与桥涵. 北京：中国建筑工业出版社，1993.
[16]　黄志义编著. 路基路面工程. 杭州：浙江科学技术出版社，2002.
[17]　交通部. 公路工程技术标准. 北京：人民交通出版社，2004.
[18]　交通部. 公路路线设计规范. 北京：人民交通出版社，2006.
[19]　交通部. 城市道路设计规范. 北京：中国建筑工业出版社，1991.
[20]　交通部. 公路水泥混凝土路面设计规范. 北京：人民交通出版社，2003.
[21]　交通部. 公路水泥混凝土路面施工技术规范. 北京：人民交通出版社，2003.
[22]　交通部. 水泥混凝土路面设计规范. 北京：人民交通出版社，2002.
[23]　交通部. 公路路基设计规范. 北京：人民交通出版社，2004.
[24]　交通部. 公路沥青路面施工技术规范. 北京：人民交通出版社，2004.
[25]　交通部. 公路沥青路面设计规范. 北京：人民交通出版社，2006.
[26]　交通部. 公路路面基层施工技术规范. 北京：人民交通出版社，2000.
[27]　中国建筑标准设计研究院. 城市道路路缘石. 国家建筑标准图集(05MR404)，2005.
[28]　交通部. 道路工程制图标准. 北京：中国计划出版社，1993.